Robert Kurs

Der Blinde, der wiede

Zu diesem Buch

Mike May erfreut sich als fürsorglicher Familienvater, erfolgreicher Sportler und innovativer Geschäftsmann seines Lebens. Monatelang denkt er darüber nach, ob er sich einer noch kaum erprobten, riskanten Transplantation unterziehen soll, die es ihm nach über vierzig Jahren Blindheit ermöglichen könnte, wieder zu sehen. Was ihn schließlich zu diesem Wagnis bewegt, ist seine Wissbegier, sein Drang, sich neuen Erfahrungen offensiv zu stellen – und die prasseln nach der geglückten Operation nur so auf ihn ein. Die Welt, wie er sie sieht, entpuppt sich als ganz anders, als er sie sich vorgestellt hat.

»Eine außergewöhnliche Geschichte über Mut und Geduld.« *Publisher's Weekly*

»Ein faszinierendes Porträt des Abenteurers und Erfinders Mike May, einem Blinden, der nach dem Motto lebt, dass Grenzen in der Regel nur im Kopf existieren.« *Winfried Thiessen, Deutsche Blindenstudienanstalt e. V.*

Der Autor

Robert Kurson studierte Philosophie und Jura, war zunächst als Rechtsanwalt tätig und wechselte dann in den Journalismus. Seine Reportagen erscheinen regelmäßig im *Rolling Stone* und im *New York Times Magazine*. Er lebt in der Nähe von Chicago.

Im Unionsverlag ist außerdem lieferbar: *Im Sog der Tiefe. Zwei Taucher lösen das Geheimnis der U-869.*

Der Übersetzer

Ulrich Enderwitz, geboren 1942, arbeitet als freiberuflicher Autor und Übersetzer. Er lebt in der Nähe von Berlin.

Mehr über Buch und Autor auf *www.unionsverlag.com*

Robert Kurson

Der Blinde,
der wieder sehen lernte

Eine wahre Geschichte

Aus dem Englischen
von Ulrich Enderwitz

Unionsverlag

Die Originalausgabe erschien 2007 unter dem Titel
*Crashing Through. A True Story of Risk,
Adventure, and the Man Who Dared to See*
im Verlag Random House, New York.
Die deutsche Erstausgabe erschien 2008
im Verlag Hoffmann und Campe, Hamburg.

Im Internet
Aktuelle Informationen, Dokumente, Materialien
zu Robert Kurson und diesem Buch
www.unionsverlag.com

Unionsverlag Taschenbuch 648
© by Robert Kurson 2007
© der deutschsprachigen Ausgabe by Hoffmann und Campe Verlag, Hamburg 2008
© by Unionsverlag 2014
Rieterstrasse 18, CH-8027 Zürich
Telefon +41 44 283 20 00, Fax +41 44 283 20 01
mail@unionsverlag.ch
Alle Rechte vorbehalten
Reihengestaltung: Heinz Unternährer
Umschlaggestaltung: Martina Heuer, Zürich
Umschlagbild: eskemar
Druck und Bindung: CPI – Clausen & Bosse, Leck
ISBN 978-3-293-20648-9

Für Amy, Nate und Will:
Ihr seid bei mir, wohin ich auch schaue.

*Etwas zu wagen bedeutet, vorübergehend
den festen Halt zu verlieren.
Nichts zu wagen bedeutet, sich selbst zu verlieren.*

Søren Kierkegaard

KAPITEL **EINS**

Mike May konnte mit seinem Leben rundum zufrieden sein, als er am 11. Februar 1999 im Ballsaal des Hotels St. Francis in San Francisco dem Podium zustrebte.

Man hatte den sechsundvierzigjährigen Geschäftsmann gebeten, den renommierten Kay-Gallagher-Preis für Verdienste bei der Arbeit mit Blinden zu überreichen. Im Jahr zuvor hatte er ihn selbst erhalten. Viele im Publikum kannten seine Geschichte: im Alter von drei Jahren durch einen Unfall erblindet, dreimaliger Goldmedaillengewinner in der Skiabfahrt bei den Paralympischen Spielen und derzeitiger Weltrekordhalter in dieser Disziplin, Unternehmer und im Begriff, ein tragbares GPS-System für Blinde auf den Markt zu bringen, Miterfinder des weltweit ersten Laser-Plattenspielers, Bewohner einer Lehmhütte in Ghana, Ehemann einer schönen blonden jungen Frau (sie war – in engem schwarzem Oberteil, kurzem schwarzem Rock und schwarzen hochhackigen Schuhen – ebenfalls anwesend), liebevoller Vater, ehemaliger Mitarbeiter der CIA.

Die Leute sahen zu, wie May nach vorn ging. Er bewegte sich mit ruhiger Würde, bewältigte mühelos den Hindernislauf zwischen den Speisetischen und Stühlen, lächelte Menschen im Vorbeigehen zu, schüttelte unterwegs Hände. Sein Gang verriet mehr als bloße Beweglichkeit; er schritt unbekümmert aus, seine Körpersprache war frei von unerfüllter Sehnsucht. Die meisten Menschen in diesem Raum hatten täglich mit Blinden zu tun; sie wussten, welchen Eindruck jemand vermittelte, der sich danach sehnte, sehen zu können. May machte den Eindruck eines Menschen, der genau das war, was er sein wollte.

Öffentliche Auftritte war er gewohnt, und stets begeisterte er seine Zuhörer mit dem, was er zu sagen hatte. Sehr oft aber fühlte sich auch jemand aus dem Publikum provoziert, und das geschah gewöhnlich immer, wenn er erklärte: »Mit Sehvermögen leben ist großartig. Aber ohne Sehvermögen leben ist es auch.« An dieser Stelle pflegte irgendjemand aufzustehen, anklagend den Finger zu erheben und zu sagen: »Das kann nicht sein!« oder »Sie stellen sich nicht den Dämonen in Ihrem Innern!« oder »Sie treiben Selbstverleugnung!« Sowohl Blinde als auch Sehende brachten solche Einwände vor. May blieb stets höflich und ließ die Betreffenden ausreden. Dann erwiderte er auf die ebenso entschiedene wie freundliche Weise, in der er seit seiner Kindheit sprach: »Ich will meine Sicht niemandem aufdrängen. Für mich jedenfalls ist das Leben großartig.«

An diesem Abend freilich ging es in seiner Ansprache nicht darum. Vielmehr verbreitete sich der hochgewachsene und gutaussehende May voller Begeisterung über den Preisträger, darüber, wie viel ihm selbst die Auszeichnung mit dem Gallagher Award bedeutet hatte, und über die Bedeutung der Blindenbetreuung. Er würzte seine Rede mit teils altbewährten, teils improvisierten Scherzen, die alle gut ankamen. Dann überreichte er dem Geehrten eine Plakette und einen Scheck und kehrte zu seinem Platz zurück. Als er sich hingesetzt hatte, sagte seine Frau Jennifer zu ihm: »Du hast mich zum Heulen gebracht. Du siehst in dem Anzug hinreißend aus. Das war eine sehr schöne Ansprache.«

May und Jennifer blieben die Nacht im Hotel. Normalerweise wären sie nach dem Aufwachen gleich zurück in ihr gut hundert Kilometer entfernt gelegenes Haus im kalifornischen Ort Davis gefahren, um sich wieder an die Arbeit zu machen. Aber Jennifer hatte Probleme mit ihren Kontaktlinsen und hatte sich deshalb bei einem Augenarzt in San Francisco angemeldet – nicht dem Arzt, zu dem sie gewöhnlich ging, sondern dem Ehemann einer Freundin vom College, der ihr kurzfristig einen Termin gegeben hatte. Obwohl May es eilig hatte, wieder in sein Büro zu Hause zurückzukehren, willigte er ein, Jennifer zu dem Arzttermin zu begleiten. Es war ein herrlicher Morgen – das Ehepaar schlenderte durch San Francisco und genoss das denkbar seltene Vergnügen, an einem normalen Arbeitstag in einem Straßencafé gemütlich zu frühstücken.

Die Praxis des Augenarztes lag in der Nähe, und so gingen May und Jennifer zusammen mit Mays Blindenhund, einem Golden Retriever namens Josh, zu Fuß die Post Street entlang. Jennifer versicherte ihm, die Untersuchung werde nicht länger als eine halbe Stunde dauern. May hatte seine Frau nie zu einem Besuch beim Augenarzt begleitet und war angenehm überrascht zu hören, dass sie so schnell wieder draußen sein würden.

Jennifer war vom Wartezimmer augenblicklich fasziniert. Als Innenarchitektin lebte sie in einer Welt der Farben und Strömungen; sie fing an, May den Raum zu beschreiben: wie die Stühle ausgerichtet waren, wie sich der zu den Untersuchungsräumen führende Flur verengte, die graubraune Tönung der Wand hinter der Sprechstundenhilfe – »die übrigens umwerfende Wangen hat«. May fand es aufregend, mit einer Frau verheiratet zu sein, deren Universum so vom Visuellen beherrscht war, und ihr leidenschaftliches Bemühen, ihn an allem teilhaben zu lassen, sogar an schönen Frauen, machte ihn glücklich.

Nach ein paar Minuten hieß Mike Carson, der Augenarzt, May und Jennifer willkommen und führte sie in ein Sprechzimmer. Er untersuchte Jennifer, nahm einige Messungen vor und erklärte, er werde ihr ein Rezept für neue Kontaktlinsen schreiben. May freute sich, dass die Sache so rasch über die Bühne gegangen war; so konnten sie früh genug nach Hause fahren, um ihre Söhne von der Schule abzuholen.

Carson beendete seine Notizen und schaltete das Licht ein. Er sah May ein paar Sekunden an, notierte noch etwas auf Jennifers Karteikarte und musterte May erneut. Er erkundigte sich, wann May zum letzten Mal beim Augenarzt gewesen sei.

»Das ist mindestens zehn Jahre her«, antwortete May.

»Das ist eine lange Zeit ohne Arztbesuch«, sagte Carson, »wie wär's, wenn ich mal nachschaue?«

»Sie wollen mich untersuchen?«, fragte May.

»Ganz kurz«, sagte Carson. »Ich will mich nur vergewissern, dass alles in Ordnung ist, wo Sie schon einmal hier sind.«

Nach kurzem Überlegen sagte May: »Klar, warum nicht?«

May und Jennifer wechselten die Plätze, sodass May jetzt auf dem Untersuchungsstuhl saß, dem Stuhl mit der Kinnauflage und dem Instrument, das wie ein Münzfernglas aussieht, einem Biomikroskop.

»Sie werden vermutlich feststellen, dass ich blind bin«, scherzte May.

Der Arzt beugte sich vor und sah sofort, dass May links ein blaues künstliches Auge hatte. Sein rechtes, natürliches Auge war fast undurchsichtig und völlig weiß, Folge einer dicken Vernarbung der Hornhaut. Keine Pupille und keine Farbe war zu sehen. Manche Blinde tragen eine dunkle Brille, um ein solches Auge zu verstecken, aber May hatte das nie als notwendig empfunden. Sein Augenlid hing ein wenig herunter, sodass es sein Auge weitgehend verdeckte; deshalb fühlte sich niemand davon abgestoßen.

Carson wechselte den Platz und setzte sich auf einen Hocker.

»Mike«, sagte er, »ich frage mich, ob Sie was dagegen hätten, wenn mein Kollege, Dr. Dan Goodman, Sie sich mal anschaute. Er ist einer der besten Augenärzte weit und breit. Ich glaube, das würde ihn interessieren.«

May wandte sich mit fragender Miene Jennifer zu. Ihr Gesicht hatte den gleichen fragenden Ausdruck.

»Schaden kann's ja wohl nicht«, meinte May.

Carson verließ den Raum. Einen Augenblick lang schwiegen beide. »Interessant«, sagten sie dann unisono.

Kurz darauf kehrte Carson mit seinem Kollegen zurück. Dr. Goodman, zweiundvierzig Jahre alt, stellte sich vor und wollte von May wissen, wie er sein Augenlicht verloren hatte.

»Es geschah durch eine von Chemikalien ausgelöste Explosion, als ich drei Jahre alt war«, erklärte May.

»Haben Sie einen Augenarzt?«, fragte Goodman.

»Er starb vor etwa zehn Jahren. Ich war seit dem Unfall bei ihm in Behandlung«, antwortete May.

»Was hat er Ihnen über Ihr Sehvermögen gesagt?«, wollte Goodman wissen.

»In meiner Kindheit hat er drei- oder viermal eine Hornhauttransplantation versucht«, berichtete May. »Sie sind alle fehlgeschlagen. Danach erklärte er mir, ich würde nie mehr sehen können. Er hatte einen ausgezeichneten Ruf als Augenarzt. Ich wusste, dass er recht hatte.«

»Wer war das?«, fragte Goodman.

»Dr. Max Fine«, erwiderte May.

Goodmans Augen leuchteten auf.

»Dr. Fine war eine Legende«, sagte er. »Ich habe viel von ihm gelernt. Ich durfte in jungen Jahren an Mittwochabenden zusammen mit ihm operieren. Er war einer der weltweit bedeutendsten Augenärzte.«

May und Goodman hingen eine Minute lang ihren Erinnerungen an Dr. Fine nach. Dann fragte Goodman: »Hätten Sie was dagegen, wenn ich mal einen Blick drauf werfe?«

»Ganz und gar nicht«, antwortete May.

Goodman verdunkelte den Raum, trat an May heran und schob mit Daumen und Zeigefinger das rechte Augenlid hoch. Die Sanftheit der Berührung verblüffte May. Goodmans Hand blieb bewegungslos, nicht das geringste Zittern war zu spüren. Diese

Art von Berührung kannte May nur von Dr. Fine, der sein Auge auf genau die gleiche Weise offengehalten hatte.

Goodman inspizierte Mays Auge. Er sah die massive Vernarbung der Hornhaut, eine typische Folge chemischer Explosionen. Er richtete den Strahl einer Pupillenleuchte auf das Auge, was May ganz schwach erkennen konnte (die meisten Blinden verfügen über eine gewisse Lichtwahrnehmung). Als Goodman die Hand vor Mays Auge hin und her bewegte, nahm May die Bewegung überhaupt nicht wahr. Goodman führte ein paar weitere Tests durch und blickte dann durch dasselbe Mikroskop, das Carson verwendet hatte. Es genügten wenige Augenblicke, um ihn erkennen zu lassen, dass May vollständig blind war.

Die Untersuchung dauerte vielleicht fünf Minuten. Goodman schaltete das Licht wieder an und brachte seinen Hocker auf Normalhöhe.

»Mike«, sagte er, »ich glaube, wir können Sie wieder sehend machen.«

May begriff die Worte nicht recht.

»Es gibt ein ganz neues und sehr selten angewandtes Verfahren der Stammzellentransplantation«, fuhr Goodman fort. »Es eignet sich nur für sehr wenige Falltypen. Aber zu denen zählen chemische Verbrennungen.«

Jennifer beugte sich vor. Sie war sich nicht sicher, auf wen sie den Blick richten sollte – auf Goodman oder ihren Mann. Was redete der Arzt da?

»Ungeachtet der starken Versehrtheit Ihrer Hornhaut sieht es so aus, als gäbe es gute Voraussetzungen für Sehvermögen in Ihrem Auge und als könne eine Stammzellentransplantation Erfolg bringen«, erklärte Goodman. »Ich habe dieses Verfahren vielleicht sechsmal angewandt. Die meisten Augenärzte auf der Welt haben es noch nie benutzt. Und ich kenne niemanden, der es bei einem Patienten versucht hätte, der schon so lange blind war, wie Sie es sind. Aber es könnte funktionieren.«

»Das klingt interessant«, sagte May. Mehr fiel ihm nicht ein.

»Sollten Sie interessiert sein«, erläuterte Goodman, »müssten Sie wiederkommen, um sich einem B-Scan zu unterziehen. Das ist ein Ultraschall, der speziell zur Untersuchung des Augenhintergrunds dient und mit dem festgestellt werden soll, dass keine krasse Pathologie oder Missbildung vorliegt. Aber wenn der B-Scan keine Auffälligkeiten zeigt, gibt es eine gute Chance, dass die Sache klappt.«

Was Goodman sagte, klang in Mays Ohren unwirklich. Mit Leib und Seele war er überzeugt davon, dass der Arzt, wenn er erst die Untersuchungen durchgeführt hatte, das Gleiche sehen würde wie einst Dr. Fine – einen nicht mehr zu kurierenden Patienten. Dennoch faszinierte ihn diese neue wissenschaftliche Entwicklung – noch nie zuvor war ihm der Begriff »Stammzellen« in Verbindung mit dem Sehvermögen begegnet –, und er dachte bei sich: Ich arbeite auf technischem Gebiet, und die Technik wandelt sich fortwährend. Warum soll sich nicht auch die Technik im Bereich des Sehvermögens weiterentwickeln?

»Ist die Operation kompliziert?«, fragte May.

»Die Stammzellentransplantation ist kompliziert«, erwiderte Goodman. »Sie selbst bringt keine Verbesserung des Sehvermögens. Aber sie legt den Grund für eine Hornhauttransplantation drei oder vier Monate später. Wenn alles nach Wunsch verläuft, bewirken die beiden Eingriffe zusammen eine Wiederherstellung des Sehvermögens.«

May gefiel, dass Goodman sachlich und nüchtern blieb und keinen Versuch unternahm, ihn für die Sache zu begeistern. Für Jennifers Gefühl stimmte etwas nicht. Sehen zu können war May bis dahin als ein Ding der Unmöglichkeit erschienen, nicht aus Unkenntnis des wissenschaftlichen Fortschritts, sondern aufgrund seiner Überzeugung, dass etwas Grundlegendes fehlte beziehungsweise irreparabel zerstört war.

Jennifer beobachtete Mays Reaktion. Er schürzte leicht die

Lippen und wandte den Kopf schräg nach rechts oben, wie er es immer tat, wenn er sich Gedanken über ein theoretisches Problem machte.

»Wenn es Ihnen recht ist, möchte ich mir die Sache durch den Kopf gehen lassen«, sagte May.

»Selbstverständlich«, erwiderte Goodman. »Lassen Sie sich Zeit. Rufen Sie meine Praxis an, falls Sie sich zu dem B-Scan entschließen. Hat mich gefreut, Sie kennenzulernen.«

Goodman schüttelte May und Jennifer die Hand. Und schon war er aus dem Zimmer verschwunden. Die Begegnung hatte nicht einmal zehn Minuten gedauert.

Nach dem Arzttermin gingen die beiden zurück zu ihrem Dodge Caravan, der immer noch in der Nähe des St. Francis stand. Die Sonne schien, die Luft war frisch, und Jennifer fühlte sich an die Zeit erinnert, als sie, jungverheiratet, in San Francisco lebten und kilometerweit zu ihrem Lieblingschinesen liefen, um sich dort etwas zum Mitnehmen zu bestellen und unterwegs ihre Zukunft zu planen.

»Haben Wyndham und du heute Abend Fußballtraining?«, fragte Jennifer, während sie die Türen des Dodge entriegelte.

»Nicht heute Abend«, antwortete May. »Gott sei Dank nicht. Ich bin mit einer Reihe von Geschäftsanrufen bereits im Verzug. Erstaunlich – gerade einmal einen Tag weg, und schon hat man das Gefühl, dass einem die ganze Welt entgleitet.«

Josh sprang ins Auto und setzte sich auf der Beifahrerseite zwischen Mays Füßen auf den Boden. Jennifer fand ihre Sonnenbrille, startete den Motor und fädelte sich in den Verkehr auf der Post Street ein. Wenn sie Glück hatten, konnten sie in anderthalb Stunden in Davis sein. May klappte sein Handy auf und fing an, mit Geschäftspartnern zu telefonieren, während er gleichzeitig darauf achtete, dass Jennifer die Abfahrt zur Fernstraße 80 nicht verpasste. Auch wenn May nicht sehen konnte, verfügte er doch in seinem Kopf über sehr genaue Lagepläne – eine Begabung, die zusammen mit seinen anderen Fähigkeiten viele Leute dazu brachte, in ihm eine Art blinden Superman zu sehen.

Als sie die Bay Bridge hinter sich hatten, entspannte sich das Paar ein wenig. Ein paar Kilometer lang schwiegen beide. Dann sagte Jennifer mit einem Blick zu May: »Also, das war faszinierend.«

»Das war es wirklich«, antwortete May. »Aber irgendwie klingt es nicht real, oder?«

Jennifer zögerte einen Moment. Sie hatte über die Konsequenzen von Goodmans Angebot noch nicht nachgedacht, aber so viel wusste sie: Es war etwas Wichtiges geschehen, und egal, was daraus folgte, eines war sicher – für ihren Mann bedeutete das Ganze ein gewaltiges persönliches Problem. Deshalb wollte sie nichts dazu sagen, wollte ihm Zeit lassen, es selbst zu überdenken. Gleichzeitig aber hatte sie das Bedürfnis, ihn reden zu hören.

»Also, mal angenommen«, sagte Jennifer schließlich, »und obwohl wir nicht einmal wissen, ob es überhaupt klappen könnte, aber gehen wir spaßeshalber mal davon aus, wie wäre das dann? Was würdest du gern sehen wollen?«

In den zwölf Jahren ihrer Ehe hatten sie niemals erörtert, wie es für May wäre, wenn er sehen könnte, nicht einmal auf die spielerische Weise, wie sie sich ausgemalt hatten, was sie mit einem Lotteriegewinn anfangen würden. Schon seit seiner frühen Kindheit hatte May nie über ein *Was-wäre-wenn* nachgedacht, was vielen von denen, die ihn kennenlernten, unfassbar erschien. Das Sehvermögen spielte in seiner Vorstellungswelt einfach keine Rolle. Schon Jennifers Frage klang in seinen Ohren wirklichkeitsfremd.

»Dr. Fine hat nie einen Zweifel daran gelassen, dass ich zu meinen Lebzeiten nie mehr würde sehen können, und wahrscheinlich ist das auch so«, sagte May. »Aber mal spaßeshalber angenommen …«

Jennifer wandte den Blick nicht von der Straße.

»Ich glaube, ich würde gern Landschaften sehen, besonders in Kirkwood«, erklärte er, womit er den Ort meinte, in dem die Familie vorzugsweise ihre Skiferien verbrachte. »Und ich würde gern schöne Frauen sehen.«

»Das ist mir klar«, sagte Jennifer. »Diese Sachen spuken dir ja sowieso ständig im Kopf herum.«

»Landschaften und Frauen sind zwei Dinge, die ich liebe, auch wenn ich nicht losziehen und sie berühren kann. Und es ist einfach nicht möglich, sie hinreichend zu beschreiben. Man muss sie mit den Augen berühren können, um sie ganz zu würdigen.«

»Wo könntest du wohl schöne Frauen sehen – abgesehen natürlich von der Möglichkeit, die dein eigenes Zuhause dir bietet?«, wollte Jennifer wissen.

»In Saint-Tropez. Wo die Oben-ohne-Strände sozusagen auf mich warten.«

»Ich brauch auch Sonne«, sagte Jennifer. »Was dagegen, wenn ich mitkomme?«

»Wenn dich mein Gaffen nicht stört?«

»Du gaffst, seit ich dich kenne. Was sonst noch?«

May überlegte weiter. Er erklärte Jennifer, er würde vielleicht gern den Eiffelturm oder die Freiheitsstatue oder die Galápagos-Inseln sehen, alles Orte, die er schon besucht hatte. Auf jeden Fall die Golden Gate Bridge.

Jennifer nickte und steuerte das Auto vorbei an hügeligem Gelände und an langgestreckten Shopping Malls. Eine Zeitlang blieben beide stumm und begnügten sich damit, sich abwechselnd an die neue Vorstellung heranzutasten und wieder Abstand davon zu nehmen. Schließlich wollte Jennifer wissen, ob er wohl gern ihre beiden Söhne sehen würde.

»Selbstverständlich würde ich das gern«, antwortete May. »Ich würde liebend gern diese Erfahrung mit ihnen teilen – es wäre, als beträte ich gemeinsam mit ihnen den Mond. Aber interessant ist, Jen: Wenn ich mir vorstelle, dass ich sie sehen könnte, glaube ich doch nicht, dass ich etwas anderes als jetzt schon wahrnehmen würde. Meinem Gefühl nach weiß ich haargenau, wie die Jungs aussehen, nicht nur körperlich, sondern wie sie in ihrem ganzen Wesen sind. Daran kann auch der Gesichtssinn nichts ändern. Das klingt merkwürdig, nicht wahr? Die Fähigkeit zu sehen könnte meine Liebe zu den Kindern oder mein Gefühl für sie kaum noch bereichern.«

Ein paar Sekunden lang herrschte Stille im Wagen.

»Und natürlich empfinde ich dir gegenüber genauso«, sagte May. »Ich kenne dich bereits.«

»Was, wenn dir nicht gefiele, wie ich aussehe?«, fragte Jennifer.

»Du bist bildschön«, erwiderte May. »Ich weiß ganz genau, wie du aussiehst. Was könnte ich sehen, was ich nicht jetzt bereits sehe? Du bist umwerfend.«

Eine Zeitlang schwiegen May und Jennifer. Auf halbem Weg verständigten sie sich darüber, dass sie hungrig waren, und überlegten, ob sie anhalten und zu Mittag essen sollten. Doch dann entschieden sie sich dafür, keine Zeit zu verlieren, um rechtzeitig zum Schulschluss nach Hause zu kommen und die Kinder von der Schule abholen zu können.

»Soso, Saint-Tropez«, sagte Jennifer.

May lachte. Während Jennifer an der Ausfahrt Davis die Fernstraße verließ, erzählte sie ihrem Mann von einem neuen Kunden, den sie gewonnen hatte, und hörte sich an, welche neue Route nach Kirkwood er sich ausgedacht hatte. Er genoss diese Stunde mit seiner Frau. Sie hatte kein Wort über die Unzahl von praktischen Vorteilen verloren, die es ihr brächte, wenn er sehen könnte – dass er dann in der Lage wäre, Auto zu fahren, zu tanken, seine Post selbst zu lesen, die Wäsche zu sortieren, Einkäufe zu machen.

»Einmal die landschaftliche Schönheit von Kirkwood sehen zu

können – stell dir das vor«, sagte May. »Das war heute wirklich ein interessanter Tag.«

Jennifer bugsierte ihren Van in die Doppelgarage ihres geräumigen Hauses, das an der Biegung einer der schattigen Straßen der kleinen Stadt lag, die allesamt Baumnamen trugen.

Drinnen bedankte sich das Ehepaar bei Jennifers Mutter, die sich um den fünfjährigen Wyndham und den siebenjährigen Carson gekümmert hatte, und verabschiedeten sich von ihr mit einem Kuss. May warf Josh im Hof einen Tennisball zu, machte sich ein Sandwich und setzte seine geschäftlichen Telefonate fort. Als die letzte Schulstunde zu Ende ging, legte er Josh das gelbbraune Ledergeschirr an und machte sich auf den Weg, um die Jungen abzuholen. Kinder riefen: »He, Mr. May! Dürfen wir Josh streicheln?« Wie stets antwortete er: »Klar doch, Tyler« oder »Bist du das, Emily?« Auf dem Heimweg versuchten sich Wyndham und Carson bei der Schilderung der Käfer zu übertreffen, die sie während der Schulpause gefunden hatten.

Den Rest des Tages verbrachte May wie immer: Er erledigte Geschäftsanrufe, machte Ringkämpfe mit den Jungen, betastete einen neuen Stoff, den Jennifer für einen Kunden ausgesucht hatte, entwarf einen Geschäftsbrief, wusch ab, erzählte Gutenachtgeschichten. Seit der Rückkehr von seiner Begegnung mit Dr. Goodman waren zehn Stunden vergangen, in denen er kein einziges Mal an die Wiederherstellung seiner Sehkraft gedacht hatte.

Für May kehrte das Leben rasch in seine gewohnten Bahnen zurück. Den ersten Platz nahm in seinem Kopf das Unternehmen ein, das er ins Leben gerufen hatte. In einem gewagten Entschluss hatte er seine leitende Stellung in einem großen auf Regelungstechnik spezialisierten Betrieb gekündigt, um ein tragbares GPS-System für Blinde – das erste seiner Art – zu entwickeln, herzustellen und auf den Markt zu bringen. Der Kunde brauchte nur Mays Empfangsgerät und Abbildungs-Software an einen Laptop auf seinem Rücken anzuschließen, und schon konnte er sich in das globale System der die Erde umkreisenden Ortungssatelliten einklinken. Ein Knopfdruck genügte, und er empfing in Echtzeit detaillierte Anweisungen, um an jeden beliebigen Ort zu gelangen: nach Hause, zu seiner Arbeitsstelle, in den Lebensmittelladen, ins Restaurant, in den Park, ins Café – egal, wohin. May sah in seinem Produkt etwas Befreiendes. Es gab den Blinden eine Art Sehvermögen.

Aber er musste die Sache finanzieren, und deshalb spielte die Suche nach möglichen Investoren eine große Rolle in Mays Tagesablauf. Er hatte alles auf seine (noch namenlose) Firma gesetzt und hielt Unternehmen und Familie aus seinen Ersparnissen über Wasser. Weder er noch Jennifer besaßen Vermögen, und das bedeutete, dass ihm vielleicht ein Jahr blieb, um das Unternehmen aufzubauen. Falls ihm das bis dahin nicht gelang, würde er ins Angestelltendasein zurückkehren müssen. Die Beschränkungen, die mit einer Anstellung einhergingen, waren May aus tiefster Seele zuwider.

Er arbeitete achtzehn Stunden am Tag und testete das GPS in Davis auf dem Weg von einem Café zum anderen, auf der Fähre nach San Francisco, in Flugzeugen, wo sich sein Sitznachbar in den Kabeln des Geräts verhedderte. In Anaheim scheuchte er eine Gruppe Blinder, die sich sonst mit Hilfe des Stockes bewegten, von ihrem Hotel nach Disneyland. Auch wenn er unterwegs haltmachen musste, um einige Drähte, die sich gelöst hatten, wieder anzulöten, war es doch ein Erfolg. May glaubte an sein Produkt.

Und es war ihm möglich, seine Arbeit zu Hause zu erledigen – ein Segen, weil er sich so seinen sehnlichen Wunsch erfüllen und genügend Zeit mit seiner Familie verbringen konnte.

Als Wyndhams Fußballcoach noch vor dem ersten Training der Mannschaft ausstieg, versammelten sich die Eltern im Haus der Familie May, um zu beratschlagen, wie es weitergehen sollte. Er erklärte sich bereit, die Mannschaft zu trainieren, die praktischen Übungen eingeschlossen, und versprach, ihnen umgehend die Terminpläne für das Training zu mailen. Die Eltern klatschten Beifall. Als May beim Schluss des Treffens aufstand und nach seinem Blindenstock griff, fragten ein paar von den Müttern: »Warten Sie mal – sind Sie etwa blind?« – »Stimmt genau«, sagte May.

Er ließ Angriffs- und Ausweichmanöver üben, stellte in zumeist symmetrischer Feldformation orangefarbene Kegel auf und brachte den Fünfjährigen bei, in Formation auf das richtige Tor zuzulaufen. Seine Geschichten davon, wie er im College Fußball gespielt hatte, fanden sie toll; zum Beispiel wie er die gegnerische Mannschaft dazu gebracht hatte, eine Halbzeit lang mit seinem piepsenden Ball zu spielen, und wie er sich eine blutige Nase geholt hatte, als der lautlose Ball ihn im Gesicht getroffen hatte.

Viele der Teilnehmer am Training kannten May von der Schule. Jedes Jahr besuchte er mit Josh Schulklassen in der Umgebung, um den Kindern zu erzählen, wie es ist, wenn man nicht sehen kann. Er genoss ihre Fragen: Können sich Ihre Kinder Sachen erlauben, weil sie von Ihnen nicht gesehen werden? *Nein, ich habe geheime Methoden, sie daran zu hindern. Aber sie versuchen's immer wieder.* Haben Sie nach Ihrem Unfall geblutet? *Ich war blutüberströmt.* Als Sie Bill Clinton trafen, woher wussten Sie, dass er es wirklich war? *Ich habe ihn gebeten, was zu sagen, damit ich sicher sein konnte.* Er führte seine Sprechapparaturen mit den Roboterstimmen vor, stellte ein Stuhllabyrinth auf, um zu zeigen, wie er gemeinsam mit Josh imstande war, im Zickzackkurs hindurchzulaufen, und prägte den Namen jedes Kindes in Blindenschrift auf eine Karte, die sie mit nach Hause nehmen durften. Carson und Wyndham waren überzeugt, den coolsten Vater weit und breit zu haben. Das Ehepaar hatte den Kindern nicht beizubringen versucht, stolz auf May zu sein. »Sie sind es einfach«, erklärte Jennifer den Leuten.

In die Zeit, die ihm zwischen Arbeit und Kindererziehung blieb, presste May den Rest seines erfüllten Lebens. Vieles ermöglichte ihm dabei seine außergewöhnliche Fähigkeit, sich in der Welt zu bewegen. Oft beobachteten Menschen mit normalem Sehvermögen, wie er unbeschwert und sicheren Schrittes durch einen Speisesaal, eine Flughafenhalle oder ein ihm unbekanntes Haus ging, und wollten nicht glauben, dass er nicht sehen konnte. Manche sagten es ihm sogar ins Gesicht. In verständlichen Worten zu erklären, wieso er diese Fähigkeit besaß, fiel ihm nicht leicht.

Zum Teil entsprang sie seinem hochentwickelten Sinn für Echoeffekte. Im Lauf der Jahre hatte er gelernt, Stimmen und die Geräusche von Schritten oder Gehstöcken nach Maßgabe der Dinge und Räume, die sie reflektierten, zu unterscheiden. Die Informationen, die er auf diesem Weg erlangte, waren so subtil, dass sie sich ihm entzogen, wenn er darüber nachdachte. Viele Blinde können mit der Echoortung nichts anfangen – manche hören die Echos nicht, andere weigern sich, ihnen zu trauen. May verfügte über ein natürliches Gespür für Echos.

Auch die Raumwahrnehmung und das Gedächtnis für Räume spielten eine entscheidende Rolle. Während May sich an einem Ort bewegte, egal, ob es das Speisezimmer eines Freundes oder ein New Yorker Bahnhof war, nahm sein Geist die relative räumliche Lage von Hindernissen, Öffnungen und Durchgängen auf und vereinigte die Informationen dann in seinem Kopf zu Lageplänen, die er sich nach Belieben in Erinnerung rufen konnte. Diesen Sinn fürs Räumliche – sowie die Fähigkeit, ihn spielend in Gedächtnisleistungen umzusetzen und so nutzbar zu machen – schrieb er seiner lebenslangen sportlichen Betätigung zu.

Außerdem war May ein Meister im Umgang mit seinen zwei wichtigsten Mobilitätshilfen – dem Stock und dem Hund. Wenige Blinde verwenden beides, wohingegen May dem einen wie dem anderen viel abgewann. Der Blindenstock ließ sich einfacher verwenden und musste nicht gefüttert werden; aber im Gedränge versagte er, und Hindernisse in Kopfhöhe, die erklärten Feinde der raschen und freien Bewegung, entgingen ihm. Der Hund ließ sich schwer ins Ausland mitnehmen und musste auf Geschäftsreisen gefüttert und ausgeführt werden, aber er nahm Hindernisse in Kopfhöhe wahr, konnte sich rasch durch Gedränge bewegen und leistete einem Gesellschaft. Im Jahr 1999 benutzte in den Vereinigten Staaten die weit überwiegende Mehrheit der 1,3 Millionen registrierten Blinden den Stock, während sich nur siebentausend von einem Hund führen ließen.

Mays Geschicklichkeit in Sachen Mobilität erleichterte ihm den Zugang zur Welt. Aber was ihn in ihr heimisch werden ließ, war seine innere Einstellung. Um dorthin zu gehen, wo er hingehen wollte – nämlich überallhin –, musste man sich auch verirren können, für viele Blinde eine schreckliche Vorstellung. Für May gab es nichts Schöneres, als nicht mehr zu wissen, wo er sich befand. »Ich bin sehr neugierig«, erklärte er den Leuten. »Wenn ich mich verirre, habe ich nicht das Gefühl, dass mir etwas Schlimmes widerfährt. Es gehört dazu, wenn man Neues entdecken will.« Als er gefragt wurde, warum er sich so gut darauf verstehe, mit dem Blindenstock auf Reisen zu gehen, meinte er, entscheidend sei nicht der Blindenstock, sondern seine Neugier.

Wochen waren seit Mays Begegnung mit Goodman vergangen, und er hatte über das Angebot des Arztes noch immer nicht groß nachgedacht. Ab und zu brachte Jennifer das Thema Sehvermögen zur Sprache, und die Art, wie sie das tat, schätzte May sehr. Ihre Fragen verrieten keine Ungeduld, hatten nichts unterschwellig Drängendes. May gestand Jennifer, dass er sich mit Goodmans Angebot noch nicht weiter beschäftigt habe. Er finde, sagte er ihr, dass er auch so bereits ein gutes, abwechslungsreiches und erfülltes Leben führe. Und das blieb der Stand der Dinge, während der Winter dem Frühling wich.

Im Lauf der Monate freilich stellte sich bei May das Gefühl ein, es sei nicht mehr zu verantworten, die Frage derart auf die lange Bank zu schieben. Er konnte sich der Tragweite von Goodmans Angebot nicht verschließen, und ihm war klar, dass er es ernsthaft in Betracht ziehen sollte. Er begann, sich Gedanken darüber zu machen.

Er versuchte, sich ein Leben als Sehender vorzustellen. Aber immer wieder kehrten seine Gedanken zu dem Leben zurück, das er jetzt führte, seinem wirklichen Leben. Er hatte alles auf sein Unternehmen gesetzt, das sich im entscheidenden Stadium befand und seine volle Konzentration verlangte; schon ein einziger falscher Schachzug konnte das Projekt um seinen Halt und zum Scheitern bringen. Nachdem seine Ehe vor nicht allzu langer Zeit in ähnlich angespannten Situationen zweimal auf des Messers Schneide gestanden hatte, war sie jetzt geprägt von Harmonie und Zuversicht. Er konzentrierte sich darauf, seine Kinder großzuziehen und teilzuhaben an den großen und kleinen Ereignissen in ihrem Leben, die nur allzu rasch vorüberzogen.

Er versuchte, sich vorzustellen, was ihm die Sehkraft Neues bieten konnte. Auch jetzt schon vermochte er sich praktisch ungehindert zu bewegen – und er liebte es, auf Abenteuerfahrt zu gehen. Er konnte bereits alles machen, wonach ihm der Sinn stand – manchmal besser als Leute mit Sehvermögen. Und er war nach wie vor überzeugt davon, dass er Jennifer und seine Söhne im eigentlichen Sinne des Wortes sah – in jenem Sinne nämlich, der darauf abzielt, dass man einen anderen Menschen wirklich kennt, dass man an seine Seele rührt.

Die Sehfähigkeit hatte nichts Anziehendes für May. Er wusste, dass für die meisten Menschen ein Blinder, der vom Sehvermögen nichts wissen wollte, ein Unding war. Er aber stellte folgende Überlegung an: Was, wenn ein Mensch mit Sehkraft ein neues Sinnesvermögen angeboten bekäme? Was, wenn man ihm die Fähigkeit anböte, die Zukunft vorauszusagen? Zuerst würde ihn die Aussicht vielleicht faszinieren. Aber wenn er bereits ein erfülltes und sinnvolles Leben führte, wäre er dann wirklich interessiert daran? Würde nicht vielleicht dadurch sein glückliches Leben gestört und durcheinandergebracht? Und was, wenn sich herausstellte, dass die neue Gabe ganz und gar nicht dem entsprach, was er sich von ihr erwartet hatte? May fragte sich, wie viele Menschen, die im Leben glücklich waren, mitmachen würden, wenn man ihnen eine Kristallkugel oder einen sechsten Sinn oder die Fähigkeit, die Gedanken anderer zu lesen, bot. Wie viele von ihnen wären einverstanden mit dem neuen Vermögen? Das waren Mays Empfindungen, wenn er über die Möglichkeit, sehen zu können, nachdachte. Auch ohne Sehkraft war sein Leben bereits vollkommen.

Und doch ertappte sich May in den Pausen, die ihm der Tag ließ, immer wieder bei dem Gedanken, wie es wohl wäre, wenn er sehen könnte. Es kam vor, dass er einen von Jennifers Stoffen betastete und dachte: Was wäre wohl meine Lieblingsfarbe? Während er mit seinen Söhnen Korbwürfe übte, überlegte er, ob er die beiden auf Anhieb erkennen würde. In dem Café in der Nachbarschaft, in dem er so gern den munteren Gesprächen der Frauen und dem Klicken ihrer hochhackigen Schuhe lauschte, fragte er sich: »Würde ich dann immer noch auf Blond stehen?«

May blieb weiter auf seine Arbeit und seine Familie konzentriert. Beides war ihm zu dieser Zeit zu wichtig, um sich davon ablenken zu lassen. Trotzdem beschäftigte ihn, wenn er über die Golden Gate Bridge fuhr, der Gedanke: »Was würde ich schön finden?« Beim Gang durch den Park fragte er sich: »Was würde mir vertraut vorkommen?« Während er sich im Badezimmer rasierte, ging ihm durch den Kopf: »Würde ich mir ähnlich sehen?«

Und er dachte an den roten Hut.

Als er noch ganz klein war, unmittelbar vor seinem Unfall, hatte ihn sein Vater zur Rotwildjagd mitgenommen, zu einem geheimnisvollen Abenteuer, bei dem man vor Morgengrauen aufstehen, Waffen tragen und, um gut sichtbar zu sein, einen leuchtend roten Hut aufhaben musste, den man aus weiter Ferne sehen konnte. Das war die früheste Erinnerung. Seit dem Verlust seines Augenlichts hatte May immer das Gefühl gehabt, dass er ganz nahe daran war, diesen roten Hut im Geist sehen zu können; er entzog sich stets nur um Haaresbreite seinem Zugriff – war da und doch nicht da. Und May fragte sich: »Würde ich diesen roten Hut sehen können, wenn ich die Sehkraft wiederbekäme?«

Eines Abends im August, nachdem die Jungs gebadet und ins Bett gebracht waren, saßen Jennifer und May in Gartenstühlen unter dem Orangenbaum in ihrem Hof. Sie hatte ihn selten danach gefragt, was er von der Aussicht, wieder sehen zu können, hielt. An diesem Abend aber wollte sie es wissen.

»Also, wie ist der Stand bei dir?«, fragte sie. »Denkst du darüber nach?«

»Ja, das tue ich tatsächlich«, antwortete May. »Jedes Mal frage ich mich, ob mein Leben sich wirklich ändern würde, wenn ich sehen könnte. Und jedes Mal ist die Antwort die gleiche: Ich glaube nicht, dass es der Fall wäre. Mein Leben ist bereits so erfüllt. Ich brauche das nicht. Ich habe nicht das Gefühl, dass mir etwas fehlt.«

Eine Minute lang schwiegen sie beide. Dann beugte sich Jennifer vor, küsste ihren Mann auf die Wange und sagte: »In Ordnung.«

Der Sommer brachte May noch mehr Arbeit. Er verstärkte seine Bemühungen um Investoren, fuhr mit seinen Söhnen zu Baseballspielen, kümmerte sich um seinen Vater, dem es nicht gut ging. Er hatte weniger Zeit denn je, über das Thema Augenlicht nachzudenken. Und doch ließ etwas an der Sache ihn nicht los. Er konnte nicht genau sagen, was es war. Aber er spürte, dass es mit seiner Vergangenheit zusammenhing.

KAPITEL **ZWEI**

An einem sonnigen Morgen im Jahr 1957 schickte Ori Jean May zwei ihrer Kinder, die vier Jahre alte Diane und den dreijährigen Mike, zum Spielen hinaus, während sie den Abwasch erledigte und die drei Monate alte Therese fütterte. Die Familie May war vor kurzem nach Silver City in New Mexico gezogen, wo Bill May eine Stelle als Industrietechniker angetreten hatte.

Mike und Diane beschlossen, Sandkuchen zu backen. Mike brauchte eine Backform und ging in die alte Garage der Familie, die vollgestopft war mit verbogenen Regalen, spinnwebüberzogenen Behältern und altersschwachen Werkzeugen. Dass sich nichts ohne weiteres erreichen ließ, war ganz nach seinem Geschmack. Mike kletterte die Dachsparren hoch und fand ein Literglas, wie geschaffen für Sandkuchen; es war allerdings gefüllt mit einem harten, eingetrockneten Pulver, von dem es gesäubert werden musste. Er brachte das Glas zu einem Wassertrog aus Beton in der Nähe der Garage und tauchte es unter. Eine Gaswolke stieg auf. Nebenan brannte ein Abfallhaufen.

Drinnen im Haus trocknete Ori die letzten Teller ab. Einen Augenblick später hörte sie etwas explodieren. Sie rannte in den Hof und sah Mike auf dem Boden liegen, blutüberströmt und mit Glassplittern übersät. Er befand sich im Schockzustand und wimmerte. Diane saß benommen, aber unverletzt da. Ori Jean hob ihren Sohn auf und lief ins Haus, wo sie ihn in eine Decke einwickelte und hektisch nach Hilfe telefonierte. Mikes Verletzungen taten ihm nicht weh. Am liebsten hätte er sich einfach verkrochen.

Ori Jean bat eine Nachbarin, aufs Baby aufzupassen, schnappte sich dann Diane und folgte dem Krankenwagen die gut zwanzig Kilometer zur nächsten Klinik; ihre Ängste verdrängte sie, damit sie sich auf die Straße konzentrieren konnte. Notfallärzte drängten sich um Mike. Durch Wunden im Gesicht, am Hals, an den Armen, am Bauch, an allen möglichen Stellen hatte er große Mengen Blut verloren. Wichtige Adern in seinen Handgelenken wiesen Schnittwunden auf. Ein Arzt kam zu Ori Jean in den Warteraum. Er erklärte ihr, Mike werde sterben.

Ori Jean flehte zu Gott: »Bitte, lass ihn leben, bitte lass ihn am Leben. Nimm mich stattdessen. Mach mit mir, was du willst. Alles ist mir recht, wenn du nur den Kleinen leben lässt.«

Die Ärzte arbeiteten pausenlos. Das Personal bemühte sich verzweifelt, einen Hubschrauber aufzutreiben, der ihn zu Spezialisten ins texanische El Paso transportieren konnte. »Wir denken nicht, dass er es schaffen wird«, erklärten sie Ori Jean, die das einfach nicht glauben konnte. Mike war kurz zuvor noch in der Küche herumgetollt und hatte an einer Leine, die aus einem Stück Faden bestand, seine Tarantel spazieren geführt. *Dieser Junge stirbt nicht, dieser Junge ist ständig in Bewegung, lacht und erzählt Witze, aber er stirbt nicht.* Ein Hubschrauber landete. Jemand fuhr Ori Jean die 220 Kilometer nach El Paso, eine entsetzliche Tour, eine endlose Fahrt – kein Laut außer dem Geräusch der Reifen auf dem brennend heißen Asphalt und ihren gemurmelten Gebeten. Im Hubschrauber spürte der fest in Decken eingewickelte Mike, wie durch das Fenster die Sonne sein Gesicht in warmem Licht badete.

Mike befand sich noch im Operationssaal, als Ori Jean in El Paso eintraf. Sie wartete stundenlang. Die Ärzte rieten ihr, sich auf den Abschied von ihrem Sohn vorzubereiten. Weitere Stunden vergingen. Schließlich überbrachte ein Chirurg die Nachricht. Sie hätten fünfhundert Stiche gebraucht, um Mikes Wunden zu nähen. Seine Augen seien schwer geschädigt. Aber er würde überleben. Das mit den Augen ließ Ori Jean nicht verzweifeln. Nur dass Mike am Leben war, zählte.

Mike blieb drei Monate lang im Krankenhaus, mit Ori Jean an seiner Seite. Das Gesicht, der Kopf und der abgemagerte Körper waren dick bandagiert; durch seinen Schock bekam er gar nicht mit, dass er nicht sehen konnte. Bill May gab sich die Schuld an dem Unfall. Bei dem Pulver im Glasbehälter hatte es sich um Kalziumkarbid gehandelt, eine Chemikalie, die mit Wasser heftig reagiert und das explosive Gas Acetylen erzeugt. Hätte er doch nur die Garage ausgeräumt, als die Familie eingezogen war.

Die Ärzte erklärten Ori Jean, es könne ein Jahr dauern, bis Mike sich erholt habe. Und sie teilten ihr mit, dass er blind war. Zu Hause stellte sie für ihn ein Kinderbett in ihrem Schlafzimmer auf; ständig redete sie mit ihm und streichelte ihn und versicherte ihm, wie glücklich sie alle seien. Sie wechselte täglich seine Verbände und las ihm stundenlang vor.

Eine Sozialarbeiterin riet Ori Jean, sich um Blindenschulung und Bewegungstraining für Mike zu kümmern und selbst Unterricht zu nehmen, um zu lernen, wie man mit einem blinden Kind umgeht. Ein Arzt empfahl ihr, Mike in ein Blindenheim zu geben und dort aufwachsen zu lassen. So pflegte man in den fünfziger Jahren mit blinden Kindern zu verfahren.

Ori Jean freilich wollte davon nichts wissen.

Ori Jean James war abenteuerliche Verhältnisse gewohnt. Ihre Eltern hatten 1922 Texas den Rücken gekehrt und waren nach Chile ausgewandert, wo ihr Vater einen Viehhandel aufbaute. Mit Rindern kannte er sich aus. Als 1928 Ori Jean geboren wurde, war ihr Vater bereits wohlhabend. Die Chilenen hegten tiefe Bewunderung für ihn. Was sie ansprach, war jedoch weniger sein Geld als vielmehr seine Persönlichkeit.

Origen James (nach dem Ori Jean benannt war) stürzte sich Hals über Kopf in die chilenische Kultur. Er tanzte die *Cueca* ebenso gewandt wie die Einheimischen, sprach hervorragend Spanisch und passte sich mit seiner Familie den Sitten des Landes an. Allen Erzählungen und Warnungen trotzend, ritt er auf der verrufenen Straße von Rancagua nach Santiago und wurde unterwegs im Gebirge von Banditen gekidnappt, die ihm rieten, mit dem Leben abzuschließen. Als einer der Banditen ihn im Schutz der Nacht freiließ, versprach Origen dem Mann eine lebenslange Anstellung – und hielt sein Versprechen. Wochen später legte er auf demselben Pferd dieselbe Strecke zurück und erreichte sein Ziel. Ori Jean ließ sich diese Geschichte wieder und wieder von ihm erzählen.

Diese Neugier entzückte Ori Jeans Eltern. Wenn sie für ihre Kinder etwas wünschten, dann den Sinn fürs Abenteuer und den Drang, die Welt zu erforschen. Die Familie hatte Bedienstete, Köche und Hausmädchen. Aber die Vorstellung, das Leben an sich vorbeiziehen zu lassen, anstatt es einfach nur in vollen Zügen auszukosten, war im Haus der Familie James zutiefst verpönt. Menschsein bedeutete neugierig sein.

Und Ori Jean war neugierig. Sie begleitete ihren Vater auf Campingfahrten über die Anden nach Argentinien, wo sie das zu den Kamelen zählende Guanako schossen, Nandus jagten und sich mit Hilfe der Sterne orientierten. In den riesigen, *Penitentes* genannten Labyrinthen aus Eis und Schnee, die Ori Jean erforschte, verirrte sie sich. Sie ritt allein auf ihrem Pferd in dasselbe gebirgige Banditengebiet, in dem ihr Vater gekidnappt worden war.

Als Origen den Viehhandel aufgeben musste, suchte er nicht Zuflucht in den sicheren Gefilden der USA und begann auch nicht, für befreundete Konkurrenten zu arbeiten, sondern schuf aus dem Nichts ein neues, noch größeres und profitableres Unternehmen. Die Familie lebte weiter dort, wo sie hingehörte, in den Bergen eines Landes, das keine Grenzen zu kennen schien. Der Gedanke, dass es keine Grenzen und immer einen Weg gab, faszinierte Ori Jean. Es bedeutete, dass ihr alles offenstand.

Mit achtzehn kehrte sie in die Vereinigten Staaten zurück, um an der University of Texas zu studieren. Irgendwie hatte sie das Gefühl, davonzulaufen. Während eines Besuchs bei ihrer Schwester in Colorado lernte sie einen hochgewachsenen, gutaussehenden Studenten der Ingenieurswissenschaften kennen, der an der University of Colorado studierte. Bill May hatte bereits eine Anstellung beim staatlichen Raketenprogramm in Aussicht, eine Ehre, die nur einem auserlesenen Kreis zuteil wurde. Er studierte Industrietechnik.

Ori Jean und Bill verliebten sich und heirateten. 1967 hatte das Ehepaar bereits drei Kinder, und die ganze Welt stand ihm offen. In Chile erkrankte Ori Jeans Vater lebensbedrohlich. Er erlitt einen Herzanfall und bekam von den Ärzten gesagt, er dürfe nicht mehr aufs Pferd steigen. »Wenn ich so leben muss, dann ist das kein Leben mehr«, verkündete er ihnen. Er ritt auch weiter aus, hoch hinauf in die Berge. Vor jedem Ausritt küsste ihn seine Frau. Ori Jean erklärte ihm, sie bewundere seine Art zu leben. Kurz darauf starb er im Alter von zweiundsechzig. Das war im selben Jahr, in dem Ori Jeans Sohn Mike das Augenlicht verlor.

Mikes körperliche Wiederherstellung brauchte fast ein Jahr. Als die Sozialarbeiterin zu Besuch kam, erklärte ihr Ori Jean, sie wolle Mike in die kommunale Vorschule schicken und ihn am normalen Leben teilnehmen lassen. Die Frau gab behutsam zu bedenken, dass Mike ja blind sei, und wollte wissen, an welche normalen Lebenstätigkeiten Ori Jean denke. »An alle«, antwortete sie.

Zu Hause kletterte Mike aus seinem Bett und hinein in seine neue Welt. Sie erschien ihm nicht schwarz – an die Farbe Schwarz erinnerte er sich. Vielmehr sah sie nach nichts aus, nach dem Raum, der direkt hinter dem Kopf lag. Er kletterte auf Küchentische, zwängte sich durch Fenster, rannte Flure entlang, in denen Spielzeug verstreut lag, führte ein unablässiges Ballett aus Stolpern und Anecken auf und merkte es kaum, weil er so begierig danach war, den Ort zu wechseln. Dass er nicht sehen konnte, befremdete Mike nicht; in seiner Selbstwahrnehmung war der Vierjährige ganz und gar er selbst.

Die Vorschule wollte Mike nicht aufnehmen. Was, wenn er sich verletzte? Was, wenn er nicht mithalten konnte? Alles Mögliche konnte passieren! Ori Jean erklärte ihnen, sie übernehme die Verantwortung, und zwar für alles und jedes, solange sie nur zuließen, dass Mike den Versuch unternehmen durfte.

Am ersten Vorschultag setzte sie ihrem Sohn eine Sonnenbrille auf und machte für ihn eine Tüte mit Pausenbrot zurecht. Die Brille war bereits Mikes zehnte; die anderen hatte er zerbrochen, weil er gegen Hindernisse gerannt war. Ori Jean band ihm die Schuhe, gab ihm einen Kuss und schickte ihn und die fünfjährige Diane zur Bushaltestelle. Sie gingen Hand in Hand und kickten unterwegs Steine.

Mike kletterte in den Bus, aber als er sich hinsetzen wollte, stand er falsch und plumpste auf den Boden. Einen Augenblick lang lag er benommen da. Als er den Sitzplatz fand, dachte er: »Wenn ich sehen könnte, hätte ich bestimmt gewusst, wie ich mich hinsetzen muss.« Fünfzehn Monate waren seit seinem Unfall vergangen, und er hatte zum ersten Mal über Blindheit nachgedacht.

Beim Appell zu Beginn des Schultages forderte die Erzieherin die Kinder auf, sich mit dem Gesicht zum Fahnenmast hin aufzustellen. Mike wollte fragen: »Wie muss ich da stehen?« Er schwieg aber und versuchte, sich an der Richtung der Stimmen zu orientieren. Auf der Toilette konnte er das Waschbecken nicht vom Urinbecken unterscheiden und pinkelte hinein. Im Schulhof lief er vor eine Schaukel mit wild schaukelnden Kindern. Ein Fuß knallte gegen seinen Mund und warf ihn auf den Rücken.

Er weinte nicht. Er dachte nur: »Wo kam das her?« Zu Hause hörte sich Ori Jean Mikes Schilderung seines ersten Tages in der Vorschule an. Das klinge ja alles toll, meinte sie.

Und er rannte los. Jedes Stückchen Welt faszinierte ihn – wie sich der Regenwurm anfühlte, das Rumpeln unter den Kartons, mit denen er und Diane Hänge hinunterschlitterten, das Sausen des Winds, wenn er beim Kickball auf das erste Mal zuraste. Aber um das alles kennenzulernen, um alles vor dem Schlafengehen oder den Schulstunden oder den anderen Pflichtzeiten zu schaffen, musste er rennen; das alles in Erfahrung bringen konnte ein Kind nur, wenn es imstande war zu rennen.

Wenn ein Blinder rennt, begegnet er Millionen von Hindernissen, und Mike stieß mit sämtlichen zusammen. Im Lauf seines Vorschuljahres nahm er mit seinen Prellungen und Schrammen das Aussehen einer wandelnden Malpalette an. Ori Jean kaufte weitere Sonnenbrillen. Mike sah genauso aus, wie sie ihn sich wünschte.

Der Familienbetrieb May setzte seine Produktion fort. Ori Jean brachte ihr viertes Kind, Patrick, zur Welt, der von Anfang an Mikes Zimmergenosse wurde. Bill arbeitete weiter als Ingenieur und konstruierte Schienenstrecken für die Bergwerke. Niemand brauchte Mike zu sagen, dass sein Vater ein Meter neunzig groß war und hundertzwanzig Kilo wog. Er konnte Bills Masse und Größe spüren, wenn dieser ihn mit einer Hand am Hemd hochhob und durch die Luft schwang; außerdem verriet ihm das die Art und Weise, wie die tiefe Stimme seines Vaters von den Wänden widerhallte. Um diese Zeit begann Ori Jean, sich Sorgen zu machen, weil ihr Mann trank, wenngleich Bill versicherte, er habe kein Alkoholproblem.

Während Mike sich in der Vorschule bestens einlebte, stand Ori Jean vor einer schweren Entscheidung. Wie fast alle staatlichen Schulen im Land blieb auch die von Silver City blinden Schülern verschlossen. Im folgenden Jahr würde Mike demnach in eine Blindenschule wechseln müssen. Für Ori Jean, die davon überzeugt war, dass in die Welt eintauchen musste, wer ein erfülltes Leben in ihr führen wollte, kam das nicht in Frage. Sie fing an, sich zu erkundigen und herumzutelefonieren. Die Palette von Optionen war dürftiger, als sie es sich vorgestellt hatte.

Wie Ori Jean herausfand, gab es nur ganz wenige staatliche Schulen, in denen Blinde und Sehende gemeinsam unterrichtet wurden. Die meisten befanden sich in großen Städten wie Chicago und Boston, aber eine gab es in Walnut Creek in Kalifornien, einer offenbar kleinen und eng zusammengewachsenen Gemeinde; einer von Bills Freunden lebte dort. Ori Jean bot ihr Haus zum Verkauf an und rüstete sich für den Umzug in den mehr als zweitausend Kilometer weiter westlich gelegenen Ort.

Die Familie May kam im Sommer 1959 nach Walnut Creek. Ori Jean schrieb Mike an der Buena-Vista-Grundschule ein. Zu den sechshundert Schülern zählten etwa fünfzehn blinde Kinder. Ihnen war ein Lehrer als Betreuer zugeordnet, der ihnen bei praktischen Fragen half. Abgesehen davon, wurden sie wie jeder andere Schüler behandelt – sie besuchten die gleichen Klassen, machten die gleichen Sachen, folgten den gleichen Vorschriften. Der erste Tag war für Mike eine Offenbarung. Zum ersten Mal begegnete er anderen blinden Kindern. Und er lernte Nick Medina kennen.

Medina war der mit der Betreuung der Blinden betraute Lehrer. Wie er der Gruppe mitteilte, war seine Sehkraft so stark beeinträchtigt, dass er sich als Blinden betrachtete, wenngleich er ohne Blindenstock ging und sogar ein Auto fahren konnte. Er war gerade einmal dreiundzwanzig Jahre alt und klein von Wuchs, aber er schuf gleich klare Verhältnisse. Er erwarte von den Kindern, dass sie ihre Arbeit erledigten, und zwar gut. Entschuldigungen, Selbstmitleid und Wehleidigkeit werde er nicht dulden. Er werde sich für sie einsetzen und alles in seinen Kräften Stehende tun, aber sie müssten sich das auch verdienen. Er werde sich nicht für ein Kind krummlegen, nur weil das Kind nicht sehen könne.

Zu Hause richtete Ori Jean das Heim für ihre vier herumwuselnden Kinder ein, hängte auf der Veranda zum Hof eine Essensglocke auf und wies jedem seine häuslichen Aufgaben zu. Mike war von keiner einzigen befreit. Er musste sein Zimmer aufräumen, im Hof mithelfen und den Müll raustragen. Wenn Marmelade von seinem Brot auf den Boden tropfte, musste er einen Wischlappen holen und die Marmelade aufwischen. Diane fand, dass Mike bevorzugt wurde – warum müsse er nicht staubsaugen? Laut genug, damit es alle hörten, erklärte ihr Ori Jean: »Das kann er wahrscheinlich nicht. Zum Staubsaugen muss man sehen können.«

Mehr brauchte Mike nicht zu hören. Anfangs lenkte er den Staubsauger in verrückten Kurven. Ori Jean sagte nichts – sie konnte erkennen, dass Mike nachdachte, während er saugte. Es dauerte nicht lange, da schob er den Staubsauger in einem Bewegungsmuster vor und zurück, das keine einzige Stelle ausließ. »Ich muss mich nur daran erinnern, welchen Weg ich gegangen bin, und dann schaffe ich das hier«, erklärte er seiner Mutter.

Manche häuslichen Verrichtungen gingen ihm weniger leicht von der Hand. Wenn er das Bett machte, fiel das Ergebnis ziemlich surreal aus. Die Kleider, die er sich aussuchte, passten nicht zusammen und bissen sich in den Farben. Seine Kochrezepte schlossen häufig Zutaten ein, die sogar ihn verblüfften. Ori Jean bewunderte die beherzte Art, wie er die Dinge anpackte.

Die Kinder in der Nachbarschaft wussten nicht, wie sie sich einem blinden Kind gegenüber verhalten sollten. »Er kann wirklich was«, versicherte ihnen Diane; dennoch wurde er bei Mannschaftsaufstellungen als Letzter gewählt. Als Schlagmann beim Baseball war er eine Katastrophe. Er rannte gegen Bäume statt in Richtung des zweiten Mals. Ständig fiel er hin. Aber beim Kicken konnte er den Ball hoch in die Luft schießen, und wenn sie Verstecken spielten, schaffte er es rasch, die anderen Kinder zu finden. Blutete er, so machte ihm das nichts aus. Bald schon achteten die anderen kaum mehr darauf, wenn Mike mit seinem Skateboard gegen ein Hindernis krachte oder mit seinem Springstock in den Büschen landete. Er spielte, und das taten sie auch. In den Augen der Kinderschar, die Kevin Court bevölkerte, schuf das eine uneingeschränkte Gemeinsamkeit.

Schon bald beschloss Mike, auch Fahrrad zu fahren. Der bloße Gedanke daran – sich so schnell und aus eigener Kraft bewegen zu können – faszinierte ihn. Er borgte sich Dianes Rad und trat in die Pedale. Das Rad drehte sich auf der Straße ein-, zweimal um die eigene Achse und begrub ihn dann unter sich. Mike versuchte es erneut. Er stürzte abermals. Zwei Tage lang hatte er eine Karambolage nach der anderen und schürfte sich am ganzen Körper die Haut auf, während Ori Jean ihm versicherte: »Es geht voran.«

In der Schule ging es genauso. Beim Prellball flogen ihm Bälle ins Gesicht und beim Völkerball in den Magen. Er holte sich immer wieder eine blutige Nase, angeknackste Zehen und gebrochene Finger. Während er beim Kickball auf das erste Mal zurannte, trat er auf den Ball, fiel nach hinten und schlug mit dem Kopf auf dem Pflaster auf. Er war zwanzig Minuten lang bewusstlos und kam mit Blaulicht ins Krankenhaus. Als er in der folgenden Woche in die Schule zurückkehrte, spielte er wieder mit.

Ohne seinen Betreuer Medina wäre die Schule für Mike ein Kinderspiel gewesen. Einige Lehrer waren bereit, die blinden Schüler von bestimmten Aufgaben zu befreien, aber wenn Medina davon erfuhr, ging er dazwischen und zwang die Kinder, sie trotzdem zu machen. »Wo, verdammt noch mal, ist deine Hausaufgabe?«, fragte er etwa. Manche Kinder schützten Bauchschmerzen vor oder wollten wissen, warum er sich um ihre Schularbeiten kümmere, wenn doch die eigenen Klassenlehrer das nicht täten. »Weil ihr euch selbst kümmern müsst«, erklärte Medina ihnen. »Um nichts anderes geht es.« Einige Eltern protestierten gegen solche Äußerungen – sie fanden, ein Betreuer dürfe Kinder, die bereits so schwer geprüft seien, nicht noch zusätzlich unter Druck setzen. Ori Jean erklärte Mike, sie stimme mit Medina überein.

Mike mochte die anderen blinden Schüler. Sie waren gewissermaßen eine Familie, verbunden durch ihren Freizeitraum und ihren Betreuer. Aber verstehen konnte er sie nicht unbedingt. Viele aßen lieber drinnen ihre Pausenbrote, als mit den Kindern, die sehen konnten, auf den Spielplatz zu gehen – wieso wollten sie sich nicht bewegen? Andere tasteten sich vorwärts, als wäre es das Schlimmste von der Welt, wenn man mit etwas zusammenstieß. Einige hatten sich in ihrem ganzen Leben noch nicht einmal verlaufen.

Mit einem von ihnen freundete sich Mike eng an. Mark Pighin war außerordentlich aufgeweckt und witzig und mochte die gleichen Dinge wie Mike. Weder den einen noch den anderen brachte es aus der Fassung, wenn Medina ihre Ausflüchte satthatte und sagte: »Komm mir nicht mit so einem Bockmist.« Bald schon lud Pighins Familie Mike ein, sie auf ihrem zweiwöchigen Sommerurlaub zu begleiten; und das entwickelte sich zu einer jahrelangen Tradition.

Dass sich die zwei Jungen so gut verstanden, war nicht ohne weiteres zu erwarten. Nach Mikes Ansicht wurde Mark von seinen Eltern verhätschelt. Sie zerkleinerten ihm beim Essen das Fleisch, führten ihn sogar an Orten, die ihm vertraut waren, am Arm, legten ihm seine Kleider zurecht. Bei einer der Urlaubsfahrten mit Familie Pighin verfiel Mike auf den Gedanken, die mit Fensterläden verschlossenen oberen Stockwerke des Sommerhauses, in dem sie wohnten, zu erforschen. Die beiden schafften es bis zum staubigen Dachboden. Mark wollte nicht hinein – er hatte Angst, es könnten Ratten drin sein, Tiere, die nach seiner Überzeugung einen Meter lang waren. Mike wusste, dass sein

Freund sich nicht ohne ihn zurücktraute. Also ging er hinein, gefolgt von seinem verängstigten Kameraden. Mark redete ununterbrochen von den Ratten. Mike konnte nicht widerstehen, bückte sich und zwickte Mark am Knöchel. Der stieß einen markerschütternden Schrei aus. Die Erwachsenen kamen herbeigelaufen. Als er wieder Worte fand, erzählte Mark ihnen, er sei von einer Ratte gebissen worden. Mike konnte sein Glück nicht fassen – er kam ungestraft davon! Einen Augenblick später freilich gestand er, Pighin gezwickt zu haben, und war bereit, die Folgen zu tragen. Den Ausflug bereute Mike nicht. Der Dachboden war ihm als eine unbekannte Welt erschienen. Wenigstens war er losgezogen und hatte nachgeschaut.

Auch wenn Ori Jean mit ihrer Erziehung Mike dazu bringen wollte, seine Blindheit zu akzeptieren, gab sie doch die Hoffnung auf eine Wiederherstellung seines Sehvermögens nicht auf. Seit dem Umzug der Familie nach Kalifornien hatte sie Erkundigungen über Augenärzte eingezogen und den vielleicht weltweit besten, Dr. Max Fine, ausfindig gemacht, der kaum vierzig Kilometer entfernt in San Francisco praktizierte. Während Mikes Grundschulzeit führte Fine drei Hornhautverpflanzungen in seinem rechten Auge durch (das linke Auge war für den Versuch zu stark geschädigt). Alle Operationen schlugen fehl. Als Fine nach der letzten Operation Ori Jean erklärte, dass sich definitiv nichts mehr tun ließ, atmete sie tief durch. Das ewige Hin und Her zwischen Hoffnung und Enttäuschung war für sie endlich vorbei.

Im Jahr 1962, Mike war neun Jahre alt, kam es im Hause May zunehmend zu Spannungen. Mikes Mutter brachte ein fünftes Kind zur Welt, ein Mädchen namens Margie, was die Anforderungen an ihren ohnehin bereits hektischen Alltag noch vergrößerte. Bills Trunksucht, immer schon ein Begleitmotiv in ihrem Leben, fing an, zu einem zentralen Thema zu werden. Er verlor eine Arbeitsstelle nach der anderen und konnte die Familie nicht mehr ernähren. Zwischen ihm und Ori Jean kam es zu Streitereien. Eines Tages fand Mike, als er aufs Dach des Hauses kletterte, eine Flasche Bourbon in der Dachrinne. Bill hatte geschworen, dass er nicht mehr trinke. Mike zeigte seinem Vater die Flasche und sagte: »Du hast mich belogen! Hier ist dein Schnaps!« Dann knallte er die Flasche auf den Boden, dass sie zu Bruch ging. Bill geriet in Wut und wollte sich an seinem Sohn vergreifen. Mike rannte in einen nahe gelegenen Obsthain und kletterte auf einen der Bäume. Bill befahl seinem Sohn, herunterzusteigen, aber der weigerte sich und blieb so lange oben, bis Bills Zorn verraucht war und er sich verzog.

Mike konnte spüren, wie sein Vater sich von ihnen entfernte. Das war nicht mehr derselbe Mann, der ihr geheimes System für die Fortbewegung geschaffen hatte, bei dem ein deutlicher Druck auf zwei verschiedene Stellen der Handfläche anzeigte, ob es auf einen Bordstein hinauf- oder von einem Bordstein herunterging. Das System erlaubte es Mike, frei auszuschreiten, aber das Beste daran war, dass die Hilfen von Vaters starker Hand kamen. Auch als Bills Trunksucht schlimmer wurde und seine Familie beinahe in Armut stürzte, liebte Mike seinen Vater immer noch, nicht zuletzt, weil er nach wie vor so gern an seiner Hand ging.

Bill kam weiter betrunken nach Hause, manchmal um sieben Uhr morgens, mit Lippenstiftspuren am Hemdkragen. Da Ori Jean fürchtete, er könne die Kinder mit seinem Auto anfahren, rief sie die Polizei und ließ ihn ins Napa State Hospital einweisen, eine psychiatrische Anstalt. Es folgten noch mehrere Zwangseinweisungen mit monatelangem Aufenthalt. Ori Jean besuchte ihn dann jedes Wochenende mit den Kindern und nahm belegte Brote für ein Picknick auf dem gepflegten Rasen der Klinik mit. Mike und Diane tat ihr Vater schrecklich leid. Die Klinik steckte voller verrückter Leute, und ihr Vater war ganz und gar nicht verrückt.

Die Welt war indes zu interessant und ließ Mike keine Zeit, sich damit lange zu beschäftigen. Während er die Grundschule durchlief, faszinierte ihn fast alles, und all das musste erforscht werden. In der vierten Klasse meldete er sich für den Schülerlotsenkurs und trat mit den übrigen Lotsen in spe zum Lehrgang an. Erst nach einer halben Stunde Unterricht bekam der Lehrer überhaupt mit, was los war, und nahm ihn beiseite, um ihm klarzumachen, dass ein Mensch sehen können müsse, wenn er Kindern über die Straße helfen wolle. Die gleiche Mitteilung erhielt auch Medina, Mikes Betreuer.

Medina fragte Mike, was sie seiner Meinung nach tun sollten. Mike erklärte Medina, er sei sich sicher, dass er ein guter Schülerlotse werden könne. Er könne es nicht ertragen, wenn man ihm keine Chance gebe, fügte er hinzu. Medina forderte ihn auf, zum Rektor zu gehen und seinen Fall dort vorzutragen; er werde ihn dabei unterstützen.

Der Direktor verstand kaum, was Mike meinte – was, bitte schön, wolle er tun? Mike trug vor, wie er sich die Sache dachte: Er werde genauso lauschen, ob Autos kämen, wie er das tue, wenn er selbst die Straße überquere.

»Du bist blind«, sagte der Rektor.

»Ich schaffe das«, sagte Mike.

»Die Autos muss man sehen können; es reicht nicht, sie zu hören«, sagte der Rektor. »Es geht nicht. Tut mir leid.«

Medina schaltete sich ein. Er machte geltend, dass ja in der Zeit des Lotsendienstes auch Lehrer zugegen seien. Und er sprach über Mike.

»Ich kenne den Jungen, er schafft es.«

Er werde darüber nachdenken, sagte der Rektor.

Die Schule rief Ori Jean an und informierte sie über Mikes verrückten Einfall. Ihr komme er gar nicht verrückt vor, erklärte sie den Anrufern. Nach ein paar Tagen und zahlreichen Sitzungen übergab der Rektor Mike eine Weste mit einem Leuchtdreieck darauf. Am folgenden Montag hob er bereits eine Stoppkelle und geleitete Kinder über die Straße.

Kurz vor dem Ende der Grundschule bat Mike seine Mutter, ihn mit dem Fahrrad nach Walnut Creek fahren zu lassen. Das war eine fast fünf Kilometer lange verkehrsreiche Strecke. Ihr schossen Bilder von Ambulanzen mit Blaulicht und blutenden Gliedmaßen durch den Kopf. Die Notaufnahme in New Mexico tauchte jäh vor ihrem inneren Auge auf. Ihr ganzer mütterlicher Instinkt sträubte sich gegen die Vorstellung.

»Du musst unbedingt auf der rechten Straßenseite bleiben«, hörte sie sich sagen, während ihr Tränen die Wangen hinunterliefen. »Wenn du ein Auto oder einen Lastwagen hörst, halt einfach an und fahr zur Seite. Wenn es zu schwierig wird, hab keine Bedenken, umzukehren und zurückzukommen. Und hab keine Angst davor, Angst zu haben – es ist wichtig, dass du erkennst, wann du Angst hast.«

Ori Jean war sich im Klaren darüber, dass Mike nicht umkehren würde. Vom Hausbriefkasten aus sah sie zu, wie er die Auffahrt hinunterfuhr, den Wendehammer umrundete, die Anhöhe von Kevin Court überquerte und ihren Augen entschwand.

Eine Stunde verging. Zwei Stunden. Da konnte etwas nicht stimmen. Ori Jean stieg ins Auto, aber während sie losfahren wollte, überlegte sie sich, wie es Mikes Gefühle verletzen würde, wenn sie ihm folgte, wie sehr das den Eindruck erwecken würde, dass sie kein Vertrauen in ihn hatte. Sie blieb zu Hause und saugte im Wohnzimmer Staub; dann saugte sie ein zweites Mal. Nach drei Stunden kam Mike durch die Tür hereinspaziert. »Hallo, Mom«, sagte er und ging nach oben, um sich fürs Abendessen frisch zu machen. Sie fragte ihn nie, wie seine Fahrt verlaufen war – sie wollte keine große Geschichte daraus machen.

Zu Hause wurde es mit Bills Trinkerei immer schlimmer. Um die Familie ernähren zu können, nahm Ori Jean einen Vollzeitjob als Lehrerin für Spanisch in einer Vorstadtschule in Oakland an. Ihr Jahresgehalt betrug weniger als fünftausend Dollar. Dennoch trug sie Ohrringe und Schmuck, wenn sie mit den Kindern einkaufen oder in den Park ging, und richtete sich ebenso sorgfältig her, wie sie es als Tochter aus reichem Haus getan hatte, gewohnt, sich von einem Dienstmädchen die Haare kämmen zu lassen. Ihre Kinder gingen gut angezogen in die Schule und trugen ihren Sonntagsstaat, wenn sie den katholischen Gottesdienst besuchten. Für Außenstehende war nicht zu erkennen, dass damals der Wohltätigkeitsverein von St. Vincent de Paul der Familie zu Weihnachten Lebensmittel ins Haus brachte.

Ori Jean ließ Mike seit seinem siebten Lebensalter fünfzig Wochen im Jahr an der Welt der Sehfähigen teilhaben. Für die restlichen zwei Wochen schickte sie ihn ins Land der Blinden.

Eingebettet in die Napa-Vorberge lag das Sommerlager Enchanted Hills, das Sehbehinderten vorbehalten war. Dort wurden die Bewohner zur Selbständigkeit angehalten. Die Kinder konnten wandern, rudern, im Freien zelten, auf Entdeckungsreise gehen, sich sogar verirren, ganz nach Geschmack. Ori Jean hatte die Einrichtung 1961 entdeckt und Mike sofort angemeldet, obwohl sie sich in der Folgezeit manchmal bei Kirchengemeinden oder karitativ gesinnten Personen um finanzielle Unterstützung bemühen musste. Für Mike war das Lager seitdem eine zweite Heimat.

Im Sommer, bevor er in die Unterstufe der Highschool kam, fing Mike in Enchanted Hills an, Sachen zu machen, die sich die meisten anderen Kinder nicht zugetraut hätten. Er ritt auf dem Pferd in Gegenden, die noch niemand erkundet hatte, wanderte abseits der auf Karten verzeichneten Routen, nahm enge Pfade, die ihn durch Gift-Sumach führten. Den Betreuern legte er einen Plan vor, demzufolge er sich auf bekannten Wegen viele Stunden weit vom Lager entfernen und dann quasi per Luftlinie, rauf und runter, durch Schluchten und Bachtäler, zurückkehren wollte. Die Betreuer untersagten ihm das, aber keiner zweifelte daran, dass Mike den Versuch unternommen hätte. Die Augen hinter seinen hängenden Lidern konnten sie nicht sehen, aber die Art, wie er den Kopf schräg nach oben reckte, wenn er einen solchen Plan entwickelte, verriet ihnen den Pionier, der er im Innersten war.

Zum Ende des Sommers wechselten Mike und die anderen blinden Schüler von der Buena-Vista-Grundschule in das Park-Mead-Unterstufenzentrum über. Medina ging mit ihnen. Das bedeutete, dass auch die nächsten beiden Jahre Wehleidigkeit nicht gefragt war. Mike empfand das als Glücksfall. Medina strahlte Selbstsicherheit und Beharrlichkeit aus, Eigenschaften, die sich Mike an den Tag zu legen bemühte, wenn ihm die Welt über den Kopf wuchs. Es gefiel ihm, wenn er Medina sagen hörte: »Hätte ich dich nicht in den Hintern getreten, du hättest keine Eins gekriegt.« Und er fand es toll, wenn Medina zu ihm sagte: »Ich mag dich, Mike.«

Mathematik und Naturwissenschaften sprachen Mike am meisten an, auch wenn er in allen anderen Fächern Einsen und Zweien kriegte. In der Klasse blieb er schüchtern und still, wie er es schon seit dem Kindergarten war. Obwohl er den größten Teil seines Tages in Gesellschaft von Schülern verbrachte, die sehen konnten, wurde er von niemandem gehänselt oder schikaniert – er galt nicht als Spinner oder Tölpel, sondern war einfach nur blind. Um sich Notizen zu machen oder Referate zu schreiben, benutzte er nach wie vor eine Schreibmaschine für Blindenschrift, einen laut klappernden Apparat, der mittels Nadeln Blindenschrift in das Papier stanzte. Wenn Mike die Flure entlangging, baumelte das fünf Kilo schwere Gerät aus Stahl an seinem dünnen Arm. Die Kinder mit Sehvermögen lernten rasch, den Weg frei zu machen, wenn sie ihn kommen sahen.

Der Spielplatz blieb all die Schuljahre hindurch eine der großen Leidenschaften Mikes. Unverdrossen rannte er gegen Pfähle, Zäune und Klassenkameraden; beim frontalen Zusammenstoß mit einem Torpfosten verlor er gar das Bewusstsein. Die Kinder staunten darüber, dass er so furchtlos voranpreschte, obwohl er doch wissen musste, dass der nächste Zusammenstoß nur eine Frage der Zeit war, aber für Mike war genau dies der Punkt – er wusste bereits von allem, was ihm widerfahren konnte, und verglichen mit dem Hochgefühl, das ihm das Laufen bereitete, erschien es ihm nicht weiter schlimm.

Die fünf Kinder der Familie May waren 1965 bereits bestens geübt darin, sich um sich selbst zu kümmern. Ori Jean verließ an Wochentagen frühmorgens das Haus, um in der achten Klasse Spanisch zu unterrichten, während Bill den Rausch von den Sauftouren ausschlief, mit denen er die Zeit seiner immer wiederkehrenden Arbeitslosigkeit ausfüllte. Diane und Mike versorgten ihre jüngeren Geschwister, putzten das Haus und bereiteten die Mahlzeiten. Zu Mikes Spezialitäten zählten Schmortöpfe, Spaghetti und Tacos, die spärlichen Errungenschaften des Kochkurses, zu dem ihn Ori Jean verdonnert hatte.

Dafür, dass sie sich zwei Schlafzimmer und ein einziges Badezimmer teilen mussten, kamen die Kinder gut zurecht. Jeder hatte die anderen im Verdacht, bevorzugt zu werden; alle achteten eifersüchtig darauf, dass Mike nicht seine Blindheit als Vorwand benutzte, sich um seine Aufgaben zu drücken. Ori Jean mochte die Kinder noch so oft ermahnen, sie vergaßen immer wieder, die Böden sauber zu halten und ihre Sachen aufzuräumen. Mikes häusliches Leben bestand zu einem nicht geringen Teil darin, dass er über herumliegendes Spielzeug stürzte oder nach Sachen suchte und wissen wollte, wer sie weggenommen hatte. Seine Geschwister riefen dann regelmäßig im Chor: »Ich nicht.«

Sie wussten auch, wie man einem Bruder, der nicht sehen konnte, am besten Streiche spielte. Diane, Theri und Patrick brachten Mikes blaue und rote Socken durcheinander, sodass er mit ungleichen Paaren an den Füßen in die Schule kam. Sie setzten ihm Hundefutter vor und behaupteten, es handele sich um Frühstücksflocken. Sie brillierten in der heimlichen Kunst, ihren Rosenkohl auf Mikes Teller zu verfrachten und beim Nachtisch Teile seines Kuchenstücks zu stibitzen. Beim Versteckspielen waren sie sich nicht zu schade, ihn in die falsche Richtung zu schicken; beim Monopoly gaben sie ihm kleine statt großer Scheine, wenn er über Los ging. Bald entwickelte Mike Gegenstrategien, indem er etwa Buch darüber führte, was sich auf seinem Teller befunden hatte, oder um eine Extraportion Hundefutter bat.

Während sich 1967 seine Zeit im Unterstufenzentrum dem Ende zuneigte, spürte Mike, wie die Familie allmählich in die Brüche ging. Bill war wieder einmal arbeitslos und trank mehr denn je. Manchmal kam er gar nicht heim. Der Priester drängte Ori Jean, sich scheiden zu lassen. Sie machte vier Anläufe, hielt aber nicht durch.

Jeder ihrer Versuche vergrößerte Bills Reizbarkeit. Die Kinder bemühten sich, die Ohren vor den Streitereien zu verschließen, aber sie kannten den Text der Auseinandersetzung bereits auswendig, zumal den Teil mit dem Vorwurf, wie schändlich es von Ori Jean sei, dass sie aufgeben wolle. Eines Abends drohte Bill Ori Jean mit Schlägen. Mike rannte ins Zimmer, trat zwischen sie und ging in Boxerstellung, die Fäuste hoch, im Stil der alten, ohne Handschuhe ausgetragenen Kämpfe.

»Wag nicht, meine Mutter zu schlagen!«, schrie er.

Die Szene erschütterte Bill. Er stand einen Augenblick da und starrte auf Mikes dürren Körper und seine zitternde Lippe. Mike rührte sich nicht vom Fleck. Schließlich trat Bill den Rückzug an und ging weg. Ein paar Tage später warf ihn Ori Jean aus dem Haus und reichte die Scheidung ein. Sie war neununddreißig Jahre alt und Mutter von fünf Kindern im Alter zwischen fünf und fünfzehn.

In den Monaten nach Bills Auszug explodierte Ori Jean hin und wieder. Tränen strömten ihr übers Gesicht, und sie schrie ihre Kinder an: »Hört mal, ihr Gören, eure Zimmer sind nicht aufgeräumt, in der Küche ist es schmutzig, ihr streitet ständig, ich

gehe arbeiten und versuche, für euch alle zu sorgen, aber wenn
ihr euch nicht mehr Mühe gebt, mir dabei zu helfen, dann schaffe ich es nicht, den Laden zusammenzuhalten.« Mike dachte
damals viel über seine Mutter nach, darüber, wie sie ihre Kinder
zu vier verschiedenen Schulen fuhr, wie sie es schaffte, das Geld
für seinen Aufenthalt im Ferienlager aufzutreiben, wie sie das
Haus sauber hielt, auch wenn sie das, wie er hören konnte, unter
Tränen tat. Und schon damals dachte er: »Wie tapfer sie ist!«

Nach dem Abschluss der Unterstufe erklärte Mike seine Absicht,
an die staatliche Highschool des Ortes zu wechseln. Die Las
Lomas High nahm indes keine blinden Schüler auf. Die Schulverwaltung behauptete, Mike sei besser in einer knapp fünfundzwanzig Kilometer entfernten Schule aufgehoben, die über
Einrichtungen und Personal für blinde Schüler verfüge. Mike
erklärte seiner Mutter, er wolle mit seinen Freunden aus der
Nachbarschaft zur Schule gehen und brauche keine besonderen
Vorkehrungen. Er wolle in der wirklichen Welt leben.

Ori Jean richtete ein Gesuch an die Schule. Das war zwei Jahre
bevor der gemeinsame Unterricht von behinderten und nicht
behinderten Kindern gesetzlich festgeschrieben wurde, und deshalb stand es der Schulverwaltung frei, ihr Gesuch abzulehnen,
was auch geschah. Sie lavierte, schmeichelte, umwarb, drohte. Sie
sprach mit Anwälten. Mike konnte sich seine Mutter vorstellen,
wie sie notfalls den Schuh auszog und ihn auf den Tisch donnerte.
Ende September wurde er aufgenommen. Außer ihm gab es an
der Schule keinen einzigen anderen blinden Schüler.

Nicht alle fühlten sich dem Neuankömmling gewachsen. Der
Turnlehrer schickte ihn zurück in den Lesesaal. Der Lehrer für
den Werkunterricht schloss Mike aus, obwohl dieser gewissenhaft das Glas mit einem in Alkohol konservierten Finger begutachtete, das der Lehrer zur Warnung vor Unachtsamkeit herum-
reichte.

Im Unterricht stellte sich Mike ohne die Hilfe eines speziellen Betreuers auf die Anforderungen ein. Fächer wie Geometrie und Geographie erwiesen sich als besonders schwer zu meistern, aber er schaffte seine üblichen Einsen und Zweien. Er trieb sich mit seinen alten Freunden aus der Nachbarschaft herum und schloss neue Freundschaften mit Schülern aus seinen Kursen. Auf dem Sportplatz gewöhnte man sich rasch an seine draufgängerische Art zu spielen. Die Erregung, in die Mike durch seinen Eintritt in die neue Welt versetzt worden war, wurde indes durch einen Gefühlssturm in den Schatten gestellt, wie er noch keinen erlebt hatte.

Mädchen.

Bereits in der fünften Klasse überfielen ihn schwärmerische Anwandlungen, wenn er etwa eine Klassenkameradin kichern hörte oder einen Vornamen niedlich fand. Aber jetzt erst! Über Nacht nistete sich das Geheimnis und das Versprechen des weiblichen Körpers in jede Windung seines Hirns ein. Ein Hauch von frischgewaschenem Haar, der ihn im Flur anwehte, die Unterhaltung von Schülerinnen aus höheren Klassen, die aus der Ferne an sein Ohr drang, ein leichtes Streifen des Handgelenks eines Mädchens, das den Arm ausstreckte, um einen Prüfungsbogen abzugeben – dies alles gemahnte ihn daran. In seinem ersten Jahr konnte Mike kaum einen Gedanken fassen, der sich nicht mit weiblichen Rundungen beschäftigte.

Er sehnte sich inbrünstig danach, eine Frau berühren zu können, nicht nur wegen der Lust, die ihm das mit Sicherheit bereiten würde, sondern auch, weil für ihn die Beschaffenheit der Welt so wesentlich vom Tastsinn abhing. Ohne Berührung blieben die Dinge bloße Vorstellungen, und er war nicht willens, sich mit Vorstellungen zufriedenzugeben. Freilich traute er sich nicht, sich einem Mädchen in dieser Absicht zu nähern. Er war zu schüchtern, um einfach vorzupreschen, war zu sehr abgeschnitten von den visuellen Signalen, die Verständigung ermöglichten, um wissen zu können, wie man diskreter vorging. Er dachte daran, einfach die Brust eines Mädchens anzufassen; niemand konnte einem blinden Jungen, wenn er sich entschuldigte und behauptete, er habe nach einem Türknauf greifen wollen, daraus einen Strick drehen. Er kannte Leute, die das getan hatten. Aber sosehr er die Berührung ersehnte, eine solche Vorgehensweise fand er unter seiner Würde. Die großartige Erfahrung, die er sich erhoffte, sollte ihm nicht nur deshalb zuteil werden, weil er blind war.

Auch wenn Mike noch nicht praktisch tätig zu werden vermochte, konnte er doch dem Thema sein ganzes theoretisches Interesse widmen. Er lauschte intensiv, wenn sich seine Freunde über Mädchen unterhielten, und ließ sich diejenigen, die ihn faszinierten, ausführlich beschreiben. Seine Freunde leisteten gründliche Arbeit: Körperbau, Haare, Beine, Gang, Gesicht – alles kam zur Sprache. Sie schleppten Ausgaben des *Playboy* an, und auch wenn es ihren Schilderungen an Detailgenauigkeit fehlte – »Sie ist nackt. Sie fährt auf einem Fahrrad. Ihre Möpse reichen über zwei Seiten.« –, war doch ihre grenzenlose Bewunderung unüberhörbar – für blinde Augen die anschaulichste Form der Schilderung.

Dennoch waren das bloß Worte – wie sollte ein Mensch einen Eindruck von diesen herrlichen Brüsten gewinnen, wenn er sie weder berühren noch sehen konnte? Mike sehnte sich nach den lebensgroßen anatomisch genauen Puppen, die man, wie er gehört hatte, in Märchenländern wie Schweden den Kindern gab. Stattdessen schnappte er sich die Barbiepuppe seiner Schwester und führte seine Finger gewissenhaft an ihren nackten Kurven entlang, wobei er sich alles ins Gedächtnis rief, was er über den Frauenkörper mit seinen Idealmaßen à la Barbie gehört hatte. Mike war klar, dass der Barbiepuppe die stofflichen Eigenschaften und Formdetails fehlten, die seine Freunde dazu brachten, den Mond anzuheulen. Aber er mochte seine Puppe noch so sehr betasten, es gelang ihm nicht, einen Eindruck von diesen Besonderheiten zu gewinnen, während er doch den Verdacht hatte, dass sie das Beste an der ganzen Sache waren.

Seine Einbildungskraft musste die Lücken ausfüllen. Oft lagen seine Vorstellungen weit daneben, aber das war egal – wenn er sie mit dem verknüpfte, was er bereits aus eigener Erfahrung kannte (mit seidigem Haar, Wohlgerüchen, sanften Händen, munteren Stimmen), und durch die ehrfürchtigen Schilderungen seiner Freunde grundierte, kam ein Gebilde heraus, das in seiner erregenden Kraft und Schönheit nicht weniger wirklich war als die Phantasiebilder der Sehenden. Im Lauf seines Lebens benutzte Mike diese Elemente – seine Einbildungskraft, die Realität und die leidenschaftlichen Reaktionen anderer –, um sich ein weitgehendes Verständnis visueller Schönheit zu verschaffen. Schon mit vierzehn hatte Mike den Verdacht, dass der Einbildungskraft dabei die größte Bedeutung zukam.

Mikes Jahre in der Mittelstufe verflogen im Nu. In seinen Kursen erzielte er einen Notendurchschnitt von 1,5, wobei er sich in Mathematik und in den naturwissenschaftlichen Fächern besonders hervortat. Zu Hause sorgten die Kinder für sich selbst, während Ori Jean ein Hochschulexamen abschloss und eine Vollzeitstelle als Fachberaterin an einer Highschool antrat.

Als ein Freund aus der Nachbarschaft namens Mark Babin Mike zuredete, sich der Ringermannschaft an der Schule anzuschließen, stürzte er sich Hals über Kopf in die Sache, trainierte und hielt Diät, bis er mit seinen ein Meter sechzig und dreiundvierzig Kilo fit genug war. Im zweiten Jahr schaffte er es in die Schulauswahl. Bei einem Turnier verfälschten die Veranstalter seinen Namen zu »Miko May«. Seine Mannschaftskameraden spielten mit dem Gedanken, das Gerücht auszustreuen, er sei ein sagenhaft guter blinder Ringer aus Japan. »Die Idee gefällt mir«, erklärte ihnen May. »So bin ich gleich doppelt geheimnisvoll.«

Sein Trainer, Ed Melendez, hatte nicht das Geringste gegen Mikes Zugehörigkeit zur Mannschaft einzuwenden, sondern förderte seinen blinden Ringer in physischer ebenso wie in emotionaler Hinsicht. Als Mike das Abschlussjahr erreichte, war er einen Meter dreiundachtzig groß, wog achtundsechzig Kilo und beendete die Hälfte seiner Kämpfe siegreich, in fast allen Fällen dank Strategie und Stehvermögen.

Wenn Mike nicht an Mädchen dachte oder mit Ringkämpfen beschäftigt war, tummelte er sich in der Ionosphäre. Seit Rob Reis, ein Freund aus dem Elektronikkurs, ihm erklärt hatte, wie man mittels eines Kastens voller Röhren und Drähte, eines Mikrophons und einer Außenantenne mit Menschen überall in der Welt in Kontakt treten konnte, war er ein begeisterter Amateurfunker. Kaum hatte er es ausprobiert, konnte er damit nicht mehr aufhören. Seine Gespräche mit Menschen in Afghanistan, London oder Vietnam faszinierten ihn. Aber was ihm vor allem gefiel, war die Vorstellung, ganz allein auf Entdeckungsreise zu gehen. Sobald er begriffen hatte, dass er auf diese Weise Zugang zu neuen Welten erlangen konnte, die sonst unerreichbar weit weg waren, setzte er alles daran, diese Chance wahrzunehmen.

Eines Tages fuhren Mike und Rob Reis nach Santa Cruz, um einen passionierten Amateurfunker aufzusuchen, von dem es hieß, er besitze einen knapp sechzig Meter hohen Mast in den Bergen. Sie wurden nicht enttäuscht. Der Mann erklärte den Jungen, sie dürften sein Funkgerät gern benutzen, aber ein Antennenarm oben auf dem Mast müsse vorher noch justiert werden. Mike bot sich an, die Aufgabe zu übernehmen. Er kletterte ohne Halteseile oder sonstiges Sicherungsgerät in den Wind hinaus, wobei er Schwingungsausschlägen von einem Meter in sämtliche Richtungen ausgesetzt war, während er zehn, dann dreißig, dann fünfzig Meter hinaufstieg – was ungefähr der Höhe eines fünfzehnstöckigen Gebäudes entsprach. Oben justierte er den zweiundzwanzig Meter langen Antennenarm, während der Wind den

Mast wie ein Pendel ausschwingen ließ. Er fürchtete sich zu Tode – ein Fehltritt würde ihn das Leben kosten –, aber gleichzeitig musste er an die vielen Orte denken, die er erreichen konnte, wenn die Strebe erst in die richtige Position gebracht war.

Zu Hause verkündete Mike seine Absicht, eine eigene, siebenundzwanzig Meter hohe Antenne zu errichten. Ori Jean wusste nicht, ob er das ernst meinte. Als er anfing, im Hof Beton für das Fundament zu mischen, wurde ihr klar, dass es ihm bitterernst damit war. Während sie zusah, wie er den ersten drei Meter hohen Abschnitt aufstellte und dann den zweiten, bemühte sie sich, die unzähligen Schreckensszenen zu ignorieren, die ihr durch den Kopf gingen. Als er in dreizehn Meter Höhe herumschwankte, hielt sie es nicht länger aus.

»Ich muss hier weg«, rief sie Mike zu. »Ich kann nicht mehr mit ansehen, wie du immer höher steigst.«

»In Ordnung, tschüs«, rief Mike hinunter.

Ori Jean stieg in ihr Auto und fuhr weg. Wohin sie gefahren war, konnte sie sich danach nicht mehr erinnern. Als sie nach Hause zurückkam, stand dort ein siebenundzwanzig Meter hoher Sendemast auf ihrem Grundstück, und in ihrer Garage sprach ein Halbwüchsiger ins Mikrophon: »Hier ist WB6ABK. Hört mich jemand? Wo bin ich gelandet?«

Beim Eintritt in sein achtzehntes Lebensjahr wusste Mike bereits, was er die nächsten vier Jahre tun würde. Er und sein Freund Rob Reis wollten an der University of California in Davis, ungefähr eine Stunde Autofahrt von Walnut Creek entfernt, Elektrotechnik studieren. Blinde Elektroingenieure waren eine Seltenheit – einer der Gründe, warum er sich für das Fach entschieden hatte.

Dass er jetzt in der letzten Klasse der Highschool war, kam Mikes Ambitionen in Liebesdingen kaum zugute. Seinen Freunden ging es in dieser Hinsicht nicht viel besser, aber sie hatten ihm etwas Unschätzbares voraus – sie konnten Auto fahren. Mike brauchte nicht lange, um zu begreifen, dass ein Auto in vieler Hinsicht Freiheit verlieh. Und wo es um Freiheit ging, war Mike zur Stelle.

Eines Tages, während er zu Besuch bei einem blinden Freund aus dem Ferienlager war, schlug Mike vor, sich einmal das kleine Motorrad der Eltern des Freundes, eine Honda 90, anzuschauen. Sein Freund zeigte ihm, wie man die Maschine startete. Dann hatte Mike eine tolle Idee: Wenn sie es schafften, auf dem Motorrad zum Schulgelände zu gelangen, konnten sie herrlich ungehindert die Bahn des Sportplatzes entlangfahren. Mike setzte sich auf den Fahrersitz, sein Freund nahm auf dem Rücksitz Platz. Sie stellten den Motor ab, horchten, ob ein Fahrzeug kam, starteten dann den Motor und fuhren über die Straße. Das wiederholten sie zahllose Male – Motor aus, horchen, Motor an, fahren –, bis sie bei der Schule ankamen. Auf der Rennbahn fingen sie an, langsam Runden zu drehen, um ein Gefühl für den Radius der Kurven zu bekommen. Bald schon brachten sie die Honda in Fahrt und gaben auf den Geraden Vollgas. Eine Polizeisirene heulte. Mike schaffte es, das Motorrad zum Halten zu bringen. Sein Herz klopfte.

»Verdammt noch mal, was macht ihr Burschen hier eigentlich?«, wollte der Polizeibeamte wissen. »Motorräder sind hier draußen verboten.«

Er wandte sich an Mike.

»Zeig mir deinen Führerschein.«

»Ich habe keinen Führerschein«, sagte Mike.

»Also, dann wird's ernst«, meinte der Beamte.

»Ich bin blind«, erklärte Mike.

»Du hast doch ein Motorrad gefahren.«

Mike zeigte dem Beamten seine Armbanduhr für Blinde. Der Mann brauchte ein Weilchen, um zu verdauen, was er da gerade erfahren hatte. Dann erklärte er den Jungen, dass er das melden müsse, dass sie jemanden hätten totfahren können. Er fuhr mit seinen Belehrungen fort, versicherte immer wieder, er werde ihre Eltern informieren, murmelte »blind«, »unfassbar« und Ähnliches. Schließlich begleitete er die Jungen und ihr Motorrad zu Fuß nach Hause. Weder informierte er ihre Eltern, noch meldete er die Sache.

Wochen später bewunderte Mike Dianes nagelneuen Datsun 510, der in der Auffahrt stand; Diane hatte ihn auf Raten gekauft und stotterte ihn von dem Lohn, den sie in einem Kaufhaus verdiente, mit monatlich 57,59 Dollar ab. Er war ihr Ein und Alles. Er stand mit der Frontseite zur Straße. Warnglocken läuteten in sämtlichen für Logik und Verstand zuständigen Zentren von Mikes Gehirn, aber er hatte nur einen Gedanken: Ich muss hinters Steuer.

Er stieg in den Wagen, kurbelte das Fenster herunter, um hören zu können, wohin er fuhr, und drehte den Zündschlüssel um. Der Motor, der leise brummelte, wenn Mike mit Diane fuhr, brüllte nun, da Mike hinter dem Lenkrad saß, so laut, dass ganz Walnut Creek davon widerhallte. Er löste die Handbremse, legte den Gang ein und rollte aus der Ausfahrt. Er hatte den Raum bereits millionenfach durchmessen – mit dem Fahrrad, auf dem Skateboard, auf Rollerskates, mit vollem Karacho –, aber plötzlich kam ihm die Biegung um neunzig Grad völlig fremd vor. Mike fuhr weiter. Er schlingerte durch die Kurve und begann, den ansteigenden Kevin Court hinaufzufahren, während er lauschte, ob Reifen sich an Bordsteinen rieben oder ob – was der Himmel verhüten mochte! – Autos entgegenkamen. Das Adrenalin ließ seine Hände zittern, er hatte keine Ahnung, wie er zurückkommen sollte, wusste nur, dass er weiterfahren musste, die Gangschaltung vibrierte, die Straße wurde jetzt schmaler, er konnte es hören, aber er hatte noch nicht genug, musste noch weiter, trat aufs Gas, und der Wagen gewann an Fahrt, entglitt seiner Kontrolle, er aber ließ nicht locker, und dann trat er aufs Bremspedal oder verlor die Nerven oder würgte das Auto ab, jedenfalls ging der Motor des Datsun auf halber Strecke aus, und Mike hörte nichts mehr als den Widerhall seines schweren Atems, den das schweißgetränkte Lenkrad zurückwarf. Als er Diane fand, entschuldigte er sich dafür, dass er mitten auf der Straße geparkt habe, und erzählte ihr, ihm sei die Strecke endlos vorgekommen.

KAPITEL **DREI**

Während sich die Temperaturen der Vierzig-Grad-Marke näherten, legte May letzte Hand an sein geschäftliches Vorhaben. Zwischen Großstädten hin und her jettend, sicherte er sich die gewichtige finanzielle Beteiligung eines Geschäftsmannes in Colorado und warb einen Spitzentechniker an, damit dieser der GPS-Software den letzten Schliff gab. Er ließ sein Unternehmen ins kalifornische Handelsregister eintragen, nahm Vertreter unter Vertrag und stellte einen Büroleiter ein. Als es um einen Namen für sein Unternehmen ging, suchte er nach einem Wort, das auf den Punkt brachte, was sein Produkt blinden Menschen zu bieten hatte – die Fähigkeit, ohne fremde Hilfe seinen Weg zu finden. Er entschied sich für Sendero, das spanische Wort für »Pfad«.

Das Geschäft nahm ihn rund um die Uhr in Anspruch: Die Haftpflichtversicherung war zu teuer; der Einzelhandelspreis für das Gerät in Höhe von 3500 Dollar blieb ein Vertriebshindernis, die Software hatte noch immer Macken. Wenn er Zeit fand, sich mit anderem zu beschäftigen, nutzte er sie, um neue Spielübungen für Wyndhams Fußballteam zu entwerfen oder um sich weitere Kapitel der Fortsetzungsgeschichte auszudenken, die er Carson vor dem Schlafengehen erzählte. Das Angebot, sein Sehvermögen betreffend, das ihm Dr. Goodman vor sechs Monaten gemacht hatte, schien Äonen weit weg.

Mays Familie war ebenso beschäftigt. Während Carson und Wyndham sich von einer Aktivität in die andere stürzten, stapelten sich bei Jennifer die Farbproben, und ihre Kunden, die wegen Innendekorationsfragen zu ihr kamen, gaben sich die Klinke in die Hand. Sonst hatten Jennifers Geschäftsgespräche mit den Kunden für May ein bloßes Hintergrundsgeräusch gebildet, aber in letzter Zeit ertappte er sich dabei, wie er zuhörte. Er registrierte es, wenn sie ein Tapetenmuster als »unruhig« beschrieb. Er hörte auf zu tippen, wenn sie einem Kunden erklärte, bei einem bestimmten Stoff habe man das Gefühl, er tanze. Seine Neugier überraschte ihn – er wusste, dass Jennifer sich so ausdrückte, und es gefiel ihm an ihr. Aber so genau zugehört hatte er noch nie.

Und er hörte auch sonst zu. Eines Tages sprach jemand beim Abendessen über den Dampf, der von einem Teller Spaghetti aufstieg, und meinte, man könne »direkt durch ihn durchsehen«. Der Gedanke faszinierte May, auch wenn er der Ansicht war, das Phänomen Dampf schon sein Leben lang zu kennen. Er hörte zu, als Carson und Wyndham darüber diskutierten, auf wie viele unterschiedliche Weisen man den Buchstaben G schreiben könne.

Der August war sogar noch ausgefüllter mit Arbeit. Deshalb wunderte er sich über sich selbst, als er eines Morgens zum Telefon griff, um nicht etwa einen potenziellen Investor oder Lieferanten, sondern die medizinische Abteilung der University of California in Davis anzurufen.

»Ich rufe an, um zu fragen, ob Sie oder die Ärzte dort etwas über eine neuartige Operationstechnik der Stammzellentransplantation wissen, die imstande sein soll, Blinden die Sehkraft wiederzugeben.«

Die Frau am anderen Ende der Leitung bat May, seine Frage zu wiederholen. Er sagte erneut sein Sprüchlein auf.

»Stammzellen?«, fragte die Frau.

»Soweit ich weiß, ja«, sagte May.

»Da müssen wir Sie zurückrufen.«

Als der Rückruf kam, wurde ihm erklärt, niemand in der Abteilung habe jemals von irgendeiner Art von Stammzellenoperationstechnik gehört, geschweige denn von einer, die Blinde sehend mache.

May rief in der Stanford University an. Gleiche Antwort. Er versuchte es bei angesehenen Augenkliniken an der Ostküste. Nichts.

Er fand den Bescheid einleuchtend. Dr. Max Fine, der Augenarzt, zu dem er sein Leben lang gegangen war, hatte ihm erklärt, eine Wiederherstellung seines Sehvermögens sei nicht mehr möglich, weder jetzt noch später. Als Fine im Jahr 1989 starb, erwähnte die *New York Times* ausdrücklich seine siebenundfünfzig Jahre Praxis und rühmte seine »Pionierarbeit auf dem Gebiet der Hornhautverpflanzung«. Wenn jemand gewusst hatte, wie es um Mays Aussichten stand, dann Dr. Fine. An dem »weder jetzt noch später« hatte er nicht den geringsten Zweifel gelassen.

Mitte August kamen May und Jennifer mit Verwandten zu einem Ferienwochenende in einem Hotel zusammen. May war froh über die Atempause. Am ersten Abend versammelten sich alle zu einem kurzen Schiffsausflug. An Bord wandte sich die Unterhaltung rasch einer Gruppe eleganter Passagiere zu, die in der Nähe standen. Jennifers Verwandte beschrieben die Leute als »bronzefarben, schlank und von italienischem Aussehen«; das Mondlicht, so hieß es, »verfängt sich im Geschmeide der Frauen«. Jennifer wusste zu berichten, dass sich der hauchzarte Saum der Damenkleider »dem Wind anschmiegt« und dass die Männer »ihre Zigaretten mit flachen Feuerzeugen aus Gold anzünden und ihre Arme zu Dreiecken formen, um ihren Partnerinnen Halt zu bieten«. Einen Augenblick später machte Jennifers Schwester Wendy eine Entdeckung.

»Mein Gott, schau dir doch nur dies Fräulein Lachs an«, flüsterte sie ihrer Schwester zu und wies mit dem Kopf auf eine Frau Anfang dreißig. »Ist die aus Fleisch und Blut?«

Die Frau sah aus, als hätte eine Gruppe pubertierender Jugendlicher sie sich ausgedacht. Ihre schmale Taille ging in der einen Richtung in gebräunte, straffe Beine über, die länger wirkten als die Hälfte der Männer um sie herum. In der anderen Richtung wurde die Taille von einem Busen gekrönt, der so üppig und stramm war, dass er ohnehin in keinen Büstenhalter gepasst hätte. Ihre hochhackigen Schuhe brachten ungewöhnlich ebenmäßige Waden zur Geltung, während der schmale Streifen lachsfarbener Gaze, mit dem sie bekleidet war, das Übrige ins rechte Licht setzte. Sie hatte das Gesicht eines Kinostars der vierziger Jahre. Mit ihrem langen blonden Haar zog sie Männer jedes Lebensalters in ihren Bann.

»Ich muss Mike von ihr erzählen«, sagte Wendy. »Mike braucht unbedingt eine Beschreibung von Fräulein Lachs.«

»Er wird begeistert sein«, sagte Jennifer.

Wendy zog May auf die Seite und schilderte ihm die Szene. Sie ließ kein Detail aus. Jennifer bekam die Unterhaltung zum größten Teil nicht mit, aber alle paar Sekunden hörte sie ihren Mann »Tatsächlich?«, »Unglaublich!« oder »Woher weißt du das?« sagen. Und sie konnte hören, wie er ihre Schwester fragte: »Das kannst du alles von deinem Sitzplatz hier quer über das ganze Boot erkennen?«

Am nächsten Tag versammelten sich die Familien in einem der Hotelräume, um nicht ständig der Sonne ausgesetzt zu sein. Sie sahen das Angebot an Leihfilmen durch und stießen auf einen Film mit dem Titel *At First Sight* (dt. *Auf den ersten Blick*) mit Val Kilmer und Mira Sorvino in den Hauptrollen; darin geht es um einen Blinden, der sein Sehvermögen wiederbekommt. Sich diesen Film anzusehen, schien naheliegend, zumal May Jennifers Familie von seinem zufälligen Zusammentreffen mit Dr. Goodman erzählt hatte. Während der Film anlief, nahm er auf dem riesigen Bett Platz, flankiert von seiner Frau und Wendy.

Nur ein paar Szenen lang vermochte der Film die Aufmerksamkeit der Zuschauer zu fesseln. Die Hauptfigur wirkte lahm und verängstigt. Jedes kleinste Hindernis brachte ihn aus der Fassung. Er lächelte vertrottelt.

»Dieser Typ ist eine Schlaftablette«, erklärte May.

Als seine Freundin den Blinden bestürmte, es mit einer Wunderheilung zu versuchen, ruckte Jennifer unruhig auf ihrem Platz hin und her und murmelte: »Wie kann jemand einen anderen so unter Druck setzen? Das geht doch nur den Betreffenden selbst etwas an.«

Der Film war erst halb vorbei, da schenkte ihm bereits niemand mehr Beachtung.

»Ich wäre längst wieder am Swimmingpool und hielte Ausschau nach Fräulein Lachs, wenn ich nicht schon zwischen zwei so schönen Frauen eingeklemmt säße«, erklärte May.

Die Schwestern wollten wissen, ob er dem Film noch folge.

»Kaum noch«, antwortete er. »Die Hauptfigur ist kein Mensch aus Fleisch und Blut.«

Als May von diesem Ausflug zurückkam, bat er seine Sekretärin im Büro, Kim Burgess, ihm bei einer Suche im Internet zu helfen; die sprachgekoppelte Software zum Lesen des Bildschirms, über die sein Computer verfügte, funktionierte gut, solange es um Textverarbeitung oder die Arbeit mit Kalkulationstabellen ging; mit der Entzifferung komplexer Websites hingegen war sie überfordert. Er suche Informationen über Stammzellenchirurgie in Bezug auf Augen.

Gleichzeitig richtete er eine Anfrage an eine Newsgroup im Internet, die sich mit dem Thema Blindheit befasste, und erkundigte sich, ob jemand Kenntnis von einem solchen Verfahren habe. Jennifer erklärte er, dass er nicht mit einem positiven Ergebnis rechne – wenn selbst die klugen Köpfe an den Universitäten, die er kontaktiert hatte, ebenso wenig darüber wüssten wie damals Dr. Fine, dann sei nicht zu erwarten, dass er von sich aus etwas in Erfahrung bringe.

Es dauerte nicht lange, da tauchten die ersten spärlichen Informationen auf – eine ausländische Website hier, eine E-Mail dort. Wie es den Anschein hatte, gab es tatsächlich ein die Augen betreffendes Verfahren, bei dem Stammzellen eine Rolle spielten – es wurde als »hornhautepitheliale Stammzellentransplantation« bezeichnet. Als May diese Begriffe im Web und bei seinen Recherchen verwendete, flossen die Informationen reichlicher. Vieles davon begegnete ihm im Fachjargon der Wissenschaftler und Chirurgen; es war etwa die Rede von »limbalem Allotransplantat«, von »anhaltendem Symblepharon« und von »vernarbter Keratokonjunktivitis«. May durchforstete die Literatur nach den seltenen umgangssprachlichen Verständnishilfen und kämpfte sich mit Hilfe eines Fachwörterbuchs durch den Rest. Über das Verfahren fand er schließlich Folgendes heraus:

– Es kam nur für ganz besondere Fälle in Frage – zu denen freilich Verbrennungen durch Chemikalien zählten.
– Es war erst kürzlich entwickelt und noch selten angewandt worden – weltweit bislang weniger als vierhundertmal.
– Nur ganz wenige Ärzte kannten den Eingriff, und kaum einer hatte ihn in der Praxis durchgeführt.
– Falls erfolgreich, konnte das Verfahren Blinden das Augenlicht wiedergeben – selbst solchen, denen versichert worden war, sie würden nie wieder sehen können.

May teilte Jennifer mit, was er herausgefunden hatte. Für ihn war es ein merkwürdiges Gefühl, über das Sehen nachzudenken – soweit er sich erinnern konnte, hatte er das nur einmal zuvor getan. Mit Ende zwanzig hatte er zugehört, wie ein Mann im Radio die Verwendung der Hypnose zur Aufdeckung von Kindheitserinnerungen beschrieb, und hatte sich gefragt, ob ihn ein Hypnotiseur wohl dazu bringen konnte, sich an die Dinge zu erinnern, die er in der Zeit vor seinem Unfall gesehen hatte. Die

Überlegung faszinierte ihn damals, und er hatte ihr einige Tage lang nachgehangen, ehe er sich wieder seinem normalen Leben zuwandte.

»Die Stammzellenchirurgie ist wirklich interessant«, meinte er zu Jennifer. »Ich wüsste gern mehr darüber. Trotzdem glaube ich nach wie vor nicht, dass sich mein Leben dadurch ändern würde. Aber ich muss einräumen, es scheint so etwas wirklich zu geben.«

Das Sehen beginnt bei der Hornhaut. Wenn das Licht ins Auge eintritt, passiert es zuerst die Hornhaut, eine durchsichtige, kreisförmige Schicht, die einen halben Millimeter dick ist und die Vorderseite des Auges bildet. Die Hornhaut ist farblos, aber sie erfüllt eine entscheidend wichtige Funktion – sie lässt das Licht eindringen und erledigt den größten Teil der Fokussierarbeit. Die Hornhaut darf sich nicht eintrüben; sonst wird das Sehen so, als versuchte man, durch eine beschlagene Duschtür oder eine verschmutzte Windschutzscheibe zu blicken.

Aber wie wird die Hornhaut sauber gehalten? Man kann nicht Scheibenwischer auf ihr hin und her bewegen, wie man das bei Windschutzscheiben tut. Wie man heute weiß, hat der Körper seine eigene Methode, für die Sauberkeit der Hornhaut zu sorgen. Es fängt mit der Existenz bestimmter Zellen an, die man als Stammzellen des Hornhautepithels bezeichnet. Dabei handelt es sich nicht um die umstrittenen Stammzellen, die man aus Embryonen gewinnt, sondern vielmehr um Zellen, die jeder Mensch sein Leben lang besitzt.

Diese Stammzellen sitzen entlang den Rändern der Hornhaut. Stellt man sich die Hornhaut als ein rundes Fenster vor, dann sind die Stammzellen – von denen es etwa eintausend gibt – in dem Bereich angesiedelt, wo sich der Fensterrahmen befände. Die Stammzellen produzieren Millionen von Tochterzellen. Diese Tochterzellen haben eine einzige Aufgabe: in Richtung des

Augenzentrums zu wandern und die Hornhaut mit einer durchsichtigen Schutzschicht zu bedecken.

Die Schutzschicht der Tochterzellen bildet das Hauptabwehrmittel der Hornhaut gegen Schmutz, Kratzer, Bakterien und Infektionen. Sie verhindert auch, dass Blutgefäße und Zellen aus dem weißen Teil des Auges (der sogenannten Conjunctiva) die Hornhaut überwuchern. Die Schutzschicht selbst kann verschmutzen, aber alle paar Tage fallen die Tochterzellen, aus denen sie besteht, ab und werden durch neue ersetzt, wodurch die ständige Frische und Klarheit der Schicht gewährleistet wird. Die Stammzellen an den Rändern der Hornhaut produzieren unermüdlich neue Tochterzellen – und das tun sie das ganze Leben der Person hindurch.

Was aber passiert, wenn diese Stammzellen zerstört werden – etwa weil das Auge erkrankt oder Verbrennungen oder ein Trauma erleidet? In diesem Fall können sie die Tochterzellen für die Schutzschicht über der Hornhaut nicht mehr produzieren. Bald schon überwuchern Blutgefäße und Zellen der Conjunctiva die Hornhaut, verschleiern sie und lassen sie schließlich undurchsichtig werden. Das Licht kann die Hornhaut nicht mehr auf seinem Weg zu Pupille, Iris, Linse und Retina passieren. Das bedeutet, der Betreffende ist blind. Eine chemische Explosion – wie diejenige, deren Opfer Mike mit drei Jahren wurde – kann die Stammzellen des Hornhautepithels im Nu zerstören.

Vor 1964 wusste die Wissenschaft noch kaum etwas von der Bedeutung, die den Rändern der Hornhaut für deren Reinhaltung zukommt. Und sie ahnten definitiv noch nichts von der Existenz der hornhautepithelialen Stammzellen und davon, wie Letztere die Hornhaut schützen. Wenn die Chirurgen es mit einer überwucherten Hornhaut zu tun hatten, dann entfernten sie diese und ersetzten sie durch die Hornhaut eines Spenders. Das funktionierte meistens, weil der Patient immer noch über Stammzellen an den Rändern verfügte, die imstande waren, die schützenden Tochterzellen zu produzieren. Verfügte der Patient über keine Stammzellen mehr, dann versagte die Methode freilich. Die Augenchirurgen hielten die Abstoßung der Spenderhornhaut durch den Körper für die Ursache des Scheiterns. Auf den Gedanken, dass an dem Versagen der Spenderhornhaut der Mangel an Stammzellen beim Patienten schuld sein könnte, kamen sie damals nicht.

Im Jahr 1964 wandte ein kolumbianischer Augenarzt namens José Barraquer bei einem seiner Patienten, der eine chemisch bedingte Verletzung des einen Auges erlitten hatte, eine neue Behandlungsmethode an. Er transplantierte ein Stück vom Rand der Hornhaut des gesunden Auges auf den Rand des verletzten Auges. Die Sehkraft des Patienten verbesserte sich. Barraquer wusste es zwar nicht, aber er hatte mit dieser Operation eine Stammzellentransplantation durchgeführt. Der Wissenschaft wurde aber nun klar, dass die Ränder der Hornhaut auf irgendeine Weise wichtig für die Gesundheit der Hornhaut waren.

Forschungen in diese Richtung trieb Ende der siebziger Jahre Dr. Richard Thoft in Pittsburgh voran: Er verfeinerte Barraquers Technik und fing außerdem an, die Ränder der Hornhäute gestorbener Spender auf Patienten zu verpflanzen. Aber erst 1989 ermöglichten die Forschungen der Ärzte Kenneth Kenyon und Scheffer Tseng ein vollständiges Verständnis der Rolle der hornhautepithelialen Stammzellen und der besten Methode, sie zu transplantieren. Wie sich herausstellte, erforderte der Vorgang zwei chirurgische Eingriffe und eine ganze Menge technisches Geschick auf Seiten des Operateurs.

Stirbt ein Spender, so beauftragt eine Augenbank einen Mitarbeiter, dem Leichnam die Augäpfel zu entnehmen. Diese werden dann in einer Konservierungsflüssigkeit an die Augenbank geschickt, wo die Hornhäute mitsamt den sie umgebenden Stammzellregionen vom Auge abgelöst und in die Konservierungsflüssigkeit zurückgelegt werden. Dann gehen sie an einen

Chirurgen, damit er sie transplantiert – was innerhalb von fünf Tagen nach dem Tod des Spenders geschehen sollte. (Die Operateure verwenden vorzugsweise Hornhäute und Stammzellenregionen von Spendern, die bei ihrem Tod nicht älter als fünfzig Jahre waren.)

Der erste Eingriff dient der Transplantation der Stammzellen des Spenders. Der Patient wird unter Vollnarkose gesetzt, und dann schabt der Operateur alle Zellen und Blutgefäße der Conjunctiva ab, die sich auf der Hornhaut des Patienten angesiedelt haben. Allein das schon erfordert so etwas wie artistisches Können, aber der schwierigste Teil kommt erst noch.

Den Patienten lässt man weiter schlafen, während die Hornhaut des Spenders mit dem Stammzellenkringel um sie herum unter ein bereitstehendes Mikroskop gelegt wird. Mit Hilfe dieses Mikroskops – und einer unendlich ruhigen Hand – schneidet der Operateur den Mittelteil der Spenderhornhaut aus, sodass nur der Rand mit den Stammzellen übrigbleibt. Seine Aufgabe ist es nun, diesen Kringel so auf die patienteneigene Hornhaut zu legen, dass diese mit einem neuen Vorrat an Stammzellen versorgt ist.

In dem Zustand, in dem er sich befindet, ist der Ring indes zu dick für eine Transplantation. Immer noch mit Hilfe des Mikroskops macht der Operateur ihn dünner, indem er ihn von unten her abschabt und seine Stärke von einem Millimeter auf ein Drittel reduziert – und dies, ohne die Stammzellen auf der Oberseite des Kringels zu beschädigen. Seine Bewegungen gleichen einem minuziösen Pas de deux, den Präzision und Nervenstärke aufführen.

Nach dieser Prozedur platziert der Operateur den Stammzellenring auf der Hornhaut des Patienten und vernäht ihn. Der ganze Vorgang nimmt einen Zeitraum von anderthalb bis zwei Stunden in Anspruch.

Die Stammzellentransplantation als solche schafft kein Sehvermögen, weil die vorhandene Hornhaut durch ihre Überwucherung mit Zellen und Blutgefäßen zu stark geschädigt ist und nicht mehr richtig funktioniert. Der Patient braucht eine neue Hornhaut, aber ehe er die bekommen kann, muss man den transplantierten Stammzellen Gelegenheit geben, Tochterzellen zu produzieren, die den Weg zur Hornhaut freimachen. Wenn dieser Weg nicht gebahnt ist, können die Tochterzellen die neue Hornhaut, die sie künftig schützen sollen, nicht erreichen.

Die Tochterzellen brauchen ungefähr vier Monate, um die Verbindung vorzubereiten. Hat der Operateur festgestellt, dass dies geschehen ist, entfernt er die geschädigte Hornhaut des Patienten und ersetzt sie durch die gesunde Hornhaut eines zweiten Spenders. Falls alles glattgeht, wird die neue Hornhaut durch die eingesetzten Stammzellen und die von ihnen produzierten Tochterzellen geschützt. Und das kann bedeuten, dass sich das Sehvermögen dauerhaft wiederherstellt.

Im Jahr 1999 hatten erst fünfzehn bis zwanzig Chirurgen in den Vereinigten Staaten Transplantationen von Stammzellen des Hornhautepithels durchgeführt. Höchstwahrscheinlich hatte man damals das Verfahren weltweit noch nicht einmal vierhundertmal angewandt.

Ende August erstreckte sich Mays Arbeitstag von Morgengrauen bis Mitternacht. Das hinderte ihn freilich nicht, in seinen freien Minuten weitere Nachforschungen anzustellen. Er rief Augenärzte an, um sich zu erkundigen, ob sie schon hornhautepitheliale Stammzellentransplantationen durchgeführt hatten – er wollte herausfinden, wie sich Goodmans Erfahrung im Vergleich mit der seiner Kollegen ausnahm. Er fand keinen einzigen Arzt, der eine Operation dieser Art durchgeführt hatte. Er holte Informationen über Goodmans Ruf ein und stellte fest, dass der Mann landesweit hohe Achtung genoss. Als May bei seinem Versicherungsträger nachfragte, erhielt er die Auskunft, Goodman sei ein geschätzter Vertragspartner der Versicherung, und die Kosten einer Stammzellentransplantation würden unter Umständen übernommen.

Eines Abends im Auto – Carson und Wyndham lagen hinten und schliefen – eröffnete May Jennifer, er denke daran, sich einen Termin für den B-Scan – die Ultraschalluntersuchung des Augenhintergrunds, um festzustellen, ob gute Voraussetzungen für einen operativen Eingriff bestehen – geben zu lassen.

»Ich meine, es kann nichts schaden, das herauszufinden.«

»Das klingt vernünftig«, sagte Jennifer. »Schließlich ist das ja noch keine Entscheidung für die Operation. Der Schritt dient erst einmal nur dazu, herauszufinden, was Sache ist.«

Am nächsten Tag rief May in Goodmans Praxis an und bat um einen Termin für den B-Scan. Er wurde an einen in San Francisco ansässigen Facharzt für Ultraschalluntersuchungen des Auges verwiesen, der den Scan durchführen sollte. Anschließend würde dann Goodman den Befund interpretieren. Für dieses entscheidende Gespräch mit Goodman gab die Sprechstundenhilfe May einen Termin am 23. September. Er bedankte sich, rief den Ultraschallspezialisten an und ließ sich auch dort einen Termin geben.

Am Nachmittag des 9. September 1999 ging May mit seinem Blindenhund Josh zum Busbahnhof des Ortes, fuhr mit dem Schnellbus zur Vallejo-Fähre, dann mit dem Schiff zum Ferry Building in San Francisco und ließ sich von einem Taxi zu seinem Bestimmungsort bringen. Die Fahrt dauerte neunzig Minuten.

Der Ultraschallspezialist erklärte May die Vorgehensweise beim B-Scan. Erst werde das Auge anästhesiert und in ein kleines Bad aus Kontaktflüssigkeit eingetaucht. Dann werde eine kleine elektrische Sonde auf dem Augenlid platziert, die Schallwellen aussende und empfange. Das Instrument bilde die innere Anatomie und Struktur des Auges ganz ähnlich ab wie der Ultraschallapparat, mit dem man in der Geburtshilfe und Gynäkologie einen Fötus abbilde. Ziel sei es, auf diese Weise groben Pathologien oder Anomalitäten auf die Spur zu kommen. Die Ergebnisse zu bewerten sei Goodmans Sache.

Die Prozedur dauerte fünfzehn Minuten und war schmerzlos. Jetzt blieb nur noch abzuwarten, was dabei herausgekommen war.

Bis zu Mays Termin bei Goodman waren es noch zwei Wochen. Das Sendero-System kümmerte das nicht. Seine Ansprüche waren unersättlich, die Probleme, mit denen es May konfrontierte, unerschöpflich. Die täglichen Belastungen verfolgten May bis in die Nacht. Er hatte schon immer zu Schlafstörungen geneigt – es kam häufig vor, dass er, von Unruhe gepackt, stundenlang wachlag und über seine Arbeit und sein Leben nachgrübelte. Die schwierige Aufgabe, Sendero zum Laufen zu bringen, trug das ihre dazu bei, ihm den Schlaf zu rauben.

Immer wieder einmal im Lauf seines Erwachsenenlebens drang May, während er um drei Uhr nachts wachlag, mit seinen Gedanken durch die Alltagsgeschäfte zu existenziellen Fragen vor. Er sann nach über Tod und Sterblichkeit, versuchte zu erfassen, was es hieß, nicht mehr da zu sein. Er überlegte, wie es wohl war, wenn man keine Wahrnehmung mehr hatte – nicht einmal mehr die Fähigkeit, etwas zu berühren –, und wie es möglich war, dass jemand, der scherzte und lachte und sich jeden Mittag auf seine Kinder freute, zu Staub werden und spurlos vergehen konnte. Diese Gedanken hatten nichts mit seinen Alltagsängsten – der Angst vor schlechtem Wetter beim Fliegen oder vor einer plötzlichen Explosion – zu tun, die sich mittels Verstand und Mut bewältigen ließen. Das waren vielmehr schreckenerregende Vorstellungen, die verborgen lagen, während er sich um seine Geschäfte kümmerte oder sich mit Jennifer über Haushaltsfragen stritt, und die ihn dann vor Morgengrauen heimsuchten, wenn sein Geist nicht mehr tätig war und in Davis Stille herrschte. Sie waren geeignet, ihn im Kern zu erschüttern.

May sprach selten übers Sterben. Indes hatte er sich erst kürzlich mit seinem Vater in eine Diskussion über das Thema verwickelt. Bill May, der mittlerweile in Denver lebte, hatte wieder einmal wegen Alkoholproblemen seinen Arbeitsplatz verloren. Die Ärzte waren sich nicht sicher, ob er überleben werde. May flog hin, um seinen Vater zu besuchen. May senior erzählte seinem Sohn, dass er darüber nachgedacht hatte, was es hieß, nicht mehr da zu sein, dass er versucht hatte, sich vorzustellen, wie es sei, wenn man nicht mehr existiere. »Ich habe schreckliche Angst vor dem Sterben«, sagte er. »Ich auch, Dad«, antwortete May seinem Vater.

Ein paar Nächte später lag May wach und wälzte diese Gedanken. Sein Gegenmittel bestand gewöhnlich darin, über seinen Unfall nachzudenken, sich vorzustellen, wie leicht er dabei hätte umkommen können. Alles, was danach kam, sagte er sich, musste er als ein Geschenk des Himmels betrachten. In dieser Nacht freilich beschäftigte ihn ein anderer Gedanke. Er fragte sich, ob er, wenn er stürbe, dies beherzt tun würde. Er hoffte es. Andere, die vielfach in ihm den verkörperten Mut gewahrten, hätten eine Wette darauf abgeschlossen. Aber sicher wissen konnte das niemand, ehe der Fall nicht eintrat. Und ihm ging auf, dass dies eigentlich für den ganzen Menschen galt. Es kam nicht darauf an, wie sich jemand selbst sah und was er seiner Einschätzung nach in einer bestimmten Situation täte. Entscheidend war, wie er sich verhielt, wenn es so weit war.

Am Morgen des 23. September 1999 brach May zu seinem Termin bei Dr. Goodman auf. Er nahm ein frühes Versuchsmodell seiner GPS-Erfindung mit – bestehend aus Laptop und Satellitenempfänger, Letzterer etwa von der Größe eines Eishockeypucks –, um das Gerät auf dem Weg zu testen. Er wollte sich über den Befund seines B-Scans informieren lassen, der darüber entschied, inwieweit er für die seltene hornhautepitheliale Stammzellentransplantation in Frage kam. Jennifer küsste ihn zum Abschied und wünschte ihm Glück.

May und Josh gelangten auf der üblichen Route – per Bus, Fähre, Taxi und zu Fuß – in die Stadt. Unterwegs erledigte May Geschäftsanrufe. Er glaubte immer noch, dass Dr. Fine nicht darauf gekommen wäre, seinen Fall für endgültig hoffnungslos zu erklären, wenn noch irgendwelche Hoffnung auf eine Wiederherstellung seiner Sehkraft bestanden hätte. Aber während sein GPS-Leitsystem ihn mittels Satellitensignalen aus der Erdumlaufbahn zu Goodmans Türschwelle führte, spielte er doch kurz mit dem Gedanken, dass vielleicht nichts unmöglich war.

Er meldete sich an und wurde von einer Sprechstundenhilfe in ein Zimmer am Ende des Flurs geführt und dort aufgefordert, auf einem Untersuchungsstuhl Platz zu nehmen; angesichts der Tatsache, dass er nur gekommen war, um sich über den Befund informieren zu lassen, erschien ihm das merkwürdig. Ein paar Minuten später trat Goodman ins Zimmer und schüttelte ihm die Hand.

»Freut mich riesig, Sie wiederzusehen, Mike«, sagte er.

»Mich nicht weniger. Darf ich Sie Dan nennen?«

»Natürlich«, antwortete Goodman. »Ich würde mir gern das Auge kurz ansehen.«

Goodman verdunkelte das Zimmer. Er hob Mays rechtes Augenlid mittels Daumen und Zeigefinger und benutzte Pupillenleuchte und Biomikroskop, um ins Innere zu schauen. Er überprüfte den Augeninnendruck. Dann schob er seinen Stuhl zurück und knipste das Licht wieder an.

»Ich habe Ihren B-Scan gelesen«, sagte Goodman. »Der Befund ist hervorragend. Er zeigt keine grobe Pathologie im Augenhintergrund. Ihre Retina und Ihr Sehnerv wirken normal. Der Augenhintergrund ist anatomisch intakt und gesund. Der Scan-Befund ist unauffällig.«

»Was bedeutet das?«, fragte May.

»Es bedeutet, dass wir gute Aussichten haben, Ihr Sehvermögen wiederherzustellen«, sagte Goodman. »Es bedeutet, dass wir die Operation versuchen können.«

Goodman war sich über das Ungeheuerliche seiner Worte im Klaren. Er beobachtete genau, wie May auf die Aussicht, seine Sehkraft wiederzuerlangen, reagierte. Er schenkte stets der psychischen Verfassung seiner Patienten größte Aufmerksamkeit – für ihn war das fester Bestandteil seiner Art zu praktizieren – und führte nicht einmal eine gewöhnliche Lasik-Behandlung durch, solange er nicht die Überzeugung gewonnen hatte, dass der Patient emotional Bodenhaftung hatte und realistische Erwartungen hegte. Er besaß ein gutes Gespür in diesen Dingen, deren Beurteilung ja auch eher eine Sache der Einfühlung als der wissenschaftlichen Analyse war.

Einmal hatte er eine Frau operiert, die ein grauer Star hatte erblinden lassen und der, seit sie als Halbwüchsige ihre Sehkraft eingebüßt hatte, versichert worden war, ihr Fall sei hoffnungslos. Der Eingriff war hochkompliziert, aber er gelang – schon einen Tag danach konnte sie wieder fast perfekt sehen. Ihre Reaktion verblüffte Goodman. Als Blinde hatte sie sich glücklich und zufrieden gefühlt. Nun, da sie ihr Augenlicht wiederhatte, wurde sie von Ängsten und Depressionen geplagt. Wie sie Goodman erzählte, hatte sie ihr Erwachsenenleben hindurch Sozialhilfe bezogen und nie gearbeitet, geheiratet oder Reisen gemacht; sie hatte ein Leben auf Sparflamme gelebt, in dem sie sich geborgen fühlte. Jetzt indes teilten ihr die staatlichen Stellen mit, dass sie nicht mehr als berufsunfähig angesehen werden könne und sich selbst um ihren Lebensunterhalt kümmern müsse. Die Gesellschaft verlangte von ihr, dass sie Lebenstüchtigkeit bewies. Das gehe, erklärte sie Goodman, über ihre Kräfte.

In einem anderen Fall führte Goodman eine Lasik-Behandlung bei einer berufstätigen Mutter durch. Die Frau machte in jeder Hinsicht den Eindruck einer glücklichen und normalen

Person. Der Eingriff korrigierte ihre leichte Kurzsichtigkeit und gab ihr volle Sehkraft. Während einer Nachuntersuchung drei Monate später geriet sie plötzlich in Rage, rückte Goodman auf den Leib, bis ihr Gesicht nur noch wenige Zentimeter von seinem entfernt war, und schrie: »Sie haben mein Leben ruiniert! Meine Ehe ist kaputt, mein Mann hat mich verlassen, meine Kinder reden nicht mehr mit mir, und ich habe gerade meine Arbeit verloren! Und daran sind allein Sie schuld!« Nachdem es Goodman gelungen war, sie zu beruhigen, erzählte sie ihm, dass sie vor dem Eingriff an Depressionen gelitten hatte und der Überzeugung gewesen war, ihr Mann werde sie schöner finden, sie werde als Mutter bei ihren Kindern gewinnen, und ihr Boss werde ihre Arbeit mehr würdigen, wenn sie erst die Brille los sei. »Sie haben da ein Problem, bei dem ich Ihnen nicht helfen kann«, erklärte ihr Goodman. »Tut mir leid, dass ich das erst jetzt erkenne.« Die Frau brüllte noch die Patienten im Wartezimmer an und stürmte dann aus der Praxis.

So etwas kam selten vor; Goodman hatte Tausende von Behandlungen durchgeführt, Routinebehandlungen ebenso wie komplizierte Verfahren, und in praktisch allen Fällen waren ihm die Patienten dankbar für seine Bemühungen und deren Ergebnis. Aber diese seltenen Vorfälle hatten ihn gelehrt, wachsam zu bleiben, besonders dann, wenn er sich in einer so ausgefallenen Situation wie jetzt mit May befand – wo es darum ging, einem Mann Sehkraft zu geben, der fast sein ganzes Leben als Blinder verbracht hatte. Bis jetzt wirkte May so ruhig und in sich ruhend wie im Februar bei ihrer ersten Begegnung.

»Wie funktioniert die Sache?«, fragte May.

Goodman erklärte den Vorgang sachlich und in für Laien verständlichen Worten. Er werde zwei Eingriffe vornehmen. Beim ersten werde er Stammzellen des Spenders auf die Oberfläche von Mays Auge verpflanzen. Dann werde er vielleicht vier Monate warten, während die Stammzellen sich vermehrten und gesunde Oberflächenzellen bildeten. Anschließend werde er eine Spenderhornhaut verpflanzen. Der erste Eingriff werde kein Sehvermögen schaffen. Der zweite Eingriff hingegen könne das vielleicht.

Wie viele Stammzellentransplantationen Goodman bereits durchgeführt habe, wollte May wissen. Dies wäre seine siebte, erklärte ihm Goodman. Alle bisherigen seien mehr oder minder erfolgreich gewesen.

»Wie viele der Patienten waren ihr Leben lang blind?«, fragte May.

»Keiner«, erwiderte Goodman.

Der Arzt achtete auf Mays Reaktion. May schien beim Wort »keiner« zu lächeln.

»Das Verfahren birgt Risiken«, sagte Goodman. »Es ist wichtig, dass Sie über die genau im Bilde sind.«

»In Ordnung«, sagte May. »Ich bin ganz Ohr.«

Goodman beugte sich vor und fing an, die Risiken aufzuzählen.

Die Erfolgschancen stünden nicht besser als fünfzig zu fünfzig.
Die Wahrscheinlichkeit, dass die neue Hornhaut sauber bliebe und nicht im Lauf des ersten Jahres abgestoßen würde, lag nur bei fünfzig Prozent.

In Mays weiterem Leben könne es jederzeit zu einer Abstoßung der Stammzellen und der Hornhaut kommen.
Selbst wenn die Transplantation gelang, konnte May jederzeit und ohne Vorwarnung das Sehvermögen wieder verlieren, und diese Möglichkeit bestand sein ganzes weiteres Leben hindurch. Vielleicht hielt die Sehkraft einen Monat an, vielleicht ein Jahr, vielleicht das ganze Leben – niemand konnte das vorhersagen, und er konnte nie sicher sein, dass sein Sehvermögen von Dauer war.

In welchem Ausmaß sich das Sehvermögen wiederherstelle, sei ungewiss.
Für die Wiederherstellung des Sehvermögens nach lebenslanger
Blindheit gab es so wenige Präzedenzfälle – Goodman war kein
einziger bekannt –, dass sich unmöglich abschätzen ließ, wie gut
May wieder imstande sein würde zu sehen.

*Wenn die Operation fehlschlage, könne das May seine Lichtwahrnehmung
kosten.*
Ein Trauma, das durch die Operation dem Auge zugefügt wurde,
eine Infektion oder auch nur ein vorübergehender Druckanstieg
zählten zu der Vielzahl möglicher Ursachen, die die schwache,
aber wertvolle Lichtwahrnehmung zerstören konnten, mit der
May sich jeden Tag behalf.

*Cyclosporin habe unter Umständen gefährliche Nebenwirkungen – zu
denen auch Krebs zähle.*
Um seinen Körper daran zu hindern, die Stammzellen und die
Hornhaut abzustoßen, würde May Cyclosporin schlucken müssen,
ein hochwirksames Immunsuppressivum. Die Liste der möglichen Nebenwirkungen umfasste Leberversagen, Nierenversagen,
erhöhten Blutdruck, erhöhten Cholesterinspiegel, Zittern, Erbrechen, Haarausfall, Appetitlosigkeit und eine verminderte Abwehrkraft gegen Erkältungen. Die ernsthafteste Nebenwirkung
aber bestand in einem erhöhten Krebsrisiko. Einer von Goodmans eigenen Patienten war kürzlich an einem Krebs gestorben,
der im Zusammenhang mit der Einnahme von Immunsuppressiva entstanden war. May würde die Medikamente sechs Monate,
ein Jahr oder vielleicht sein Leben lang nehmen müssen – je
nachdem, wie stark die Abstoßungsreaktion seines Körpers auf
das neue Gewebe ausfiel. Schon eine sechsmonatige Einnahme
konnte zu Nebenwirkungen führen. Und sie konnten noch Jahre
nach Beendigung der Behandlung mit Cyclosporin auftreten.

Goodman beobachtete Mays Reaktion. Er war während der Erörterung der Risiken ruhig geblieben und hatte sogar kleine Scherze eingeflochten. Seine Nachfragen waren kurz und trafen den Punkt. Auf Goodman machte er den Eindruck eines Mannes, der mit beiden Beinen fest auf der Erde stand und über Realismus verfügte.

May erkundigte sich nach der Dauer des erforderlichen Krankenhausaufenthalts und nach der Narkose, die er bekommen würde. Die fehlgeschlagenen Hornhauttransplantationen in seiner Kindheit hatten qualvolle Erinnerungen an Zwangsaufenthalte in der Klinik bei ihm hinterlassen und an die nicht enden wollende Übelkeit als Folge des Äthers, mit dem man ihn betäubt hatte. Goodman versicherte ihm, die Anästhesie habe seit den frühen sechziger Jahren große Fortschritte gemacht, und wahrscheinlich müsse er nicht einmal über Nacht im Krankenhaus bleiben. Er werde allerdings häufig zu Nachsorgeterminen nach San Francisco kommen müssen.

»Ich weiß, dass dies eine sehr persönliche Entscheidung ist«, sagte Goodman. »Sie sollten sich so viel Zeit lassen wie nötig.«

»Was ist der nächste Schritt?«, fragte May.

»Der nächste Schritt ist die Reservierung eines Termins für die Stammzellentransplantation. Gewöhnlich beträgt die Vormerkungsfrist ungefähr sechs Wochen.«

Mays Kopf war noch voll von den Risiken, die Goodman ihm vor Augen geführt hatte. Aber es schien sinnvoll, sich gleich auf die Liste setzen zu lassen. Wenn er sich für den Eingriff entschied, hatte er bereits den Termin; entschied er sich dagegen, brauchte er den Termin nur abzusagen. Wenn er sich für einen Operationstermin vormerken ließ, verpflichtete ihn das zu nichts.

»Wann haben Sie Zeit?«, fragte May.

»Schauen wir mal vorn beim Empfang nach«, sagte Goodman.

Im Terminkalender gab es ungefähr ab Mitte November freie Termine. May überlegte, welcher Zeitraum seinen Arbeitsalltag am wenigsten durcheinanderbrachte. Er entschied sich für den 22. November 1999, den Montag vor Thanksgiving, den Beginn einer Arbeitswoche mit wenig Betrieb.

»Danke, Dan«, sagte May und streckte seine Hand aus. »Das war wirklich interessant. Jetzt habe ich reichlich Stoff zum Nachdenken.«

May packte seine Sachen zusammen, griff nach Joshs Laufgeschirr und trat in den Alltag San Franciscos hinaus. Bald war er wieder auf der Fähre und auf dem Weg nach Hause. Eine Stunde zuvor war er wegen eines bloßen Befunds hingegangen, und nun hatte sich die Welt gewandelt. Er wollte sich Zeit lassen, das Gehörte zu verdauen, aber die Formulierungen, die der Arzt gebraucht hatte – *Wahrscheinlichkeit bei fünfzig Prozent*, *ohne Vorwarnung*, *Ausmaß ungewiss*, *Krebsrisiko* –, spukten ihm im Kopf herum. Es gab viel zu bedenken. Er musste sich über vieles klar werden. Er musste sich fragen, ob für ihn die Chance, sehen zu können, das Risiko zu sterben aufwog.

KAPITEL **VIER**

Kein Gitarrist dürfte jemals dankbarer für die Fähigkeit gewesen sein, ein bisschen auf den Saiten seines Instruments herumklimpern zu können, als May im Sommer 1971. Der Staat Kalifornien hatte ihn zusammen mit einer Reihe von anderen blinden Jugendlichen, die vor dem Eintritt ins College standen, zu einem siebenwöchigen Vorbereitungskurs auf dem an der Küste gelegenen Campus der University of California in Santa Cruz eingeladen. Die Absicht war, sie mit den Gegebenheiten des Universitätslebens vertraut zu machen. Zu diesen Gegebenheiten zählten, wie May vermutete, Frauen. Er sorgte dafür, dass seine Gitarre neue Saiten bekam.

Das Ausbildungsprogramm war so locker und hippieesk wie Santa Cruz selbst. Die Teilnehmer besuchten Kurse in Literatur und Psychologie, um anschließend am Strand herumzuliegen und über den Frieden zu schwadronieren. Als ihre Lehrer ihnen rieten, sich Kommilitonen mit Sehvermögen zu suchen, die ihnen ihre Hausaufgaben vorlesen konnten, fand May eine Studentin, die nach Patschuliöl duftete und ihn auf der Wiese vor seinem Wohnheim gern mit Zitaten aus psychologischen Werken traktierte. Dass er bei dem Duft, der von ihr ausging, ins Träumen geriet, hätte Freud gut verstanden.

In der Highschool waren Frauen für May ein vages Gerücht geblieben. In Santa Cruz waren sie ihm so nah wie sein Gitarrenkasten. Eine der Kursteilnehmerinnen, ein stilles Mädchen namens Nancy, schmolz dahin, wenn er Lieder von Crosby, Stills & Nash auf der Gitarre phrasierte. Er wusste, dass sie attraktiv war – er konnte das an der Richtungsänderung der Männerstimmen erkennen, wenn sie den Raum betrat, und an der Ungezwungenheit, mit der sie auf die Aufmerksamkeit reagierte, die ihr Männer mit Sehvermögen entgegenbrachten. Er wusste, dass sie gut gebaut war, als er die Rückseite ihres Oberarms berührte; der feinfühlige Blinde spürte auf Anhieb die Spannkraft ihres Körpers. Am Strand bemühte er sich um einen Platz an ihrer Seite, in der Hoffnung, dass ihr langes, seidiges Haar über seine Hand strich.

Eines Abends versammelten sich ein paar Studenten in Mays Bude, um zu singen und Gitarre zu spielen. Einer nach dem anderen verschwand, bis er und Nancy allein im Zimmer waren. Er wusste, dass er jetzt am Zug war, aber wusste er auch, wie der Zug aussah, den er machen musste? Während der Highschoolzeit hatte er ein einziges Mal im Kino unbeholfen nach der Hand eines Mädchens getastet und war zurückgewiesen worden. Wie sollte er jetzt in der Lage sein, noch weiter zu gehen? May spürte, dass Nancy ebenso unerfahren war. Er legte seinen Arm um sie und auf ihr Haar und zog sie an sich, um sie zu küssen. Sie schmiegte sich an ihn. Das Gefühl von körperlicher Nähe und Wärme war überwältigend; ein Zurück gab es für ihn nicht mehr. Aber wie ging es weiter? Die Barbiepuppen, bei denen er in die Lehre gegangen war, hatten an den Stellen, zu denen es ihn jetzt hinzog, glatte Oberflächen. Der Gewinn an Bildung, den seine Freunde aus Sexfilmen gezogen hatten, war ihm versagt geblieben. Er hatte immer angenommen, dass sich der Knoten von selbst lösen werde, wenn es so weit war, aber während er und Nancy an den Kleidern des anderen herumfummelten und Geräusche von sich gaben, die zur Situation zu passen schienen, kam kein Gott den armen Sterblichen zu Hilfe. May suchte nach den wichtigen Körperteilen, von denen er durch den *Playboy* und seine Kameraden erfahren hatte, und fragte sich: »Ist es das hier? Oder das? Werde ich es merken, wenn ich hinkomme?« Als sich die Nacht dem Ende zuneigte und May angekommen war, fand er, dass sich ihm eine neue, wunderbare Welt erschlossen hatte.

Den Sommer hindurch gingen die beiden miteinander; als sie in ihre Colleges wechselten, die weit voneinander entfernt lagen, versprachen sie sich, Kontakt zu halten. May schrieb sich an der University of California in Davis ein – unter sechzehntausend Studenten der einzige Blinde. Kurse, die im Stil von Santa Cruz die Phantasie und das Gefühlsleben ansprachen, hatte das College freilich nicht zu bieten. Seine Leitung erwartete von den Studenten, die im Hauptfach Ingenieurswissenschaft studierten, dass sie Mathematik, Physik und Chemie lernten.

Von Anfang an hatte May schwer zu kämpfen. Das Gewicht, das sein Lehrplan auf Technik legte – wozu auch die besondere Rolle zählte, die Graphiken dabei spielen –, drohte ihn zu erdrücken. Es half ihm nichts, dass er fünf Stunden am Tag als Mitglied der Ringermannschaft des College mit Kampftraining zubrachte. Die Zwischenprüfungen passierte er nur mit knapper Not. Nach einiger Zeit fand er neue Tutoren und entdeckte Mathematiktexte in Blindenschrift. Er gab nicht auf.

Während May sich im Unterricht zu behaupten lernte, blieb sein Erfolg in Liebesdingen nach wie vor eher bescheiden. Dass er in Technikerkreisen verkehrte, verschaffte ihm nicht gerade Zugang zu den Zirkeln an der Universität, in denen sich die Geschlechter mischten, und wenn er mit Frauen sprach, tat er das reichlich unbeholfen. Bei den vom Studentenwohnheim arrangierten Tanzveranstaltungen zwang er sich, auf Frauen zuzugehen, aber die laute Musik und das dichte Gedränge warfen ihn oft aus der Bahn. Wenn er eine schöne Frau ansteuerte, die seine Freunde für ihn erspäht hatten, landete er mit seiner Bitte um einen Tanz nicht selten bei einem Football-Hünen oder gar der nackten Wand. »Bist du stoned?«, fragte ihn irgendein Kerl, weil seine Augen anders aussahen. »Er wollte nicht mit mir tanzen«, witzelte May gegenüber seinen Freunden.

Im zweiten Jahr wurde das College noch anstrengender. Der Unterricht stellte höhere Anforderungen, und die Ringermannschaft nahm noch mehr von seiner Zeit in Anspruch. Ausgezehrt vom Training, verkündete er zu Weihnachten seinem Bruder Patrick, dass er bei einem Turnier im Rahmen der landesweiten Universitätsausscheidungen gegen einen der Donaldson-Zwillinge antreten werde.

»Doch nicht die Donaldson-Zwillinge!«, entsetzte sich Patrick. »Die sind berühmt! Das sind Bestien! Sie drücken ihre Gegner in fünf Sekunden auf die Matte. Egal, welcher von beiden es ist, er wird dich umbringen!«

May trat trotzdem an. Auf die Matte drücken ließ er sich nicht – das war ihm das Allerwichtigste. Aber der Zwilling spielte ihm übel mit. Nach diesem Kampf wusste May, dass es vorbei war mit dem Ringen. Wegen der strengen Diät hatte er seit Jahren kein Thanksgiving-Essen mehr genießen können, und Zeit zum Studieren fand er auch nicht. Die Entscheidung, aufzuhören, nahm ihm eine Last von der Schulter. Als das neue Jahr anbrach, hatte er bereits erheblich zugenommen und konnte im Unterricht seinen Mann stehen.

Befreit tummelte sich May auf dem Campus und trieb sich ohne Schuldgefühle in beliebten Cafés und Eisdielen herum; besonders gern frequentierte er den Schnellimbiss Giant Hamburger, wo er Burger mit allem Drum und Dran aß und ganze Obstkuchen verdrückte, wenn sie im Angebot waren. Dank seines Bewegungsdrangs verschlug es ihn manchmal in unbekannte Ecken von Davis. Er brauchte nur zu früh oder zu spät rechts abzubiegen oder an einer Weggabelung die falsche Richtung zu wählen, und schon verlief er sich und kehrte erst nach Stunden zurück. Manchmal kam er an überraschenden Orten an, begegnete interessanten Leuten, stieß zufällig auf einen Winkel oder einen Laden oder einen Sportplatz, von deren Existenz er nichts geahnt hatte. Dieses Herumirren vermittelte May einen Eindruck von der Weite und ihrem Reichtum – alles war so groß und faszinierend, wenn man bereit war, sich darin zu verlieren. Fragten ihn Freunde, ob es ihm nicht Angst mache, wenn er sich verlaufe, gab er zu, dass er sich manchmal fürchte; er habe aber das Gefühl, das in Kauf nehmen zu müssen, weil man oft die tollsten Erlebnisse habe, wenn man nicht genau wisse, wo man landen werde. Fragten sie, was es für ein Gefühl sei, wenn man sich schließlich wieder orientiert habe, meinte er: Wieder zu wissen, wo man sich befinde, sei ein bisschen so, als könne man sehen.

Bis zum vorletzten Jahr im College hatte May eine Durchschnittsnote von Zwei plus erreicht, aber zufrieden mit seinem Elektroingenieurstudium war er immer noch nicht. Als er probeweise in ein Seminar über internationale Beziehungen hineinhörte, packte es ihn auf Anhieb. Die Elektrotechnik war formelhaft und klar definiert – Stromkreise hängen auf eine ganz bestimmte Weise zusammen –, Kulturen hingegen hatten etwas Geheimnisvolles. Er ging ins Immatrikulationsbüro und ließ sich für das Hauptfach Politische Wissenschaften einschreiben. Er hatte einen neuen Weg eingeschlagen.

Zum Sommer 1974, bevor sein letztes Jahr im College begann, bewarb sich May um eine Stelle als Betreuer im Zeltlager Enchanted Hills, das er als Junge so heiß und innig geliebt hatte. Jahrelang hatte man dort nur Personal mit Sehvermögen beschäftigt, nachdem einem blinden Betreuer eines der Kinder verlorengegangen war. May wandte sich direkt an den Leiter und vertrat seine Sache. Man erinnerte sich im Zeltlager an seinen Elan und beschloss, eine Ausnahme zu machen.

Er verstand sich gut mit seinen Schutzbefohlenen. Er erzählte ihnen, wie man ihm Jahre zuvor nicht erlaubt hatte, seinen Lagertraum in die Tat umzusetzen – nämlich auf bekannten Wegen weit weg vom Lager zu wandern und dann auf direktestem Weg, hinauf und hinab, durch Schluchten und Bachtäler und Gott weiß was für Getier zurückzukehren.

»Machen wir das als Erstes«, sagte er.

Sie nahmen sich in Acht vor Gift-Sumach und Klapperschlangen und verhedderten sich im Gestrüpp. Sie fielen hin. Es war hart, aber sie schafften es. May genoss die keuchenden Stimmen seiner Begleiter, als sie mit den Worten »Das war cool« ihre Rucksäcke absetzten.

Gegen Ende des Sommers hatte May eine Diskussion mit einigen der älteren Teilnehmer am Zeltlager. Sie bewunderten ihn und wollten wissen, woher er sein Selbstvertrauen nahm; es gebe doch so vieles im Leben eines Blinden, das geeignet sei, ihn zu verunsichern. Er wollte aufrichtig antworten, wollte diesen Halbwüchsigen, die im Begriff standen, in die Welt hinauszugehen, die ehrliche Auskunft geben, die sie verdienten, aber es fiel ihm nicht leicht – er hatte über seine eigenen Bestimmungsgründe noch nie genauer nachgedacht. Also erzählte er ihnen von seinem Leben, von seiner Mutter, von dem Unbehagen, das er stets empfunden habe, wenn er einer Herausforderung ausgewichen sei, und während er sprach, ging ihm auf, dass alles, was er erzählte, auf ein und dieselbe Botschaft hinauslief:

– Sei auf Abenteuer aus.
– Befriedige deine Neugier.
– Fürchte dich nicht davor, hinzufallen oder dich zu verlaufen.
– Es gibt immer einen Weg.

»Ich glaube, wenn ihr zu all dem imstande seid, dann findet ihr in der Welt euren Weg«, erklärte ihnen May. »Ich glaube, wenn ihr nicht vergesst, so zu handeln, werdet ihr immer zurechtkommen.«

In seinem letzten Collegejahr erfüllte sich May den Traum jedes Collegestudenten – er zog in ein Wohnheim mit Bewohnern beiderlei Geschlechts um. Ständig gingen in dem fünfstöckigen Gebäude Frauen ein und aus. May kam kaum zum Schlafen, weil all seine Gedanken um Coco, die rothaarige Studentin, kreisten, die in dem Zimmer nebenan schlief. Eine der Bewohnerinnen, eine Studienanfängerin namens Marcy, wurde seine Freundin. Er hing immer noch an Nancy, seiner ersten Liebe aus Santa Cruz, aber die Entfernung ließ die Erinnerung an sie verblassen.

Wie Nancy und einige Frauen, die er nach ihr kennengelernt hatte, sah Marcy gut aus. Für May war das wichtig, weil ihn die Vorstellung von schönen Frauen faszinierte und er nicht wollte, dass die Leute glaubten, er wisse es nicht besser. Viele Frauen fanden May attraktiv. Er war einen Meter fünfundachtzig groß, wog fünfundsiebzig Kilo, hatte ein markantes Gesicht und ein lebhaftes Lächeln und befand sich in bester körperlicher Verfassung. Er selbst hielt sich nicht für besonders gutaussehend – er wusste, dass er kein Herkules war; aber offenbar ergriff auch keine die Flucht, wenn er auftauchte.

Um Weihnachten fing May an, sich mit einer Frau namens Cathy zu treffen. Damit hätte seine Beziehung zu Marcy eigentlich enden müssen, aber er hatte mittlerweile gemerkt, dass er nichts gegen eine Reservefreundin einzuwenden hatte. Er bemühte sich, den Frauen nichts vorzulügen, und verlegte sich stattdessen auf strenge Geheimhaltung, aber unredlich blieb trotzdem, was er tat, und er war nicht stolz auf diesen Teil seiner Persönlichkeit.

Als das Abschlussexamen näherrückte, begann May, sich Gedanken über seine Zukunft zu machen. Jura erschien ihm als eine vernünftige Wahl. Der Rechtsanwaltsberuf genoss Ansehen, ermöglichte kreatives Denken und war gut bezahlt. Im Jahr 1975 konnten sich Blinde noch glücklich schätzen, wenn sie eine Stelle fanden; oft arbeiteten sie als Verkäufer oder als Telefonisten. Jura klang gut in seinen Ohren.

Das Jurastudium musste indes warten. Als May herausfand, dass man sich durch einen Studienaufenthalt im Ausland akademisch profilieren konnte, ging es für ihn nur noch darum, für welches Land er sich entscheiden sollte. Viele Studenten wählten England oder Frankreich, aber das erschien ihm zu einfach. Das westafrikanische Ghana war da schon besser. Einer seiner Professoren hatte sein Interesse für die Region geweckt, und kleine Eindrücke von dem Land hatte er bereits bekommen, etwa, als er bei einem Freund einen Ashanti-Schemel bewundern durfte oder als er einem Graupapagei aus Ghana begegnete, der Werbesongs aus dem Fernsehen nachsingen konnte. Die Agentur, die Studenten ins Ausland vermittelte, musste nur noch eine Familie für seinen sechsmonatigen Aufenthalt finden.

Keine Familie wollte ihn. Und schon gar nicht wollten sie seinen neuen Blindenhund, einen Schäferhund namens Totie. Das Militär in Ghana setzte Schäferhunde als Waffe ein; als Haustiere waren sie den Einheimischen dort nicht bekannt. Die Agentur teilte May mit, seine Reise werde wohl ins Wasser fallen, weil sie es nicht schaffe, ihm eine Familie zu vermitteln. Aber der Gruppenleiter drängte ihn, auf jeden Fall hinzufahren; vor Ort, meinte er, werde man dann schon eine Lösung finden.

May und Totie wurden in Ghana sofort behandelt wie Aussätzige. Taxis nahmen sie nicht mit. In Restaurants musste May draußen sitzen. Das Wohnheim für Gaststudenten nahm ihn nicht auf. May entwickelte eine Technik, Totie vor den Augen der Taxifahrer zu verbergen. Wenn das Taxi hielt, stürzten er und Totie hinein und weigerten sich, wieder auszusteigen. Die Fahrer sprangen aus ihrem Taxi und brüllten und protestierten, manchmal eine Viertelstunde lang, bis sie schließlich einsahen, dass ihnen nichts anderes übrigblieb, und wieder einstiegen und losfuhren.

Die Agentur suchte weiter nach einer Gastfamilie, während May in Accra, der Hauptstadt Ghanas, ums Überleben kämpfte.

In den Straßen war man auf Schritt und Tritt mit kaputten Gehsteigen, offenen Abwasserkanälen und rasenden Autofahrern konfrontiert. Für die Blinden wurde in Ghana gut gesorgt, aber in der Öffentlichkeit tauchten sie selten auf. Einheimische folgten May durch die ganze Stadt, um sich dieses merkwürdige Geschöpf anzusehen; das interessante Schauspiel zog Hunderte an.

Nach drei Wochen in Accra hatte May immer noch keine Familie. Die Agentur setzte ihn in einen Lieferwagen, der in ein kleines Dorf namens Kumbuli fuhr; der Ort lag nahe der Grenze zur Elfenbeinküste am Meer, und seine Bewohner hatten sich bereit erklärt, May bei sich leben und arbeiten zu lassen. Vom einen Ende Kumbulis bis zum anderen waren es noch nicht einmal dreihundert Meter; im Dorf gab es weder Elektrizität noch fließendes Wasser. Das landwirtschaftliche Haupterzeugnis Kumbulis war Kokosnussöl, von dessen Verkauf der Dorfhäuptling, seine vier Frauen und sechsunddreißig Kinder, eine Einwohnerschaft von vierhundert Personen und ein Medizinmann namens Mr. Natural lebten. Keiner von ihnen wusste mit May oder Totie etwas anzufangen. Am Tag seiner Ankunft bemühte May sich verzweifelt, den aufgeregten Dörflern klarzumachen, dass sein Hund kein Gastgeschenk war, das sie schlachten konnten. Sie entschieden sich stattdessen für eine Ziege. Von May wurde erwartet, dass er mithalf, der Ziege die Gurgel durchzuschneiden und sie ausbluten zu lassen, was er auch tat. Der Eissalon in Davis schien ihm Welten entfernt.

Die Dörfler überließen May die Entscheidung, ob er beim Bau einer Schule auf dem Boden sitzen oder mithelfen wollte; ihnen war beides recht. Er ließ sie wissen, dass er bereit sei, anzupacken. Er probierte sämtliche Arbeiten, und alle waren mörderisch – Erde ausheben, Erde transportieren, Erde aufschütten. Am schnellsten war er, wenn er Kübel mit Erde, die einen Zentner wogen, auf dem Kopf zu einer knapp hundert Meter entfernt gelegenen Stelle abseits des Bauplatzes schleppte. Also ließ man ihn diese Arbeit machen, und May wäre lieber vor Erschöpfung umgefallen, als diese Menschen zu enttäuschen, die ihn zwar nicht verstanden, aber die keinerlei Zweifel hatten, dass er das Gleiche schaffen konnte wie sie, diese Menschen, die einem Mann mit zerstörten Augen den Bau einer Stätte zutrauten, die ihren Kindern dabei helfen sollte, die Welt kennenzulernen.

Es dauerte nicht lange, da gehörte May zum Dorf. Er aß mit den Einheimischen und spielte für sie auf seiner Gitarre. Sie sprachen kaum Englisch und er noch weniger Nzema, aber sie konnten bei einigen seiner Lieder wie etwa dem Song »Jamaica Farewell« (»But I'm sad to say, I'm on my way ...«) mitsingen und sich in die anderen einhören. Er verschlang in Massen köstliche Ananas und ließ den Saft an seinen Armen runterlaufen, ehe er ins Meer rannte, um ihn abzuwaschen. Er lernte es, *Fufu* zu verdauen, einen Stärkebrei, der zu Kugeln geformt, in eine scharfe Würze gestippt und unzerkaut heruntergeschluckt wurde, und er fand Geschmack an Kochbananen, Erdnusssoße und Jams.

Mays Aufgabe war Knochenarbeit. Nur mit Shorts bekleidet, schleppte er die schweren Erdkübel durch die sengende Hitze, wobei häufig Käfer von Sperlingsgröße und eine Vielzahl anderen fliegenden und krabbelnden Getiers ihn zur Zielscheibe ihrer Angriffe machten. Während er arbeitete, kümmerte sich Mr. Natural um Totie; er führte die Hündin stolz im Dorf herum und sonnte sich im Glanz der magischen Kräfte, die sie verlieh. Niemand außer Mr. Natural durfte Totie ausführen.

In den Mußestunden und besonders nachts erschien May sein Leben schier unerträglich. Die ganze Zeit über war er hungrig und dachte immer nur an Essen. Er vermisste seine Familie und seine Freundin. Er sehnte sich nach Schlaf und fand ihn nicht – die Nächte hallten wider vom Lärm der Zikaden und von kreischenden Tieren, die wie schreiende Babys klangen. Selbst wenn er völlig erschöpft war, ließ ihn seine Verlassenheit keine Ruhe finden; er lag vielmehr auf seiner Matte in seiner Strohhütte in einem ständigen Fegefeuer: Von der Sehnsucht nach menschlicher Gesellschaft erfüllt, waren seine Träume von seinen Gedanken nicht zu unterscheiden. Die Nächte brachten ihm keine Erholung, sondern ließen ihn nur noch ermüdeter zurück. Radio oder Bücher hatte er nicht. Briefe bekam er keine. Monate vergingen auf diese Weise. Er hatte das Gefühl, am Ende der Welt gelandet zu sein.

Eines Morgens erwachte May in einer Klinik für Tuberkulosekranke, die deutsche Nonnen etwa dreißig Kilometer von Kumbuli entfernt unterhielten. Er hörte auf der Station jemanden schreien und weinen, jemanden, der gerade an TB starb, wie er von einer Nonne erfuhr, während er verzweifelt versuchte, zu begreifen, wo er sich befand. Jemand sagte ihm, er sei an Malaria erkrankt und habe eine Woche lang ohne Bewusstsein gelegen. Er wäre gestorben, meinten sie, wenn nicht Mr. Natural sich um ihn gekümmert und ihn mit besonderen Kräutern und Kompressen behandelt und durch Zauberkraft am Leben erhalten hätte.

May wollte das Krankenhaus verlassen, aber er hatte zu viel Körpergewicht verloren und war zu schwach, um aufstehen zu können. Ein Vertreter der Agentur traf mit froher Kunde ein: Es hatte sich eine Familie gefunden, die bereit war, ihn aufzunehmen und ihm dabei zu helfen, sich von seiner Krankheit zu erholen. Und wenn er sich wieder stark genug fühle, könne er gern wieder an die Arbeit zurückkehren. May fühlte sich außerstande, noch weiterzumachen. Seine Reserven waren aufgebraucht. Er erklärte, er müsse nach Hause.

Sobald er wieder gehen konnte, stieg May in ein Flugzeug und machte sich auf den Heimweg nach Kalifornien. Eine schwierigere und verzweifeltere Situation als die, die er in Afrika erlebt hatte, war für May undenkbar. Eine schlimmere Einsamkeit als die, die er allnächtlich im Kumbuli empfunden hatte, konnte er sich nicht vorstellen. Nichts aber kam den Qualen gleich, die ihm die Tatsache bereitete, dass er vorzeitig aufgegeben hatte, und während die Stewardess ihm eine warme Mahlzeit servierte und noch einen Drink eingoss, schwor er sich, alles daranzusetzen, dass ihm dieses qualvolle Gefühl in Zukunft erspart blieb.

Nach Ghana kam ein Jurastudium nicht mehr in Betracht; Vertragsrecht zu lernen hatte nichts Aufregendes. May wollte fürs Außenministerium arbeiten, vielleicht in einem fremden Land leben. Der rascheste Weg dorthin bestand in einem Universitätsabschluss im Fach Internationale Beziehungen. Er erhielt die Zulassung zur School of Advanced International Studies an der Johns Hopkins University, einem der landesweit angesehensten Orte für diesen Studiengang. Im Herbst 1977 sollte er mit dem zwei Jahre dauernden Fachstudium beginnen.

Vorher suchte er sich durch Betreuertätigkeit in Enchanted Hills und durch Aushilfsarbeiten im San Francisco Lighthouse für Blinde und Sehbehinderte neu zu motivieren. In der Eingangshalle des Lighthouse schloss er Bekanntschaft mit einem fünfunddreißigjährigen Blinden namens Jerry Kuns, der in der Bay-Area-Blindengemeinschaft eine einflussreiche Persönlichkeit war. Sie stellten fest, dass sie ein gemeinsames Interesse verband – die Frage, wie weit ein Blinder die subtilen visuellen Mitteilungsmöglichkeiten zu nutzen vermochte, die ausschließliches Privileg der Sehenden zu sein schienen – wie etwa ein leichtes Anheben der Augenbraue, ein unmerkliches Nicken, ein auf die Augen beschränktes Lächeln. Sie teilten die Ansicht, dass Blinde weit mehr lernen konnten, als bloß »Augen und Gesicht der Person zuzuwenden, mit der man spricht«. Ihrer Überzeugung nach konnten Blinde lernen, zu flirten und sich mimisch mitzuteilen. Sie nahmen sich vor, irgendwann in der Zukunft diesen Fragen weiter nachzugehen – womöglich sogar gemeinsam.

Im Herbst 1977 entfernten die Ärzte Mays linkes Auge, das sich während seiner Erkrankung in Ghana infiziert hatte, und ersetzten es durch ein künstliches Auge. Danach belud May den VW-Bus seiner Schwester Theri mit seinen Sachen und machte mit ihr die sechsundfünfzig Stunden lange Fahrt nach Washington, D.C., um sein Studium des Weltgeschehens zu beginnen.

Johns Hopkins war eine Offenbarung für ihn. Die Professoren und die Seminare fand er faszinierend, die Kommilitonen (die alle auf Erfahrungen im Ausland zurückblickten) interessant, die Großstadt Baltimore spannend. Zu Beginn seines ersten Jahres kam die CIA in die Hochschule, um auf dem Universitätsgelände Rekrutierungsinterviews durchzuführen. Die Studenten rissen Witze darüber.

»Ich lasse mich anwerben«, sagte May.

»Du würdest tatsächlich für sie arbeiten?«, wollten seine Freunde wissen.

»Weiß ich nicht«, antwortete May. »So etwas ist ja verpönt. Sie gelten als geheimnisumwittert. Nach allgemeiner Ansicht schüren sie Unruhen. Ich muss dem einfach auf den Grund gehen.«

Schon nach zwei Gesprächen bot ihm die Agency einen Job als Analyst für politische Risikobewertung an – dreißig Stunden pro Woche während des Studiums, eine volle Stelle danach, falls er sich bewährte. Seine Arbeit in der Afrika-Abteilung bestand darin, Informationen aus geheimen und öffentlich zugänglichen Quellen über bestimmte, ihm zugeteilte Länder zu analysieren und für den Fall, dass irgendjemand, der Präsident der Vereinigten Staaten eingeschlossen, sich sachkundig zu machen wünschte, einen Bericht abzufassen. Die Sicherheitsüberprüfung dauerte zwei Monate. Als er die Stelle antrat, war er der erste Blinde, den die CIA je eingestellt hatte.

Ihm gefiel seine Arbeit, sein Vorgesetzter, der Nimbus der Agency. Er dachte daran, Geheimagent zu werden. Nach seinem zweiten Jahr an der Johns Hopkins University, kurz vor dem Examen, beschäftigte sich May ernsthaft mit der Möglichkeit eines Vollzeitjobs bei der CIA. Er erkundigte sich danach, was man tun musste, um Spion zu werden. Ein höherrangiger Mitarbeiter der Agency schenkte ihm reinen Wein ein.

»Voraussetzung für jede Spionagetätigkeit ist, dass man nicht auffällt«, erklärte der Mann.

»Na und?«, fragte May.

»Sie sind alles andere als unauffällig. Keine Chance, dass Sie mit dem Bus in ein Dorf fahren und sich als angeblicher Journalist oder Mitarbeiter einer Hilfsorganisation unter die Leute mischen.«

»Aber ein Blinder mit einem Blindenhund ist vielleicht der Letzte, den man verdächtigen würde, Geheimagent zu sein«, wandte May ein.

»Vielleicht in einer Großstadt. Aber Sie müssen auch ins Hinterland und aus Einheimischen, die eigentlich nicht reden dürfen, Informationen herausbringen, und wenn diese Leute dem Fremden, der da bei ihnen auftaucht, auch nur im Geringsten misstrauen, werden sie ihn meiden wie die Pest.«

Das war das Ende von Mays Karriere in der CIA. Er hatte dort fast zwei Jahre verbracht. Sie trennten sich mit der Versicherung, dass er jederzeit wiederkommen könne, falls er doch weiterhin im Büro arbeiten wolle.

Nach dem Examen kehrte May nach Kalifornien zurück, wo er anfing, sich bei Banken zu bewerben, eines der Hauptberufsfelder für Leute, die ihren Abschluss in dem hochangesehenen Studiengang Internationale Beziehungen gemacht hatten. Er wusste, dass ihm das Bankfach nicht zusagen würde, musste aber Geld verdienen und war bereit zu einem Versuch. Die Banken waren weniger experimentierfreudig. Beim Anstellungsgespräch wirkten sie beeindruckt von ihm, aber es kam nie ein Rückruf – nicht einmal eine schriftliche Absage erhielt er. Wenn er anrief und nachfragte, wurde ihm erklärt, es sei noch keine Entscheidung gefallen, was so viel hieß wie: »Ein Blinder ist uns ein zu großes Risiko.« Er bewarb sich ein Jahr lang und erhielt keine Angebote. Er übernahm einen Job als Verkäufer von Time-Life-Büchern per Telefon und betätigte sich in San Francisco als Straßenmusiker. »Mit meinem Abschluss sollte ich mehr anfangen können als das hier«, dachte er.

Im Jahr 1980 sprach er für eine Rolle in einer Theaterproduktion der Oakland Community vor; inszeniert wurde *Butterflies Are Free*, ein Stück über einen blinden Mann, der sich von zu Hause und von seiner überfürsorglichen Mutter löst. Er bekam die Hauptrolle. Schauspielerfahrung hatte er keine, aber er fand die Sache interessant, ohne allerdings eine bestimmte Vorstellung mit ihr zu verbinden.

Am ersten Probentag unterbrach ihn die Regisseurin mitten im Dialog.

»Mike, du musst ratlos aussehen, während du das sagst«, erklärte sie.

»Wie mache ich das?«

»Hab das Gefühl, ratlos zu sein.«

Er versuchte, sich ratlos zu fühlen, aber die Regisseurin meinte, dass sich dabei sein Gesichtsausdruck nicht veränderte. Hier ging es um genau die visuelle Kommunikation, die er und sein Freund Jerry Kuns unbedingt beherrschen wollten. »Ich möchte lernen, wie man das macht«, sagte er.

Die Regisseurin forderte ihn auf, den Ausdruck auf ihrem Gesicht zu ertasten. Er ließ die Hände über ihr Gesicht gleiten und bemühte sich, seines entsprechend zu verziehen. Sie drückte und zerrte an seinem Gesicht herum, legte seine Stirn in Falten und schob eine Augenbraue nach oben.

»So ist es richtig!«, sagte sie. »Jetzt siehst du ratlos aus! Präg dir das ein!«

Bald schon benutzte May das, was er sich an visuellen Mitteilungsformen und Ausdrucksweisen angeeignet hatte, wenn er attraktiven Frauen begegnete.

»Es funktioniert«, berichtete er Kuns.

Das Bühnenstück lief sechs Wochen lang. Der Rezensent eines Rundfunksenders in San Francisco erklärte, in der Szene mit dem Wutanfall habe ihn Mays Sturmlauf bis ans Ende der Bühne fürchten lassen, er werde ähnlich spektakulär ins Publikum stürzen wie 1975 Marlene Dietrich bei ihrem berühmt gewordenen Auftritt.

Nach dem Ende der Aufführungen fand May endlich einen Bankjob. Ein Freund vom College, Rich Boulger, empfahl ihn bei der Bank of California, deren Chef versprach, ihm unter die Arme zu greifen. Der regelmäßige Gehaltsscheck ließ ihn zuversichtlicher in die Welt blicken; die Arbeit selbst freilich tat das nicht. In seiner eigenen Vorstellung war er ein von Pioniergeist erfüllter Mensch, jemand, der in Niemandsland vordrang, statt ausgetretene Pfade zu beschreiten. Die Banktätigkeit war für den Moment eine gute Lösung, aber Niemandsland konnte er nirgends entdecken, wenn er seine Akten wälzte und seine Telefonate führte.

Zu Beginn des Winters 1980 rief Mays Freund Rob Reis an und machte ihm einen absurd klingenden Vorschlag.

»Wollen wir nicht mal Skilaufen gehen?«

»Du meinst Skiwandern, oder?«

»Keineswegs.«

Reis wusste von einem Programm für blinde Skifahrer im kalifornischen Winterkurort Kirkwood Mountain, in der Nähe von Lake Tahoe. Initiiert hatte es Ron Salviolo, ein Mann, den May ein paar Jahre zuvor in Enchanted Hills kennengelernt hatte, wo Salviolo als Fachmann für Gehörlosen- und Blindenberatung tätig war; mit seiner Findigkeit, wenn es darum ging, den Kindern etwas zu geben, was ihr Selbstbewusstsein stärkte, hatte er May beeindruckt.

In dem Winterkurort brachte Salviolo, ein langhaariger Hippietyp aus New York, May dadurch in Fahrt, dass er ihn an einer Bambusstange den Idiotenhügel herunterlotste. Am Ende des Tages fuhr May bereits allein, nur gelenkt durch die Anweisungen, die Saviolo ihm zurief: »Nach rechts … leicht rechts … los, los, los … jetzt langsam werden uuuund … stopp!« Die Bewegungsfreiheit auf den Skiern empfand May als Offenbarung – er durcheilte den Raum schneller, als er laufen konnte, schneller, als er in seinen kühnsten Träumen hatte laufen können; er sauste dahin, ohne Stock oder Hund, frei, auszuschwingen und zu fliegen, ohne die untergründige Angst vor Hindernissen, die ihm in Fleisch und Blut übergegangen war.

Bald schon wagte er sich an die schwierigsten Abfahrtsstrecken und legte ein Tempo vor, das einige Profis erblassen ließ. Im Jahr 1981 nahmen er und Salviolo an den Landesmeisterschaften für behinderte Skisportler in der Abfahrt teil. May kam in die Kategorie B1, vollständig Blinde männlichen Geschlechts. Der Sieger qualifizierte sich für die Weltwinterspiele (später Paralympics genannt). Die meisten anderen Teilnehmer am Wettbewerb liefen seit Jahren Ski und nicht erst seit wenigen Monaten. May und Salviolo fuhren die Konkurrenz in Grund und Boden. Sie durften in die Schweiz.

Die Teilnehmer aus den Vereinigten Staaten landeten im März in Genf, wo sie einen Bus bestiegen, der sie in die verschiedenen Winterkurorte brachte, in denen die Weltwinterspiele des Jahres 1982 stattfanden. Der Mannschaft war eine siebenundzwanzigjährige Schweizerin namens Fiona als Dolmetscherin zugeteilt; ihr einschmeichelnder Akzent – eine berauschende Mischung aus Schweizerisch, Französisch, Schottisch und Amerikanisch – verzauberte May gleich mit dem ersten »Bonjour«. Die amputierten Teilnehmer unterhielten sich gerade leise darüber, wie schön sie sei. Die Art, wie sie die Landschaft beschrieb, durch die sie fuhren, fesselte May. Zum Beispiel sagte sie nicht einfach, die Eisenbahnschienen führten bergauf, sondern in ihrer Beschreibung waren die Schienen zwei schwarze Schlangen, die auf ihrem Weg zur Schule droben auf dem Berggipfel Fangen miteinander spielten. Blumen waren nicht orangefarben, sondern hatten die Farbe von »Sonnenfeuer«. Die Welt, die draußen den Bus umgab, begeisterte sie, und sie konnte es gar nicht erwarten, alles zu schildern. Fiona ließ Bilder vor Mays innerem Auge erstehen; er musste sie unbedingt kennenlernen.

Der Skiwettbewerb begann am nächsten Tag. May und Salviolo standen staunend dabei, wie bei einer Mannschaft nach der anderen der Führer meterweit in sicherer Entfernung hinter dem blinden Skiläufer herfuhr.

»Wir machen es auf unsere Weise«, sagte May.

Sie fuhren los, Salviolo vorn, die Spitzen von Mays Skiern nur knapp einen halben Meter dahinter, was noch nie erreichte Geschwindigkeiten ermöglichte, aber auch die Gefahr katastrophaler Unfälle dramatisch erhöhte. Die Radarsonden entlang der Strecke registrierten ein Tempo von achtzig Stundenkilometern.

»Der bringt sich um!«, schrien die Konkurrenten. »Der verunglückt! Der ist verrückt!«

Sie gewannen drei Goldmedaillen. Droben erklärte Salviolo den Leuten, May sei auf diese Weise durch sein ganzes Leben gepresch.

Ein paar Tage später sollte die Mannschaft in die Vereinigten Staaten zurückkehren. May nutzte die Zeit und hielt sich, wann immer möglich, in Fionas Nähe auf. In einem Andenkenladen kaufte er ein Schweizer Chalet im Kleinformat; große Bauwerke wie den Eiffelturm und die Freiheitsstatue machte er sich häufig dadurch vertraut, dass er ihre Nachbildungen aus Souvenirläden betastete. Fiona beschrieb ihm den Skiort, während er die Finger an dem Modell entlanggleiten ließ. Sie ließ es für ihn lebendig werden.

Viele Männer warben um Fionas Gunst, sie aber fühlte sich zu May hingezogen. Sie war fasziniert von seinen Leistungen und beeindruckt von seiner Ausstrahlungskraft, aber was an ihr Herz rührte, war seine Freundlichkeit. Sie sah, wie er sich um jüngere blinde Mannschaftskameraden kümmerte, ohne sie zu bevormunden, wie er ihnen in ruhigem Ton, aber mit unerschütterlichem Vertrauen in ihre Willenskraft Mut zusprach. Sie sah, wie er den Arm um ein zwölfjähriges Mädchen legte, das ihr tyrannischer Vater fast zum Weinen gebracht hatte, und zu ihr sagte: »Du fährst toll Ski. Wir glauben an dich.« Und Fiona stellte fest, dass sie an May glaubte.

Gegen Ende des Aufenthalts machten May und Fiona einen Abendspaziergang, der sie auf vereisten Stufen und Wegen mit Kopfsteinpflaster rund um das Dorf führte. Sie waren bis lange nach Mitternacht unterwegs, und es schien, als seien sie die einzigen lebenden Wesen weit und breit. Zu einem früheren Zeitpunkt an diesem Tag hatte sie seine Hand von ihrem Knie weggeschoben, aber als er jetzt nach ihrer Hand griff, hielt sie seine fest und schmiegte sie an ihre Wange. Sie fing an, ihm von ihrer Begeisterung für die Altertümer Europas vorzuschwärmen, und wieder war May gefesselt. Als sie ihn zu einem alten Haus führte und die Art, wie es an der Straße stand, mit dem Bild eines Witwers auf einer Parkbank verglich, glaubte er genau zu wissen, wie das Haus aussah; er staunte darüber, was ein Mensch sich alles vorstellen konnte, vorausgesetzt, er war mit dem Herzen dabei.

An ihrem letzten Abend in der Schweiz versammelten sich die amerikanischen Sportler in einem Hotel, um zu feiern. Alkohol floss, und alles tanzte – in Rollstühlen, auf Prothesen, mit Führhunden. May schlich sich weg zum Empfangsschalter und ließ sich ein Zimmer geben. Er und Fiona beendeten das Fest in trauter Zweisamkeit.

Am nächsten Morgen saßen schon alle im amerikanischen Mannschaftsbus, und der Motor lief bereits, aber eine Zählung ergab, dass noch einer fehlte. Ein Taxi kam mit quietschenden Bremsen hinter dem Bus zum Stehen, und May und Fiona sprangen heraus. Die Sportler brachen in lauten Jubel aus. Fiona wurde rot. May gab ihr einen Abschiedskuss, stieg in den Bus, und schon waren die Amerikaner auf und davon. May hörte, wie die Landschaft draußen vorbeiglitt, aber jetzt war niemand mehr da, sie ihm zu schildern. Noch ein halber Tag, und er wäre zu Hause, wo seine Freundin Cathy ihn erwartete. Als der Bus am Flughafen von Genf eintraf, wandte sich May an Salviolo.

»Ron«, sagte er, »ich bleibe hier.«

Er nahm den nächsten Bus zurück in die Berge. Fiona und ihre Eltern luden ihn ein, bei ihnen zu wohnen. Das Paar verbrachte eine Woche in der Schweiz und bereiste dann Frankreich und England, ehe May in die Staaten zurückkehrte, um sich eine neue Arbeit zu suchen. Sie versprachen sich, einander auch in Zukunft zu sehen, ohne dass sie wussten, wie sie das anstellen sollten. Fiona erklärte, sie werde ihr geliebtes Europa niemals verlassen können. May, der beruflich vorankommen musste und seine Angehörigen in Kalifornien hatte, fragte sich, ob er auf Dauer im Ausland leben könnte. Sie machten einen letzten Spaziergang, auf dem er zuhörte, wie sie die Welt in Augenschein nahm. Wenige Stunden später war er auf dem Weg nach Hause.

May wurde in Kalifornien mit großem Wirbel empfangen; die Medien hatten von seinen Erfolgen in der Schweiz Wind bekommen. Er gab im Radio und im Fernsehen Interviews, bei denen er den Abfahrtsstil schilderte, den er und Salviolo neu entwickelt hatten. Er übernahm eine Stelle bei ESL Incorporated, einer Hightech-Firma, bei der er und sein Freund Reis vorhatten, eine Abteilung zu gründen, die die Regierung und multinationale Konzerne mit Satellitenbildern beliefern sollte. Und er beendete seine Beziehung zu Cathy; nachdem er Fiona kennengelernt hatte, war in seinem Kopf kein Platz mehr für eine andere Frau. Er dachte ständig an sie, obwohl sie nach wie vor erklärte, nie in die Vereinigten Staaten ziehen zu können. Allmählich wuchs in ihm der schreckliche Gedanke, dass er und Fiona vielleicht niemals zusammenkämen.

Auf einer Party zu Mays Ehren machte ihn ein Freund aus der Zeit an der Johns Hopkins University mit einer Frau namens Roxanne bekannt, einer Studentin, die früher als Mannequin gearbeitet hatte. Ihre Intelligenz und geistige Unabhängigkeit machten ebenso Eindruck auf ihn wie ihre ausgeprägte karitative Ader. »Mike, sie ist umwerfend«, sagte sein Freund. Er sehnte sich immer noch nach Fiona, ließ sich aber Roxannes Telefonnummer geben und versprach, sich zu melden.

Bald schon trafen sie sich regelmäßig. Roxanne schwärmte für Abenteuer und für Reisen wie noch keine Frau, die May kennengelernt hatte; seinem Eindruck nach fürchtete sie sich vor nichts. Einen Monat lang verbrachten sie fast jeden Tag zusammen, machten Windsurfing, fuhren Rad und übernachteten in Enchanted Hills, dem Inbegriff romantischer Abgeschiedenheit. Und Roxanne lebte nicht in Europa. May verliebte sich in sie.

Als ihre Beziehung sechs Monate alt war, verlobten sich May und Roxanne. Sie blickten hoffnungsfroh in die Zukunft, so ungewiss diese auch sein mochte. Im Jahr 1983 verkündete Roxanne ihre Absicht, nach Peru zu gehen und dort an einer Schule zu unterrichten. May liebte ihren Unternehmungsgeist, auch wenn er nicht verstand, warum sie gerade jetzt losziehen musste. Während sie weg war, trafen er und Roxannes Mutter die Vorbereitungen für die Hochzeit. Ein paar Wochen später rief sie an und erklärte May, sie habe eine neue Beziehung, und die Heirat wäre keine gute Idee mehr.

May konnte sich nicht erinnern, jemals so gelitten zu haben. Er flog auf die Galápagos-Inseln, um Roxanne zu treffen und vielleicht die Beziehung zu retten. Bei der Arbeit konnte er sich nicht mehr konzentrieren. Sein zweiter Blindenhund war gerade im Alter von nur drei Jahren an inneren Blutungen gestorben. Er kündigte bei ESL, packte seine Siebensachen zusammen und fuhr nach Kirkwood, wo Salviolo ein Haus gebaut hatte; das sei, sagte er, genau das Richtige für Leute mit gebrochenem Herzen.

Salviolos Haus, das höchstgelegene in Kirkwood, war häufig eingeschneit, was beste Gelegenheit bot, eine Flasche Wein zu öffnen, den Holzofen zu befeuern und über die verlorene Liebe zu reden. Abends wanderten die beiden Männer zu einem Treffpunkt am Seeufer, wo May Gitarre spielte und Salviolo die Bar betreute; die Gelegenheit, Frauen kennenzulernen und zu umwerben, die er sonst nie versäumt hatte, ließ May ungenutzt verstreichen. Tagsüber arbeiteten sie für eine Einrichtung, an der Blinde im Skilaufen unterrichtet wurden, und trainierten für die bevorstehenden Innsbrucker Wintersport-Weltmeisterschaften, wo sie ihre Goldmedaillen verteidigen wollten. Als die Wettkämpfe begannen, galten May und Salviolo als haushohe Favoriten.

In Innsbruck wurde ihnen ganz schnell klar, dass die Welt zu ihnen aufgeschlossen hatte. Es war gerade einmal zwei Jahre her, dass sie mit ihrer wagemutigen Technik der Vorausführung aufgetreten waren, mit der sie die Konkurrenz niedergemacht hatten. Mittlerweile aber hatten sämtliche Mannschaften diese Technik übernommen. May kam bei einem der Läufe ins Stolpern, und er und Salviolo mussten sich mit drei Bronzemedaillen zufriedengeben. Versüßt wurde ihnen ihr Abschneiden jedoch durch das Bewusstsein, dass sie den Siegern den Weg gebahnt hatten.

Auf einer Versammlung der amerikanischen Mannschaft verkündeten die Funktionäre eine aufregende Nachricht: Man hatte die amputierten Skiläufer zu einem Schaulaufen bei der Winterolympiade in Sarajewo eingeladen, die in wenigen Tagen beginnen sollte. Im Raum brach tosender Beifall aus. Als es wieder ruhig war, stand Salviolo auf.

»Was heißt das für die blinden Skiläufer?«, fragte er.

»Für die Blinden ist kein Platz«, erklärte einer der Funktionäre. »Ihr Jungs braucht jeweils zwei Betten, und es fehlt einfach an Schlafgelegenheiten. Wir müssen froh sein, dass wir wenigstens für die Amputierten eine Einladung bekommen haben.«

May wandte sich Salviolo zu.

»Wir fahren hin«, sagte er.

»Ich bin schon so gut wie dort«, erwiderte Salviolo.

May machte kein Geheimnis aus ihrer Absicht. Gefragt, wie sie nach Sarajewo kommen wollten, antwortete er »Irgendwie«. Gefragt, warum sie dort hinwollten, antwortete er »Wissen wir nicht«. Ihr Verhalten verärgerte die Mannschaftsleitung, die ihnen versicherte, was immer sie täten, es werde nichts ändern. »Ist gut«, sagte May. »Wir fahren einfach als Touristen hin, um die Kameraden anzufeuern.«

Die Amputierten, ein wilder, rauflustiger Haufen, zu dem Vietnamveteranen und einstige Spitzenathleten zählten, fühlten sich May und Salviolo freundschaftlich verbunden. Die beiden Skiläufer hatten erlebt, wie sich einer von ihnen nach einer bitteren Niederlage seine Beinprothese absägte, hatten Wache gestanden, während ein anderer einen Fahnenmast hinaufrobbte, um die Fahne zu stehlen, und hatten aus der hohlen Beinprothese eines Dritten Bier getrunken. Die Amputierten hatten nichts dagegen einzuwenden, dass ihnen das Duo zu den Olympischen Spielen folgte.

May und Salviolo mieteten ein Auto und fuhren nach Sarajewo, wo sie ein winziges Hotelzimmer auftrieben, was an ein Wunder grenzte. Während die Spiele begannen, rief May einen ihm bekannten Nachrichtenredakteur des kalifornischen Rundfunksenders KCBS an und schlug ihm vor, mit Hilfe seines Bandgeräts Interviews zu beschaffen und Berichte für kleinere Radiostationen zu liefern. Der Redakteur besorgte ihm und Salviolo Presseausweise. Sie waren drin.

Die beiden machten sich an die Arbeit, rasten mit dem Mikrophon in der Hand los, um Goldmedaillengewinner zu interviewen, und setzten ihre Berichte im Presseraum ab; einige ihrer

Beiträge wurden in ganz Amerika gesendet. An dem Tag, als das Schaulaufen der Amputierten stattfinden sollte, schnallten sich May und Salviolo ihre Skier an und zogen auf den Gipfel des Berges Jahorina, um Interviews zu machen. Als der letzte Amputierte seinen Lauf absolviert hatte, fasste Salviolo May am Arm.

»Mike«, sagte er, »ich glaube, jetzt können wir loslegen. Auf zum Starttor.«

Es war eine verrückte Idee: Sie befanden sich in einem fremden Land, überall standen bewaffnete Posten, und ihr eigener Verband hatte ihnen die Teilnahme untersagt. May schaltete das Tonbandgerät ein und stopfte es in Salviolos Rucksack.

»Also, dann los!«, sagte er.

Die beiden Männer zwängten sich in das Starttor. Einen Moment später flogen sie den Berg Jahorina hinunter, die Skier dicht hintereinander, umbraust von einem schnelleren Wind, als May es jemals erlebt hatte, und Salviolos Rufe »hart links ... leicht rechts ... los-los-los!« wie eine Melodie, während die Welt, befreit von allen Hindernissen, freie Bahn denen ließ, denen ihr Herz den Weg wies. Als sie fast unten waren, trat ein jugoslawischer Posten auf die Ziellinie und brachte das Gewehr in Anschlag. Salviolo brüllte: »Aus dem Weg!« Menschen schrien in verschiedenen Sprachen. May wusste nur, dass es Probleme gab. Er hatte keine Ahnung, was vor ihnen lag. Er hätte seitlich ausschwenken und doch immer noch beanspruchen können, bei der Olympiade mitgemacht zu haben. Er ging in die Hocke, um die größtmögliche Geschwindigkeit zu erreichen, machte sich auf alles gefasst und flitzte über die Ziellinie.

Die Zuschauermenge drängte sich um die beiden. Reporter und Fotografen bestürmten sie wegen eines Interviews. May hatte als erster blinder Skiläufer an einer Olympiade teilgenommen. Der Schuljunge in ihm, der einst durchgesetzt hatte, Schülerlotse zu werden, umklammerte die Skistöcke als Zeichen seines Triumphs und wollte sie gar nicht mehr loslassen.

KAPITEL **FÜNF**

Carson und Wyndham stürzten sich auf ihren Vater, als er von seinem Termin bei Dr. Goodman nach Hause kam. Von den Ergebnissen des B-Scans, die er bekommen hatte, wussten sie nichts oder gar davon, dass er die Chance hatte, sie in drei Monaten sehen zu können. Sie hängten sich einfach wie Verteidigungsspieler beim Football an seine Hüften und fingen an, die Erlebnisse ihres Tages zu schildern, jeder mit flehendem »Nein, nein, Dad, hör dir das mal an!«, kaum dass der andere mit seiner Geschichte begonnen hatte. In Mays Büro stapelten sich die Nachrichten über Vorgänge während seiner Abwesenheit.

Spät am Abend, nachdem die Kinder ins Bett gebracht waren und May seine Geschäftsanrufe erledigt hatte, fand auch er schließlich den Weg ins Bett. Jennifer hatte sich Stunden gedulden müssen, um die Ergebnisse des B-Scans zu erfahren.

Er putzte sich die Zähne.

Er ging noch einmal zurück in sein Büro, um das Handy aufzuladen.

Er suchte nach dem Hörbuch, das er verlegt hatte.

Schließlich stieg er ins Bett.

»Nun, was ist?«, frage Jennifer.

»Der B-Scan war in Ordnung«, sagte May. »Wie es scheint, bin ich bestens geeignet für die Operation.«

Einen Augenblick lang war nichts zu hören als das leise Summen des Ventilators an der Decke.

»Mein Gott«, sagte Jennifer. »Jetzt bin ich wirklich baff.«

»Ich auch«, sagte May.

»Ich hätte nie gedacht, dass es wirklich klappen könnte.«

»Ich ebenso wenig.«

Beide lagen regungslos auf dem Rücken.

»Es gibt Risiken«, sagte May.

»Okay.«

»Viele Risiken.«

»Lass hören.«

»Erstens steht es nur fünfzig zu fünfzig, dass die Sache überhaupt funktioniert. Es kann passieren, dass ich mich beiden Operationen unterziehe, die Narkose und die ganzen Krankenhausgeschichten durchmache – du weißt, wie sehr mir davor graut –, dass ich den langen Prozess der Rekonvaleszenz und Heilung hinter mich bringe und dass dann doch alles für die Katz war.

Und selbst wenn es funktioniert – wenn ich also wieder sehen kann –, kann mich die Sehkraft auch jederzeit wieder im Stich lassen. Es ist möglich, dass ich sie ohne Vorwarnung wieder verliere, und die Gefahr ist nicht nach ein, zwei Jahren gebannt. Mein ganzes restliches Leben hindurch besteht diese Bedrohung.

Dann ist da das Sehvermögen selbst. Dr. Goodman kann nicht voraussagen, wie viel sich einstellt. Es kann wenig sein, es kann aber auch eine Menge sein. Möglich, dass ich Auto fahren kann. Er hat bei anderen Patienten gute Resultate erzielt, aber die verfügten alle zu einem früheren Zeitpunkt in ihrem Leben über beträchtliche Sehfähigkeit. Er sagt, bei einem Kerl wie mir, der fast sein ganzes Leben lang blind war, ist eine Prognose einfach nicht möglich. Das sind drei Risiken. Und es gibt weitere. Willst du noch mehr hören?«

Sie sei ganz Ohr, erklärte Jennifer.

»Wenn der Eingriff fehlschlägt, kann mich das meine Lichtwahrnehmung kosten. Ich weiß nicht genau, warum oder wie das geschieht, aber es klang so, als könne es durch alle möglichen

Umstände dazu kommen. Und wenn ich sie verliere, dann ist sie ein für alle Mal weg.«

Jennifers Herz klopfte, als sie das hörte. Die Lichtwahrnehmung erlaubte May schließlich, zu erspüren, ob es draußen Tag oder Nacht war, und in einem unbekannten dunklen Raum den hell erleuchteten Eingang zu entdecken. Die Lichtwahrnehmung war ihrer Überzeugung nach grundlegend wichtig für die Beziehung ihres Mannes zur Außenwelt.

»Und Folgendes kommt noch hinzu, Jen: Damit die Eingriffe Erfolg haben können, muss ich einige ziemlich heftige Medikamente schlucken. Dr. Goodman hat mir die möglichen Nebenwirkungen aufgezählt, und die Liste nahm kein Ende, und glaub mir, was er da alles erwähnte, klang gar nicht gut. Eine davon ist Krebs.«

Jennifer war immer noch schwindlig von all den vorher genannten Risiken. Das Wort »Krebs« konnte sie kaum mehr verarbeiten.

»Jetzt, wo es wirklich geworden ist, hört es sich so ganz anders an«, meinte sie. »Die Worte klingen anders.«

»So ist es.«

Einen Augenblick lang lag das Ehepaar schweigend da.

»Wie denkst du darüber?«, fragte Jennifer.

»Ich bin mir nicht sicher«, antwortete May. »Ich muss es sich setzen lassen. Ich meine nach wie vor, dass ich es nicht brauche, Jen. Ich glaube nach wie vor nicht, dass es mein Leben verändern würde. Aber ich habe mich für den Eingriff angemeldet.«

»Oh! Ich verstehe. Also … weißt du … das überrascht mich irgendwie …«, sagte sie.

»Ich wollte einen Termin haben. Bis man dran ist, muss man mehrere Wochen warten. Aber ich kann es jederzeit rückgängig machen. Es verpflichtet mich zu nichts. Es bedeutet nur, dass ich auf der Liste stehe.«

»Hast du ein festes Datum bekommen?«

»Der 22. November für den ersten Eingriff, etwa heute in acht Wochen.«

»Acht Wochen, bis du auf der Fahrt nach Kirkwood am Steuer sitzt und ich endlich einmal das Vergnügen habe, abzuspannen und zu beobachten, wie Berge und der Sonnenuntergang vorbeiziehen? So lange kann ich unmöglich warten«, scherzte sie.

»Acht Wochen, das ist so gut wie nichts«, sagte May.

»Es ist, als wäre es morgen«, stimmte Jennifer zu.

Danach hörte man im Schlafzimmer der Mays nur noch den Ventilator summen.

Die Stille währte weitere sechs Stunden. Danach begann für May wieder der Geschäftsalltag und hielt ihn mit den Problemen, die er am laufenden Band produzierte, in Atem. Die ganze Zeit über konnte er hören, wie die Uhr den Operationstag herbeitickte. Ehe er sich's versah, waren es nur noch vier Wochen bis zum Termin.

Jennifer hielt sich weiterhin zurück, damit ihr Mann Zeit hatte, sich mit der Vorstellung, wieder sehen zu können, vertraut zu machen. Er neigte freilich nicht dazu, auf langen Spaziergängen mit sich zu Rate zu gehen und endlos zu grübeln. Wenn er in wichtigen Fragen Orientierung brauchte, dann fand er sie am ehesten im Gespräch mit den wichtigen Bezugspersonen in seinem Leben, einer ausgesuchten Gruppe von Familienangehörigen und Freunden, die er als seinen »persönlichen Beraterstab« zu bezeichnen pflegte. Diese neun oder zehn Menschen dienten ihm als Resonanzboden. Sie hatten nicht das Gefühl, ihm Ratschläge erteilen zu müssen, die er von ihnen auch gar nicht erwartete – gewöhnlich reichte es aus, dass sie intelligent waren, ihn liebten und ihm die erforderliche Gelegenheit gaben, sich anzuhören, wie seine Überlegungen klangen, wenn er sie aussprach.

Während der Oktober sich dem Ende zuneigte, fand May die

Zeit, mit jedem Mitglied seines »Stabes« zu sprechen. Wie üblich, unterhielten sie sich über die Familie, das Geschäft, Filme, Fußball und vieles andere. Diesmal erwähnte er am Ende der Unterhaltungen auch die Möglichkeit, wieder sehen zu können. Er berichtete von den Ergebnissen des B-Scans, ließ seine Gesprächspartner wissen, dass er sich für den Eingriff angemeldet hatte, und erklärte, welche Risiken damit verbunden waren. Er war stets sorgfältig darauf bedacht, klarzustellen, dass er die Sache noch jederzeit absagen konnte.

Die Mitglieder des »Stabes« reagierten nahezu gleich. Sie räumten ein, dass die Risiken groß waren, und versuchten keineswegs, sie herunterzuspielen. Seinem Credo, dass sein Leben erfüllt und lohnend war, auch ohne dass er sehen konnte, gaben sie ihren Segen. Sie versicherten ihm, sie würden zu ihm stehen, egal, wie er sich entschied. Und schließlich erklärten sie ihm – jeder Einzelne von ihnen – ihr volles Vertrauen.

In ruhigen Augenblicken zu Hause berichtete May Jennifer über den Inhalt dieser Gespräche. Sie hatte sich zurückgehalten, damit er ungestört nachdenken konnte; deshalb hörte sie ihm begierig zu. Wie er ihr erzählte, hatten ihm die Gespräche mit seinem »Stab« die Risiken, die sein Bemühen um eine Wiederherstellung seiner Sehkraft barg, deutlicher gemacht; manchmal habe die Unterhaltung zu Fragen geführt, die aus einem Philosophieseminar hätten stammen können.

»Welcher Art waren die Fragen?«, wollte sie wissen.

»Nun, wenn man zum Beispiel aus klinischer Sicht feststellt, dass sich nicht voraussagen lässt, wie viel Sehkraft am Ende wiederhergestellt sein wird, dann ist das schön und gut. Aber damit ist noch keineswegs die Frage beantwortet, wie viel Sehkraft erreicht werden muss, damit das Risiko sich gelohnt hat. Sind es zwei Prozent? Fünfzig Prozent? Neunzig Prozent? Das ist eine interessante Überlegung.«

»Stimmt.«

»Oder nimm diese Frage: Ist es besser, Sehvermögen zu haben und es dann wieder zu verlieren, oder hat man besser gar nicht erst davon gekostet?«

»Diese Frage stellt sich vermutlich auch bei vielen anderen Dingen«, sagte Jennifer.

»Und dann natürlich, ob es das wert ist … all die medizinischen Risiken, diese hässlichen Nebenwirkungen bei den Medikamenten, nur damit man eventuell sehen kann?«

Jennifer hatte es nicht eilig, auf eine dieser Fragen zu antworten.

»Gibt es ein einheitliches Meinungsbild im Stab?«, wollte sie wissen.

»Sie sind wie du«, erwiderte May. »Sie liefern mir keine Antworten und versuchen nicht, mich zu überzeugen. In der Hauptsache hören sie zu. Sie sagen, ich habe ihr volles Vertrauen.«

»Thanksgiving ist nicht mehr lange hin«, sagte Jennifer.

»Ich weiß«, antwortete May. »Und ich habe so viel zu tun, dass es mir vorkommt, als sei es schon morgen so weit. Diese Risiken sind gewaltig, Jennifer. Es gibt genügend gute Gründe, es nicht zu machen.«

Während Thanksgiving näherrückte, hatte May eine Unterhaltung anderer Art mit dem neuesten Mitglied seines »persönlichen Beraterstabes«, dem vierundvierzigjährigen Bryan Bashin, dem Leiter der Blindengesellschaft in Sacramento. Bashin hatte sein Augenlicht aufgrund des Stevens-Johnson-Syndroms verloren, einer seltenen Erkrankung, bei der im Körper, häufig infolge einer allergischen Reaktion, eine massive Immunreaktion ausgelöst wird, die dazu führt, dass der ganze Körper mit Blasen übersät wird. Greifen die Blasen auch auf die Augenoberfläche über, kann der Patient, wie bei Bashin der Fall, erblinden. Aber genau hier lag der Berührungspunkt zwischen Bashin und May: Das Stevens-Johnson-Syndrom zählte – ebenso wie chemische Verbrennungen – zu den wenigen Ursachen fürs Erblinden, die sich mittels Stammzellentransplantation behandeln ließen. Tatsächlich saßen May und Bashin im selben Boot.

Die beiden Männer hatten sich ein paar Jahre zuvor kennengelernt, als in Bashins Büro die Kunde von einem blinden Unternehmer namens May drang, der mit neuesten technischen Entwicklungen befasst und nicht weniger Forscher als Geschäftsmann sei. Solch eine Persönlichkeit weckte das Interesse Bashins, nach dessen Eindruck Blinde von Format Seltenheitswert hatten. Als er danach las, dass May vorhatte, in Anaheim einen Prototyp des tragbaren GPS-Systems seiner Firma vorzuführen, schlug er May einen Wettlauf über eine Meile vor, der zwischen Blinden mit Stock und solchen mit GPS ausgetragen werden und nach Disneyland führen sollte. In Anaheim brachte die Sonne die Drähte von Mays Gerät zum Schmelzen; er setzte Trockeneis und Heißleim ein, um das Ding mit List und Tücke wieder funktionsfähig zu machen. Bashin erkannte in bestimmten Aspekten von Mays Energie sich selbst. »Der Typ ist irre«, dachte er bei sich. »Den muss ich unbedingt kennenlernen.«

Als May in das nahe gelegene Davis zog, lud Bashin ihn ein, dem Verwaltungsrat der Blindengesellschaft beizutreten. Von da an entwickelte sich rasch eine feste Freundschaft. Die beiden Männer teilten viele Interessen, angefangen von der Beschäftigung mit naturwissenschaftlichen Fragen bis hin zur Begeisterung für indisches Essen, die freie Natur, Wein, Weib und Gesang. Darüber hinaus aber waren sie sich auch in ihren Ansichten ähnlich. Beide nahmen Anstoß an der Art, wie die Blinden durch die Betreuungseinrichtungen dazu gebracht wurden, sich in ihren Erwartungen und Ansprüchen zurückzunehmen, Objekte statt Akteure zu werden, sich zu versächlichen, statt handelnde Subjekte zu sein. Keiner von beiden konnte sich mit der Fügsamkeit, der Unterordnung, der Geduld, der Bereitschaft, sich in Träumereien zu flüchten und sich in sich zurückzuziehen, abfinden, die so typisch für das Leben vieler waren, die ihr Sehvermögen eingebüßt hatten. Beide stimmten sie in der Überzeugung überein, dass für einen Menschen, egal, ob er sehen konnte oder nicht, das höchste Gut darin bestand, sich auf dem Gebiet, das er sich erwählt hatte, zu entfalten, nicht nur, um ein möglichst erfülltes Leben zu führen, sondern auch, weil dies der Weg war, sich selbst zu erfahren. Diese instinktiven Überzeugungen prägten Bashins Leben ebenso wie das von May, auch wenn er zu ihnen auf ganz andere Weise gelangt war.

Bashin wuchs im San Fernando Valley auf, als die ehemalige Wildnis den Charakter einer großstädtischen Vorortregion annahm. Die Duftnoten seiner Jugend waren der Geruch frisch gesägten Bauholzes und heißen Teers. Für Leute mit Neugier und Forschungsdrang war dies der ideale Ort, und an beidem hatte es Bashin noch nie gefehlt.

Sein Interesse für die Welt, zumal unter naturwissenschaftlichen Gesichtspunkten, hatte er von seinem Vater geerbt, einem umtriebigen Intellektuellen und Autodidakten, der es zum Ingenieur gebracht hatte und bei Space Technology Labs angestellt war, die Systeme auf Sonnenenergiebasis für Satelliten entwickelten. Oft brachte sein Vater Werkstoffe des Raumzeitalters wie zum Beispiel wabenförmiges Trägermaterial aus Aluminium – »Das gehört zu den leichtesten Materialien auf der Welt«, erzählte er Bryan – und Zaubersachen wie Trockeneis für Experimente auf dem Küchentisch mit nach Hause. Abfälle aus der Raumfahrtindustrie von Los Angeles dienten dem Jungen als Spielsachen: Messgeräte und Transformatoren und Motoren, mit denen sich Wunderdinge machen ließen, wenn man sie auf die richtige Art zusammenbaute. Weil sie dazu aufforderte, diese richtige Art zu finden, erfüllte die Naturwissenschaft Bashin mit religiöser Ehrfurcht.

Im Alter von zwölf Jahren bat Bashin nach der Rückkehr von

einer Radtour, die er mit Freunden unternommen hatte, eines Tages seinen Vater, ihn am Rücken zu kratzen – es fühlte sich an, als hätte er dort Mückenstiche. Am nächsten Tag wachte er mit Schwellungen und Fieber auf. Das war der Anfang des Stevens-Johnson-Syndroms. Am Samstagmorgen lag er bereits im Koma. Seine Haut war zu über neunzig Prozent mit Blasen bedeckt. Die Ärzte kämpften um sein Leben. Einen Monat später konnte er wieder nach Hause. Während sich die Probleme mit der Haut lösten, wurde immer deutlicher, dass er gewisse Schwierigkeiten mit dem Sehen hatte; damals war noch niemandem klar, dass es sich um den Beginn seiner Erblindung handelte.

Während seine Freunde beim Eintritt ins Teenageralter damit beschäftigt waren, sich mit ihrem sich wandelnden Körper und den beginnenden Triebregungen vertraut zu machen, konzentrierte sich bei Bashin alles auf die Vertuschung seines schwindenden Sehvermögens. Als Dreizehnjähriger fühlte er sich schon auffällig genug, aber dass er gleichzeitig auch noch mit seiner Sehkraft zu kämpfen hatte, gab ihm das Gefühl, dass aller Welt Augen auf ihn gerichtet waren. Immerhin behielt er noch ein gewisses Maß an Sehkraft – für einen Halbwüchsigen, der entschlossen war, als sehfähig durchzugehen, ein wahres Gottesgeschenk!

Langsam verschlechterte sich sein Sehvermögen weiter. In der achten Klasse kam er zusammen mit fünfundzwanzig anderen sehbehinderten Schülern in eine besondere Fördergruppe mit eigenem Aufenthaltsraum. Achtklässler haben äußerst feine Antennen, was die Abstempelung als Sonderschüler betrifft, und bei Bashin läuteten alle Alarmglocken. Seine Kameraden hatten Brillengläser, so dick wie Flaschenglas, und bewegten sich, als spielten sie Blindekuh. Er stellte fest, in welcher Hinsicht er sich von ihnen unterschied, und beeilte sich dann, diese Unterschiede herauszustreichen, indem er sich weigerte, Blindenschrift zu lernen oder einen weißen Stock zu benutzen. Was er unbedingt finden wollte, waren die Blinden von Format, die dafür standen, dass es bessere Wege gab, mit der Blindheit zu leben. Er spürte, dass es sie gab, aber er hatte keine Ahnung, wie er sie finden konnte.

Die ganze Highschoolzeit über versuchte Bashin, seinen Sehkraftverlust zu verleugnen. Er dachte an nichts anderes als an eine Wiederherstellung seines Sehvermögens und informierte sich über die neuesten Fortschritte auf dem Gebiet. Der Gedanke, dass es vielleicht wissenschaftlich fundierte Hoffnung gab, flößte ihm ein Interesse für die Forschung ein, das ihn jahrelang nicht losließ.

Als Bashin sich an der University of California in Berkeley immatrikulierte, fing er an, sich mit Fotografie zu beschäftigen, der am engsten mit dem Gesichtssinn verknüpften Aktivität, die er sich vorstellen konnte, und benutzte die stärksten Objektive, die er auftreiben konnte, um eine Welt festzuhalten, die ihm doch unaufhaltsam entglitt. Auf dem Campus lernte er einen blinden Studenten höheren Semesters kennen, der den Sommer über allein durch Europa gereist war, eine Leistung, die Bashin kaum fassen konnte. Der Mann war vielseitig gebildet, vor allem aber »hatte er es drauf«, wobei »es draufzuhaben« im Jahr 1973 so viel bedeutete wie Mädchen aufzureißen, Gras zu rauchen und in der Szene herumzuhängen. Bashin sah sich nicht im Entferntesten als Blinden, aber er nahm sich fest vor, den Mann nicht zu vergessen.

Nach dem Ende der Collegezeit zog Bashin nach Sacramento und fing an, Artikel über wissenschaftliche Themen zu schreiben und an Zeitungen und Zeitschriften zu verkaufen. Einer seiner Artikel schaffte es in die Endausscheidung für den National Magazine Award, die höchste Auszeichnung in dieser Branche. Er informierte sich auch weiterhin über die neuesten Techniken zur Wiederherstellung von Sehvermögen, immer in der Hoffnung auf mögliche Durchbrüche und immer wieder konfrontiert mit der enttäuschenden Tatsache, dass es nichts gab, was seinen Hornhäuten wieder zum Leben verhelfen konnte. Ihm brach es das Herz, als er eines Tages von einer großen Zeitschrift ein Ausfallhonorar bekam für einen Artikel, den er nicht zu beenden vermochte, weil er seine eigenen Aufzeichnungen nicht mehr lesen konnte.

Während er schon die dreißig überschritten hatte, verschlechterte sich sein Sehvermögen weiter. Ganz vereinzelt freilich wurde das Zentrum seiner Hornhäute plötzlich klar, und ein gewaltiger Schwall Welt flutete herein. Wenn das geschah, genoss er in vollen Zügen die auf ihn einstürzenden Bilder, egal, worum es sich handelte. Er brauchte dann keine Sonnenuntergänge; er konnte sich genauso gut in dem gesättigten Grün einer Verkehrsampel verlieren oder angesichts der Furchen in den Stufen einer Rolltreppe in Verzückung geraten oder das Wunder der neuesten weiblichen Frisurmode bestaunen. Diese Momente visueller Klarsicht waren so, als schlüge man ein Fotoalbum mit Bildern der Vergangenheit auf: Seine Mutter hatte Falten, sein Haus brauchte einen Anstrich, ein neues Lebensmittelgeschäft stand an der Stelle, wo er einst Ball gespielt hatte. Im Spiegel konnte er sehen, dass seine Schläfen ergraut waren. All diese Augenblicke erfüllten ihn mit einem tröstlichen Glücksgefühl, weil sie bedeuteten, dass er sehen konnte.

1993, er war mittlerweile achtunddreißig, hatte Bashin auch die letzten Reste seiner Sehkraft verloren. Dennoch weigerte er sich, um sie zu trauern. Er betrachtete sich einfach als sehfähigen Menschen, der nicht sehen konnte, und solange er sehfähig blieb, durfte er auch noch hoffen.

Eine der wenigen Konzessionen an seine schwindende Sehkraft bestand darin, dass er den *Braille Monitor* abonnierte, die als Tonband erscheinende Monatszeitschrift der National Federation for the Blind (NFB). Zwei Jahre lang packte er die Ausgaben in einen Schuhkarton, weil er sich schämte, sie sich anzuhören.

Eines Tages überkam ihn die Neugier, und er steckte eine der Kassetten in sein Abspielgerät. Er bekam von blinden Archäologen zu hören, die bahnbrechende Feldforschung betrieben, von blinden Architekten, die neue Richtungen wiesen, und von allen möglichen anderen Blinden, die taten, was sie meinten, tun zu müssen. Niemandem von ihnen kam offenbar in den Sinn, mit Schicksalsergebenheit zu reagieren, sich in Geduld zu üben oder sich in Träumereien zu flüchten. Sie handelten. Bashin verschlang vierundzwanzig Ausgaben an einem einzigen Wochenende.

Jetzt wusste er, dass er sich seiner Blindheit stellen musste. Aber ehe er loszog und einen Blindenstock zu benutzen lernte, musste er absolut sicher sein, dass die Wissenschaft ihm nicht doch helfen konnte. Er sprach bei bekannten Augenärzten überall in Amerika vor, um aus erster Hand zu erfahren, ob einer von ihnen ihm sein Sehvermögen zurückzugeben vermochte. Keiner war dazu imstande.

Schließlich fand Bashin den Weg nach Detroit, wo der NFB seine Jahresversammlung abhielt. Rings um ihn bewegten sich Blinde allem Anschein nach frei und ungezwungen, während er nicht wusste, wie er von seinem Hotelzimmer zum Café im Erdgeschoss gelangen sollte. Als er es schließlich geschafft hatte, traf er dort mehrere Blinde, die ihm erzählten, dass sie gerade aus dem anderthalb Kilometer entfernten Greektown zurückgekommen waren. Bashin konnte das nicht begreifen – wie war es einem Blinden überhaupt möglich, irgendwohin zu gehen, irgendetwas zu finden und dabei zu allem Überfluss auch noch Spaß zu haben? Wie der Blinde in Berkeley, der ganz allein durch Europa gereist war, hatten diese Männer etwas Besonderes an sich, und das wollte Bashin ebenfalls erreichen.

Nach seiner Rückkehr aus Detroit machte er in der Nähe seines Hauses einen Spaziergang und verlief sich. Es dämmerte, die Straße war menschenleer, und er wusste nicht, in welche Richtung er gehen musste. Er war außer sich vor Angst. Er erwog, einfach weiterzugehen, aber gleichzeitig bedachte er, dass er dann vielleicht in die falsche Richtung ging und sich immer weiter von zu Hause entfernte. Also blieb er an der Ecke stehen und wartete, ohne zu wissen, worauf er wartete; er blieb einfach dort und hoffte, jemand werde vorbeikommen. Endlose Minuten oder Stunden vergingen, bis er schließlich Schritte hörte, seinen Stolz überwand und bat, ihm den Weg zu weisen. Wenige Tage später, am 1. August 1994, begann er im Alter von neununddreißig Jahren mit dem Stocktraining. Den Tag, an dem er zum ersten Mal einen Blindenstock in der Hand hielt, werde er nie vergessen, versicherten ihm die Leute, die ihn im Gebrauch des Stockes unterwiesen – und sie behielten recht.

Bald schon sah sich Bashin nach Blinden um, die Selbstbewusstsein und Format hatten. Durch den NFB und seine neue Stellung als Leiter der Blindengesellschaft in Sacramento lernte er viele kennen. Allmählich entwickelte er ein Gefühl für das, was sie meinten, wenn sie von Verwirklichung sprachen. Für die Blinden bestand der Heilige Gral nicht darin, zum Superman zu werden. Vielmehr ging es darum, die Blindheit zu einer persönlichen Eigenschaft unter vielen anderen werden zu lassen, die Aktivitäten, die man sich vornahm, als ganz normaler Mensch zu verrichten, jemand zu sein, der morgens aufwacht und sagt: »Verdammt, ich hab verschlafen« statt »Verdammt, ich bin blind«. Als er Mike May kennenlernte, war er von dem, was dieser alles erreicht hatte, beeindruckt. Wirklich unwiderstehlich aber fand er Mays Ungezwungenheit, die Aura von Normalität, die er ausstrahlte.

Ende 1999 verband May und Bashin bereits eine tiefe Freundschaft. Sie führten spätabends stundenlange Telefongespräche oder trafen sich in Restaurants mit ausländischer Küche zu ausgedehnten gemeinsamen Essen. Sich die Zeit dafür freizuschaufeln war nicht leicht, aber beide fanden es lohnend.

Bashin hörte interessiert zu, als May ihm Anfang November darlegte, welche Aussichten die Stammzellenoperation bot. Er stellte Fragen hinsichtlich der Ergebnisse des B-Scans und wollte von May Genaueres über Dr. Goodmans Lebenslauf wissen. Er ließ sich über die neuesten Fortschritte in der Operationstechnik berichten. May erinnerte sich, dass Bashin ihm von seinen eigenen Nachforschungen über Wege zur Wiederherstellung des Sehvermögens erzählt hatte, und fragte ihn, ob sie ihm in seinem Wissensdurst geholfen hätten.

»Durchaus«, erklärte ihm Bashin. »Im Lauf der Jahre habe ich mich immer wieder erkundigt und eine Menge Informationen zusammengetragen. Ich wollte dich jetzt damit verschonen, weil es hier um dich und um deine Entscheidung geht. Ich hatte entschieden, dass es für mich nicht das Richtige sei, mich an diesem Punkt meines Lebens noch um eine Wiederherstellung meiner Sehkraft zu bemühen. Aber ich muss zugeben, Mike, dass mich die Unterhaltung über deinen Fall dazu gebracht hat, noch einmal über meine eigene Situation nachzudenken. Das Stevens-Johnson-Syndrom zählt ebenfalls zu den seltenen Erscheinungen, bei denen eine Zelltransplantation indiziert ist. Theoretisch könnte sie auch mir helfen.«

»Also, ich möchte liebend gern wissen, wie du darüber denkst«, sagte May. »Es wäre toll, wenn das Gespräch für uns beide von Nutzen wäre.«

May legte Bashin die Risiken dar, deren Palette mit jeder neuen Aufzählung bedrohlicher klang. Er brauchte Bashin nicht eigens zu sagen, wie wenig er sich vorstellen konnte, dass ein wiedergewonnenes Sehvermögen seine Liebe zu seinen Kindern verstärken und das, was er für sie empfand, intensivieren würde; Bashin konnte den Geschichten, die May aus dem Alltag der Familie berichtete, entnehmen, wie innig er sie liebte.

Bashin hörte sich alles an. Er lachte und nickte, als May schöne Frauen zu den Hauptmotiven zählte, die es ihm erstrebenswert erscheinen ließen, sehen zu können. Er nahm May das Versprechen ab, ihn vorher zu warnen, bevor er sich ans Steuer eines Autos setzte, damit er, Bashin, Zeit genug habe, von der Straße zu flüchten. Ebenso wenig wie Jennifer beeilte er sich, mit Gegenargumenten oder Lösungen oder Ratschlägen aufzuwarten. Er sah in seinem Freund einen Entdecker, dessen Worte ihn an das Geräusch einer Landkarte erinnerten, die entfaltet wird. Aber während er zuhörte, ertappte sich Bashin auch dabei, wie er über eine Reihe von Geschichten nachdachte, auf die er bei seinen eigenen Nachforschungen über wiedergewonnenes Sehvermögen gestoßen war. Das waren Geschichten, wie er sie sich im Traum nicht hätte einfallen lassen.

Die Geschichte von den Anfängen der Menschheit bis zum Jahr 1999 überlieferte gerade einmal sechzig Fälle, bei denen es nach anhaltender Blindheit zu einer Wiederherstellung des Sehvermögens gekommen war. Der erste Fall datierte aus dem Arabien des Jahres 1020; es dauerte siebenhundert Jahre, bis der nächste aufgezeichnet wurde. Weniger als zwanzig der Betroffenen waren – wie May – schon im Alter von drei Jahren oder sogar noch früher blind geworden.

Obwohl die Fälle einen Zeitraum von tausend Jahren umspannten und weit über den Globus verstreut waren, schienen sie doch in zwei wesentlichen Merkmalen übereinzustimmen. Erstens erwies sich die wiedererlangte Sehkraft als fremdartig und unergründlich. Zweitens bezahlten die Betroffenen ihre Kühnheit, wieder die Augen zu gebrauchen, mit einer tiefen emotionalen Krise.

Keiner der Fälle war sorgfältiger beobachtet worden als der des zweiundfünfzig Jahre alten Sidney Bradford, eines verheirateten Schusters aus den stark industrialisierten britischen Midlands. Bradford hatte im Alter von zehn Monaten, vermutlich aufgrund einer Infektion, sein Augenlicht verloren. Er führte ein tätiges Leben, werkelte in dem Holzschuppen, den er selbst gebaut hatte, stieg auf die Leiter, um sein Haus zu tünchen, und fuhr auf seinem Fahrrad durchs Land, indem er sich an der Schulter eines zweiten Radfahrers festhielt. Er bewegte sich selbstsicher, ja, geradezu bedenkenlos durch die Welt, bediente sich nur selten eines Stockes, hantierte ungezwungen mit seiner Kreissäge und überquerte verkehrsreiche Kreuzungen, als lege er es darauf an, überfahren zu werden. Als ihm ein Chirurg 1958 erklärte, eine Reihe von Hornhauttransplantationen könne ihm vielleicht sein Sehvermögen wiedergeben, entschied sich Bradford für die Operation und stellte sich seelisch darauf ein, wieder sehen zu können.

Die Nachricht von den geplanten Eingriffen schaffte es ins Lokalblatt. Ein Exemplar der Zeitung verirrte sich auf den Schreibtisch des fünfunddreißig Jahre alten Psychologen Richard L. Gregory, eines angesehenen Fachmannes für Sinneswahrnehmung, der an der britischen Cambridge University arbeitete. Gregory wusste, wie außerordentlich selten solche Fälle sind, und verschaffte sich unverzüglich beim Krankenhaus eine Besuchserlaubnis. Ihm blieb kaum Zeit, sich vorzubereiten – der erste Eingriff war schon erfolgt. Also verstauten er und seine Assistentin Jean Wallace alles, was sie möglicherweise brauchen konnten – Apparaturen, Tests, Trugbilder, Rorschach-Klecksbilder, Kameras und Messgeräte –, im Auto und fuhren zur Augenklinik in der Nähe von Birmingham. Sie trafen am Tag nach der zweiten Operation dort ein.

Gregory konnte kaum glauben, dass der Mann, den er vorfand, blind gewesen war. Bradford bewegte sich durch das Zimmer und die Flure, ohne herumtasten zu müssen oder anzustoßen; von der Wanduhr der Krankenpflegerin konnte er auf Anhieb die Zeit ablesen, egal, wie oft Gregory die Zeiger verstellte. Eine Zeitschrift, die Gregory mitgebracht hatte, nahm Bradford nicht nur wahr, sondern er las auch laut deren Titel vor. Er konnte praktisch jeden Gegenstand in seinem Zimmer benennen und bewies eine hervorragende Farberkennung. Bradford war hell begeistert über sein neues Sehvermögen, und Gregory war nicht minder begeistert darüber, dass er auf den Schuster gestoßen war. Als er mit Tests und Beobachtungen begann, erwies sich Bradford als eifrig und kooperationswillig, fröhlich und mitteilsam. Was Gregory herausfand, war freilich komplizierterer Natur.

Gesichter bedeuteten Bradford nichts. Am Gesicht konnte er weder die Person selbst noch ihr Geschlecht erkennen, und ebenso wenig konnte er mit mimischen Ausdrucksformen etwas anfangen, gleichgültig, wie sehr er sich bemühte und wie vertraut die betreffende Person ihm war. Die Gesichter waren für ihn nicht etwa unsichtbar oder verschwommen – sie blieben einfach absolut bedeutungslos für ihn. Wenn seine Frau lächelte, erkannte Bradford weder, dass sie froh war, noch überhaupt, dass sie die lächelnde Person war.

Sein Krankenhauszimmer, das etwa dreizehn Meter hoch über dem Erdboden lag, bot ihm die erste Gelegenheit zu einem Blick auf die Außenwelt. Sofort war er überzeugt davon, er brauche sich nur vom Fenstersims herunterbaumeln zu lassen, um den Erdboden mit dem Fuß erreichen zu können. Objekte schien er nur zu erkennen, wenn er sie bereits durch Berührung kannte und erwartete, sie vorzufinden, wie etwa ein geparktes Auto oder die Taschenuhr auf seinem Nachttisch. Aber Gegenstände, auf die er noch nicht aufmerksam gemacht worden war oder denen zu begegnen er nicht erwartete, wie etwa ein Gebäude oder ein weiterer Stuhl im Zimmer oder auch nur eine stumme Person im Flur, schienen seiner Wahrnehmung vollständig zu entgehen.

Bradford war sehr darauf erpicht, Gregorys Dias zu betrachten, die typische Szenen aus dem englischen Alltag zeigten. Aber als die Bilder auf der Leinwand erschienen, konnte er nichts über die gezeigten Objekte sagen und sah tatsächlich nur Farbflecke. Gefragt, ob sich ein Objekt auf dem Dia vor oder hinter einem anderen Objekt befand, wusste er beim besten Willen nichts zu antworten. Für Gregory stand fest, dass Bradford bei den Bildern keine Tiefe wahrnahm. Und doch konnte er, wenn er sich im Krankenhaus bewegte, ohne Mühe nach Sachen greifen und mit ihnen hantieren.

Gregory beeilte sich, die klassischen optischen Trugbilder auszupacken, die er mitgebracht hatte. Unter anderem zeigte er Bradford die folgenden:

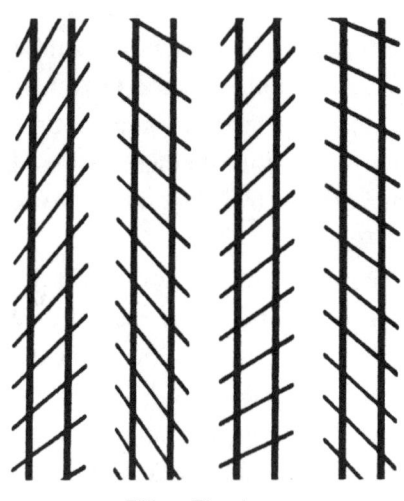

Zöllner-Täuschung

Normale Beobachter sehen die senkrechten Linien als nichtparallel an, und vielen erscheint ihr Verlauf als unruhig. Bradford erkannte sie korrekt als parallel und »völlig ruhig« – mit anderen Worten, er sprach auf die Täuschung nicht an.

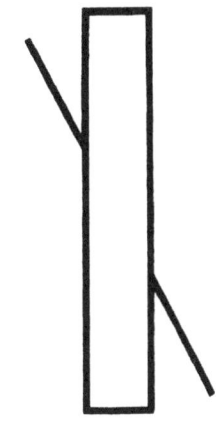

Poggendorff-Täuschung

Normalen Beobachtern erscheinen die schrägen Linien als ebenenversetzt. Bradford nahm sie korrekt als »eine durchgängige Linie« wahr.

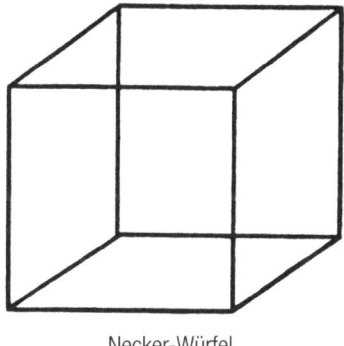

Necker-Würfel

Normale Beobachter gewahren nicht nur den Würfel in seiner Tiefendimension, sondern sehen auch, wenn sie ihn länger fixieren, die Vorderseite sich vor- und zurückbewegen. Bradford nahm weder die Tiefe noch eine Bewegung wahr. Danach befragt, reagierte er mit der Gegenfrage: »Was ist Tiefe?«

Perspektivische Täuschung in der Größenwahrnehmung

Normale Beobachter haben den Eindruck, dass die Männer von links nach rechts zunehmend größer werden, obwohl sie tatsächlich alle gleich groß sind. Bradford erkannte erst einmal die Figuren gar nicht als Personen. Nachdem man ihn informiert hatte, antwortete er auf die Frage nach ihrer relativen Größe: »Der erste Mann sieht kleiner aus, aber die letzten drei wirken alle gleich.«

Bradford blieb eine heitere, wenn auch rasch zu ermüdende, Versuchsperson. Er vermochte Großbuchstaben zu erkennen, nicht hingegen Kleinbuchstuben, wahrscheinlich aufgrund der Tatsache, dass er in der Schule die ersteren, nicht aber die letzteren anhand von Letterblöcken kennengelernt hatte. Mit dem Kugelschreiber, den seine Frau ihm geschenkt hatte, dem ersten Schreibutensil seines Lebens, schaffte er es, seinen Namen kaum entzifferbar zu schreiben und auch notdürftige Zeichnungen von Dingen anzufertigen, die er durch den Tastsinn kannte, wie etwa Karren und Werkzeuge. Nichts indes fand sich in seinen Zeichnungen wieder, wovon er sich nicht bereits durch Berührung ein

Bild gemacht hatte. Die Mondsichel konnte Bradford deutlich erkennen – ein Beweis dafür, dass er über eine genaue und scharfe visuelle Wahrnehmung verfügte –, war aber überrascht zu erfahren, dass sie nicht die gleiche Form hatte wie ein Kuchenstück. Gregory und Wallace führten noch weitere Tests durch und sammelten noch mehr Beobachtungen, ehe sie schließlich verabredeten, sich mit Bradford nach seiner Entlassung wiederzutreffen.

Bradford begab sich frohgemut aus dem Krankenhaus in die Straßen Birminghams. Die Welt war ein einziges großes Wunder für ihn; es gab nichts, was ihn nicht faszinierte. Wo immer er sich hinwandte, sein Blick wurde durch eine Farbe, eine Bewegung, einen Gegenstand gefesselt.

Einige Tage nach seiner Entlassung fuhren Gregory und Wallace nach London, um sich dort mit Bradford zu treffen. Aber als sie am ersten Abend mit Bradford zusammenkamen, schien er nicht mehr der heitere, neugierige Mensch zu sein, den sie kannten. Er wirkte erschöpft, und sein Begleiter berichtete, dass ihn die Szenerie, die während der Fahrt nach London an ihnen vorüberglitt, nicht sonderlich interessiert habe. Dazu befragt, erklärte Bradford Gregory, die Welt erscheine ihm trist und öde.

Am nächsten Morgen brachen Gregory und Wallace mit Bradford zu einem Spaziergang durch London auf. Am Trafalgar Square lebte er angesichts der Taubenschwärme, die ihn umflatterten, auf. Lachend gebrauchte er seine neue Sehkraft, um ihre Kapriolen und Sturzflüge zu verfolgen; er berührte die Vögel, um zu erkennen, wie sie gebaut waren. Als Gregory ihn zu anderen Sehenswürdigkeiten der Stadt führte, machte Bradford jedoch wieder einen müden und gleichgültigen Eindruck – die Gebäude langweilten ihn, die Straßen fand er eintönig, die vielen Gesichter sagten ihm nichts. Überraschende Geräusche in der Nähe schafften es kaum, seinen Blick auf sich zu ziehen; er sah unbewegt geradeaus, ohne offenbar viel wahrzunehmen.

Bradford bewegte sich sogar anders als vorher. Als Blinder war er beherzt über die Kreuzung marschiert. Jetzt hingegen stürmten die Autos von allen Seiten auf seine Augen ein, und er war vor Angst, überfahren zu werden, wie gelähmt. Hätte Gregory ihn nicht am Arm hinter sich hergezogen, sie wären vielleicht den ganzen Tag lang nicht von der Stelle gekommen. Selbst wenn sie schon auf der anderen Straßenseite angekommen waren, hob Bradford noch ängstlich den Fuß, weil er häufig Schatten mit dem Bordstein verwechselte. Das war nicht die Welt, durch die er sein Leben lang so beherzt geschritten war.

Gregory schlug Bradford einen Ausflug zum Wissenschaftsmuseum in South Kensington vor, weil er hoffte, die dortige Sammlung von Maschinen und Werkzeugen – den Dingen also, für die sich Bradford seit jeher begeisterte – werde sein Interesse wecken. Bradford freilich hatte Mühe, zu verstehen, worum es sich bei den Exponaten handelte, diesen nichtssagenden, hinter Absperrseilen aufgestellten Gebilden, die er so brennend gern betastet hätte. Zu der einfachen Drehbank, die ihm Gregory zeigte, fiel ihm praktisch nichts ein, obwohl er wusste, wozu die Apparatur diente, und schon lange davon träumte, mit einer zu arbeiten. Gregory überredete einen Museumsangestellten, das Seil zu öffnen, damit Bradford Gelegenheit bekam, sie zu berühren. Er schloss die Augen und ließ mit Inbrunst die Hände über die Drehbank gleiten. Dann trat er zurück, öffnete seine Augen und erklärte: »Jetzt, wo ich sie ertastet habe, kann ich sie sehen.« Danach konnte er, allein mit Hilfe seiner Augen, beschreiben, wie sie aussah. Gregory war sich sicher, dass er diesen Augenblick nie vergessen würde. Es war, als hätte die Berührung mit der Hand Bradfords Sehvermögen eingeschaltet.

Als Nächstes besuchte die Gruppe den Zoo im Regent's Park. Gregory war mit dem für die Säugetiere zuständigen Leiter des Zoos, dem Zoologen Desmond Morris, befreundet, und hatte dafür gesorgt, dass Bradford in einige der Käfige hineindurfte.

Ehe sie damit begannen, wurde Bradford aufgefordert, das Bild eines Elefanten zu zeichnen, was ihm mehr schlecht als recht gelang. Eine halbe Stunde später, als Gregory ihn in den Elefantenkäfig brachte, ging er dreimal um das Tier herum, ohne seine Existenz zu bemerken. Beim Anblick von zwei Giraffen, die auf ihn herabsahen, lachte Bradford – das einzige Mal, dass Gregory ihn über etwas, das ihm vor Augen kam, lachen sah.

Gregory und Wallace verbrachten noch einen weiteren Tag mit Bradford. Sie vermieden es, ihn zu bedrängen, da das Sehen für ihn offenbar Schwerstarbeit war, die ihn stark ermüdete. Er hatte auch weiterhin mit Bordsteinen zu kämpfen und drohte mehr als einmal eine Treppe hinabzustürzen, weil er nicht wahrnahm, dass sich zu seinen Füßen Stufen befanden. Gesichter verwirrten ihn nach wie vor, selbst wenn er sie sorgfältig studierte; er musste feststellen, dass er tagelang mit jemandem zusammen sein konnte und dann, wenn es ans Abschiednehmen ging, das Gesicht des Betreffenden immer noch nicht erkannte.

Und ihm fiel es auf, wenn Farbanstriche beschädigt waren.

So starrte er etwa, wenn er an einem Laternenpfahl oder einer Parkbank vorbeiging, gebannt auf Stellen, wo die Farbe abgeblättert war, und wenn er begriffen hatte, was er da sah, sank seine Stimmung, und er wandte sich ab. Als Gregory ihn fragte, warum ihn das traurig stimme, erklärte Bradford, er habe erwartet, nach dem Abnehmen des Verbandes eine vollkommenere Welt zu sehen; er habe sich die dem Auge zugängliche Welt immer als eine Art von Himmelreich vorgestellt. Jetzt wisse er, dass sie hinter dieser Vorstellung zurückbleibe. Das gesplitterte Holz und die fleckigen Stoffe und die verschmutzten Fensterscheiben – diese alltäglichen Erscheinungen ließen ihm deutlich werden, dass die Dinge seine Erwartungen nicht erfüllten, egal, wie er die Sache drehe und wende. Die abgeblätterte Farbe zeige ihm die Wahrheit, und er fühle sich enttäuscht.

Sechs Monate später besuchten Gregory und Wallace Bradford bei sich zu Hause. Er fand nach wie vor die Welt trist und öde, und wenngleich er seine Sehkraft genutzt hatte, um Gegenstände zusammenzubauen und in seinem Garten zu arbeiten, lebte er doch im Großen und Ganzen noch so, wie er es als Blinder getan hatte: Er schaltete nachts das Licht nicht an, rasierte sich im Dunkeln und zeigte wenig Interesse für Filme oder das Fernsehen. Er konnte mehr tun als vorher, aber das schien teuer erkauft, denn kaum jemand war noch geneigt, einen Mann zu bewundern, der nicht mehr als blind galt.

Obwohl er mit Gesichtern nichts anfangen konnte, fand Bradford aus irgendeinem Grund sein eigenes abstoßend und das seiner Frau hässlich. Wie er Wallace gestand, war es für ihn ein schwerer Schlag, entdecken zu müssen, dass seine Frau nicht so schön war, wie er erwartet hatte. Nach wie vor registrierte er die Unvollkommenheiten bei allem, was er sah, und verlieh seiner Enttäuschung Ausdruck, dass die Welt nicht so war, wie er es sich gewünscht habe, als er noch ein anderer, glücklicherer Mensch gewesen sei. »Wir gewannen entschieden den Eindruck, dass sein Sehvermögen ihn praktisch auf der ganzen Linie enttäuschte«, schrieb Gregory später. »Er war kein Mann, der sein Herz auf der Zunge trug, aber dass er gedrückter Stimmung war, ließ sich nicht übersehen, und unserem Eindruck nach hatte die Wiederherstellung seiner Sehkraft ihm mehr genommen als gebracht.«

Bradfords Depression verstärkte sich. In einem Brief an Gregory schrieb seine Frau: »Alles erfüllt ihn mit tiefer Enttäuschung. Aber wenn er sich wieder besser fühlt, sagt er, wird er weitere Zeichnungen für Sie machen.« Sechs Monate später schrieb sie: »Es geht ihm nicht besser. Ich wünschte, Sie könnten ihm helfen. … Mir scheint, unsere Welt ist nicht so imposant, wie wir dachten.«

Am 2. August 1960, gerade einmal neunzehn Monate nach seiner zweiten Operation, starb Bradford. Zum Zeitpunkt seines Todes war er vierundfünfzig Jahre alt und in bester körperlicher

Verfassung. Nach Gregorys fester Überzeugung hatte er einfach aufgegeben.

Man fragt sich vielleicht, ob der Fall Bradford nicht eine Ausnahme darstellt. Die Antwort hierauf liefern drei kaum bekannte Quellen: ein Buch aus Deutschland, das jahrelang unauffindbar war, eine praktisch unbekannt gebliebene Broschüre, die Anfang der siebziger Jahre des letzten Jahrhunderts erschien, und eine Einzelfallstudie eines bekannten Neurologen. Die drei Publikationen beschreiben ein paar Dutzend überlieferte Fälle, in denen es zu einer Wiederherstellung des Sehvermögens nach langer Blindheit kam. Zusammengenommen, erzählen sie eine Geschichte, die der von Bradford auffallend ähnelt.

Keiner der Betroffenen konnte nach den Eingriffen normal sehen, so gut ihre Sehschärfe auch sein mochte. Teile ihres Sehvermögens funktionierten bestens, andere gar nicht und wieder andere auf ungewöhnliche und mysteriöse Weise. Fast alle Betroffenen konnten Bewegung und Farbe auf Anhieb und präzise erkennen, als hätten sie ihr ganzes Leben lang sehen können. Aber alles andere wurde komplizierter.

Wie Wallace Bradford konnten diese Patienten nichts mit menschlichen Gesichtern anfangen. Sie hatten Mühe, Raumtiefe, Entfernung und räumliche Verhältnisse akkurat wahrzunehmen – Bestimmungen, die für das Verständnis der visuellen Welt wesentlich sind. Und es fiel ihnen schwer, Objekte allein mit den Augen zu identifizieren, selbst solche, die ihnen durch den Tastsinn bereits bestens vertraut waren. Ein ums andere Mal wünschten sich die Betroffenen sehnlichst, durch Berührung des Visualisierten ihr Sehvermögen »einzuschalten«; ohne den Gebrauch ihres Tastsinns schienen sie allesamt hilflos.

Oft verwirrte, frustrierte und ermüdete sie das Sehen; sie fühlten sich einem Sturzbach ebenso rasanter wie unverständlicher Eindrücke ausgesetzt. Keiner konnte automatisch und mühelos sehen, wie es bei normaler Sehfähigkeit der Fall ist. Sämtliche Patienten taten sich mit Abmessung, Perspektive und Schattenwurf schwer, sahen dort, wo andere die Welt sehen, farbige, aber sinnlose Mosaiken. Einige schlossen die Augen, um dem Strom von Sinneseindrücken Einhalt zu gebieten; andere konnten sich an den ersten Eindruck schon nicht mehr erinnern, wenn er durch den nächsten verdrängt wurde. Wenige konnten etwas mit Bildern und Fotos anfangen. Viele ihrer visuellen Wahrnehmungen standen unter dem Einfluss von Erwartungshaltungen und den Wahrnehmungen der anderen Sinne, die sie unter Umständen aber krass in die Irre führten.

Und das alles bezog sich nur auf das Sehvermögen. In ihrem Gemüt sah es noch um ein Vielfaches schlimmer aus.

Die Patienten verfielen in Depressionen, ein Schicksal, dem nur wenige zu entrinnen vermochten. In seinem 1932 erschienenen und nur schwer erhältlichen Buch *Raum- und Gestaltauffassung bei operierten Blindgeborenen vor und nach der Operation* schreibt Marius von Senden, der das Gros der Fallgeschichten zusammentrug, aus den Berichten gehe als Fazit hervor, dass der Vorgang des Sehenlernens ein mit zahllosen Schwierigkeiten befrachtetes Unternehmen sei und die gängige Vorstellung, der Patient müsse überglücklich über das Geschenk des Lichts und der Farbe sein, das die Operation ihm beschere, keineswegs den Tatsachen entspreche.

In seiner 1971 erschienenen Broschüre *Sight Restoration after Long-Term Blindness* bemerkt Alberto Valvo:

»Zu den auffälligsten durchgängigen Befunden zählt, dass Patienten, die das Sehvermögen wiedererlangen, an Depressionen leiden und dazu neigen, auf Verhaltensweisen aus der Zeit ihrer Blindheit zu regredieren.«

Aber es waren die Worte der Betroffenen selbst, die deutlich werden ließen, welche Art von Krise sie durchmachten. »Wie kommt es, dass ich mich jetzt weniger glücklich fühle als vorher?«, wollte ein vierzehnjähriges Mädchen von ihrem Vater wissen. »Alles, was ich sehe, verdirbt mir die Laune. Ach, ich fühlte mich viel besser, als ich blind war!«

»Ich werde oft von Weinkrämpfen befallen«, schrieb ein achtunddreißigjähriger Mann. »Ich weiß nicht, warum, es sei denn, der Grund wäre, dass ich den Tag über zu viel gesehen habe. Am Abend halte ich mich am liebsten in einem verdunkelten Raum auf, wie ein weinendes kleines Kind … Das ist ein allzu langer und trauriger Weg, der einen in eine unvertraute Welt führt.« Der Mann berichtete von »beträchtlichen Aggressionsgefühlen« gegenüber den Chirurgen, die ihm das Augenlicht wiedergegeben hatten.

Ein fünfundzwanzigjähriger Mann schrieb: »Ich habe nach wie vor das qualvolle Gefühl, der Aufgabe einer vollständigen Rückkehr zum Gebrauch meiner Augen nicht gewachsen zu sein, und ich weiß nicht, ob ich imstande sein werde, es zu schaffen.«

Die Verzweiflung dieser Patienten blieb denen, die sie behandelten, nicht verborgen. In den Fallgeschichten wimmelt es von Bemerkungen wie »verlor vollständig ihre gute Laune, sobald sie gezwungen war, die Augen zu gebrauchen«, »immer stärker in ihren Hoffnungen enttäuscht« und »würde lieber gar nicht sehen können«. Über einen fünfzigjährigen Patienten schrieb der renommierte New Yorker Neurologe Oliver Sacks: »Er fand sich gespalten zwischen zwei Welten und fühlte sich in keiner heimisch – ein qualvoller Zustand, aus dem kein Entrinnen möglich schien.«

Das war ein Zustand, den Bradford gut verstanden hätte, eine Landschaft ohne Horizont für jene Ahnungslosen, die das schreckliche Geschenk neuer Sehfähigkeit von den Göttern erbaten.

Anders als Bashin wusste May nichts von diesen Fallgeschichten. Eines Abends, gegen Ende ihrer Unterhaltung, erzählte Bashin May, dass er bei seinen eigenen Nachforschungen festgestellt habe, wie erstaunlich selten Fälle von wiederhergestellter Sehfähigkeit nach lebenslanger Blindheit seien. Er gab May die Namen der Autoren, deren Untersuchungen er gelesen hatte – Gregory, Sacks und einige andere –, und sagte ihm, er könne sich die Literatur in der Bibliothek oder im Internet beschaffen. Die merkwürdigen Einzelheiten und schlimmen Folgen verschwieg er ihm, und er drängte May auch nicht, sich mit den Fällen auseinanderzusetzen. Er erklärte seinem Freund nur: »Vielleicht willst du sie dir ja mal ansehen. Ich glaube, du wirst sie interessant finden.«

Spätabends erzählte May Jennifer von seiner Unterhaltung mit Bashin.

»Wie sich herausstellt, kommt er ebenfalls für die Stammzellenoperation in Frage«, berichtete May. »Die beiden Indikationen für den Eingriff sind chemische Verätzungen und das Stevens-Johnson-Syndrom – mein Fall und der von Bryan.«

»Will er es machen?«, fragte Jennifer.

»Ich weiß nicht«, antwortete May. »Aber es scheint ihn angeregt zu haben, über seine Situation noch einmal genauer nachzudenken. Es wird interessant sein, zu sehen, wie er darüber denkt, soweit es ihn selber betrifft. Bryan ist ein äußerst intelligenter Mensch.«

»Worüber sonst habt ihr Jungs euch unterhalten?«

»Geschäftliches, Camping, technisches Zeug. Ach, und er hat mich auf ein paar Fallgeschichten von Leuten hingewiesen, die ihre Sehfähigkeit wiederbekommen haben, nachdem sie ewig blind waren. Er meinte, sie seien interessant.«

»Wirst du sie lesen?«

»Vielleicht.«

May und Jennifer besprachen das Programm für den nächsten Tag und verglichen ihre Terminpläne. Sie sprachen über einen Erweiterungsanbau fürs Haus, das in dem Maße, wie ihre Söhne größer wurden, schrumpfte. Dann, ehe sie das Licht ausmachten, stellte May seiner Frau eine letzte Frage.

»Glaubst du, es lohnt sich, Jen?«

»Sehen zu können?«

»Ja.«

»Ich meine, du solltest tun, was dein Herz dir sagt«, erklärte sie.

Ein paar Abende später telefonierten May und Bashin wieder miteinander. Bis zu dem geplanten Eingriff blieben nur noch drei Wochen.

May erklärte Bashin, er habe sich immer noch nicht entschieden, ob er die Sache in Angriff nehmen wolle. Dann wollte er wissen, ob Bashin noch weiter darüber nachgedacht habe, wie er selbst zu einer möglichen Operation stehe.

»Ich glaube nicht, dass es für mich der richtige Zeitpunkt wäre«, sagte Bashin. »Ich habe keine Lust, mich den Risiken des Cyclosporin auszusetzen. Hinzu kommt, dass meine Tränendrüsen nicht normal funktionieren, eine weitere Komplikation – jede Operation schwächt das Auge weiter, und man hat vielleicht keine zweite Chance mehr; von daher gesehen, ist jetzt vielleicht nicht der richtige Moment. Ich habe einen neuen Job und kann es mir nicht leisten, einen Monat freizunehmen, um zu sehen, wie die Sache läuft. Und meine Lichtwahrnehmung möchte ich auch nicht aufs Spiel setzen. Ich für meinen Teil finde es sinnvoller, weitere medizinische Fortschritte abzuwarten.«

»Das klingt alles sehr einleuchtend, Bryan«, sagte May.

»Aber ich glaube, es gibt noch eine weitere entscheidende Grundüberlegung für mich«, fügte Bashin hinzu. »Ich weiß bereits, was es heißt, sehen zu können. Ich habe lebhafte visuelle Erinnerungen. Ich kann immer noch alle möglichen herrlichen und subtilen Dinge vor meinem inneren Auge sehen. Ich kann mich daran erinnern, wie ich als Zehnjähriger auf dem Dach meines Wohnhauses stand und auf die vierzig Kilometer entfernten Berggipfel schaute. Was ich brauche, ist etwas Verlässliches, ein

ıit dem ich zuverlässig und langfristig arbeiten kann.
:ht, dass ich die Erfahrung des Sehens brauche. Die-
habe ich bereits gemacht.«

:ete Jennifer von seinem Telefonat und davon, dass
hlossen habe, in Sachen Augenoperation noch zu warten. Ihre Frage, ob er die von Bashin erwähnten Fallgeschichten
gelesen habe, verneinte er.

»Aber ich habe über eine Reihe von anderen Problemen nachgedacht.«

»Welche sind das?«, fragte Jennifer.

»Es sind ein paar weitere Gründe, warum jetzt vielleicht nicht
der richtige Zeitpunkt für mich ist, die Sache in Angriff zu nehmen.«

»Zum Beispiel?«

»Na ja, Sendero befindet sich in der entscheidenden Phase. Ich
kann es mir nicht leisten, mich davon ablenken zu lassen. Ich
kann es mir nicht leisten, im Krankenbett zu liegen. Beides könnte das Unternehmen in Gefahr bringen. Wenn ich nicht auf dem
Damm bin, und sei's auch nur für einen Monat, kann das fatal für
das Unternehmen sein.«

»Na gut. Worüber sonst hast du noch nachgedacht?«

»Ich habe über uns nachgedacht. Wir haben etliche stürmische
Zeiten hinter uns. Ehen sind prekäre Balanceakte. Vielleicht wird
die Balance durch eine größere Änderung, und mag sie auch, für
sich genommen, großartig sein, gestört. Wieder sehfähig zu werden verschlingt vielleicht mit all den Arztbesuchen und Anpas-
sungen zu viel Zeit, die dann unserem Zusammenleben verlorengeht. Ich meine, wir sind bereits unglaublich beschäftigt. Wir
führen bereits ein Leben, das für unsere Ehe nicht viel Zeit übrig-
lässt.«

Jennifer nahm Mays Hand.

»Du hast mein ganzes Vertrauen«, sagte sie.

KAPITEL SECHS

Als May 1984 von den Olympischen Spielen in Sarajewo siegreich zurückkehrte, hatte er keine Arbeit mehr. Da rief ihn sein Freund aus Highschoolzeiten, Rob Reis, an und schlug ihm etwas Unmögliches vor. Er und einige andere Techniker hatten vor, eine Firma zur Produktion des weltweit ersten Laser-Plattenspielers zu gründen.

»Des weltweit ersten was?«, fragte May.

Reis erklärte ihm das Projekt folgendermaßen: Die üblichen Plattenspieler benutzten einen Tonabnehmer, um die auf Platten aus Polyvinylchlorid gespeicherten Musikaufnahmen abzuspielen. Diese Methode funktioniere schon seit vielen Jahren, allerdings nicht ohne Probleme: Die Abtastnadel gebe auch Schleifgeräusche, Unebenheiten und Kratzer wieder und nutze außerdem die Platte ab. Wenn jemand eine Methode erfände, Musik abzuspielen, ohne dass der Tonabnehmer die Platte berühre, wäre die Folge eine unverfälschte Klangtreue und eine Platte, die ein Leben lang halte.

»Dieser Jemand sind wir«, erklärte Reis May. »Wir machen es mit Lasern. Die Laser können die Rillen der Platte lesen.«

Noch ehe Reis ausgeredet hatte, war May das Vielversprechende der Idee bereits klar. Er übernahm die Aufgabe, Kapital zu beschaffen und sich um das Marketing zu kümmern. Sie nannten das Unternehmen Finial Technology, nach dem im Englischen *finial* genannten Kreuzblumenornament, mit dem man früher

Giebel und ähnliche Gebäudeteile krönte. Vier Leute waren mit von der Partie: Reis, zwei andere Techniker und May.

»Ich kann nicht versprechen, dass es auf lange Sicht gutgeht«, sagte Reis. »Das ist ein echtes Pionierprojekt. Wir werden uns durchhangeln müssen.«

»Genau das, was ich suche«, sagte May. »Packen wir's an.«

Finial war von Anfang an ein reines Vergnügen. In einer winzigen, zwei Räume umfassenden Werkstatt verbesserten und verkleinerten die Techniker die Laserapparatur, während May um Unterstützung warb und Geldquellen auftat – alles im Namen einer neuen Methode, Musik zu hören. Schon bald darauf montierten die Techniker den Laser zu einem ersten Test an einem von Hand gedrehten Abspielgerät. Die vier Männer hielten den Atem an, während May eine Cat-Stevens-Aufnahme auf den Plattenteller legte und anfing, die Kurbel zu drehen. Einen Augenblick herrschte nichts als Stille. Dann, ohne dass die Platte von etwas anderem berührt worden wäre als von einem Lichtstrahl, erfüllten die dumpfen Schläge einer Bongo-Trommel den Raum.

Techniker verstehen sich nicht sonderlich gut aufs Tanzen. Blinde sind auf diesem Gebiet noch schlechter.

Die vier Männer im Raum tanzten, als sei ihnen James Brown in die Glieder gefahren.

Als sie schließlich wieder zu Atem gekommen waren, fühlten sie sich wie im siebten Himmel.

»Durch Licht«, sagten sie. »Alles nur durch einen Lichtstrahl.«

Finial war bei den Musikbegeisterten bald in aller Munde. May schrieb das Handbuch für das System und führte in einer 700 Dollar Tagesmiete kostenden Suite bei der großen Elektronik-Verbrauchermesse in Chicago der *New York Times* und anderen Medien einen Prototyp vor. Die Leute prügelten sich am Eingang. Es war ein bahnbrechendes Produkt – und nicht von Sony oder Philips oder den anderen Musikkonzernen entwickelt. 1986 hatte Finial bereits sieben Millionen Dollar Gründungskapital zusammen und beschäftigte vierzig Mitarbeiter. Dass die Firmengründer Millionäre würden, schien nur noch eine Frage der Zeit.

Ungefähr zur gleichen Zeit machte May an den Hängen von Kirkwood eine wichtige Entdeckung. Eine gutgebaute sportliche neunundzwanzigjährige Blondine namens Jennifer Smith, eine der Ausbilderinnen beim Skiprogramm für Blinde, das er und Salviolo betrieben, hatte sich kürzlich von ihrem Freund getrennt. May und Jennifer kannten sich bereits flüchtig. Sie sei schöner als je zuvor, versicherte Salviolo.

»Heute Abend wird sie wahrscheinlich in der Bar sein«, berichtete Salviolo. »Eine Gruppe von Leuten hat sich zum Abendessen verabredet und nimmt dort vorher einen Drink.«

»Ich komme«, sagte May.

Frisch geduscht und gekämmt und in einem seiner besten Hemden traf er in der Bar ein. Jennifer Smith war dicht umringt.

»Stups mich, wenn ein Stuhl frei wird«, bat May Salviolo.

Eine halbe Stunde später kam der Stups. May sprang von seinem Platz auf und warf sich auf einen Stuhl neben Jennifer. Er landete dort mit so viel Aplomb und so selbstverständlich, dass sie annahm, er habe sie mit jemandem verwechselt.

»Mike, hier sitzt Jennifer Smith«, sagte sie.

»Ja, das weiß ich doch«, sagte May.

Die Unterhaltung kam mühelos in Gang. Sie hatte Chile besucht; seine Mutter war in Chile aufgewachsen. Sie unterrichtete in Kirkwood zwei Mädchen, die an Zeltlagern in Enchanted Hills teilgenommen hatten; er hatte diesen Mädchen jeden Abend Gutenachtgeschichten vorgelesen, während er dort als Betreuer tätig gewesen war. Sie hielt nichts davon, blinde Kinder besonders zu bemuttern; er erzählte ihr, wie er sich während seiner Highschoolzeit ans Steuer des Autos seiner Schwester gesetzt hatte. Ihre Stimme sprudelte, tanzte und lächelte. Er mit seinem wettergegerbten Gesicht, seinem welligen Haar und seinen Fältchen um die Augen folgte begeistert den Wendungen und Windungen ihrer interessanten Geschichten.

Beim Abendessen war für sie die Welt um sie herum bereits versunken. Während neue Bekannte Mays oft sorgsam vermieden, Formulierungen wie »Hast du den Film schon gesehen …« in den Mund zu nehmen, ließ Jennifer ihrem Mitteilungsdrang freien Lauf: Angesichts der vielen Geschichten, die es zu erzählen galt, kümmerte sie sich nicht um Formulierungsfragen. Ihre Lust auf neue Erfahrungen – und ihre Bereitschaft, sie auf eigene Faust zu machen – sprach ihn an. Die Art, wie er sich auf sie konzentrierte, als hätte die Welt sich für ihn zu einem Punkt auf der anderen Seite des Tisches zusammengezogen, gab ihr das Gefühl, ein noch nie erlebtes Maß an Aufmerksamkeit zu finden.

Bald schon kam das Thema Rendezvous aufs Tapet. Jennifer hatte munkeln gehört, May habe ein bisschen was von einem Schwerenöter an sich, war sich aber nicht sicher, ob sie dem Gerücht Glauben schenken sollte.

»Ich bin ein monogamer Mensch«, sagte sie.

»Ich nicht«, antwortete May. »Die Welt hat doch so viel zu bieten.«

»Ich finde es zu kompliziert, mit mehr als einer Person zu gehen«, sagte sie. »Mir scheint, es nimmt auch nie ein gutes Ende.«

Die Unterhaltung wandte sich anderen Themen zu. May und Jennifer verstanden sich unverändert gut.

»Würden Sie mal mit mir ausgehen?«, fragte er.

»Rufen Sie mich an, sobald Sie monogam sind«, sagte Jennifer. »Das ist dann der richtige Augenblick.«

Sie wünschten sich eine gute Nacht, und Jennifer ging auf ihr Zimmer.

»Ich fühle mich regelrecht aufgedreht«, berichtete May Salviolo. »Die ist was Besonderes.«

Am nächsten Tag rief May Jennifer an.

»Also gut, ich bin monogam«, sagte er.

Sie verabredeten sich für den kommenden Freitagabend in einem Restaurant in Napa. Jennifer hatte keine Ahnung, dass der Ort hundertzwanzig Kilometer von Mays Haus im kalifornischen Sunnyvale entfernt lag.

Ein Gitarrist spielte in dem von Kerzen erleuchteten Raum, während sie sich näherkamen. Wie schon beim ersten Mal schenkte May Jennifer seine ganze Aufmerksamkeit. Sie erzählte ihm von ihrer Arbeit am Rudolf Steiner College, wo sie gerade studierte und sich mit den spirituellen Aspekten von Kunst und Kunsttherapie beschäftigte – mit »Müsli und Mystik«, wie sie sich selbstironisch ausdrückte. An diesem Punkt schalteten manche Männer bei der Unterhaltung mit Jennifer ab. May gab zu, dass er mit Müsli nichts anfangen konnte, stellte aber weiter Fragen und war von ihrer Begeisterung angerührt.

»Ich bin ein Farbenmensch«, erklärte sie ihm. »Mathematik und Naturwissenschaften sagen mir nichts. Ich lebe in einer Welt der Farben und der Sinneseindrücke.«

May erzählte ihr, dass er Zahlen farbig sah – Siebenen waren grün, Fünfen blau und so weiter – und dass er Additionen in rasantem Tempo durchführen konnte, weil sich die Zahlen in seinem Geist farblich unterschieden. Niemand hatte sich bislang über so etwas mit ihr unterhalten.

Nach dem Abendessen bot Jennifer May an, ihn nach Hause zu fahren. Er schlug stattdessen vor, einen Abstecher ins Enchanted-Hills-Camp zu machen, das in der Nähe lag und noch verlassen war. Er gab ihr genaue Richtungsanweisungen – »Gut, hier nach links und dann 4,2 Kilometer, bis Sie ein weißes, von Hand gemaltes Schild sehen« –, was sie verblüffend fand; es dauerte nicht lange, da befanden sie sich im Haus der Campverwaltung, was mit rechten Dingen zuging, denn Mays Mutter, Ori Jean, hatte kürzlich die Leitung des Camps übernommen.

Drinnen setzte May seinen zuverlässigen Plan A in die Tat um. Er zündete ein Feuer an, packte seine Gitarre aus, breitete eine Decke auf den Boden und spielte Jennifers Lieblingssongs. Sie waren die einzigen zwei Menschen auf dem hundertsechsundzwanzig Hektar großen Gelände. Jennifer fand ein paar Betttücher, machte das Bett und zog dann die Decke über sie beide. Mit ihm schlafen wollte sie noch nicht, aber sie erkundeten das Vorfeld. »Du siehst toll aus«, versicherte er ihr, und sie war überzeugt davon, dass er sie sah.

Am Morgen fragte May Jennifer, ob sie vielleicht Lust habe, auszureiten. Wie sie ihm erzählte, ritt sie seit ihrer Kindheit. Sie entschied sich für einen englischen Sattel, und er ritt sattellos. Sie ritten in schnellem Tempo die Fährten entlang. Jennifer beobachtete May, wie er sich unter Bäumen duckte, vom Pferd sprang, um stacheldrahtbewehrte Zauntore zu öffnen, und wie er schwierige Anhöhen und Schluchten überwand, aber sie fragte ihn kein einziges Mal, ob er sicher sei, dass er so reiten müsse; sie blieb einfach an seiner Seite, in der Überzeugung, dass alles seine Ordnung hatte, und May konnte diese Überzeugung aus dem Donnern der Hufe ihres Pferdes heraushören, das sie nie zügelte, um sich mehr Sicherheit zu verschaffen. Und diese donnernden Hufe bedeuteten ihm alles, weil sie ihm von einem Menschen erzählten, der, in einer Welt der sichtbaren Eindrücke lebend, überzeugt war, dass ihm alles offenstand.

Als ihr Tempo sich verlangsamte, nahmen sie den Gesprächsfaden vom Vorabend wieder auf. Hier draußen, getragen von ihrer augenblicklichen Stimmung, wollte Jennifer, dass May alles über sie erfuhr, auch über ihre Schwächen und Mängel; denn wenn er sie auch dann noch zu lieben vermochte, konnte sie sich eine lange Liebesbeziehung mit ihm vorstellen.

Jennifer Smith wurde acht Jahre alt, bevor sie das Wort *otolaryngologist* (Hals-, Nasen- und Ohrenarzt) auszusprechen lernte, aber womit ihr Vater seinen Lebensunterhalt verdiente, das wusste sie schon lange. Als einer der herausragenden Fachchirurgen für das Innenohr entwickelte und praktizierte er Operationsmethoden, um tauben Menschen ihr Gehör wiederzugeben.

Mansfield und Charlotte Smith hießen Jennifer 1957 in der Familie willkommen und dann, ein paar Jahre später, als sie sich im kalifornischen Saratoga niederließen, zwei weitere Kinder. Obwohl es der Familie gutging und sie ein schönes Zuhause bewohnte, war das Ehepaar Smith doch weit entfernt davon, die Kinder zu verwöhnen. Jedes Jahr zog Mansfield mit der Familie rucksackbepackt in die Sierras, wo er von den Kindern verlangte, dass sie topographische Karten lesen lernten und sich die übrigen Orientierungstechniken aneigneten, selbst wenn das zur Folge hatte, dass sie sich unterwegs verirrten, was auch regelmäßig geschah. Es waren anstrengende Unternehmungen mit unsicherem Ausgang. Mehr als einmal bekam Jennifer von Wanderern erzählt, die ganz in der Nähe erfroren waren, weil sie versäumt hatten, zum Schutz vor drohenden Schneefällen ihr Zelt aufzustellen. Am Lagerfeuer erzählte Mansfield Gespenster- und Abenteuergeschichten, bei denen man nie wusste, wo sie hinführten, was haargenau nach Jennifers Geschmack war.

Jennifer und ihre Schwester Wendy benahmen sich wenig mädchenhaft. Sie kletterten auf Bäume, rasten auf Fahrrädern herum, bis die Kette herunterfiel, und legten am Tag viele Kilometer in ihren Wanderschuhen zurück. Jennifer hielt sich nie für hübsch. Bereits als Sechstklässlerin war sie felsenfest überzeugt davon, eine graue Maus zu sein. Die anderen Mädchen trugen Büstenhalter, benutzten Eyeliner und gingen mit Jungen. Jennifer war in der Entwicklung zurückgeblieben, besaß keinen einzigen Lippenstift und verbrachte ihre Zeit statt mit Jungen mit dem Pferd, das ihr Vater für sie gemietet hatte, war damit beschäftigt, es zu reiten (und hinter ihm auszumisten). Auf den Fotos aus jener Zeit ist sie knapp einen Meter sechzig groß, gut fünfzig Kilo schwer, sonnengebräunt und hat langes blondes Haar – ein richtig hübsches Mädchen aus Kalifornien –, aber es sollte noch Jahre dauern, ehe sie beim Blick in den Spiegel mehr sah als ein Mauerblümchen.

Hätte sie bessere Noten gehabt, wäre Jennifer auf die elitäre, private Highschool gegangen, die sich die Familie für ihre Kinder ausgesucht hatte. Jedermann wusste, dass sie ein helles Kind war und dass sie sich auch Mühe gab, aber Schularbeiten gingen ihr gegen den Strich; es war, als kenne sie die Antworten, könne sie aber aus irgendeinem Grund nicht zu Papier bringen. Ihren Kampf um gute Noten setzte sie in der staatlichen Highschool Saratogas fort, wo sie in Kursen, in denen weniger begabte Schüler Bestnoten erzielten, um einen guten Durchschnitt kämpfen musste. Ohne den Kunstunterricht – ihre größte Leidenschaft – und die paar anderen Fächer, in denen man nicht schreiben musste, wäre sie vielleicht völlig aus dem akademischen Milieu herausgefallen.

Was die Sozialbeziehungen betraf, so lief es für Jennifer besser. Sie wechselte problemlos zwischen den Cliquen, ohne einer von ihnen anzugehören, schloss Freundschaft mit Schauspielern, Drogensüchtigen, Rabauken, Sportskanonen. Im zweiten Highschooljahr hatte sie ihren ersten Freund; sie verabredete sich sogar mit Spielern aus der Footballmannschaft, auch wenn die sie wieder fallenließen, sobald sie mitbekamen, dass sie ihnen nicht zu Willen war. Warum immer wieder Sportskanonen anriefen, konnte sie nicht verstehen – obwohl sie nur die Augen hätte öffnen und genauer hinsehen müssen, um zu sehen, was der Spiegel ihr jeden Morgen zeigte.

Während ihre Freunde die Zulassung zu führenden Universitäten erhielten, schrieb sich Jennifer an einem lokalen Junior-College ein und schwor sich, besser zu werden. Aber es lief wie gewohnt – sobald sie schreiben sollte, gelang es ihr nicht, die Gedanken aus dem Kopf aufs Papier zu bringen. Sie brach ab und versuchte es an einem anderen Junior-College. Dort traf sie mit einer Zimmergenossin, die Wäschewaschen hasste, eine Vereinbarung: Dafür, dass Jennifer ihre Wäsche wusch, erbot sich die Zimmergenossin, Jennifers Hausaufgaben zu tippen. Jennifer war einverstanden und begann, sich ihre Hausaufgaben von der Zimmergenossin niederschreiben zu lassen. Sofort wurden ihre Noten besser. Sie wechselte an das Lewis and Clark College in Oregon, wo sie sich für das Hauptfach Geschichte einschrieb und in die Skimannschaft eintrat.

Kaum war sie im College, verschlechterten sich ihre Noten wieder, woraufhin sie in eine Depression verfiel, die sich als Reaktion auf den ständigen schulischen Kampf schon seit Jahren angekündigt hatte. Sie trat den schweren Gang zum studentischen Beratungszentrum an – ohne große Hoffnung. Man würde sie nur auffordern, sich mehr Mühe zu geben, wie es alle bisher getan hatten, obwohl sie unmöglich noch härter arbeiten konnte, als sie es bereits tat. Im Zentrum führten die Leute eine Reihe von Tests mit ihr durch und stellten fest, dass sie trotz ihrer Intelligenz über die orthographischen Fähigkeiten einer Zweitklässlerin verfügte. Man riet ihr, die Examen mündlich abzulegen und zu sehen, was dabei herauskam. Sie brachte es auf Einsen. Die guten Noten gefielen ihr. Aber noch mehr gefiel ihr, zu erfahren, dass die Anstrengungen all der Jahre letztlich doch nicht vergeblich gewesen waren.

Nach dem Examen unterzog sich Jennifer weiteren Tests, die ergaben, dass sie an Dysgraphie litt, einer Beeinträchtigung der Schreibfähigkeit. Ihr war klar, dass Büroarbeit sie vor Probleme stellen würde, deshalb sah sie sich in anderen Tätigkeitsbereichen um wie etwa in der Beschäftigungstherapie oder im Kunstunterricht an der Grundschule. Währenddessen verliebte sie sich in einen gutaussehenden Mann aus wohlhabender Familie. Er hatte hohe Ambitionen, mochte die gleichen Dinge wie Jennifer und wollte sie heiraten. Oberflächlich betrachtet, schien er der perfekte Partner, aber irgendetwas fehlte. Der Mann hatte jede Menge Potenzial und Wunschträume, aber er schaffte es nicht, sie zu verwirklichen, schien nicht bereit, sich den Kopf zu stoßen, um sie durchzusetzen, obwohl sie genau diese Risikobereitschaft erforderten. Sie bat um Verzeihung und gab ihm sanft den Laufpass, aber eigentlich hätte sie ihm gern gesagt, dass sie jemanden brauchte, der verstehen konnte, warum sie auf dem Stuhl zappelte und mit den Händen redete, wenn sie erzählte, wie man sich in den Sierras verlaufen konnte, und warum es nicht verrückt war, zu behaupten, dass Karten, die einem keine ganz sichere Auskunft gaben, wo man sich gerade befand, zu den Höhepunkten dieser Wanderungen gehörten.

Jennifer hing weiter in der Sandalen-und-Räucherstäbchen-Szene herum und sah sich auf der Suche nach einem Beruf, zu dem sie ja sagen konnte, in diversen Bereichen der spirituellen Bewegung um. Als sie im Jahr 1985 Kirkwood besuchte, begleitete sie ein Freund, der sie überredete, zusammen mit ihm im Programm für blinde Skiläufer als freiwillige Helferin mitzuarbeiten. Und bei dieser Gelegenheit lernte sie die beiden Begründer des Programms kennen, einen langhaarigen Hippie namens Ron Salviolo und einen gutaussehenden Blinden namens Mike May.

»Wir sehen uns dann morgen früh hier draußen zum Training«, sagte Salviolo zu Jennifer.

»Prima. Wir werden da sein«, erwiderte sie und sauste mit einem Hüftschwung auf ihren Skiern davon.

Im Lauf der Unterhaltung während ihres gemeinsamen Ausrittes in Kirkwood erzählte Jennifer Mike von ihrer Lernbehinderung, ihrer Depression im College, den »Schwitzkuren« und den »Schamanenreisen« und anderen spirituellen Dingen, mit denen sie sich noch immer beschäftigte, obwohl manche sie als Quacksalberei abtaten.

»Ich tue das nicht ab«, sagte May.

»Was nicht?«

»Nichts davon.«

»Was ist mit meiner Lernbehinderung? Das ist ein arger Defekt. Ich kann nach wie vor nicht schreiben.«

»Ich kann nach wie vor nicht sehen. Na und?«

Die beiden ritten mehrere Stunden lang. Am Ende des Tages waren sie erschöpft und packten ein, um nach Hause zu fahren. Jennifer fragte May, wie er zu dem Restaurant gekommen sei, in dem sie sich am Abend zuvor getroffen hatten. Er habe zuerst den Zug, dann einen Bus, dann ein Taxi genommen, erklärte er ihr.

»Du lieber Himmel!«, sagte Jennifer. »Wie lang war die Strecke?«

»Ungefähr hundertzwanzig Kilometer«, antwortete May. »Nicht der Rede wert.«

»Ich fahre dich heim.«

»Das musst du nicht.«

»Na los«, sagte Jennifer. »Du weist mir den Weg.«

Als sie bei May zu Hause ankamen, wollte sich keiner der beiden vom anderen trennen. Er lud sie zum Abendessen ein, und das Essen endete erst zu vorgerückter Stunde. Als May mit dem Abwasch fertig war, bat er Jennifer, über Nacht zu bleiben, und sie war einverstanden. Dass sie miteinander schlafen würden, war klar, aber keiner von ihnen hatte in Sachen Empfängnisverhütung vorgesorgt, und so beschlossen sie, rasch zum Drugstore zu fahren. Drinnen standen beide wie festgenagelt herum.

»Du weißt doch, wo du suchen musst, oder?«, fragte May.

»Ehrlich gesagt, nein«, antwortete Jennifer. »Ich habe noch nie Kondome gekauft.«

»Ich auch nicht«, sagte May.

Einen Moment lang standen sie sprachlos da. Dann brachen sie in Lachen aus, und forderten sich gegenseitig auf, sich auf die Suche zu machen.

»Wir suchen zusammen«, sagte May schließlich. »Auf geht's!«

Er und Jennifer fingen an, durch die Gänge zu wandern – erst langsam, dann flotter, dann im Laufschritt, wobei sie sich gegenseitig neckten und kitzelten und pikten, nach Schachteln griffen, in denen ebenso gut Kekse wie Kondome stecken konnten, und sich laut Gedanken darüber machten, ob schon jemals zuvor zwei Menschen, die derart scharf aufeinander waren, so lange in der Nagellackabteilung eines Drugstore herumgeirrt sein mochten.

Am Montagmorgen trennten sich May und Jennifer schließlich. Ihr Freitagabend-Rendezvous hatte sich über zweieinhalb Tage erstreckt.

Danach konnten die beiden gar nicht genug voneinander kriegen. Sie tat ihr Bestes, um die Welt für May zu beschreiben – was ihr bei Sachen, die sich nicht bewegten, wie Landschaften und Kunstobjekten, gut gelang, während sie bei Sportereignissen oder Szenen, die sich entwickelten, weniger erfolgreich war. Kinofilme waren ihr Mount Everest. Von der Handlung auf der Leinwand hingerissen, rang sie um Worte: »Oh, Mann! ... Mein Gott! ... Hast du das gesehen? ... Der Typ in dem Schwarzen hat den Typen im Purpurnen gerade zur Seite geschubst! ... Oh, nein, was macht sie denn jetzt?« May witzelte, er würde der Handlung besser folgen können, wenn auch sie blind wäre.

Sich mit May zu treffen war für Jennifer auf Anhieb lehrreich. Viele Blinde, die sie kennenlernte, waren abhängig davon, dass Sehfähige sie betreuten, Stühle für sie suchten, ihnen das Glas füllten, an Buffets die Teller für sie füllten.

»Ich bin nicht gerade von der schnellen Truppe, wenn es darum geht, dir Appetithäppchen zu besorgen«, sagte sie bei einer Party zu May. »Eine Glucke bin ich offenbar nicht. Ich hoffe, du hältst mich nicht für kaltherzig.«

»Mir gefällt das«, sagte May. »Ich brauche niemanden, der mich ständig umsorgt. Das heißt nicht, dass ich es dir übelnehmen würde, wenn du mir ein Appetithäppchen holtest. Für ein gutes Fleischbällchen bin ich immer zu haben.«

»Klar doch«, sagte Jennifer, zog auf der Suche nach einem Fleischbällchen los, ließ sich durch ein interessantes Gespräch ablenken und verlor May komplett aus dem Blick. Auch das gefiel ihm.

Mike und Jennifer verliebten sich immer mehr ineinander. Nur selten kam Jennifer in den Sinn, dass der Mann, mit dem sie ausging, blind war. Dennoch empfand sie hin und wieder Sehnsucht nach gewissen kleinen Dingen, deren Bedeutungslosigkeit sie sich immer neu klarzumachen versuchte. Beim gemeinsamen Besuch eines Restaurants war sie es, die die Tür aufhalten, den Tisch aussuchen, die Speisekarte lesen und ein Taxi rufen musste, und gerade wenn sie sich einmal für einen solchen Abend besonders herausgeputzt hatte, hätte sie in manchen Momenten nichts dagegen gehabt, all diese Aufgaben ihrem Begleiter überlassen zu können. Sie wusste, dass May ihre innere Schönheit wahrnahm, und es gefiel ihr, ständig von ihm versichert zu bekommen, wie schön sie sei. Aber hin und wieder, wenn ihr Haar, ihr Mascara und ihr Kleid gerade besonders gut harmonierten, hätte sie sich schon gewünscht, ihren Freund von ihrem Anblick hingerissen zu sehen. Stattdessen musste sie sich damit zufriedengeben, vor dem Spiegel zu stehen und May, während er sich rasierte, ihr Aussehen zu schildern.

»Mann, ich sehe darin richtig klasse aus«, erklärte sie dann.

Im Jahr 1986 schien es so, als würden die Männer, die Finial Technology auf die Beine gestellt hatten, mit ihrem Laser-Plattenspieler Millionen verdienen können. Ende 1987 begannen ihre Träume, sich in nichts aufzulösen, und daran war etwas mit zwei Buchstaben schuld: CD.

Anfangs sah Finial in der Compact Disc keine große Bedrohung. Die Herstellung einer CD kostete die Plattenfirmen zehn

Dollar, während es nur einen Dollar kostete, eine Schallplatte zu pressen. Und wenngleich sie ebenfalls dank der Lasertechnik funktionierte, klang die CD irgendwie künstlich – sie hatte nicht den warmen Klang, den Vinylplatten erzeugten.

Aber die CD setzte sich durch. Die Abspielgeräte kosteten nur ein paar Hundert Dollar, im Unterschied zu den dreitausend Dollar, die es kostete, einen Finial-Plattenspieler zu produzieren. In dem Maße, wie die CDs an Verbreitung gewannen und in Massen produziert wurden, sanken die Produktionskosten. Und so kam im Nu das Ende für Finial. Die Investoren schickten den Direktoren der Firma, May eingeschlossen, Abfindungsschecks und setzten sie vor die Tür.

Jennifer hatte May noch nie so niedergeschlagen erlebt. Er wirkte ausgelaugt, und sie fragte sich, ob er zurück ins Bankgeschäft oder gar zur CIA gehen würde, wo ihn ja immerhin ein regelmäßiges Gehalt und eine gesicherte Zukunft erwarteten. »Das hier hat wirklich weh getan«, erklärte er ihr.

Im März 1988 bereitete May sich darauf vor, unter Ausschaltung der ihm verbliebenen Sinneswahrnehmungen die Welt zu erobern.

Er und Salviolo hatten im Trendsport Skischnelllauf trainiert, wo es darum ging, eine hundert Meter lange Steilhangpiste so schnell wie möglich hinunterzufahren: keine Tore, keine Kurven und Schwünge, einzig und allein Tempo. Bei sehfähigen Konkurrenten waren Geschwindigkeiten von über 150 Stundenkilometern gemessen worden. Blinde Wettbewerber gab es nicht. Als May damit anfing, verstand er auch, warum.

Die Teilnehmer trugen kompakte, geschweifte Helme, die ihre Ohren bedeckten und jedes Geräusch ausschlossen. Die Skier, die breiter und dicker waren als die für normale Abfahrtsrennen, schluckten die Bodenvibrationen, tilgten fast völlig das Gefühl von Verbundenheit mit der Erde. Die tiefe Hockstellung der Skiläufer verringerte nicht nur den Luftwiderstand, sondern auch die Bewegungsempfindung als solche. Dass er in Bewegung war, wusste der sehfähige Skischnellläufer tatsächlich nur, weil er es sehen konnte. Der blinde Skischnellläufer, der so gut wie aller Sinnesempfindungen beraubt war, hatte das Gefühl zu schweben, während er mit einem Tempo fuhr, das ihn das Leben kosten konnte.

Mays erste Abfahrten waren für ihn eine ganz neue Erfahrung, etwas, das er noch nie erlebt hatte.

»Nicht hören zu können vermittelt mir ein Gefühl unvorstellbarer Hilflosigkeit. Alles in mir sträubt sich dagegen«, erklärte er Salviolo. »Es ist ein Gefühl, als wären Beine und Kopf voneinander getrennt. Ich muss sagen, Ron, von meinen anderen Sinneswahrnehmungen abgeschnitten zu sein ist der schiere Schrecken.«

May hatte guten Grund, sich Sorgen zu machen. Wenn er stürzte, waren Verbrennungen durch die Reibung seines Acrylanzugs noch das Beste, worauf er hoffen konnte. Schlimmer war die Gefahr eines »Schneebesens«, bei dem sich ein Bein und der Skistock ineinander verhedderten, mit der Folge eines heftigen Sturzes, der den Skiläufer unter Umständen einige Meter durch die Luft schleudern konnte. Über die nächstschlimmere Art von Verletzungen wollte May gar nicht erst nachdenken.

Er und Salviolo machten, was sie in solchen Fällen immer taten: Sie ersannen ein System zur Verbesserung ihrer Koordination. Sie montierten an ihren Helmen eine Funkverbindung und bestückten Salviolos Skistock mit einem Mikrophon, sodass er May durch die hundert Meter lange Messstrecke dirigieren konnte. Aus aerodynamischen Gründen würde Salviolo diesmal hinter May fahren. Sobald May die Messzone verließ, würde Salviolo »Hoch mit dir!« brüllen und May sich aufrichten und sich der heftigen Bremswirkung des Luftwiderstands aussetzen.

»Auf diese Weise bist du ein von Menschenhand gesteuertes Geschoss«, sagte Salviolo. »Du musst hundertprozentig darauf vertrauen, dass ich dich steuere, auch wenn du nicht das Geringste hören oder empfinden kannst. Aber wenn wir es richtig machen, können wir, meine ich, mit den großen Jungs konkurrieren.«

Mit »großen Jungs« waren die sehfähigen Rennläufer gemeint, für einen blinden Teilnehmer wie Mike May die leuchtenden Vorbilder.

Die beiden trainierten zwei Jahre lang, perfektionierten ihre Technik und machten schließlich den legendären Champion und Weltrekordhalter im Skischnelllauf Franz Weber auf sich aufmerksam, der sich ihnen als Coach zur Verfügung stellte. Anfang 1988 erfuhren sie von einem einwöchigen Wettkampf, der im Skiort Les Arcs im französischen Savoyen stattfinden sollte; der Ort verfügte angeblich über die beste Skischnelllaufpiste der Welt. Als blinder Skiläufer war May von der Teilnahme an der Meisterschaft ausgeschlossen. Er und Salviolo beschlossen, trotzdem hinzufahren, und zwar einzig und allein zu dem Zweck, ihren eigenen Weltrekord aufzustellen.

Heftige Schneefälle hinderten das Paar daran, die Abfahrt hoch droben auf dem Berg zu beginnen, eine entscheidende Voraussetzung für das Erreichen von Spitzengeschwindigkeiten. Am letzten Veranstaltungstag kamen sie bei einem Trainingslauf auf ein Tempo von knapp hundert Stundenkilometern, die höchste je bei einem blinden Skiläufer gemessene Geschwindigkeit. May war überzeugt davon, es auf hundertfünfzig Stundenkilometer bringen zu können, aber wegen des Schnees wurden die Pisten geschlossen. Jedenfalls hatte er seinen Weltrekord, den ihm auch in Jahrzehnten niemand streitig machen würde. Als er nach Kalifornien zurückkehrte, versicherte ihm Jennifer, sie traue ihm alles zu.

Da Finial nun Geschichte war, konnte May sich niederlassen, wo er wollte. Er und Jennifer beschlossen, nach San Francisco zu ziehen; dort mieteten sie eine Wohnung in der Second Avenue nahe dem Golden Gate Park und begannen, in einem gemeinsamen Haushalt zu leben. Jennifer ging auf eine Fortbildungsschule und studierte Kunsttherapie, während May nach seiner nächsten unternehmerischen Chance Ausschau hielt. Eines späten Abends, Jennifer war von ihrer letzten Abschlussprüfung heimgekehrt, schenkte May ihr ein Glas Wein ein und ließ sie am offenen Kamin Platz nehmen.

»Heiratest du mich?«, fragte er.

»Ja, ich heirate dich«, sagte sie.

Sie hatten über eine Eheschließung noch nicht gesprochen, gingen jedoch schon lange mit dem Gedanken schwanger. Sicher, es gab auch Ärger zwischen ihnen: Jennifer schien unverbesserlich unordentlich, für einen Blinden mit Bewegungsdrang, der nicht ständig über wahllos liegengelassene Schuhe stolpern wollte, eine kleine Katastrophe! May schien ständig auf Achse zu sein, oft bis zum Exzess, und machte manchmal Pläne für sie beide, ohne sich mit ihr abzusprechen. Aber solche Eigenheiten nahmen sie als lästige Begleiterscheinungen hin, als Reibungspunkte, mit denen jedes Paar sich abfinden muss, wenn es zusammenleben will. Die Motive, die sie bewogen, einander das Jawort zu geben, hatten weitaus mehr Gewicht.

Die ersten sechs Monate seiner Ehe verbrachte May mit einer intensiven Suche nach neuen Geschäftsideen. Eine von ihnen, für einen Kalifornier eigentlich weit hergeholt, drängte sich an die Spitze der Liste.

Gesäßwärmer.

Zahllose Sportbegeisterte froren sich in Footballstadien in ganz Amerika den Hintern ab. Wenn es May gelang, ein der Größe des Hinterteils entsprechendes Pendant zu den billigen Wegwerfhandwärmern zu produzieren, die sich bei Jägern und Freiluftsportlern so großer Beliebtheit erfreuten, konnte er eine ganze footballverrückte Nation einheizen.

Er setzte sein eigenes Geld ein und beschaffte weitere Geldmittel von Investoren. Das Unternehmen bekam den Namen Maytek Sports.

Anfang 1989 fragte Mays Freundin Sheri bei ihm an, ob er und Jennifer Lust hätten, in ihr Haus in Ashland, Oregon, zu ziehen. Sie ging für ein Jahr ins Ausland und brauchte jemanden, der sich um die Hunde kümmerte. Die Miete war gering und die Aussicht von dem auf einem Hügel gelegenen Haus, das ein vierzig Hektar großes Grundstück umgab, grandios. Sie verabschiedeten sich von ihren Familien, packten ihre Sachen und fuhren nach Oregon.

Ashland war nicht San Francisco. In der ersten Nacht ihres Aufenthalts dort ließen sie ein Tor offen und fanden beim Aufwachen die Kühe ihres Nachbarn vor, die auf ihrem Rasen weideten. Von ihren Erfahrungen mit Pferden her wusste Jennifer, dass man Tiere durch Rufen verscheuchen konnte; also schickte sie May los, damit er die Kühe vertrieb.

»Ich kann nicht, ich hab nichts an!«, erklärte ihr May.

»Schnell, du musst das machen«, sagte sie.

Also ging May, nur mit Hausschuhen bekleidet, hinaus und fing an, zu muhen und mit den Armen zu fuchteln. Keine der Kühe rührte sich von der Stelle. Sie glotzten ihn einfach neugierig an, während sich Jennifer in der Küche, wo sie sich sicher fühlte, vor Lachen bog.

Nicht lange danach hörten die beiden, während sie in Bademänteln auf der hinteren Veranda ihren Morgenkaffee tranken, neben sich das unverkennbare Rasseln einer Klapperschlange. Ohne auch nur einen Augenblick zu zögern, sprang Jennifer vom Stuhl auf, lief auf die andere Seite des Hauses, packte eine Schaufel, kam zurückgerannt und trennte, noch im Laufen, der Schlange mit einem einzigen Stich den Kopf vom Rumpf. May hatte kaum Zeit, mitzubekommen, was vorging. Jennifer wartete, bis die Schlange aufhörte, sich zu winden, nahm sie dann mit der Schaufel vom Boden auf und ließ sie in den Mülleimer fallen.

»Du hast sie geköpft?«, wollte May wissen.

»Und zwar sauber, wenn ich das sagen darf«, antwortete Jennifer.

Sie brauchte einen Augenblick, um wieder zu Atem zu kommen, und blickte dann auf das Schaufelblatt hinunter.

»Mann«, sagte sie, »ich fasse es nicht, dass ich das getan habe.«

Von dieser Art waren die Abenteuer, die sie während ihrer ersten beiden Wochen in Oregon erlebten. Sie befreiten Ziegen, die in Zauntoren feststeckten, rutschten Hänge hinunter, die glitschiger waren als vermutet, und erlösten ein Reh von seinen Qualen, das sich beim Sprung in ihren Garten den Hals gebrochen hatte.

Während der ganzen Zeit befasste sich May intensiv mit seinem Projekt. Um Prototypen seines Gesäßwärmers herzustellen, kaufte er eine gebrauchte luftdichte Kammer, einen Kasten mit Löchern an der Seite und Gummimanschetten, die es der arbeitenden Person möglich machten, drinnen Teile zu montieren, ohne dass die chemischen Substanzen mit Sauerstoff in Berührung kamen. Bei der arbeitenden Person handelte es sich um Jennifer. Ihr fiel die Aufgabe zu, ihre Arme in die Gummimanschetten zu stecken und die Gesäßwärmer zusammenzubauen. Während May seine Telefonate machte und Termine für Vorführungen verabredete, konnte er das Quietschen der Manschetten hören, wenn Jennifer ihre Arme in der Kammer bewegte: Er liebte das Geräusch, weil es ihm bewies, dass Jennifer an ihn glaubte.

Nachdem sie einen ausreichenden Vorrat an Gesäßwärmern hergestellt hatte, machten sie und May sich auf, die Ware zu verkaufen. Sie verabredeten Termine mit Mannschaften aus den Profiligen und den Colleges und fuhren anschließend quer durchs Land von Stadion zu Stadion, wobei sie sich an Tankstellen in

Schale warfen, ehe sie in den Geschäftsräumen leerer Stadien skeptischen Funktionären das Produkt vorführten. Die Präsentation dauerte fünfzehn Minuten, wobei May das Produkt erklärte und Jennifer die hübsche Ministrantin gab. Die Gesäßwärmer wärmten bestens, aber keiner der maßgeblichen Funktionäre wirkte überwältigt – für May eine neue Erfahrung nach dem anfangs durchschlagenden Erfolg des Laser-Plattenspielers. Nach Oregon kehrten sie mit praktisch nichts außer kleinen Bestellungen der Buffalo Bills und der Green Bay Packers zurück. Er werde, meinte May, sich noch mehr Mühe geben müssen, die Leute davon zu überzeugen, wie dringend sie tatsächlich sein Produkt benötigten.

Jennifer hatte keinerlei Bedenken, mit einem blinden Mann Kinder in die Welt zu setzen. Sie wusste, wie gewissenhaft May war und dass er nie ein Laufställchen offen oder ein krabbelndes Kleinkind unbeaufsichtigt lassen würde. Zweimal in der Woche hüteten sie die zwei Kinder von Freunden – sie nannten sie ihre »Übungskinder« –, und May ging mit ihnen in den Park, buk ihnen zum Mittag Pizzen und brachte ihnen sogar Windsurfen bei. Als eine Freundin von Jennifer wissen wollte, ob sie bedacht habe, wie sehr die Erkenntnis, dass ihr Vater sie nicht sehen könne, Kinder unter Umständen verletzen könne, antwortete sie: »Keine Angst, er wird sie sehen. Er wird mehr Zeit mit ihnen verbringen als irgendeiner der Väter, die ich kenne.«

Den Mays gefiel Ashland so gut, dass sie dort ein Haus kauften. Ein Jahr später meldete Maytek Insolvenz an. Jennifer nahm eine Stelle als Aushilfslehrerin an, um für den Unterhalt der Familie zu sorgen. Das Geld wurde knapp. May reagierte allergischer auf Jennifers Unordnung – er konnte sich nicht mehr damit abfinden, dass er immer wieder Weingläser umstieß, die sie aus Unachtsamkeit mitten auf einem Schreibtisch hatte stehen lassen, oder dass er eine Dreiviertelstunde warten musste, während Jennifer

vergeblich nach ihren Autoschlüsseln suchte. Es strengte
nehmend an, ihrem Mann zur Hand zu gehen, der allzu of
überzeugt zu sein schien, die einzig richtige Methode zu l
und der unwirsch oder regelrecht wütend wurde, wenn s ____
fuhr, die Arbeit auf ihre Art zu machen. Die beiden stritten – eine
neue Erfahrung für sie! – und sagten einander manchmal Dinge,
die sie gar nicht so meinten. Aber um sich wieder zu versöhnen,
reichte ein Spaziergang ins Tal oder ein Abendessen bei Nachbarn.

Im Jahr 1991 gründeten May und Bill Belew, ein blinder Freund
aus Oregon, ein Unternehmen, das sie Custom Eyes nannten. Es
ging dabei um die Herstellung von PCs für Blinde. Dank der Ge-
schäftstüchtigkeit und der Geschäftskontakte, über die May verfügte, und auf Basis der technischen Fähigkeiten, die sein Partner
besaß, glaubten sie sich imstande, Computer herzustellen und zu
verkaufen, die sprechen, in Blindenschrift ausdrucken und Text in
Gesprochenes konvertieren, kurz, einem Blinden rundherum
nützlich sein konnten. Für May ging es um alles oder nichts.
Diesmal musste es einfach klappen.

Custom Eyes erwies sich als Senkrechtstarter, und es ging kontinuierlich bergauf. Von Blinden überall im Land wurden die
Computer in rascherer Folge bestellt, als die Firma sie bauen
konnte. Aber was den Käufern am meisten gefiel, war der Kun-
dendienst, den May und sein Partner leisteten, ihre ebenso unbe-
grenzte wie kundenfreundliche technische Hilfestellung, ganz im
Gegensatz zu den zweistündigen Wartezeiten am Telefon, die bei
den großen Computerherstellern gang und gäbe waren. Im Haushalt der Familie May entspannte sich allmählich die Lage.

Im Jahr 1992 hießen May und Jennifer ihr erstes Kind willkommen, einen Sohn, dem sie den Namen Carson gaben. In der
Klinik ließ sich May von den Kinderschwestern zeigen, wie man
Windeln wechselt und das Fläschchen fertig macht, und als sie
wieder zu Hause waren, trug er Carson im Arm, badete ihn, ließ

ihn Bäuerchen machen und tröstete ihn, wenn er nachts schrie. Am Tag, sogar während der Arbeit, trug er das Baby in einem Tragegurt auf der Brust, und zwar so, dass es ihm das Gesicht zuwandte. Er erzählte ihm Geschichten und berichtete ihm von seinen neuen Geschäftsplänen. Als Carson zu laufen anfing, mobilisierte May all die Orientierungstechniken und Bewegungsmethoden, die er sich im Lauf seines Lebens angeeignet hatte, um mit dem Kind Schritt zu halten.

»Man kann nie vorhersagen, welche Richtung er einschlägt«, erklärte er Jennifer.

Sie machte sich keine Sorgen. Sie ließ May auch weiterhin mit Carson in Parks und zum Einkaufen gehen und sah zu, wie er seinen Blindenhund darauf abrichtete, mit ihm dem Zickzackkurs des Babys zu folgen. Jennifer sah liebend gern aus dem Küchenfenster zu, wenn ihr Mann Carson auf dem Fahrgestell des Mülleimers zur Straße zog und dann mit ihm Hand in Hand zum Haus zurückgewandert kam.

Die Geldknappheit der Familie nahm noch zu. Custom Eyes gedieh zwar gut, aber May brauchte die Einnahmen, um das Unternehmen zu vergrößern und die Angestellten zu bezahlen. Manchmal hatte Jennifer nicht einen Dollar im Haus und musste die Einkäufe im Lebensmittelgeschäft oder die Stromrechnung mit der Kreditkarte bezahlen. Immer häufiger fühlte sie sich von May unter Druck gesetzt, der ständig weg, weg, weg wollte – auf Geschäftsreisen, zu einem Ausflug mit dem Auto, zu einer weiteren Wanderung, zu einer achtstündigen Fahrt nach Kirkwood – und der zornig oder empört war, wenn sie nein sagte. Sie machte kein Hehl daraus, dass ihr die Art und Weise missfiel, wie er seinen Willen durchzusetzen suchte und so lange Druck ausübte, bis sie nachgab.

Für May war Bewegung etwas Elementares. Und was sollte er denn auch tun? Er konnte nicht ins Auto springen und eigenhändig nach Kirkwood fahren, wenngleich er sich immer mehr wünschte, dazu in der Lage zu sein. Während diese entbehrungsreichen Monate sich hinschleppten, gewann May den Eindruck, dass ihm seine Ehe weniger den offenen Erfahrungshorizont erschloss, den er liebte, und dass sie eher seinen natürlichen Bedürfnissen zuwiderlief. Auf Geschäftsreisen sonnte er sich in der Aufmerksamkeit attraktiver Frauen, die sich nicht über die Mühen des Einkaufens und der Kinderbetreuung beklagten. Er blieb Jennifer treu, aber begann doch, an der Haltbarkeit seiner Ehe zu zweifeln.

Er und Jennifer kamen überein, sich mehr anzustrengen, und ein paar Wochen lang schafften sie das auch, aber dann schlich sich doch wieder der gereizte Ton ein, und beide schienen nicht mehr sie selbst zu sein.

»Das funktioniert nicht«, erklärte May schließlich. »Ich glaube, wir müssen uns neu orientieren.«

Jennifer war sprachlos. »Du meinst Scheidung?«, fragte sie.

»Ich glaube, ja«, sagte May.

Scheidung bedeutete, dass der eine mit dem anderen nichts mehr zu tun haben wollte. Jennifer konnte es nicht fassen. Wie konnte er nur nichts mit ihr zu tun haben wollen?

»Wir sind nicht glücklich. Wieso fortsetzen, was uns unglücklich macht?«, wollte May wissen. »Denkst du nicht, dass es das Richtige wäre?«

»Nein, ich weiß, dass es nicht das Richtige ist«, erklärte Jennifer.

»Woher weißt du das?«, fragte May.

»Ich weiß es einfach. Wir dürfen jetzt nicht aufgeben.«

Jennifers Stimme klang plötzlich auf eine Art gefasst und sicher, wie May sie noch nie gehört hatte. Sie klang nicht angsterfüllt oder auch nur besorgt. Sie verriet nichts weiter als Jennifers felsenfeste Überzeugung, dass ihre Beziehung nicht am Ende war.

»Wir müssen noch einiges lernen, Mike«, sagte sie. »Wir haben uns nicht grundlos füreinander entschieden. Wenn wir jetzt das Handtuch werfen, schaffen wir es nicht. Darum glaube ich nicht, dass es das Richtige ist.«

»Aber so, wie es ist, geht es nicht weiter.«

»Dann müssen wir daran arbeiten. Wir müssen zur Beratung gehen. Das mag hässlich und unangenehm sein, aber es lohnt die Sache. Wir haben ein Ziel verfolgt, seit wir uns vor sieben Jahren kennengelernt haben. Ich möchte das fortsetzen, egal, wohin es uns führt.«

May erklärte sich damit einverstanden, zu Beratungsgesprächen zu gehen. Die Sitzungen als solche brachten wenig – nach Jennifers Ansicht bezirzte ihr Mann die Therapeutin und führte sie hinters Licht, und May selbst konnte mit der derben Art der Eheberaterin nichts anfangen. Aber immerhin war auf diese Weise das Ehepaar genötigt, sich mit seinen Problemen auseinanderzusetzen und sie anzugehen. Und das führte dazu, dass May einige seiner Verhaltensweisen in neuem Licht zu betrachten begann.

Er sah ein, dass er seine finanziellen Probleme und die Schwierigkeiten mit Jennifer verquickt hatte, und erkannte, dass er in seine alte Neigung, in Liebesdingen kurzen Prozess zu machen, zurückverfallen war – eine Neigung, die er selber verabscheute und loszuwerden versucht hatte. Ihm wurde klar, dass er ungeheure Unruhe in das Leben seiner Frau gebracht hatte. Und er begriff, dass die lebendigen, unkomplizierten Frauen, die er auf seinen Geschäftsreisen kennenlernte, manchmal ebenfalls ihre Autoschlüssel verlegten und das Autofahren satthatten. Wie viele dieser Frauen, fragte er sich, während er im Bett lag und den Atemzügen der neben ihm schlafenden Jennifer lauschte, hätten ihre Arme durch Kunststoffmanschetten gesteckt und im Keller Gesäßwärmer zusammengebaut?

Sie beschlossen, sich fortan Mühe zu geben. Binnen ein, zwei Monaten war der Sturm vorübergezogen, dank auch des wachsenden Erfolgs von Custom Eyes. In jedem der ersten drei Jahre verdoppelten sich die Verkaufszahlen und verschafften May ein Jahreseinkommen von dreißigtausend Dollar, was sich in Ashland sehen lassen konnte. Mays Einschätzung nach hatte das Unternehmen hervorragende Wachstumschancen, die aber nur zu realisieren waren, wenn es seinen Sitz nach Portland oder nach Kalifornien verlegte. Sein Geschäftspartner indes liebte Ashland und wollte von einem Umzug nichts wissen. May war klar, dass er eine Entscheidung treffen musste.

Im Jahr 1994 brachte Jennifer den zweiten Sohn zur Welt, der den Namen Wyndham erhielt. Wo immer die Familie auftauchte, sah man Jennifer den einen Sohn und May den anderen tragen. Er mobilisierte alle ihm verfügbare Konzentration und Intelligenz, um mit den Kindern Schritt zu halten, wenn er mit ihnen in den Park ging; Josh, seinen Blindenhund, richtete er ab, ihm dabei zu helfen.

Nicht lange nach Wyndhams Geburt flog May nach Chicago, um an einer Tagung teilzunehmen. Im Flugzeug lernte er zufällig Jim Fruchterman, den geschäftsführenden Direktor von Arkenstone, einer kalifornischen Firma, kennen, die Lesesysteme für Blinde herstellte. Als Fruchterman erwähnte, dass sein Unternehmen mit dem Gedanken spielte, etwas zu produzieren, das mit Hilfe von GPS Blinden dabei helfe, sich unterwegs zu orientieren, horchte May sofort auf. Er hatte noch nie von einer Geschäftsidee gehört, die so vielversprechend klang und den Menschen so nützlich sein konnte. Gegen Ende des Fluges erklärte Fruchterman May, er suche nach einem stellvertretenden Leiter für die Verkaufsabteilung, und bat ihn, anzurufen, wenn er sich entschließe, bei Custom Eyes auszusteigen.

Ein paar Wochen später flog May nach Kalifornien, um sich genauer zu informieren. Fruchterman machte ihm ein überraschendes Angebot. May würde eine siebenköpfige Mannschaft bekommen, ein vierzig Händler umfassendes Vertriebsnetz und ein unbegrenztes Reisebudget. Und das Beste von allem war, dass Arkenstone beschlossen hatte, das GPS-Projekt in Angriff zu nehmen. May dankte Fruchterman und erklärte ihm, er werde die Sache mit seiner Frau besprechen.

Das Angebot war zu reizvoll, als dass Jennifer sich dagegen hätte sperren können. Die Aussicht freilich, Ashland verlassen zu müssen, wo die Familie in einer Farmidylle lebte, aufs Tal hinausblickte und mit Freunden fürs Leben Umgang pflegte, traf sie ins Mark. Dies war der Ort, an dem für immer zu bleiben sie und May sich gelobt hatten. Er erklärte ihr, GPS sei eine grundlegend neue Perspektive. »Na, dann los!«, sagte Jennifer. May kamen die Tränen, als Jennifer die letzten Habseligkeiten einpackte und die Tür des Vans schloss.

Mays Arbeit bei Arkenstone ließ ihn in der ganzen Welt herumkommen – und das häufig. Jennifer hingegen litt unter dem einsamen Leben, das sie in San Jose, wohin die Familie gezogen war, führte. Ihr Mann war nicht nur oft unterwegs, er hatte auch kein Ohr für ihre Sorgen, wenn er zu Hause weilte. Jennifer brauchte seine Zuwendung und Hilfe, aber irgendwie klappte es damit nie – er war einfach zu müde und beschäftigt, und dann war er wieder verschwunden. Sie konnte spüren, wie sich Ressentiments und Ärger in ihr aufstauten.

Was May betraf, so bemühte er sich, seine Karriere voranzutreiben und die Lebensverhältnisse seiner Familie zu verbessern. Auch er fühlte sich erschöpft und hatte eher das Bedürfnis, sich zu entspannen, als Besorgungen zu machen und einkaufen zu gehen – was Jennifer mit zuverlässiger Regelmäßigkeit von ihm verlangte, sobald er durch die Tür trat.

Wie schon zuvor lockte May die weite Welt. In jedem Hafen schienen Frauen auf ihn zu warten, die ihn bewunderten und sich nicht beklagten. Es kam zu Notanrufen, zu Telefonaten mit seinen besten Freundinnen, die ihm den Absprung ausreden mussten. Sheri aus Oregon verstand sich darauf besonders gut. Ein Seitensprung, erklärte sie ihm, führe stets zu mehr Komplikationen, als es zunächst den Anschein habe, und das betreffe nicht nur die Geliebte, sondern gelte auch für die eigenen Gefühle und das Leben nach Beendigung der Affäre. Sie riet ihm, nicht zu vergessen, was er zu Hause hatte. Schließlich stieg er dann vom Sprungturm herunter und ging nach Hause.

Erneut brachte May das Thema Scheidung zur Sprache. Und wieder bekräftigte Jennifer ihre Überzeugung, dass es noch nicht vorbei war, dass sie beide noch einen gemeinsamen Weg vor sich hatten. Sie kamen überein, weiterzumachen.

Nach einiger Zeit verringerten sich Mays Reisetermine, und parallel dazu verringerten sich auch die Eheprobleme. Bei Arkenstone hingegen wurde die Lage schwierig. Das Unternehmen, das so viel für die Entwicklung eines GPS-Systems für Blinde getan hatte, beschloss, sein Engagement zu beenden. May setzte sich leidenschaftlich dafür ein, diesen Beschluss zu überdenken, aber er sah sich im Verwaltungsrat überstimmt. Das GPS erschien May nach wie vor als großartiges Produkt, und so unterbreitete er Fruchterman einen Alternativplan. Er würde aus der Firma ausscheiden und sein eigenes Unternehmen gründen, und zwar auf der Basis eines Lizenzvertrags für die bei Arkenstone entwickelte Software. Dabei wolle er mit Charles LaPierre zusammenarbeiten, einem brillanten Kopf, der zu den Erfindern dieser Technik zählte. Fruchterman gefiel die Idee, aber er wollte einen Geschäftsplan sehen. May machte sich an die Arbeit.

Wie immer erklärte Jennifer sich einverstanden mit seinem Projekt. Die Familie, der es jetzt freistand, in eine ruhigere Umgebung zu ziehen, fand ein Haus im kalifornischen Davis, einer Universitätsstadt, die May von seinen ersten beiden Studienjahren her vertraut war und die in ihrer Freundlichkeit und Schlichtheit an Ashland erinnerte. Das geschah im April 1998. May hatte sich vier Jahre lang eines unbegrenzten Reisebudgets, des Rückhalts einer etablierten Firma und des Gefühls von Sicherheit erfreut, das ein regelmäßiger Gehaltsscheck vermittelt. Jetzt wagte er wieder den Sprung ins Wasser – mit der Arbeit an einem Produkt, das eine echte Innovation bedeutete.

»Das passt zu mir«, dachte May. »Ich bin wieder da.«

KAPITEL **SIEBEN**

Der Termin für den Eingriff, zu dem sich May angemeldet hatte, war nur noch wenige Wochen entfernt, aber alle seine Gedanken richteten sich gen Osten. Ein Geschäftsmann in Colorado war bereit, eine große Summe in das Sendero-Projekt zu investieren und damit dem Skelett des neugeschaffenen Unternehmens die erforderliche Muskulatur zu verschaffen. May ließ die Telefone heiß laufen und feilte an seinem Prospekt.

Doch wie stets fand er auch Zeit für seine Söhne, den siebenjährigen Carson und den fünfjährigen Wyndham. Die Männer der Familie May veranstalteten nach der Schule ihre Ringkämpfe, durchforsteten das Internet nach Bildern von seltsam aussehenden Tieren, statteten sonntags dem Doughnut-Laden einen Besuch ab und spannen vor dem Schlafengehen das Garn endloser Fortsetzungsgeschichten. Normalerweise ging May in diesen Aktivitäten auf, aber in letzter Zeit kam ihm dabei des Öfteren der Gedanke, wie es wohl wäre, wenn er sehen könnte. Er warf etwa die Frisbeescheibe und fragte sich dabei: »Wüsste ich dann, dass Wyndham sie elegant gefangen hat, noch ehe er selbst es hinausposaunt?« Oder er fuhr mit den Fingern über eine von Carsons Arbeiten aus dem Kunstunterricht und dachte: »Wüsste ich dann auf den ersten Blick, warum diese Collage einen Schulpreis gewonnen hat?«

Er und Jennifer hatten gegenüber ihren Söhnen die Möglichkeit erwähnt, dass er sein Sehvermögen wiedererlangte. Sie hatten ihnen erzählt, dass ein Arzt in San Francisco Dad vielleicht dazu verhelfen könne, wieder zu sehen, dass der Doktor dazu aber eine neue Art von Operation durchführen müsse, die vielleicht keinen Erfolg habe, und dass sich ihr Vater nicht sicher sei, ob er sich darauf einlassen wolle.

»Aber wenn ich mich tatsächlich operieren lassen wollte?«, fragte May die Jungen. »Wie fändet ihr das, wenn ich sehen könnte?«

Sie wollten wissen, welche Vorteile sie davon hätten: Würde er sie dann zu neuen Vergnügungsparks bringen, neue Sportarten mit ihnen betreiben, ihnen neue Fahrradrouten zeigen? Er war von ihrer Reaktion begeistert. Dann gab er warnend zu bedenken: »Ihr werdet nicht mehr so viel unbemerkt herumschleichen können, klar?« Und die besorgten Töne, die sie von sich gaben, klangen ihm süß in den Ohren, weil sie ihm verrieten, dass sie sich nicht um *ihn* sorgten.

May war glücklich darüber, dass er und Jennifer in ihren Vorstellungen, was das Großziehen von Kindern betraf, so weitgehend übereinstimmten. Mehr als alles andere wünschten sie sich, dass ihre Söhne voll Interesse für die Außenwelt aufwuchsen, dass sie vor lauter Wissbegier gar nicht anders konnten, als die Welt zu erforschen. Es fiel ihm nicht immer leicht, seine Kinder zur Neugier anzuhalten. Besser als die meisten Menschen wusste er, was im nächsten Augenblick passieren konnte, wenn man ein Kind seinem Forschungsdrang überließ. Manchmal, wenn Carson und Wyndham sich anschickten, von den Klippen zu springen, auf die das Leben sie führte, reagierte er darauf mit dem Impuls, sich dazwischenzuwerfen und ihnen den Sprung zu verbieten. Wenn das geschah, versuchte er, sich in seine eigene Kindheit zurückzuversetzen, und lauschte dem Echo seiner Turnschuhe, wie sie ihn über das Spielfeld trugen und gegen Torpfosten knallen ließen, und dann kehrte er in die Gegenwart zurück, holte tief Luft und sagte zu seinen Söhnen: »Los, versucht's!«

Still und heimlich hielt der November Einzug in Davis. Es blieben May gerade einmal zwanzig Tage, um sich hinsichtlich der Augenoperation zu entscheiden. Als wäre die Zeit nicht schon knapp genug bemessen, musste er auch noch in zwei Tagen zu einer einwöchigen Geschäftsreise in die Schweiz aufbrechen. In ihrem Schlafzimmer packten er und Jennifer einen Koffer und erörterten die Lage.

May zählte wieder einmal die Risiken auf, die mit dem Versuch, sein Sehvermögen wiederzuerlangen, verknüpft waren. Jennifer konnte nichts dagegen vorbringen. Sie stimmte ihm auch darin zu, dass Sendero sich in einer kritischen Phase befand und all seine Aufmerksamkeit erforderte. Sie räumte ein, dass Ehen in der Tat prekäre Balanceakte seien, die plötzliche Veränderungen aus dem Takt bringen könnten. Im Scherz erwähnte sie sogar die Liste von Stressfaktoren, die Psychiater so gern ins Feld führten.

»Die sagen, wenn man zwei von diesen Faktoren ausgesetzt ist, bewegt man sich auf gefährlichem Terrain«, sagte sie. »Ich schaue mir unser Leben an und komme auf sechs ... sieben ... acht.«

May lachte, aber er wusste, dass sie mit ihrer scherzhaften Bemerkung einen wunden Punkt traf. Und seine eigenen Bedenken waren in den letzten Tagen noch in dem Maße gewachsen, wie er angefangen hatte, sich Gedanken über ein weiteres Risiko zu machen, das ihm jäh aufgestoßen war und dessen Erkenntnis ihn zutiefst erschüttert hatte. Es handelte sich um ein Risiko, das ihn mit der Frage konfrontierte, wer er eigentlich war.

Jahrzehntelang hatte May in der Überzeugung gelebt, dass Blindheit etwas sei, worauf man stolz sein könne, dass ein Leben ohne Sehvermögen um nichts schlechter sei, dass es immer Lösungen gebe. Diese Überzeugungen stellten nicht einfach nur Leitfäden für sein Leben dar – sie bildeten den Kern seines Selbstverständnisses, das, was ihn zu Mike May machte. Was aber sagte es über ihn aus, wenn er nun der Sehfähigkeit hinterherhetzte, kaum dass ein Arzt ihm eröffnet hatte, sie sei erreichbar, zumal sie auch noch solch große Risiken barg? Was verriete das darüber, wie er in Wahrheit zu seiner Blindheit stand? Der Gedanke, er habe sich selbst belogen – sowohl in seiner Einschätzung des Sehvermögens als auch hinsichtlich seines Bildes von der eigenen Person –, ließ ihn erschaudern. Aber er konnte auch nicht umhin, sich an seine langjährige Überzeugung zu erinnern – dass, gleichgültig, welches Bild ein Mensch von sich selber hatte, letztlich nur das, was er tat, darüber entschied, wer er war.

Über die Frage, wer er war, fing May an, intensiv nachzudenken. Angesichts des möglichen Verlustes seiner Blindheit konnte er sich eine Welt vorstellen, in der zur Selbstverständlichkeit wurde, was vorher eine besondere Leistung gewesen war, eine Welt, in der Bodenwellen auf Skipisten ein Klacks waren und in der sich niemand wunderte, wenn man mit dem Bus durch Europa fuhr. So viel Wunderbares die Sehfähigkeit einem angeblich auch erschloss, sie machte einen zugleich zu einem gewöhnlichen Menschen, und May stieß der Gedanke auf, dass er nicht unbedingt gewöhnlich sein wollte, dass er die Anerkennung und Aufmerksamkeit, die ihm als Blindem zuteilwurden, genoss und vielleicht für sein Wohlergehen brauchte. Er fragte sich, warum sich jemand dafür entscheiden sollte, sehen zu können, wenn das zur Folge hatte, dass ihn keiner mehr sah.

Und was geschah mit seiner Blindenwelt? Jahrelang hatte May einer Gemeinschaft blinder Freunde und Kollegen angehört. Dass er nach Sehfähigkeit strebte, kam ihm wie eine Scheidung vor. Er hatte Bashin und Kuns, zwei seiner besten blinden Freunde, danach gefragt, wie die Gemeinschaft ihm begegnen würde, wenn er wieder sehen könnte. Ihre Antwort lautete: »Wir werden deine Freunde bleiben. Aber die Gemeinschaft als ganze? Keine Ahnung.« Mehr wussten sie nicht zu sagen. Und niemand war offenbar in der Lage, ihm Auskunft zu geben. Es gab Einrichtungen für Menschen, die dabei waren, zu erblinden, aber für Menschen, die den umgekehrten Weg gingen, gab es nichts dergleichen – das kam einfach nicht vor.

Selbst wenn die Blindengemeinschaft ihm die Treue hielt, war sich May nicht sicher, ob er sich selbst würde treu bleiben können. Nach allgemeiner Ansicht zählte das Sehvermögen zu den grundlegendsten Aspekten im Leben eines Menschen, der darüber verfügte, und war maßgeblich für dessen Selbstbild. Er zweifelte nicht daran, dass die Fähigkeit zu sehen ihn verändern würde, aber wie diese Veränderung aussähe, konnte er nicht einmal erahnen. Die Menschen wechselten gewohnheitsmäßig Arbeitsstellen und sogar Ehepartner, aber sich selbst wechselten nur wenige, und May fragte sich besorgt, wo ihn der an die Identität rührende Wechsel hinführen würde.

Diese Risiken waren neu für May, waren existenzielle Risiken, die in jenen Novembertagen mit Macht auf ihn einstürmten.

»Das sind deftige Brocken«, erklärte er Jennifer, während sie seinen Koffer schlossen. »Fügt man sie zu der Liste von Risiken, die wir schon aufgestellt haben, hinzu, kann einem wirklich angst und bange werden.«

Am nächsten Morgen rief Mays Schwester Diane an.

»Dad ist gestorben«, sagte sie. »Ich habe ihn in seiner Wohnung gefunden.«

May hatte diesen Anruf seit Jahren erwartet, und doch konnte er, während er den Hörer ans Ohr presste, kaum glauben, dass es passiert war. Der Alkohol hatte seinen Vater schon ein Dutzend Mal ums Haar umgebracht, aber der Mann war immer wieder auf die Beine gekommen, hatte immer wieder hoch und heilig versichert, diesmal werde alles anders und er habe genug davon, sein Leben zu vertun. May hatte zu seinem Vater eine herzliche, aber nicht enge Beziehung unterhalten, doch als er den Hörer auflegte, tat er das mit dem Gefühl, dass er seinem Dad noch viel hätte sagen wollen und dass er keinen guten Zeitpunkt gewählt hatte, aus dem Leben zu scheiden.

»Mein Dad ist tot, dabei hatte ich mit ihm noch viel zu bereden«, erklärte May Jennifer.

»Was hattest du ihm noch sagen wollen?«

»Es klingt merkwürdig. Aber ich wollte ihm von meiner Entscheidung für oder gegen den Eingriff berichten. Und falls ich es mache, wollte ich ihm erzählen, wie es ist, wenn man sehen kann.«

Wie es um seine Reise in die Schweiz stehe, wollte Jennifer wissen. Er werde trotzdem fahren, sagte er, und nach der Rückkehr eine Gedenkfeier für seinen Vater abhalten. Am folgenden Morgen fuhr sie ihn zum Flughafen und sagte ihm noch einmal, wie leid ihr der Tod seines Vaters tue.

Am Durchgang für die Passagiere öffnete er seinen Reiseblindenstock.

»Er hat jede Menge Leben versäumt«, sagte er und küsste seine Frau zum Abschied.

May holte in Genf sein Gepäck ab und nahm einen Zug, der ihn in die vertrauten Berge brachte. Er hatte sich zu einem dreitägigen Besuch bei Fiona, seiner einstigen großen Liebe, angemeldet. Sie war mittlerweile verheiratet, mit einem Mann, den May bewunderte, aber sie und May hatten stets Neigung füreinander empfunden, und er hatte nie aufgehört, sich für die Art, wie sie die Welt sah, zu begeistern, auch wenn sie sich nun in Luftpostbriefen Ausdruck verschaffte.

In Fionas Chalet stießen sie und May auf ihr Wiedersehen an und informierten sich über die jüngsten Ereignisse in ihrem Leben. Es dauerte nicht lange, da wanderten sie durch die Straßen der Stadt, besuchten Parks, betasteten alte Holztüren und knieten neben exotischen Blumen. Fiona erblickte Bewegung in Standbildern, Leben im Wasser, Weisheit in Brücken und schilderte May all das in bilderreichen Wendungen, die auf Schritt und Tritt vor ihnen herwirbelten.

Fiona wusste, dass May noch unentschieden war, was die Option in Sachen Sehfähigkeit betraf, aber hier draußen schienen seine Zweifel nichtig.

»Schau dir all diese Dinge an!«, rief sie. »Wie könntest du sie nicht sehen wollen? Du bist dann imstande, das Weinrot dieser Pflanzen zu sehen. Du bist imstande, zu sehen, wie die Kirchenglocken dort ausschwingen, wenn sie läuten. Wie könntest du das nicht sehen wollen?«

Im Schatten des Montblanc stehend, eine schöne Frau an seiner Seite, umgeben von einer pulsierenden Welt, hatte May dem nichts entgegenzusetzen.

Im Chalet saßen Fiona und ihr Mann mit May zusammen und sprachen über den eventuellen Eingriff, von dem ihn jetzt nur noch fünfzehn Tage trennten. Als Tochter eines Naturwissenschaftlers interessierte sie sich für die Einzelheiten.

»Wie geht das genau vor sich?«, wollte sie wissen.

»Eigentlich weiß ich das gar nicht«, antwortete May.

»Bei wie vielen Leuten vor dir ist das schon gemacht worden?«

»Ich bin mir nicht sicher. Nicht bei vielen. Ich weiß nur, dass es sehr selten geschieht.«

»Waren die Ergebnisse gut?«

»Weiß ich nicht.«

»Lässt sich das herausfinden?«

»Also, es gibt einige wenige Fallberichte.«

»Hast du sie gelesen?«

»Nein.«

»Warum nicht?«

»Ich bin noch nicht dazu gekommen.«

»Glaubst du, dass du sie lesen wirst?«

»Also, der Termin für den Eingriff ist in vierzehn Tagen. Ich werde erst wieder in fünf Tagen zu Hause sein. Und ich habe immer noch nicht den Entschluss gefasst, die Sache anzugehen.«

Vor seiner Abreise machte er einen letzten Spaziergang mit Fiona.

»Dort ist der Montblanc«, sagte sie und drehte May sanft an den Schultern herum. »Ich beschreibe ihn dir jetzt. Ich möchte, dass du zurückkommst, wenn du sehen kannst, und dann zeige ich ihn dir erneut.«

May kehrte am 11. November 1999 aus der Schweiz zurück. Am nächsten Tag nahm er seine Gitarre und fuhr nach Chico, einer rund hundertfünfzig Kilometer von Davis entfernt liegenden Stadt, wo er in einem Waldstück eines Parks die Gedenkfeier für seinen Vater abhalten wollte. Die Gäste saßen auf Klappstühlen unter einer Baumgruppe. Ori Jean, die jetzt in Florida lebte, war nicht gekommen. Sie hatte zu ihrem Exmann seit Jahren keinerlei Kontakt mehr gehabt.

May hatte keine Ahnung, was er sagen und welchen Verlauf die Feier nehmen würde. Er wusste nur, dass sich seit Europa ein Berg von Emotionen in ihm aufgetürmt hatte – Emotionen in Bezug auf das Leben, die Frage der Sehfähigkeit, das Generationenverhältnis, den Zeitfluss –, und er spürte, dass es richtig war, anstelle eines förmlichen Nachrufs diesen Gefühlen freien Lauf zu lassen, gleichgültig, wie sie sich äußern mochten.

Zur Einleitung sang er »Give Yourself to Love« von Kate Wolf und »Circle« von Harry Chapin, Lieder, die er wegen ihrer Familienthematik liebte. Dann sprach er über seinen Vater. Man ehre Bill May nicht, sagte er, wenn man so tue, als habe er kein schmerzliches und schwieriges Leben geführt; und man trage auch nicht dazu bei, die Erinnerung an ihn zu bewahren, wenn man vergesse, dass er den Seinen manchmal wehgetan habe. Aber er bitte die Trauergäste, zu bedenken, wie Bill May in all den Nöten seiner tragischen Existenz dennoch ein großartiger Denker, ein aufgeschlossener Mensch, ein liebender Vater und liebenswerter Mann geblieben sei. Er bat die Mitglieder der Familie, ihre schönsten Erinnerungen miteinander zu teilen, und in dem Maße, wie sich die Angehörigen erinnerten, spürte er, wie seine Gefühle ihn übermannten und immer noch nach Ausdruck verlangten. Als die letzte Geschichte erzählt war, trat er vor und ließ seinen Worten freien Lauf, während er von seinem Vater Abschied nahm. Dieses verlorene Leben, sagte er, sei ein Weckruf, eine Mahnung, jetzt zuzupacken, gerichtet an alle, die etwa auf bessere Zeiten warteten, um ein Leben zu leben, das doch keinem ewig bleibe. All die Grübeleien und Überlegungen und Risikoeinschätzungen, die ihn in Europa und das ganze letzte Jahr über umgetrieben hatten, stiegen plötzlich in ihm hoch, und einen Augenblick lang wusste er gar nicht mehr genau, was er sagte. An die Worte zum Schluss seiner Ansprache aber erinnerte er sich, daran, dass er den Trauergästen zurief: »Stehen wir nicht müßig herum!«, und dass er anschließend zur Gitarre griff und das Lied »Seeds« von Kathy Mattea sang, das er liebte, weil es darin um den Unterschied ging zwischen denen, die träumen, und denen, die handeln.

Zwei Tage nach der Gedenkfeier für seinen Vater bat May zu Hause Jennifer, sich zu ihm zu setzen. Bis zum geplanten Eingriff waren es noch acht Tage. Er hatte die Fallgeschichten nach wie vor nicht gelesen, war immer noch nicht zu einer Entscheidung gelangt.

»Es ist Zeit, sich so oder so festzulegen. Ich habe alle Faktoren aufgelistet und in zwei Spalten, Für und Wider, aufgeteilt. Es ist erstaunlich. Die Spalte mit den Argumenten dagegen quillt über: Da sind die gesundheitlichen Risiken, die fünfzigprozentige Chance, dass der Eingriff erfolglos bleibt, die Gefahr, dass die Sehfähigkeit nicht von Dauer ist, die Gefahr, dass mir die Sehkraft ohne Vorwarnung wieder verlorengeht, die Ungewiss-

heit, wie gut ich werde sehen können, das Risiko für meine Lichtwahrnehmung, die Tatsache, dass ich niemanden kenne, der dasselbe durchgemacht hat, die Belastung für das Sendero-Projekt,
die mögliche Belastung unserer Ehe, die Fragen, wer ich eigentlich bin und was für ein Bild ich mir all die Jahre hindurch von
mir gemacht habe, ganz zu schweigen davon, dass auch ohne
Sehvermögen das Leben schon großartig ist – all diese Faktoren
sind in der Spalte der Gegenargumente versammelt, die förmlich
aus den Nähten platzt.«

Jennifer hörte einfach nur zu.

»Und dann sieh dir die Spalte mit den Pro-Argumenten an. Da
gibt es nur ein einziges. Und das ist meine Neugier. Es ist die
Chance zu erfahren, was es mit dem Sehvermögen auf sich hat.
Und egal, wie ich die Sache betrachte, dieser eine Faktor wiegt
schwerer als der ganze Haufen von Gründen, die dagegen sprechen.«

Monatelang hatte Jennifer Neutralität gewahrt, weil sie ihrem
Mann den Freiraum lassen wollte, diese höchst persönliche Ent-
scheidung ohne fremdes Zutun zu treffen. Jetzt klang er anders.
Jetzt war er bei sich angekommen.

»Ich finde, du solltest es machen«, sagte sie. »Ich finde, du solltest die Sache in Angriff nehmen.«

Am Nachmittag des folgenden Tages versammelte May seine
Söhne am Küchentisch.

»Ich muss mit euch Jungs reden«, sagte er.

»Klar!«

»Ihr wisst, dass ich überlege, eine Operation machen zu lassen,
die mir vielleicht dazu verhilft, sehen zu können, stimmt's?«

»Stimmt.«

»Also, ich habe jetzt lange darüber nachgedacht. Wie sich her-
ausgestellt hat, ist es kompliziert. Es gibt viel dabei zu bedenken.«

»Was, zum Beispiel?«

»Na, erst einmal kann es passieren, dass ich die ganze Operation über mich ergehen lasse und sie gar nichts bringt. Oder ich kann zwar sehen, aber nur eine Zeitlang. Jedenfalls ist es jetzt nur noch eine Woche, bis ich ins Krankenhaus soll. Deshalb möchte ich euch sagen, was meine Gedanken waren.«

Unbeirrt sahen die Jungen ihn an.

»Mein ganzes Leben lang bin ich, sooft mir etwas interessant vorkam, losgezogen und habe es ausprobiert. Manchmal holte ich mir eine blutige Nase, wie ihr ja aus meinen Geschichten wisst, und manchmal erlebte ich große Abenteuer. Aber egal, was passierte, ich war immer froh, dass ich es probiert hatte. Probieren hieß, dass ich herausfand, womit ich es zu tun habe. Zum Beispiel damals, als ich mit Tante Dianes Fahrrad eine Bruchlandung machte. Ich wollte nicht mein ganzes Leben lang rumsitzen und mich fragen, wie es wohl wäre, Fahrrad zu fahren. Das wäre schlimmer gewesen als eine Bruchlandung, meint ihr nicht auch?«

»Stimmt!«

»Ich habe also jetzt über diese Operation eine ganze Zeitlang nachgedacht. Und ich habe mich immer wieder gefragt, wie es wohl wäre, wenn ich sehen könnte. Nicht, dass ich unbedingt sehen muss oder dass mein Leben besser wird, wenn ich sehen kann – ich finde mein Leben auch so schon ziemlich großartig mit euch Jungs und eurer Mom und all den Sachen, die wir anstellen. Was ich aber toll finde, ist die Chance, herauszufinden, was an dieser ganzen Geschichte mit dem Sehen dran ist. Könnt ihr euch was Interessanteres vorstellen, als sehen zu können, wie es ist, sehen zu können?«

»Stimmt, das muss cool sein«, sagte Carson.

»Stimmt, dann kannst du uns mit dem Auto fahren!«, sagte Wyndham.

»Ich werde mich also nächste Woche operieren lassen, weil ich nicht mehr der wäre, der ich bin, wenn ich es nicht täte. Ich weiß nicht, wie es laufen wird, aber das gehört ja auch zum spannenden Teil der Geschichte. Und das Schönste daran wird sein, es zusammen mit euch Jungs durchzustehen. Ihr zwei werdet mir doch dabei helfen, egal, wie es läuft, oder?«

Carson und Wyndham musterten ihren Vater. Draußen war es hell. Zu Abend gegessen wurde erst in einer Stunde.

»Los, Dad, komm«, sagten sie. »Werfen wir noch ein paar Körbe.«

KAPITEL **ACHT**

Mike May war viel gereist und nie beim Kofferpacken von Nervosität befallen worden. Jetzt, in seinem Schlafzimmer, in der letzten Nacht vor dem ersten der beiden Eingriffe, die ihm das Sehvermögen wiedergeben sollten, ging ihm das Packen schwer von der Hand, während ihm sorgenvolle Gedanken zu schaffen machten: Wird mir von dem Betäubungsmittel so übel werden wie bei den Augenoperationen in meiner Kindheit? Werden Stammzellen verfügbar sein, wenn ich ins Krankenhaus komme? Warum lasse ich mir die Augen aufschneiden, wenn doch mein Leben in bester Ordnung ist?

Jennifer legte den Arm um ihren Mann und half ihm, seinen Koffer zu füllen. Dann gingen sie in die Küche, um mit ihren Kindern zu reden.

»Wir werden heute Nacht in Manpas Haus schlafen; es ist ganz nah bei der Klinik«, sagte Jennifer und sprach vom Haus ihres Vaters in Menlo Park. »Morgen früh hat Dad seine erste Operation. Sehen wird er danach noch nicht können, aber sie ist die Vorbereitung auf die nächste Operation ein paar Monate später, und die sorgt dann vielleicht dafür, dass er sehen kann.«

»Ihr Jungs seid brav zu Grandma OJ«, sagte May, womit er seine Mutter meinte, die gekommen war, um auf die Kinder aufzupassen. »Morgen Abend sind wir zurück. Ich werde wahrscheinlich mit all den Verbänden über dem Gesicht wie eine Mumie aussehen, also macht euch auf was gefasst.«

May und Jennifer trafen am frühen Abend im Haus von Jennifers Vater ein. Um sechs Uhr morgens am nächsten Tag wurden sie im St. Mary's Hospital in San Francisco erwartet. Sie gingen früh ins Bett, aber May konnte nicht einschlafen. Er hatte immer noch den Äthergeschmack von den Operationen aus seiner Kindheit im Mund, fragte sich immer noch, ob irgendein bedauernswerter Mensch, der auf seinem Führerschein »Spender« angekreuzt hatte, in dieser Nacht ums Leben gekommen war, wurde immer noch von vagen Erinnerungen an Zwangsaufenthalte in Krankenhäusern heimgesucht, zu denen man ihn verurteilt hatte, ohne zu fragen, ob er überhaupt daran interessiert sei, sehen zu können.

Am nächsten Morgen erreichten sie die Klinik früher als nötig. Während der Anmeldung erfuhren sie, dass tatsächlich Stammzellen zur Verfügung standen. May wurde eingekleidet und für die Operation vorbereitet, wobei das Auge, das operiert werden sollte, sogar eine Markierung erhielt, um Irrtümer auszuschließen – eine kuriose Maßnahme angesichts der Tatsache, dass sein anderes Auge aus Plastik war.

Ein paar Minuten später betrat Dr. Goodman den Raum, begrüßte das Ehepaar und rekapitulierte noch einmal den bevorstehenden Eingriff. Als Erstes werde er die Conjunctivazellen abschaben, die Mays Hornhaut überwuchert hätten – die Zellen also, die sich ausgebreitet hatten, weil Mays Stammzellen zerstört worden waren und deshalb nicht die Tochterzellen erzeugen konnten, die dafür sorgten, dass die Hornhaut durchsichtig blieb. Dann werde er vom äußeren Rand der Hornhaut des Spenders einen Gewebering abnehmen – den Ring, der die Stammzellen enthalte –, ihn auf Mays eigener Hornhaut platzieren und dort mit einer Naht arretieren. Während May betäubt auf dem Operationstisch liege, komme nun der heikelste Teil: Der Ring müsse unter dem Mikroskop so weit abgeschabt werden, dass er nicht mehr rund einen Millimeter, sondern nur noch ein Drittelmillimeter stark sei – das sei die eigentliche Bewährungsprobe für seine, Goodmans, ruhige Hand. Wenn alles gut gehe, könne der Eingriff in neunzig Minuten vorbei sein.

Goodman wünschte dem Ehepaar viel Glück und verschwand. Zur gleichen Zeit wurden die Stammzellen des Spenders in einem rotweißen Tiefkühlbehälter in den Operationsraum gebracht – das Geschenk eines jungen Mannes, der tags zuvor bei einem Motorradunfall ums Leben gekommen war.

Der Eingriff verlief von Anfang bis Ende problemlos. Als May im Aufwachraum erwachte, war er bandagiert, hatte Schmerzen, und ihm war übel. Goodman kam ein paar Minuten später ins Zimmer und drückte Mays Schulter.

»Es ist toll gelaufen, Mike«, sagte er. »Die Sache sieht gut aus.«

Es werde drei oder vier Monate dauern, bis die transplantierten Stammzellen genügend Tochterzellen produziert hätten, um die Hornhautoberfläche zu überziehen und für die künftigen Tochterzellen das Terrain zu bereiten. Sobald das geschehen sei, könne eine neue Hornhaut in Mays Auge verpflanzt werden, die dann geschützt und rein erhalten werde. Er unterwies Jennifer darin, wie sie die postoperativen Medikamente verabreichen müsse, und ermahnte May, den Nephrologen aufzusuchen, den er ihm empfohlen hatte.

»Die Hälfte ist geschafft«, sagte Goodman. »Jetzt heißt's weiter die Daumen drücken.«

Kurz nach der Operation fuhr Jennifer May nach Sacramento zu seinem Termin beim Nephrologen, einem Facharzt für Erkrankungen der Nieren. Nephrologen verstehen sich besser als Augenärzte auf den Einsatz immunsuppressiver Medikamente, um Abstoßungsreaktionen bei Transplantationen zu verhindern; deshalb hatte Goodman May an den Spezialisten überwiesen.

Der Arzt hielt sich nicht mit Plaudereien auf. May werde Cyclosporin nehmen müssen, um zu verhindern, dass sein Körper die neuen Stammzellen abstieß, wie auch die neue Hornhaut, die er in ein paar Monaten bekommen sollte.

»Bei einem so starken Medikament wie Cyclosporin besteht die Gefahr von Nebenwirkungen«, sagte er. »Die müssen Sie in Betracht ziehen. Sie sind ebenso ernst wie real.«

Der Arzt zählte die Risiken in der Reihenfolge ihrer Gefährlichkeit auf: Appetitlosigkeit, Durchfall, Zittern, Übelkeit, Erbrechen, Haarausfall, erhöhte Anfälligkeit für Erkältungen und Grippe, hoher Blutdruck, steigender Cholesterinspiegel, erhöhtes Infektionsrisiko, verminderte Abwehrkraft gegen Infektionen, Geschwüre, Nierenversagen, Leberversagen. Und dann: Krebs.

May und Jennifer saßen wie betäubt da. Goodman hatte sie über diese Risiken bereits informiert – er hatte ihnen sogar von einem Patienten berichtet, der an Krebs gestorben war. Aber seine Warnungen hatten bei ihnen nicht verfangen; beide hatten sie seine Informationen beiseitegeschoben. Sie hatten kaum darüber geredet. May wollte dem Nephrologen sagen: »Warten Sie, das war nicht Teil der Abmachung.« Stattdessen brachte er die Frage heraus: »Wie hoch sind die Chancen, dass ich mir die … ernsthaften Nebenwirkungen einhandle?«

»Das ist schwer zu sagen. Mit gesunden Patienten wie Ihnen bin ich nicht vertraut. Die Leute, die ich behandle, sind gewöhnlich schwer krank – bei ihnen müssen entscheidende Organe transplantiert werden, ihr Leben steht auf dem Spiel. Wenn sie dann tatsächlich erkranken, fällt es schwer zu sagen, was aufs Konto der Arzneimittel geht und was auf ihre bereits existierende Krankheit zurückzuführen ist. Aber diese Leute sind in einer anderen Situation als Sie. Die Risiken sind für sie vertretbar, weil sie sich in Lebensgefahr befinden. Sie hingegen sind die Gesundheit in Person.«

Der Arzt schrieb ein Rezept aus und gab May Termine für die Kontrolle seiner Blutwerte. Auf der Heimfahrt drehte sich die

Unterhaltung um die Frage, wie es möglich war, dass sie die Ernsthaftigkeit der Risiken nicht zur Kenntnis genommen hatten. Während der Fahrt und in den folgenden Tagen fragten sie sich immer wieder, ob die Sehfähigkeit es wirklich wert sei, ob es lohne, den Tod zu riskieren, um sehen zu können. Stets endeten die Gespräche auf die gleiche Weise: May erklärte Jennifer, er habe gewichtige Gründe dafür gehabt, die Sache in Angriff zu nehmen, und diese Gründe hätten sich nicht geändert. Und dann sagte er noch: »Ich kneife nie.«

Vier Monate blieben bis zu Mays zweiter Operation. Er nutzte die Zeit, um sich auf das Sendero-Projekt zu konzentrieren und die Firma und das Produkt auf ein Frühjahrsdebüt bei einer der wichtigsten Leistungsschauen des Landes für Behindertentechnik vorzubereiten. In einem stürmischen Endspurt mit dem Ziel, seinen GPS-Prototyp marktfähig zu machen, schob er jeden Gedanken an die Augenoperation – wie übrigens auch an praktisch alles andere – beiseite.

Eine Woche vor dem zweiten Eingriff – er hielt sich mit Salviolo in Telluride auf, um Ski zu fahren – reagierte sein Körper auf das Cyclosporin mit Zittern und Übelkeit. Er lag in seiner gemieteten Ferienwohnung und fragte sich, ob man sich so fühle, wenn der Tod nahe. Er riss sich zusammen und schaffte es am letzten Ferientag vor der Operation bis oben auf den Berg. Dort stand er mehrere Minuten lang, sog die frische Luft ein und spürte das Gipfelpanorama und machte sich klar, dass er diesen seinen geliebten Sport, diese seine geliebte Welt vielleicht nie wieder erleben würde, nie wieder auf diese besondere Weise, die seit seinem dritten Lebensjahr seine Bestimmung, sein Dasein gewesen war, diese blinde, herrliche, einzigartige Weise, da zu sein.

»Das könnte es gewesen sein«, dachte er, während er in seiner Vorstellung das Panorama umkreiste. »Bei Gott, es hat Spaß gemacht.«

Am nächsten Tag in der Morgendämmerung meldete sich May zu seinem zweiten Operationstermin im St. Mary's Hospital. Er machte sich nicht die Mühe, seiner Blindheit Lebewohl zu sagen oder sich anderweitig Gedanken darüber zu machen, welch einschneidende Veränderung ihm vielleicht bevorstand – er wusste, es würde Wochen dauern, bis man über das Ergebnis Bescheid wusste, wie es ja auch Wochen gedauert hatte, bis nach der Stammzellentransplantation die Verbände abgenommen worden waren. Man schrieb Montag, den 6. März 2000. Bis zu der großen Technikschau waren es noch zwei Wochen.

Goodman verpflanzte die Spenderhornhaut – sie stammte von einem weiteren jungen Motorradunfallopfer – ohne Probleme. Als May aufwachte, war sein Auge bandagiert, aber Übelkeit wie nach der ersten Operation verspürte er nicht.

»Ich weiß, Sie sind sehr beschäftigt, Mike«, sagte Goodman, »aber für zehn Minuten müssen Sie morgen in meine Praxis kommen, damit ich mich davon überzeugen kann, dass alles gut läuft.«

Am nächsten Morgen kamen May und Jennifer in Goodmans Zweigpraxis in San Mateo. Eine Krankenschwester führte May zu einem Untersuchungsstuhl in einem kleinen Raum. Jennifer nahm ein, zwei Meter entfernt auf einem Hocker Platz.

»Ich habe gerade mit deiner Mutter telefoniert«, berichtete Jennifer. »Die Jungs sind in der Schule. Carson hat seine Jacke vergessen. Und ein Paket ist für dich gekommen.«

»Das muss die Austauschantenne sein, die ich bestellt habe«, meinte May.

Goodman kam in weißem Kittel herein und ging zum Waschbecken.

»Guten Morgen«, sagte er und wusch sich die Hände. »Wie ist die Nacht verlaufen? Irgendwelche lästigen Reaktionen auf die Schmerzmittel?«

»Nein, diesmal ging es mir richtig gut«, sagte May. »Ich habe tüchtig zu Abend gegessen und die ganze Nacht geschlafen.«

»Ausgezeichnet. Schauen wir uns die Nähte an.«

Goodman zog das Pflaster vorsichtig und millimeterweise ab, damit May nicht vor Schmerz zurückzuckte, und hob dann die Gazebäusche ab, mit denen er das Augenlid bedeckt hatte. Mays Auge blieb geschlossen; dass die umliegende Haut keine starke Rötung aufwies, war ein gutes Zeichen. May erwartete, Goodmans Anweisungen für einen Verbandswechsel und die Säuberung der Wunde zu hören. Die Säuberung des Auges erforderte immer zahlreiche Schritte und war außerdem wegen der Medikamente und Tropfen, die zur Anwendung kamen, lästig, aber plötzlich redete Goodman gar nicht über einen Verbandswechsel, sondern tat etwas Seltsames und wollte etwas nicht minder Seltsames wissen, denn er zog mit Daumen und Zeigefinger das Augenlid hoch und fragte: »Können Sie ein kleines bisschen was sehen?« Und während er noch fragte …

WUMM! WUSCH! OOHHHHHHHHHH …

Ein Sturzbach weißen Lichts ergoss sich jäh in Mays Auge, in seine Haut, sein Blut und seine Nerven, es war überall, war um ihn herum und in ihm drin, in seinen Haaren, auf seinem Atem, im nächsten Zimmer, im nächsten Gebäude, in Gegenden, kilometerweit entfernt, klebte an Goodmans Stimme, an seinen Händen, war sagenhaft hell – solche Intensität musste Helligkeit sein, also, ja, hell –, aber tat nicht weh, war nicht einmal unangenehm, und es stürzte auf ihn ein und umrauschte ihn, aber ohne sich zu bewegen, war ständig in Bewegung, war regungslos, kam von nirgendwoher – wie konnte etwas von nirgendwoher kommen? –, alles war weiß, und nun fragte Goodman erneut: »Können Sie irgendetwas sehen?«, und in Mays Gesicht breitete sich ein Lächeln aus, jemand in ihm ließ ihn lachen und dann sprechen, und er sagte: »Heiliges Kanonenrohr! Das kann ich tatsächlich!«, und diese Worte ließen Jennifers Herz schneller schlagen und schnürten ihr die Kehle zu, und sie flüsterte »Oh, mein Gott!« in sich hinein.

Und jetzt, nach einer Sekunde Licht, fing die Helligkeit an, eine Struktur zu gewinnen – konnte er sie anfassen? –, und eine Sekunde später hörte sie auf, von allen Seiten auf ihn einzustürzen, und jetzt schien sie von einer Stelle zu kommen, einer Stelle *da draußen*, aus der Richtung des Summens über seinem Kopf, und einen winzigen Augenblick wandte sich Mays Geist von dem Licht ab, um sich daran zu erinnern, dass das Summgeräusch in einer Arztpraxis von Leuchtröhren kam, und kaum hatte er sich das vergegenwärtigt, sprang er wieder zurück zu dem Licht, das jetzt von einem bestimmten Ort kam, nämlich definitiv von dem Neonlicht über ihm, und eine Sekunde danach war es auch nicht mehr nur Licht, vor seinem Gesicht war ein heller Umriss, der die Zimmertür sein musste, weil er gehört hatte, wie sie sich dort schloss, und um ihn herum waren Wände, das wusste er, weil das Licht von der Seite anders war als das Licht von oben, und warum es anders war, brauchte er nicht lange zu überlegen, er wusste einfach, dass die Farbe anders war – Farbe! –, seine alte Freundin Farbe, da war direkt vor ihm Farbe, und sie war angeschaltet, er musste nicht eigens sein Gehirn zu Rate ziehen und darüber nachdenken, die Farbe war einfach da, und er kannte sie und konnte sie aufrufen, wann immer er wollte, und links von ihm befand sich jetzt ein schwarzer Klecks, während sich rechts eine neue Art von Weiß an seinem Arm entlang bewegte, Goodmans Kittel, das musste Goodmans Kittel sein, Ärzte tragen weiße Kittel, ein Weiß, wie es im Buche steht, und – nicht zu glauben! – der schwarze Klecks links wurde schärfer und kriegte Umrisse und Kanten, er wurde zu etwas, das mehr war als Farbe und mehr als Licht, er war ein Ding, Dinge haben Umrisse, er musste zur Apparatur gehören, weil Dinge in Arztpraxen Apparate sind, und – zack! – jetzt sah er aus wie ein Apparat, und da er nun wusste, dass es ein Apparat war, konnte er unter dem schwarzen Objekt eine silbrig schimmernde Linie erkennen, und das ergab einen Sinn, er war mit diesem Ding bereits früher in Berührung gekommen, und es befand sich da, wo es sein musste, und jetzt wusste er, was es war, nämlich der metallene Arm, der den Apparat trug, mit dem Goodman während der Untersuchungen in die Augen hineinsah, er konnte jetzt sehen, dass es der Arm war, er konnte jetzt sehen.

Goodman bewegte sich nun, jeden Augenblick war er woanders, sein weißer Kittel hob sich als Streifen gegen die dunklen Wände ab und leuchtete im Zimmer auf, und dann trat Dunkles aus Goodman heraus, oben an ihm und an seinen Seiten – sein Kopf und seine Hände! –, Kopf und Hände genau da, wo sie hingehörten, seine Hände wieder anders gefärbt, nicht weiß, aber ähnlich wie weiß, und als Jennifer sich in Richtung ihres Mannes bewegte, konnte May spüren, wie ihm Adrenalin ins Blut schoss, um seine Wirkung zu entfalten und ihm mitzuteilen, dass etwas Überwältigendes passierte, etwas Sublimes und Ungeheures, aber sein Instinkt ließ nicht zu, dass er sich solch einem Überschwang hingab, erlaubte ihm nicht, zu sagen, was ihm in der Kehle steckte – »Oh, Himmel, es ist so weit!« –, weil er fühlte, dass er nicht gleichzeitig seine Aufmerksamkeit auf seine Gefühle und auf diese neue Welt richten konnte, dass die Bilder verschwinden würden, wenn er anfing zu denken, dass die Bilder, um da zu sein, mehr brauchten als sein Auge, dass sie seine ganze Person in Anspruch nahmen, und er wusste, dass er diese Bilder nicht aus dem Auge verlieren wollte, selbst wenn das bedeutete, dass er die Glücksgefühle, die unter der Oberfläche brodelten, vorerst daran hindern musste, sich Ausdruck zu verschaffen.

Über Jennifers Wangen begannen Tränen zu rinnen. Sie erhob sich von ihrem Hocker und ging zu ihrem Mann. Goodman stand noch da und war mit Untersuchungen beschäftigt, aber sie konnte nicht anders, sie musste ihrem Mann nahe sein, und als sie seinen Stuhl erreichte, beugte sie sich vor, legte ihre Hände auf seine Knie und neigte sich ganz nah zu ihm hin, um ihm in die Augen zu sehen.

»Hallo, Schatz!«, sagte sie.

Bei diesen Worten sah May eine leuchtende, üppige, gesättigte Farbe, die von unterhalb der Stimme seiner Frau kam, einen Lichtblitz von einer Million Kerzenstärken, verschieden von allen anderen Lichtformen im Zimmer, und sein Herz raste, weil er von irgendwoher den Namen für dieses Licht kannte, das von Jennifer kam, weil er spontan wusste, warum es in Verbindung mit ihr so herrlich aussah.

»Das ist Blau«, sagte er sich. »Oh, Himmel, das ist Blau.«

Eine Sekunde später tauchten im Raum um den blauen Fleck andere Umrisse auf, von denen er wusste, dass sie der Oberkörper, die Arme, die Beine, die Hände, der Hals und der Kopf Jennifers sein mussten. Dies war seine Frau. Dies war seine schöne Frau. Sie musste heute einen blauen Pullover angezogen haben.

Er sah nach ihrem Gesicht oberhalb des Blaus, und da war es, genau dort, wo es sein sollte, rosafarben und anders als das Blau, und eine perfekte Form, das Gesicht seiner Frau, die Gestalt seiner Frau, ihr Gesicht, und er musste mehr sehen, und er wollte nicht in Tränen ausbrechen, weil er Angst hatte, das Bild zu verlieren, also konzentrierte er sich darauf, dass über dem Gesicht das Haar sein musste, und er neigte den Kopf nach hinten, und da war eine andere, neue Farbe, ein weiches Weiß, nicht wie das Neonlicht darüber, ein Weiß mit etwas Gelb darin, und tausend frühe Obsessionen und Jugendträume wallten in ihm auf, während er dieses weiche Weiß über Jennifers Gesicht ansah und dachte: »So sieht also Blond aus.«

May lenkte den Blick wieder hinunter und zurück auf Jennifers Gesicht. Die einzelnen Teile waren alle da, wo sie sein sollten, Augen, Ohren, Nase, Mund, alles. Er fand ihre Augen, und sie fand seines, und Jennifer wusste, dass er sie sehen konnte, sie wusste es, weil sein Auge nicht umherirrte und wegdriftete oder sonst was tat, außer sie anzublicken, und eine weitere Träne rollte über die Wange, als sie zum ersten Mal sah, dass ein Auge, befreit von dem blauweißen Narbengewebe, das ihn blind gemacht hatte, von einem tiefen, schönen Braun war – seine natürliche Farbe, etwas, worüber sie sich nie Gedanken gemacht hatte, die Farbe, die das Auge vor dem Unfall gehabt hatte, seine Farbe, er selbst.

Goodman rieb Mays Schulter und kämpfte mit den Tränen. Diesen Augenblick, der dem Paar gehörte, wollte er nicht stören.

May wollte mehr von Jennifer. Er beugte sich näher zu ihr hin und kniff das Auge zusammen, um besser sehen zu können.

»Oha«, sagte Jennifer mit einem nervösen Lachen. »Du machst vielleicht ein komisches Gesicht.«

Ein Lächeln erhellte Mays Miene. Er griff nach ihren Schultern und fand sie auf Anhieb und zog Jennifers Lippen an seine heran.

»Ah, ja!«, rief er. »Komm her, Liebling!«

Er küsste seine Frau. Sie lachten, während sie sich umarmten.

Als sie sich voneinander gelöst hatten, blickte May erneut in das Gesicht seiner Frau und dann auf ihr Haar, und jetzt hatte er den Eindruck, dort mehr als nur Blond zu sehen, ihm war, als sehe er viele Blondtöne, manche heller, manche dunkler, und er war sich nicht sicher, ob er das wirklich sah, bis er sich erinnerte, dass Jennifer ihm erzählt hatte, sie färbe Strähnen ihres Haars, und da war er sich seiner Wahrnehmung gewiss.

May wandte seinen Blick Jennifers Florjacke zu, die mit einem grünen, kastanienfarbenen und rostroten Paisley-Muster bedruckt war.

»Was siehst du?«, fragte sie.

»Ich kann die Zeichnung auf deinem Sweater sehen«, sagte er und fuhr mit dem rechten Zeigefinger die Paisley-Wirbel entlang.

»Auf meiner Jacke? Lieber Himmel«, sagte Jennifer. Das Wort »Zeichnung« warf sie um. Weitere Tränen strömten ihr übers Gesicht.

»Kannst du mein Gesicht sehen?«, fragte sie.

May sah in Richtung ihres Mundes. Er konnte sehen, wie ihre Wangen sich zusammenzogen und wölbten. Gewölbte Wangen, das wusste er, bedeuteten ein Lächeln.

»Ich kann dich lächeln sehen«, sagte er.

»Oh, toll!«, schrie Jennifer leise auf. »Oh, das ist unglaublich.«

May musste mehr von diesem Lächeln sehen. Instinktiv freilich verlangte es ihn ebenso sehr danach, das Lächeln zu berühren, wie es zu sehen. Er hob die Hände und streckte sie Jennifers Gesicht entgegen. Sie hielt still für ihn. Er strich mit seinen Fingern an ihren gewölbten Wangen entlang. Als hätte jemand in seinem Gehirn einen Kontakt hergestellt, erschloss sich ihm in diesem Augenblick Jennifers Lächeln auf eine Weise, wie es das kurz zuvor, als er nur geschaut hatte, noch nicht getan hatte. Er nahm seine Hände weg, aber nach wie vor sah er das Lächeln, verstand er das Lächeln, es war immer noch da.

Auf Mays eigenem Gesicht erschien ein strahlendes Lächeln.

»Donnerwetter!«, sagt er.

Jennifer rückte zur Seite, um Goodman einen besseren Blick zu ermöglichen. Als sie das tat, entdeckte May über ihrer Schulter etwas, das schimmerte.

»Was ist da drüben, auf der anderen Seite des Zimmers?«, wollte er wissen.

»Das ist ein Spiegel«, antwortete Goodman. »Wollen Sie mal reinschauen?«

»Von hier aus kann ich nicht viel sehen«, sagte May.

»Das ist, weil der Spiegel schräg nach unten weist«, sagte Goodman.

May stand von seinem Stuhl auf und ging ohne Stock oder

Hilfestellung zielstrebig auf das schimmernde Objekt zu. Er hatte sich das letzte Mal als Dreijähriger gesehen.

Vor dem Spiegel ging er in die Hocke und beugte sich vor, bis er nur noch etwa dreißig Zentimeter entfernt war. Einen Augenblick lang sah er nur eine dunkle Masse, aber diese Masse organisierte sich rasch zum Bild eines Mannes, einschließlich rosa Klecks, wo das Gesicht zu sein hatte, und dunklen Placken, wo Haare und Bart hingehörten.

»Der Typ sieht groß aus«, dachte er.

Er schaute weiter in den Spiegel.

»Das bin ich«, sagte er zu sich. »Aber ich bin ihm zu nah. Ich dringe in seine Privatsphäre ein. Ich falle ihm geradezu ins Gesicht. Das ist zu intim. Das sollte ich nicht machen, wenn andere zusehen.«

»Oh, was für ein hässlicher Kerl!«, scherzte er laut, während er immer noch sein Ebenbild musterte. Goodman und Jennifer lachten.

»Was siehst du?«, fragte Jennifer. »Siehst du deinen Bart?«

»Ich kann meine Wangen sehen, wie sie sich wölben«, sagte May und deutete auf sein Gesicht. »Meinen Bart, dunkles Hemd …«

»Das ist Marineblau«, sagte Jennifer.

»Marineblau«, wiederholte er.

Er starrte weiter. Er wollte den Spiegel berühren, hatte aber immer noch das Gefühl, seinem Gegenüber zu nahe zu treten.

»Das bin ich«, dachte er. »Nur zu. Ist schon in Ordnung.«

Er streckte die Hand aus und berührte das Spiegelbild. Obwohl er wusste, wie Spiegel funktionieren, fand er es doch überraschend, geradezu unheimlich, nach einem wirklichen menschlichen Wesen zu greifen und stattdessen Glas zu berühren, und war sprachlos, dass jemand so echt aussehen konnte – ebenso echt, wie Jennifer wenige Augenblicke zuvor ausgesehen hatte – und doch irgendwie absolut flach war.

»Bin ich das wirklich?«, fragte er sich und wusste, dass er, wenn sie wieder zu Hause waren, noch weitere Zeit vor dem Spiegel verbringen musste, um darüber mehr zu erfahren.

May wandte sich um und ging zu seinem Stuhl zurück, wo Goodman eine Untersuchung begann, die vielleicht zehn Minuten lang dauerte. Er inspizierte Mays Auge, das gesund wirkte. Dann trat er vor May hin, hielt eine Reihe von Fingern der rechten Hand hoch und bat May, sie zu zählen. Wie alles, was May im Zimmer erblickte, sah er auch die Finger scharf und nicht verschwommen. Die Vorstellung von Verschwommenheit, von Konfusion, konnte May verstehen, weil er Dinge kannte, die sich bei Berührung verschwommen, konfus anfühlten.

»Ich sehe drei Finger«, sagte er.

»Das ist richtig«, erklärte Goodman. »Das ist ausgezeichnet.«

Goodman gab Anleitung, die Pflege des Auges betreffend, und schärfte May ein, das Auge vor Schlägen und Stößen zu schützen. Jennifer, die immer noch von Staunen erfüllt und halb benommen war, bekam nur die Hälfte seiner Anweisungen mit. May beobachtete das Gesicht des Arztes, einen rosa Klecks mit wenig Details, und ihm war klar, dass er nicht perfekt sah, dass dies nicht hundertprozentig sein konnte. Und doch war das Augenlicht etwas so Aufregendes, so Unverhofftes, so allgegenwärtig und aufwühlend, so sehr bereits in der Entfaltung begriffen, dass es ihm gar nicht in den Sinn kam, sich Gedanken über die Zukunft seiner Sehfähigkeit zu machen, und er nur wusste, es würde eine Zukunft geben, und diese Zukunft stellte, wie seit eh und je in seinem Leben, einen Ort dar, wo alles möglich war, wo es immer einen Weg gab.

Goodman erklärte, sie seien hiermit entlassen. May wollte ihm angemessen danken, wollte seine ganze Dankbarkeit zum Ausdruck bringen, aber er konnte nur lächeln, hatte nichts weiter im Kopf als den Wunsch, aus dem Sprechzimmer zu laufen, den Flur entlangzurasen und hinaus auf die Straße zu stürzen und alles anzuschauen. Stattdessen nutzte er seine Sehkraft, um Goodmans weißen Kittel zu finden, trat auf den Arzt zu, umarmte ihn und sagte: »Danke, Dan.« Aber er ließ nicht gleich wieder los, und einen Augenblick lang verschwand die Zeit, so, wie sie verschwunden war, als May sich im Schulbus verkehrt herum hingesetzt hatte und in Schaukeln geknallt und auf Funkmasten geklettert war, wie sie stets verschwunden war, wenn er sich angeschickt hatte, seine Umgebung zu erkunden.

Danach umarmte Jennifer Goodman und dankte ihm. Er seinerseits dankte ihr und May dafür, dass sie ihm ihr Vertrauen geschenkt hatten, und verabschiedete sich von ihnen. May nahm seinen Stock, griff nach Jennifers Schulter und führte sie zur Tür des Sprechzimmers, die er mit seiner neu erworbenen Sehfähigkeit zu lokalisieren vermochte.

Im Empfangsbereich, zu dem man durch die Tür gelangte, blieb er schon nach einem einzigen Schritt jäh stehen. Was für ein grandioser Ort war das? Welch herrliche Dinge umgaben ihn hier? Farben und Gestalten leuchteten ihm von überall her entgegen, geschäftige Menschen liefen durcheinander, die Dinge schienen selbst darüber zu entscheiden, wie groß sie sein wollten. Er drehte den Kopf hin und her, ließ sein Auge die Pracht des Wartezimmers in vollen Zügen genießen. Er deutete auf den Boden.

»Schau dir diese Formen an! Sieh nur, diese Farben! Sind sie auf dem Teppich?«

»Sie gehören zum Teppich«, sagte Jennifer. »Sie sind das Teppichmuster.«

May sah, dass im Wartezimmer Leute saßen. Alle saßen still da, und keiner schien im Mindesten aufgeregt. Er konnte nicht glauben, dass sie einfach dasaßen und diesem Teppich keine Beachtung schenkten – wie konnte jemand einfach dasitzen, während sich solch ein Teppich ereignete?

Jennifer lenkte Mays Augenmerk auf die Flurtür. Wieder konnte er sie mit dem Auge perfekt wahrnehmen, auch wenn er feststellen musste, dass er Hörreize wie das Echo zu Hilfe nahm, um ihre Entfernung abzuschätzen. Im Flur fesselte ein weiterer Teppich – in Jennifers Augen genauso hässliche Massenware wie der vorherige – Mays Aufmerksamkeit.

»Das ist eine Art blonder Teppich«, meinte May. »Wie nennt man diese Farbe?«

»Das ist Beige«, sagte Jennifer. »Er hat Tupfen …«

Den Hinweis auf die Tupfen hörte May schon nicht mehr – sein Augenmerk hatte sich bereits auf einen farbigen rechteckigen Klecks an der Wand verlagert.

»Was ist das?«, fragte er.

»Das ist ein Gemälde«, sagte Jennifer.

May ging zur Wand und beugte sich vor, bis sein Auge etwa dreißig Zentimeter von dem Bild entfernt war. Das Grün in dem Gemälde hielt er für Gras oder Bäume, und das Blau für den Himmel. Aber was die anderen Farben und Gestalten bedeuteten, wusste er nicht zu sagen, und auch nicht, ob er Glas oder Leinwand erblickte. Er verspürte den unwiderstehlichen Drang, das Gemälde zu betasten – der Tastsinn sagte ihm stets, worum es sich bei einer Sache handelte –, und deshalb fuhr er mit den Händen über die Oberfläche. Augenblicklich wurde ihm klar, dass er auf eine Leinwand blickte, die jetzt auch wie eine Leinwand aussah. Aber darüber, welche Objekte das Bild zeigte, verriet ihm die Berührung nichts; sie ließ ihn im Unklaren, ob es sich bei dem roten Klecks in der Mitte um eine Kaffeetasse, einen Fuchs oder eine Scheune handelte; und einen Augenblick lang kam er sich ziemlich dumm vor – natürlich konnte man ein Objekt nicht durch Berührung erkennen, wenn das Objekt gar nicht wirklich da, sondern nur ein auf die Leinwand aufgebrachter Klecks Farbe war.

»Was ist auf diesem Bild?«, fragte er.

»Es ist ein Druck mit einer Naturszene«, antwortete Jennifer.

»Man sieht Gras, Bäume, einen schmalen Bach, eine kleine rote Brücke und eine Sonnenblume. Siehst du die Sonnenblume? Sie ist braun und gelb.«

Das Braun und Gelb gewann plötzlich für May mehr Sinn. Dennoch hatte er immer noch das Gefühl, die Dinge berühren zu müssen, um sie richtig sehen zu können. Wieder streckte er die Hände aus und ließ sie über das Gemälde gleiten. Wieder verblüffte es ihn, nichts als eine glatte Oberfläche zu ertasten.

Seine Erregung wurde durch die Mühe, die ihm das Sehen bereitete, nicht vermindert. Wo immer er sich hinwandte, stieß er auf neue Wunder, und über alle fragte er Jennifer aus.

»Ist die blaue Stelle dort ein Durchgang?«

»Ja.«

»Was ist das für eine blaue und rote Form, die so leuchtet?«

»Ein Notausgangsschild.«

»Sind das da weitere Bilder an der Wand?«

»Ja.«

»Ist das da eine Person ... da auf der Tür?«

»Das ist das ›Frauen‹-Symbol für die Toilette. Das ist die Tür zur Damentoilette.«

»Sind das da Zahlen auf der Tür?«

»Mein Gott, ja. Stimmt.«

Der Lift war vielleicht gut dreißig Meter von Goodmans Praxis entfernt. Nach fünf Minuten hatten sie noch nicht einmal die Hälfte des Weges zurückgelegt. May wollte alles sehen, alles wissen, alles berühren. Jennifer kam gar nicht nach, seine vielen Fragen zu beantworten; während sie auf eine antwortete, bombardierte er sie schon mit einem Dutzend neuer. Als sie ihren Mann so beobachtete, wie er zwischen Wand, Teppich, Türknauf und Feuermelder hin und her wanderte, ging ihr auf, wie viele Dinge es in der Welt, in einem Flur zu sehen gab, die von Leuten, die schon immer sehen konnten, überhaupt nicht wahrgenommen wurden.

May arbeitete sich langsam durch den Flur. Jennifer beobachtete ihn, wie er ganz nah an die Dinge herantrat, und bemerkte, dass er Objekte am besten sah, wenn sie sich stark von ihrem Hintergrund abhoben, aber sie dachte sich nichts dabei – er lernte eben einfach zu sehen. Alles war großartig und neu, und sie konnte sich nicht darauf beschränken, ihrem Mann zu helfen, sondern musste sich selbst konzentrieren, musste in diesem Augenblick selbst präsent sein, um sich an ihn als solchen zu erinnern, wenn sie viele Jahre später einmal ihren Kindern davon erzählte.

Jedes Mal, wenn May etwas Neues sah, stand er vor einer herrlich schweren Entscheidung: Sollte er weiter hinschauen, oder sollte er sich dem nächsten, faszinierenden Anblick zuwenden. Ungeachtet seiner Erregung, scheute er sich nach wie vor, seine Gefühle zur Kenntnis zu nehmen. Wie schon in Goodmans Praxis wusste er, dass die Beschäftigung mit der Freude und Lust, die er unterschwellig spürte, ihn in seiner visuellen Wahrnehmung beeinträchtigen würde, und um keinen Preis wollte er die verlieren.

Schließlich erreichte er das Ende des Flurs. Dort sah er ein großes silbernes Rechteck und daneben zwei runde Formen. Mit breitem Grinsen streckte er die Hand aus und drückte auf den unteren Kreis – einen bullaugenförmigen Schaltknopf –, der mit seinem hellen, weißen Licht den Finger beleuchtete und Mays Verdacht bestätigte: Das hier war ein Lift. Das Schaltgetriebe setzte sich in Bewegung – in Mays Ohren ein lieblicher Klang.

Er und Jennifer fuhren im Lift hinunter und gingen dann zum Ausgang des Gebäudes. Er zog seinen Stock auseinander, sie stieß die Tür auf, und …

WUSCH!

Strahlend blaue, grüne, rote, gelbe Flächen tanzten vor ihm in der Luft, die draußen seinen Körper umwehte, eine völlig andere Strahlkraft als die, die er im Gebäude erlebt hatte, gleißende

Farbschichten, die ihm ins Auge sprangen, er mochte den Kopf drehen und wenden, wie er wollte; er schickte sich an, Jennifer davon zu erzählen, und …

WUMM!

Objekte in der Form von Puzzlestücken, lodernd von Licht und Farbe, fielen kaleidoskopartig in sein Auge ein, gleichzeitig aus nächster Nähe und aus kilometerweiter Entfernung, jedes von ihnen auf die Erde, in den Himmel und überallhin gestanzt. Er konnte es nicht fassen …

Dunkelheit tauchte unter seinen Füßen auf, ein Grau, dem er mit dem Auge nach vorn folgte, bis plötzlich der Boden hell wurde, aber immer noch grau war – zwei Grautöne, die gleich und doch verschieden waren. Er sann einen Augenblick darüber nach, wie der Boden in zwei so verschiedenen Grautönen erscheinen konnte, und begriff, dass er – na klar! – im Schatten des Gebäudes stand.

»Wir sind im Schatten«, verkündete er. »Hier ist es dunkel, aber dort sonnig.«

»Stimmt haargenau«, sagte Jennifer. »Großartig, Mike.«

»Überall ist Farbe«, sagte May und wandte den Kopf nach oben. »Ist das eine strahlende Helligkeit! Ich kann es gar nicht erwarten, das gemeinsam mit den Jungs zu erleben.«

Jennifer kramte in ihrer Handtasche, weil sie glaubte, in Goodmans Praxis etwas vergessen zu haben. May nutzte die Zeit, um die Formen und Farben um ihn herum in sich aufzunehmen. Manches sagte ihm etwas: Autos in jeder Farbe mit ihren wunderbaren Motoren- und Reifengeräuschen; der Bordstein, dessen rote Markierung »Parken verboten« anzeigte, worüber seine Freunde sich immer so beklagt hatten; die dunklen Büsche entlang der Straße; das Grün einer Ampel. Er wartete darauf, dass die Ampel auf Gelb und dann auf Rot umschaltete, und es gab ihm ein Gefühl von Macht, dass der visuelle Effekt, den er erwartete, auch tatsächlich vor seinen Augen eintrat.

Eine Frau, die ihnen entgegenkam, machte May und Jennifer durch Rufen auf sich aufmerksam. Es war Antonia, eine Freundin Jennifers aus Kindertagen, der sie seit Jahren nicht mehr begegnet war. Sie umarmten sich, und Jennifer brachte es nicht über sich, zu erklären, warum sie nicht stehen bleiben und ein Schwätzchen halten konnten. May nahm ihr das ab.

»Stell dir vor!«, sagte er. »Gestern konnte ich nicht sehen. Heute kann ich's.«

Antonia schaute ungläubig drein. Sie wusste, dass May blind war.

»Es stimmt tatsächlich!«, sagte Jennifer. »Mike kann seit etwa zehn Minuten wieder sehen, deshalb ist jetzt keine Zeit für eine Unterhaltung, ich muss los – tut mir wirklich leid, Antonia, aber ich ruf dich bald an, ich versprech's!«

May griff daraufhin nach Jennifers Schulter, streckte seinen Stock vor und marschierte los. Er bewegte sich flüssig, ging zielstrebig und ohne zu schwanken. Obwohl er die Bilder der Objekte nur eines nach dem anderen verarbeiten konnte – so, als würden ihm Dias vorgeführt –, war es bei den Dingen, die sich bewegten, doch so, dass ihre Bewegung sanft und natürlich erschien, ob es sich nun um einen fliegenden Vogel, um Bäume, die sich im Wind wiegten, oder um ein Auto handelte, das bei einer Ampel abbog; und diese bewegten Dinge ließen sich leicht wahrnehmen, als wären sie Farben; sie waren einfach da, um gesehen zu werden.

An den Kreuzungen mussten sie vom Gehsteig auf die Straße wechseln. Jennifer bestätigte ihm, dass die weißen Streifen unter seinen Schuhen einen Übergang für Fußgänger markierten. Kamen sie auf die andere Straßenseite, zeigte Mays Stock ihm einen Bordstein an, aber wenn er nach unten sah, nahm er keinen Höhenunterschied zwischen Gehsteig und Fahrbahn wahr, sondern nur einen Schatten, der ein wenig anders getönt war als die Fahrbahn.

»Das wird noch besser«, tröstete er sich.

Sie gingen weiter. Fast bei jedem Schritt stellte May eine neue Frage.

»Auf dem Boden ist überall so blaues Zeug«, sagte er. »Was ist das?«

»Das Blau zeigt an, dass unter der Erde eine Gasleitung verläuft«, sagte sie.

»Warum ist da drüben auf der Erde so eine dunkle Stelle? Ist das ein Schatten?«

»Nein, das ist ein Schachtdeckel.«

May konnte sein Glück kaum fassen. Diese Markierungen auf dem Boden waren eine überraschende Entdeckung.

»Überall sind welche!«, sagte er. »Warum reden Leute, die sehen können, nie darüber?«

Er setzte gerade zu einer neuen Frage an – diesmal ging es um Risse im Bürgersteig –, als ihr aufging, dass sie ihm bislang noch keine einzige Frage gestellt hatte. Sie waren fast schon bei ihrem Van angekommen.

»Kannst du den Himmel sehen?«, wollte sie wissen.

May sah nach oben. Er versank in einem Blau, das so gesättigt und allgegenwärtig war, dass er nichts weiter herausbrachte als: »Ich seh ihn.«

»Du lächelst«, sagte sie.

Einen Augenblick später sah May nach vorn und erblickte ein hellrotes Objekt, ähnlich den Autos, die er hatte vorbeifahren sehen – nur war es größer. Sogleich wusste er, dass dies ihr Van sein musste. Er ging darauf zu, öffnete die Tür und stieg ohne Hilfe ein.

Während Jennifer in ihrer Tasche nach einer Sonnenbrille suchte, drehte May seinen Kopf so weit nach links, dass er sie mit seinem funktionierenden Auge im Blick hatte.

»Du bist schön«, sagte er und nahm ihre Hand.

In der letzten halben Stunde war so viel passiert, dass es Jennifer gar nicht in den Sinn gekommen war, dass ihr Mann sie jetzt sehen konnte.

»Vielen Dank«, sagte sie. »Du auch.«

Das Wageninnere barg für May keine Reize – dort kannte er sich in allen Details aus –, also richtete er sein Augenmerk nach draußen, auf die unendliche Palette wundersamer Erscheinungen jenseits der Windschutzscheibe.

Jennifer fuhr die Straßen entlang, die zur Autobahn führten. Wo er hinsah, erblickte May Verkehrsampeln – leuchtende Formen an der Spitze dürrer Masten, die seltsamerweise nicht umfielen – deren Farben ihn freilich mehr faszinierten als ihre Botschaft. Er freute sich daran, wenn bei den Autos die Bremslichter aufleuchteten, und er sorgte sich um Fußgänger, die an Kreuzungen zu dicht vor ihrem Van die Straße überquerten. Der menschliche Gang sprach sein Auge an.

Auch hier wieder sehnte sich May danach, zu berühren, was er sah, aber hinter der Barriere aus Glas, die ihn umgab, blieb ihm das verwehrt. Wie merkwürdig erschien es ihm, aus diesem Auto heraus so viel zu sehen und doch nichts davon berühren zu können.

Jennifer erreichte die Auffahrt zur Autobahn, trat aufs Gaspedal und reihte sich in den Verkehr ein. May wurde angst und bange – Autos in allen Formen und Größen rasten, drängelten, wirbelten, dröhnten rings um den Van, bewegten sich mit einer Geschwindigkeit, die das Tempo, über das sich May in der Stadt Gedanken gemacht hatte, weit übertraf, kamen dem Van entschieden zu nahe, rasierten ihm fast die Stoßstangen und Türen ab, während sie Fahrbahnwechsel vollzogen, die absolut unnötig wirkten – wieso blieb Jennifer so ruhig? WIESO BLIEB JENNIFER SO RUHIG?

»Unglaublich, dass wir Antonia über den Weg gelaufen sind«, sagte Jennifer.

Die Bemerkung irritierte May zuerst und beruhigte ihn dann. Wenn Jennifer dem Verkehr keine Beachtung schenkte, dann musste es auf der Autobahn immer so zugehen, und Sehfähige mussten an dieses Gewusel gewöhnt sein, wahrscheinlich waren sie …

»Sag mal, Jen, warum hast du gerade die Fahrbahn gewechselt?«, fragte May. »Es war doch gar kein Auto vor uns!«

»Ein paar Kilometer weiter stockt der Verkehr immer«, sagte sie. »Ich wollte mich rechtzeitig in die richtige Spur einordnen.«

Das gab May reichlich Stoff zum Nachdenken.

May fand es schön, wie sich draußen die Dinge bewegten. Fahrbahnmarkierungen flogen vorbei, während rechts Straßenschilder wie auf einem Fließband vorbeiflogen. Autos kamen so nahe, dass May den Eindruck hatte, er könne sie berühren, und mehr als einmal ertappte er sich dabei, wie er die Hand nach ihnen ausstrecken wollte, ehe sein Gehirn ihr das Wörtchen »Ausgeschlossen!« telegraphierte.

»Jen, Vorsicht, das war knapp!«, rief er, als ein kleiner Wagen dicht vor dem Van einschwenkte.

»Möglich, dass ich die erste Ehefrau bin, die je so etwas äußert«, bemerkte Jennifer, »aber es ist herrlich, zu hören, wie mein Mann meinen Fahrstil kritisiert.«

Als sie über die Bay Bridge fuhren, konnte May das Wasser unter ihnen sehen; dass es Wasser war, verriet ihm die Art und Weise, wie es sich bewegte und schimmerte. Er stellte Jennifer eine Million Fragen – nach den weißen Flecken in der Bucht, nach einem schwimmenden Baukran, nach der Stadt jenseits der Straße –, und abgesehen davon, dass seine Stimme eine Oktave tiefer lag, war er wieder der Siebenjährige, der Ori Jean bat, ihm alles zu beschreiben, was sie von genau dieser Brücke aus sah, ohne zu ahnen, dass sie an nebligen Tagen Antworten erfand, um seine Wissbegier zu befriedigen.

Auf einer anderen Brücke wollte May von Jennifer wissen, ob es sich bei den Objekten in der Mitte der Autobahn um Büsche handelte.

»Nein, das sind Pfeiler«, sagte sie. »Sie sind zu regelmäßig und eckig, um Büsche sein zu können. Büsche haben unregelmäßigere Formen.«

May speicherte die Information *Büsche sind unregelmäßiger* ab. Und er starrte staunend auf die Fetzen von Sonnenlicht, die wie ein Morsecode durch das graue metallene Tragegestänge der Brücke blitzten. Niemand hatte ihm je etwas von gebrochenen Lichtstrahlen erzählt.

Am Anblick der anderen Autos konnte er sich gar nicht sattsehen. Ihre Beschleunigung und Verlangsamung abzuschätzen, schaffte er mühelos. Aber wenn ein Auto seinem Blickfeld entschwand und er seine Aufmerksamkeit einem anderen zuwandte, dauerte es fünf oder zehn Sekunden, bis er das nächste Auto visuell verstand, bis er wirklich erfasst hatte, worum es sich handelte. Und er hatte die vage Ahnung, dass er sehr, sehr lange brauchen würde, ein Auto als solches zu erkennen, wenn jemand es an einer Stelle platzierte, wo er es nicht erwartete – zum Beispiel in einer Baumkrone.

Er fing damit an, sich die verschiedenen Autotypen einzuprägen, um sie wiedererkennen zu können, und bat Jennifer sogar, hinter bestimmten Personenwagen, Pick-ups oder Lastern herzufahren, damit er ihre Formen studieren konnte. Er suchte nach typischen Merkmalen – Pick-ups hatten im Unterschied zu Personenwagen lange, flache Hinterteile, während Vans quadratischer waren als Pick-ups –, und bald schon beeindruckte er seine Frau mit seiner Fähigkeit, die Typen der Fahrzeuge zu benennen, die unter der Sonne Kaliforniens zusammen mit ihnen ostwärts fuhren.

Es dauerte nicht lange, da bemühte sich May darum, Verkehrsschilder lesen. Bei den an einem Pfahl befestigten Schildern entlang der Straße erschien das hoffnungslos – sie waren zu klein und flogen zu rasch vorbei. Die großen grünen Autobahnschilder, die quer über der Fahrbahn hingen, wirkten vielversprechender. Im Lauf von vierzig Jahren hatte nie jemand erwähnt, dass es Schilder über der Fahrbahn gab; May hatte angenommen, alle Verkehrszeichen befänden sich am Straßenrand. Er beobachtete, wie die grünen Schilder näher kamen. Zwar wusste er, dass Dinge aus der Nähe größer aussehen als in weiter Ferne, doch in seiner Wahrnehmung wurden die Schilder bei der Annäherung nur deutlicher und detaillierter erkennbar, nicht aber größer.

Bevor May sich freilich daranmachen konnte, sie zu entziffern, musste er sich erst einmal davon überzeugen, dass der Van unter ihnen durchpasste und nicht in sie hineinraste – bis zum letzten Augenblick machte jedes der Schilder den Eindruck, direkt auf der Straße zu stehen. Als er sicher sein konnte, dass Zusammenstöße nicht zu befürchten waren, konzentrierte er sich darauf, die Schrift zu lesen. Aus der Ferne sah er nur das Grün des Schildes. In dem Maße, wie der Wagen darauf zufuhr, erkannte May das Weiß der Buchstaben. Aber jedes Mal war das Auto schon unter dem Schild durchgefahren, bevor es ihm gelang, sie zu identifizieren.

Bei Lastwagen hatte May weniger Mühe mit dem Sehen. Mit Jennifers Hilfe (sie beherrschte meisterhaft die Kunst, neben Sattelschlepperanhängern herzufahren und die Position zu halten, sogar wenn sie dabei Mays Hand hielt) konnte er erkennen, dass es sich bei den riesigen Formen, die an den Seiten der Anhänger aufgemalt waren, um Buchstaben handelte, selbst wenn er nicht gleich erkennen konnte, welche Buchstaben es waren. Den visuellen Eindruck, den der Lastwagen vermittelte, im Gedächtnis zu behalten, fiel ihm leichter. Der große gelbe Anhänger mit den schwarzen Buchstaben war, wie Jennifer ihm mitteilte, ein Ryder-Mietlaster. Der massige rote mit den verschlungenen weißen Buchstaben an der Seite transportierte Coca-Cola. Informationen dieser Art nahm sein Gedächtnis mühelos auf.

»Das ist sagenhaft«, erklärte er Jennifer. »Es ist ein ständiger Fluss, faszinierend. Es macht mir so viel Spaß.«

Sie erinnerte ihn daran, dass die von Goodman verschriebenen Augentropfen fällig waren, die er sich halbstündlich verabreichen musste. May fand das Fläschchen, legte den Kopf zurück und drückte. Glitzernde Kleckse spritzten auf sein Auge zu, schneller als jedes Auto, trafen nass und kalt auf die neue Netzhaut, und einen Augenblick lang erschien alles verwischt, ehe sich die Dinge wieder normalisierten. Für May war das ein weiterer Beweis, dass er scharf und nicht verschwommen sah.

Bald hatte Jennifer ein gut ausgebautes Stück der Interstate 80 erreicht, wo der Verkehr ihnen erlaubte, sich zu unterhalten. Sie ließen staunend die Ereignisse des Tages Revue passieren: Erst eine Stunde war es her, dass sie nichts weiter als einen simplen Verbandswechsel erwartet hatten, und jetzt konnte er sehen. Sie überlegten, was sie anders gemacht hätten, wäre ihnen klar gewesen, dass heute der große Tag war. Er hätte, erklärte May, seine Söhne mitgenommen, damit sie das Erlebnis mit ihm teilen könnten, wäre zur Golden Gate Bridge gefahren, hätte für die Freunde und die Familie eine Party gegeben und hätte irgendeinen kernigen Ausspruch vorbereitet, wie ihn Neil Armstrong parat hatte, als er den Mond betrat.

»Ach, vergessen wir die Neil-Armstrong-Nummer«, meinte er dann. »Spontane Reaktionen kommen allemal besser.«

»Stimmt!«, sagte Jennifer. »›Heiliges Kanonenrohr!‹ war nicht übel.«

Was sie betreffe, sagte Jennifer, hätte sie andere Kleider angezogen. »Etwas Helles, Farbiges, Aufregendes. Zum Beispiel knallenges gelbes Top, so etwas in der Art.«

May grinste wie ein kleiner Junge. Und er war gerührt – er konnte einen Hauch Nervosität in ihrer Stimme erkennen, wie sie laut über ein eindrucksvolleres, weniger alltägliches Outfit nachdachte.

May hatte sich Jennifer bislang noch nicht genauer angesehen. Sein funktionierendes Auge befand sich auf der dem Fahrersitz abgewandten Seite, und ihm kam es unziemlich vor, sich herumzudrehen und sie anzustarren. Gleichzeitig war er auch nicht besonders erpicht darauf, sich selbst zu betrachten; er beließ es bei einem gelegentlichen Blick auf die Muster seiner Hose und seines Hemds. Die genauere Begutachtung seines Aussehens verschob er auf später, wenn er allein sein würde.

In der Gegend von Napa bemühte sich May, das schöne Hügelland zu erkennen, das er Leute hatte bewundern hören. Er fand die Hügel auf Anhieb, dunkle Massen, die sich in den blauen Horizont hoben, und die Bäume, grüne Büschel, balancierend auf dunklen, schmalen Graten, die aus dem grünen Gras drunten emporragten. Er war überrascht, so viel Natur zu sehen – er hatte sich vorgestellt, dass die Autobahn von mehr Bauten und Eisenbahnanlagen und Industrie umgeben war; das gehörte doch zur Definition von Autobahn. Aber kilometerlang sah er nichts als grasbewachsene Hügel, in deren Hänge ab und an eine rote Scheune gestanzt war, und das erschien ihm herrlich, diese Unmenge Natur an einem Ort, der doch als so betriebsam galt.

Hinter Napa fing May an, sich müde, geradezu erschöpft zu fühlen.

»Ich muss meine Augen zumachen«, erklärte er Jennifer.

Langsam schlossen sich seine Lider. Sofort überkam ihn ein Gefühl großer Erleichterung.

»Es hat etwas Unerbittliches«, dachte er bei sich. »Es ist faszinierend, aber ich bin wie ausgelaugt.«

May schaffte es nicht, seine Augen lange geschlossen zu halten. Trotz seiner Erschöpfung konnte er die Vorstellung nicht ertragen, dass er sich etwas vom Leben entgehen ließ, wo er doch jetzt in der Lage war, es als vorhanden wahrzunehmen. Ein paar Minuten später machte er eine aufregende Entdeckung.

»Sieh nur!«, rief er Jennifer zu und deutete aus dem Fenster. »Ein Ryder-Mietlaster!«

Ein halbe Stunde später bog Jennifer in die Ausfahrt nach Davis ab. Bis nach Hause waren es nur noch fünf Minuten. May sah sich um und erblickte die Stadt, in der er aufs College gegangen war und in der er sich niedergelassen hatte, um seine Kinder großzuziehen und sein Geschäft zu betreiben. Es war eine neue Erfahrung, Ampeln und Mittelstreifen und Bauten sehen zu können, die bereits für ihn existierten. Und er konnte es gar nicht erwarten, seine Söhne zu begrüßen, die in einer Stunde aus der Schule heimkommen würden, um mit ihnen den Hof zu erforschen, einen Spaziergang zu machen und das Haus zu besichtigen. Dabei ging ihm auf, dass er sich die ganze Zeit über danach gesehnt hatte, seine Söhne endlich sehen zu können, ohne sich ein einziges Mal zu fragen, wie sie wohl aussehen mochten.

Jennifer fuhr in die Auffahrt hinauf. Plötzlich wurde May klar, dass er im Begriff stand, seine Mutter zu sehen, diese Frau, die an ihn geglaubt und es ihm erlaubt hatte, im Hinterhof ihres Hauses seinen eigenen, siebenundzwanzig Meter hohen Amateurfunkmast aufzustellen, obwohl sie wusste, dass er dabei zu Schaden kommen konnte; in einer Minute würde er ihr sagen, dass es ihm gut gehe.

KAPITEL **NEUN**

May holte seine Reisetasche hinten aus dem Van, ging durch die Garage und öffnete die Tür, die ins Haus führte. Vom Küchenboden sprang ein lärmender, heftiger Wirbelsturm auf und raste auf ihn zu, ein massives Etwas, vor dem sich zu retten er keine Chance hatte. Ehe er auch nur die Arme hochreißen konnte, um den Aufprall abzufangen, knallte der Sturm gegen sein Bein und ... begann seine Hand zu lecken.

»He, Josh!«, sagte May zu dem Hund. »Mannomann! Das war schnell! Ich bin froh, dass du es bist, Junge!«

May kniete sich hin und sah seinem Hund ins Gesicht. In der sonnenbeschienenen Küche glänzte Joshs goldenes Fell.

»Er ist auch blond«, sagte May zu Jennifer. »Aber sein Haar hat keine Strähnen.«

May strich Josh über den Kopf, den Rücken und den Schwanz. Sofort verwandelte sich, was er vor sich sah, von einer unbestimmten goldgelben Masse in ein eindeutig als Hund erkennbares Wesen.

»Ich sehe dich, Josh«, sagte May.

May hörte, wie sich jemand leichten Schritts näherte, und spürte eine Hand auf seiner Schulter. Während er aufstand, konnte er sehen, wie vor ihm ein weißer Bausch herabsank, und wusste, es war der Haarschopf seiner Mutter. Er trat auf sie zu und streckte die Arme nach ihr aus.

»Ich bin wohlauf, Mom«, sagte er.

»Ich weiß, Michael«, erwiderte sie.

»Ich kann sehen.«

»Ich weiß, Michael.«

Noch einen Augenblick hielt May Ori Jean umarmt, dann trat er einen Schritt zurück. Er sah sie an, die ganze Gestalt. Und er dachte: »Sie sieht klein aus.« Erneut starrte er auf den weißen Haarschopf, der ihr rosiges Gesicht umrahmte. Er konnte sehen, dass sie leicht nach vorn gebeugt stand.

»Ich bin alt«, sagte Ori Jean lächelnd.

May nahm ihre Hände. Obwohl sein erster Impuls war, diese Hände anzuschauen, zu sehen, was er berührte, wandte er den Blick nicht vom Gesicht seiner Mutter.

»Danke, dass du hier bist«, sagte er.

Einen Moment lang schwiegen beide. Dann drückte May sanft ihre Hände.

»Danke für alles, Mom«, sagte er.

Carson und Wyndham würden in Kürze aus der Schule nach Hause kommen. Jennifer ging durch den Hinterhof in Richtung Schule, um sie abzuholen. May beobachtete durch das Küchenfenster, wie sie hinter dem braunen Holzzaun verschwand.

»Genießt du es?«, fragte Ori Jean.

»Es ist unglaublich«, sagte er, weiterhin aus dem Fenster blickend. »Es ist faszinierend, unfassbar. Ich kann es noch gar nicht glauben.«

Ori Jean beobachtete ihren Sohn, wie er die Welt draußen betrachtete, und in seinem jungenhaften Lächeln und seinen Augenbrauen, die frohe Erwartung ausdrückten, erkannte sie ihr kleines Kind wieder. So hatte er auf die Luftballons an seinem ersten Geburtstagsfest geblickt, so hatte er an dem Morgen, an dem er Sandkuchen backen ging, in den Hof geschaut, so hatte er ausgesehen, als er aus dem Krankenhaus heimkehrte, obwohl seine Augen nichts mehr wahrnehmen konnten.

Ein paar Minuten später sah May das Zauntor aufgehen. Zwei kleine Menschen mit blondem Haar sprangen in den Hof, mit einer Elastizität, die an platzenden Puffmais erinnerte; der eine trug ein langärmeliges dunkelgrünes Hemd und hielt einen Stock in der Hand, der andere hatte ein farbenfrohes kurzärmeliges Hemd an und schwenkte einen Schulranzen. May war vor Aufregung fast außer sich – er konnte es gar nicht erwarten, seine Kinder zu berühren, ihnen alles zu berichten, zu sehen, wie sie sich bewegten, ihnen zu schildern, wie der Verband abgenommen worden war, ihnen von dem Gedränge auf der Autobahn zu erzählen. Er stieß die Tür auf.

»Hallo!«, sagte er und breitete die Arme aus.

»Tag, Dad!«, sagten sie, ließen ihre Sachen fallen, sausten an May vorbei und die Treppe hoch, um spielen zu gehen. Er hatte nicht einmal Gelegenheit gehabt, ihre Gesichter anzuschauen. Ori Jean und Jennifer brüllten vor Lachen, aber keiner lachte lauter als May selbst. Er ging an den Fuß der Treppe und rief hinauf.

»He! Ich kann sehen! Kommt wieder runter! Ich möchte mir euch Jungs mal näher ansehen!«

Carson kam zuerst herunter. Er setzte sich am Esszimmertisch auf Mays Knie und blickte in das neue braune Auge seines Vaters. May führte sein Gesicht bis auf wenige Zentimeter an das seines Sohnes heran. Ihm war immer erzählt worden, Carson habe dunkelblaue und Wyndham blassblaue Augen, und er wollte sehen, was es mit diesen Blautönen auf sich hatte.

Carson hielt seinem Vater zuliebe still, was diesem erlaubte, die Farbe der Augen zu studieren, ein Blau, das sich sowohl vom Marineblau als auch von der Farbe des Himmels unterschied, ein strukturiertes, warmes Blau, ein Carson-Blau. Während ihre Nasen sich fast berührten, starrte May unentwegt seinem Sohn in die Augen und bestaunte den Lichtschimmer, der auf der Farbe tanzte. Er hatte immer wieder von funkelnden Augen sprechen gehört, davon, dass Augen den Eindruck erwecken könnten, als lächelten sie oder sängen gar, nur hatte er das nie ergründen können, diese Vorstellung von einem Körperteil mit eigenem Charakter – konnten Ellbogen etwa singen? In Carsons Augen aber konnte er es sehen, hier ein Blitzen und dort ein Zwinkern, mit jedem Blinzeln ein etwas anderes Auge, ein Auge, das wie lebendig wirkte, während es sich bewegte, um mit seinem in Verbindung zu treten.

»Dein Blau spricht«, sagte er.

May wandte sein Auge Carsons Gesicht zu. Normalerweise betastete er nicht die Gesichter anderer Leute – das war zu intim und zudringlich –, aber das hier war sein Sohn, der auf seinem Schoß saß, und so tat er sich keinen Zwang an, fuhr Carson durchs Haar, zog ihn an den Ohrläppchen, strich ihm über die Nase, kniff ihm die Lippen zusammen. Auch hier wieder schien die Berührung das visuelle Bild zu elektrisieren und leichter fasslich zu machen. Jetzt konnte er erkennen, dass Carsons Ohren innen ein bisschen rosiger waren als an den Rändern, dass sein Haar einheitlicher blond war als das von Jennifer und dass sein Gesicht so zart war, wie es sich immer angefühlt hatte, das Gesicht eines siebenjährigen Kindes. Dann machte May in der Umgebung von Carsons Nase eine Entdeckung.

»Carson, du hast ja Sommersprossen«, sagte er.

Jennifer konnte nur mit Mühe die Tränen zurückhalten.

May war nie gesagt worden, dass Carson Sommersprossen hatte. Er betrachtete die weichen braunen Punkte, versuchte, sie zu ertasten, spürte aber nichts als Haut – was für eine verblüffende Erfahrung, etwas zu sehen, das sich nicht ertasten ließ! – und mochte sie auf der Stelle, weil sie zu seinem Sohn gehörten. Er kam sich als der glücklichste Mann auf der Welt vor, weil es ihm vergönnt war, nach sieben Jahren, in denen er seinen Sohn vergöttert hatte, noch etwas Weiteres zu finden, das er an ihm lieben konnte.

Carson lächelte seinen Vater an. Sein Mund blitzte fast zur Gänze weiß auf.

»He!«, sagte May. »Da drin ist eine Lücke!«

»Das ist mein fehlender Zahn!«, sagte Carson und legte den Finger auf die dunkle Stelle. »Siehst du, hier!«

May legte seinen Finger auf die Lücke, während Ori Jean im Hintergrund gackernd lachte.

»Carson, geh hoch und hol ein paar von den Bildern, die du gezeichnet hast«, bat May. »Ich möchte mir so gern deine Kunstwerke ansehen.«

Just, als Carson vom Schoß seines Vaters herunterkrabbelte, kam Wyndham angesaust.

»Das ist also Blassblau«, sagte May. »Deine Augen sind bildschön, Wyndham.«

May wandte sich Wyndhams Haar zu, das fast so weiß war wie das von Ori Jean. Er konnte es gar nicht fassen, dass all seine Familienangehörigen als blond bezeichnet wurden, obwohl ihre Haare doch so verschiedenfarbig waren.

May strich mit den Händen über Wyndhams Gesicht. Er suchte nach Sommersprossen, fand aber keine.

»Du hast keine Sommersprossen«, sagte er.

»Nee!«, erwiderte Wyndham.

»Also gut, lauf nach oben und hol ein paar interessante Sachen, die du mir zeigen kannst.«

Wyndham schoss die Treppe hoch, wo er fast mit Carson zusammenstieß, der mit einer Ladung Kunstmappen und Bilderbüchern heruntergerannt kam.

»Hier ist ein Bild, das ich gemalt habe«, sagte Carson und sprang auf Mays Schoß.

May beugte sich vor und hielt sein Auge nahe an das große Zeichenblatt.

»Das ist toll, Carson«, sagte May. »Es hat richtig schöne Farben – das Gelb ist großartig. Aber was stellt es dar?«

Carson nahm die Hände seines Vaters, wie er es immer tat, wenn er ihn etwas sehen lassen wollte, und strich mit ihnen über die Buntstiftzeichnung.

»Der gelbe Teil ist eine Blume«, sagte Carson.

Er zeigte May andere Zeichnungen – von einem steinernen Mann, einem Kürbis und einem Gesicht. May konnte nichts davon erkennen. Carson störte das nicht.

Nachdem er dem Vater seine Malereien gezeigt hatte, legte er ein großes Bilderbuch mit Tieren auf den Küchentisch. Er schlug es auf der ersten Seite auf.

»Weißt du, was das ist?«, fragte er.

May betrachtete das Bild. Er konnte den Umriss und die Farben erkennen, und das Bild erschien ihm auch scharf, aber was es darstellte, wusste er nicht.

»Es ist ein Tier«, half Carson nach.

May suchte nach Beinen und fand nach ein paar Sekunden gleich aussehende Körperteile, die aus einer Hauptmasse herausragten.

»Also, es hat offenbar vier Beine, demnach könnte es ein Hund sein«, sagte er.

»Oh, nein«, sagte Carson und schüttelte den Kopf. »Das ist ein Bär.«

»Wieso ist es ein Bär? Wo liegt der Unterschied?«, wollte May wissen.

»Es ist dick, es hat kurze Ohren ... und, äh ... es hat einen dichten Pelz.«

May betrachtete das Foto.

»Also gut, stimmt, ein bisschen was davon kann ich sehen.«

Wyndham kam zum Tisch geflitzt und setzte sich neben seinen Bruder auf Mays Schoß.

»Was ist das hier?«, fragte er und zeigte auf ein anderes Bild.

Wieder konnte May das Tier nicht erkennen, ja nicht einmal, dass es überhaupt ein Tier war. Er brauchte mehrere Sekunden, um herauszubekommen, welcher Teil des Bildes das Tier darstellte und was zum Hintergrund gehörte, oder auch nur festzustellen, ob er das Tier richtig herum betrachtete. Am meisten aber machte ihm bei seinem Versuch, diese Geschöpfe zu identifizieren, die Vorstellung zu schaffen, dass sie irgendwie flach auf der Seite ausgebreitet erschienen, egal, aus welchem Blickwinkel sie gezeigt wurden; das gab ihm Rätsel auf, weil er bis dahin Objekte ausschließlich dreidimensional erlebt hatte.

»Ich weiß nicht, was das hier ist«, sagte May. »Ist es eine Katze?«

Die Jungen lachten schallend. Wyndham fiel fast auf den Boden. »Nein!«, sagte Wyndham. »Das ist ein Elefant!«

May stimmte in ihr Lachen ein. Carson zeigte ihm den Rüssel, den dicken Bauch und die großen Ohren und erklärte, es handele sich um eine Seitenansicht des Elefanten. May begriff nicht, wie das möglich war – in seiner Vorstellung konnte man von einem Elefanten, der im Profil gezeigt wurde, nur ein Ohr sehen, während dieses Bild auch einen Teil des anderen Ohrs sichtbar werden ließ. Wie konnte das angehen?

Die Jungen zeigten ihm ein anderes Tier. May suchte angestrengt nach Anhaltspunkten, die ihm Aufschluss geben konnten, worum es sich dabei handelte; er überlegte, warum auf einem Teil des Bildes etwas Langes, Schmales und auf einem anderen etwas Runderes und Fülligeres zu sehen war und warum beides braune Flecken hatte. Er ging die Liste von Tieren durch, die er schon einmal betastet hatte und die solche Körperteile haben mochten, aber keines davon konnte er mit der Abbildung vor seinen Augen in Einklang bringen. Also konzentrierte er sich auf das Merkmal Länge – welche Tierart hat etwas Langes? – und gab schließlich einen Tipp ab.

»Ist das die Giraffe?«, fragte er.

»Ja!«, riefen die Jungen lachend. May freute sich, das Richtige getroffen zu haben. Aber er verspürte die ersten Anflüge von Enttäuschung über seine neues Augenlicht – warum konnte er die Giraffe nicht einfach sehen? –, und ihm schoss der Gedanke durch den Kopf, dass dies nicht die Art sein könne, wie Menschen im Normalfall sähen – so viel Anstrengung konnte das nicht erfordern. Einen Augenblick lang, bevor er zu dem Lachen und den Fragen seiner Kinder zurückkehrte, überlegte er, wie lange er wohl brauchen würde, bis er in dieser Hinsicht Fortschritte machte.

Wyndham öffnete einen Schuhkarton und griff hinein.

»Hier, Dad, das ist eine Libelle«, sagte er und setzte das Insekt auf den Tisch. Es lebte noch.

May näherte sich ihm mit dem Gesicht bis auf wenige Zentimeter. Er war erstaunt, zu sehen, dass die Flügel so groß wie der Körper waren – eine Libelle hatte er sich immer kaum größer als eine Hausfliege vorgestellt.

»Das Ding ist ja riesig!«, sagte er.

»Guck dir das an!«, sagte Carson und zog eine Gottesanbeterin aus der Schachtel. May berührte das Tier, strich leicht über seine Fühler und Beine und genoss die zuckenden Bewegungen.

»Es sieht echt zart gebaut aus, noch zarter, als es sich anfühlt«, meinte May. »Ich möchte es nicht zerbrechen.«

Die Jungen lachten laut, sprangen von Mays Knien herunter und rasten nach oben, um noch mehr Dinge zu holen und ihm zu präsentieren: Legofiguren, Comicbücher, Modellautos, einen Basketball – alles, was sie auftreiben konnten. Die nächsten zwanzig Minuten lang stürmten sie die Treppe rauf und runter und veranstalteten Ratespiele mit May. May sah sie gern rennen. Bewegung zu beobachten, fiel dem Auge leicht. Von Fröhlichkeit getragene Bewegung war ein schöner Anblick.

Als Nächstes wollten die Jungen wissen, ob May lesen könne. Sie fanden ein Buch mit großen Buchstaben auf dem Umschlag und legten es vor ihn hin.

»Weißt du, was das hier für ein Buchstabe ist?«, fragte Carson und deutete auf ein Wort.

May betrachtete den ersten Buchstaben. Er wusste, wie sich Buchstaben anfühlen, weil er bei seinen Kindern aus Holz geschnitzte Lettern betastet und vor Jahren ein Optikon benutzt hatte, einen Apparat, bei dem sich aus einem Feld von 144 Nadeln unter dem Finger erhabene Buchstaben bildeten, während der Benutzer seinen optischen Sensor über eine Druckseite bewegte.

»Das ist ein *P*«, sagte er.

»Stimmt«, sagte Carson. »Und was ist das hier?«

»Ist das ein *R*?«

»Nein, das ist ein *A*!«

Die nächsten drei Buchstaben erkannte May. Aber als er beim letzten Buchstaben, einem *Y*, angekommen war, hatte er die ersten drei schon wieder vergessen und musste noch einmal von vorn anfangen. Er brauchte eine ganze Minute, um das Wort *Party* zusammenzubringen. Ihn verblüffte, dass ein einfaches Wort zu lesen so viel Anstrengung erforderte. Aber er hielt sich mit diesem Gedanken nicht lange auf. Er war zu sehr mit der vergnüglichen Aufgabe beschäftigt, seinen Kindern als neues Lieblingsspielzeug zu dienen.

Nachdem Carson und Wyndham May alles gezeigt hatten, was es im Haus zu sehen gab, machten sie sich daran, ihm die übrige Welt draußen vorzuführen. Sie schlugen einen Spaziergang durch den Schulhof und zum Einkaufszentrum an der Universität vor, eine Route voller Sehenswürdigkeiten, die unter anderem auch an Fluffy's, ihrer geliebten Bäckerei, vorbeiführte. Die Familie zog sich Jacken an und bedankte sich bei Ori Jean dafür, dass die sich ums Abendessen kümmerte.

May hatte kaum ein paar Schritte durch das hintere Zauntor zurückgelegt, da wollten die Kinder schon wissen, ob er die Blumen sehen könne. Er bückte sich tief hinunter zu dem gelben Etwas und legte seine Hände darauf. Er war erstaunt zu sehen, was seine Hände ihm niemals verraten konnten: dass eine sogenannte gelbe Blume mehrere verschiedene Gelbtöne aufwies, die zur Mitte hin an Intensität gewannen, mit ein bisschen Grün dazwischen und einem purpurfarbenen Zentrum – und doch war es für die Leute schlicht und einfach eine gelbe Blume.

Die Jungen rannten voraus, auf der Suche nach Dingen, die sie ihrem Vater zeigen konnten. Obwohl sieben und fünf Jahre alt, waren sie praktisch gleich groß. May konnte die beiden leicht an der Farbe ihrer Kleider und an Wyndhams weißblondem Haar unterscheiden.

Der Sportplatz der Schule ließ May redselig werden. Er kannte das Gelände von tausend Spaziergängen in- und auswendig, und als er sich nach den Toiletten umsah, erblickte er an genau der Stelle, an der er es erwartet hatte, ein Gebäude mit zwei bunten Türen.

»Da sind die Toiletten!«

Er wusste, dass die Picknicktische aus Beton etwa dreißig Schritte nach rechts stehen mussten. Er blickte in die Richtung und sah graue Kreise und Rechtecke.

»Da sind die Picknicktische!«

Das bedeutete, dass rechts als Nächstes die Schaukel kommen musste. Auch das bestätigte sich. Verblüfft aber hielt er inne, als er auf ein Stück Rasen stieß, das von einem dunkleren Grün schien als die übrige Rasenfläche. Er sann mehrere Sekunden darüber nach. Wächst Gras auf dem gleichen Rasen in verschiedenen Grüntönen?, fragte er sich. Dann fiel ihm ein, dass Schatten die Dinge dunkler werden ließ; das dunkle Stück Rasen, das er sah, musste also im Schatten liegen.

Bald hatte die Familie das Schulgelände überquert und die Linden Lane erreicht. Auf dem Bürgersteig konnte May alle paar Schritte eine waagrecht verlaufende Linie erkennen, und als er mit der Fußsohle darüberfuhr, merkte er, dass dies die Pflasterfuge war. Er kam zu dem Schluss, dass die Fuge nicht deshalb dunkler erschien, weil der Zement, der sie ausfüllte, eine andere Farbe hatte, sondern weil der Einfall des Sonnenlichts bei der Fuge nicht der gleiche war wie beim restlichen Gehsteig … was bedeutete, dass es sich auch hier um eine Schattierung handelte. Die gleiche dunklere Tönung des Zements fiel ihm auch bei Kreuzungen auf, und ihm wurde klar, dass auch bei Bordsteinen die Unterschiede im Farbton ein Schattenphänomen waren und nicht die Folge eines anderen Anstrichs. »Das mit dem Schatten, und wo er überall im Spiel ist, muss ich mir merken«, dachte er.

Als sie um die Ecke bogen, strebte May auf den niedrig hängenden Ast zu, vor dem die Kinder ihn jedes Mal warnten. Ehe sie ein Wort herausbrachten, duckte er sich unter ihm weg, ohne seinen Schritt zu verlangsamen.

»Wow! Cool!«, riefen die beiden Jungen. May wirkte selbst ein bisschen verblüfft. Während sie die Straße entlanggingen, deutete Carson nach oben und fragte: »Dad, weißt du, was das ist?«

May sah ein rotes Schild über Carsons Kopf.

»Das ist wahrscheinlich ein Schild mit dem Namen der Straße.«

»Nee. Neuer Versuch.«

»Ein Parkverbotsschild?«

»Nein! Es ist ein Stoppschild.«

May stand völlig überrascht da. Stoppschilder waren gelb. Er wusste, dass sie gelb waren.

»Von wegen«, sagte er. »Du veräppelst mich.«

»Wirklich, Dad!«, sagte Wyndham.

May rief Jennifer zu Hilfe.

»Es ist tatsächlich ein Stoppschild«, sagte sie.

»Wo sind die gelben Stoppschilder?«, fragte er.

»Es gibt keine!«, riefen die Kinder und lachten quietschvergnügt.

May konnte es nicht fassen. Ein Leben lang hatte er geglaubt, Stoppschilder seien gelb. Gelb war ihm immer als die leuchtendste und aufsehenerregendste – und deshalb sicherste – Farbe erschienen. Schulbusse waren gelb, seine Schülerlotsenkelle aus der vierten Klasse war gelb. Folglich mussten auch Stoppschilder gelb sein.

May war noch damit beschäftigt, Rot und Stoppsignal in Einklang zu bringen, da stieß er schon auf das nächste seltsame Objekt. Er berührte es und erkannte es auf Anhieb als einen Hydranten. Aber der Hydrant war gelb!

»Ich dachte, Hydranten wären rot!«, rief er. »Was ist hier los?« Die Jungen brachen erneut in Lachen aus.

»Viele von ihnen sind rot«, erklärte Carson. »Aber manchmal sind sie gelb.«

»Da wartet noch viel Arbeit auf mich«, dachte May.

Den restlichen Spaziergang war er damit beschäftigt, die vielen Fragen zu beantworten, mit denen die Jungen ihn bombardierten. Sie wollten wissen, ob er hier die Zeitungsverkaufsbox, dort das Tankstellenschild, da die roten Beeren sah. Alles war faszinierend für May, alles staunenswert, alles neu. Aber es stürmte auch von allen Seiten und alles auf einmal auf ihn ein, und als sie sich wieder ihrem Zuhause näherten, sehnte er sich danach, hineinzugehen und sich von der Aufregung zu erholen, an einem Ort zu sein, wo er die Augen schließen konnte. Als er die Schiebetür der Küche öffnete, empfing ihn der Duft von Ori Jeans speziellem Hackbraten, und dass er sofort und ohne hinzusehen wusste, worum es sich handelte, war ihm ein Trost.

Begleitet von Josh, begab sich May in sein und Jennifers Badezimmer. Es war höchste Zeit. Seit seiner Kindheit pinkelte er im Stehen, es sei denn, er befand sich in einem fremden Haus, wo er mit den Gegebenheiten nicht vertraut war. Wie stets blickte er auch diesmal starr geradeaus. Auf die Idee, nach unten zu schauen, sollte er erst nach einigen Tagen kommen.

Ebenfalls ohne hinzuschauen, wusch er sich die Hände, ging ins Schlafzimmer und ließ sich rückwärts aufs Bett fallen. Er

schloss seine Augen und atmete tief aus, mit jenem langgezoge-
nen Stoßseufzer, der sich ihm zu entringen pflegte, wenn er nach
einem ganzen Tag an den Abfahrtshängen seine Skistiefel auszog.
Und ihm schoss der Gedanke durch den Kopf: »Mein Gott! Ist
das wirklich immer noch derselbe Tag? War es erst heute Morgen, dass ich als Blinder aufgewacht bin?« Er griff nach dem Radio und schaltete den Nachrichtensender ein – er brauchte eine
Vergewisserung, dass die Welt da draußen sich weiterdrehte.
Während zu seiner Beruhigung der Reporter den obligaten Bericht über irgendeinen Konflikt im Ausland lieferte, versank May
in einen Dämmerzustand. Das Nächste, was er hörte, war Jennifers Stimme, als sie ihn zum Abendessen rief.

Seit Stunden hatte May nichts mehr gegessen, und nichts hielt
ihn davon ab, kräftig zuzulangen. Er betrachtete die farbigen Teller, die vor ihm standen, und versuchte, sich darüber klar zu werden, ob es sich bei ihren Mustern um Essen oder um Dekoration
handelte. Er fand seine Gabel und zielte mit ihr auf das massigste
Objekt, weil er annahm, dass dies der Hackbraten sei. Als er in
Kontakt damit kam, wusste er, dass er sich nicht getäuscht hatte.
Und doch war der Braten braun gefärbt, nicht rot, was ihm merkwürdig vorkam, da er ja wusste, dass Hackbraten aus rotem
Fleisch gemacht wird. Er führte einen Bissen zu seinem Mund,
sah, wie die Gabel sich dem Mund näherte, und fragte sich: »Wie
habe ich gezielt, als ich noch nicht sehen konnte?«
    Rotes, Weißes, Grünes und Gelbes bot sich May zum Verzehr
dar. Über die Farbe von Nahrung hatte er sich kaum je Gedanken
gemacht, aber hier warb nun jedes Lebensmittel mit einer Art
Farbblickfang um sein Augenmerk. Er hob sein Glas Milch hoch
und betrachtete es. Von oben sah die Flüssigkeit strahlend weiß
aus, von der Seite hingegen dunkler und undurchdringlicher, und
die Vorstellung, dass dieselbe Milch je nach Blickwinkel verschieden weiß aussehen konnte, kam ihm ein wenig irreal vor.

»Bitte, Dad, kann ich noch etwas Milch haben?«, fragte Wyndham.

May sah sich um und fand einen Gegenstand, der sich als Kandidat für die Milchtüte anbot. Er streckte die Hand danach aus, nahm die Milchtüte auf und reichte sie seinem Sohn.

»Meine Güte«, flüsterte Jennifer. »Du lieber Himmel. Das war unglaublich.«

Sie blickte über den Tisch zu ihrem Mann. Er lächelte, während er eine Cherrytomate auf seinem Teller hin und her schob. Dass er ihr Gesicht und die Gesichter seiner Kinder bislang nicht genauer angeschaut hatte, war ihr noch nicht zu Bewusstsein gekommen. Sie wusste nur, dass sie stolz auf diesen Mann war und dass ihre Söhne hautnah erlebten, was es hieß, sich auf ein Wagnis einzulassen.

Als von ihrem Nachtisch nichts mehr übrig war, wussten Carson und Wyndham, dass es ihnen jetzt an den Kragen ging.

»Dad, wir haben noch so viel, was wir dir zeigen müssen«, sagte Carson.

»Stimmt, ich weiß, wo eine Spinne ist«, schloss sich Wyndham an.

»Netter Versuch«, sagte May. »Aber auch wenn ich sehen kann – schlafen gehen müsst ihr trotzdem. Ab mit euch.«

Die Jungen ließen die Köpfe hängen und trotteten die Treppe hinauf. Ein paar Minuten später folgte ihnen May, um sie ins Bett zu bringen.

Für May hätte der Fußboden im gemeinsamen Schlafzimmer seiner Söhne genauso gut die Oberfläche eines neuen Planeten sein können. Überall, wohin er sah, bedeckte ein seltsames Sammelsurium von farbigen Formen den beigefarbenen Teppichboden und bildete zwischen der Tür und dem Etagenbett aus braunem Holz eine chaotische Sperrzone. May war klar, dass er auf das gleiche Durcheinander von Spielzeugen, Bällen, Elektrokabeln, künstlerischen Vorhaben, Kleidern und Schulranzen blickte, das er allabendlich wegzuräumen befahl; er wollte sehen, ob es ihm gelingen würde, in dem Wust das Spielzeug zu entdecken, das er am meisten mochte, einen programmierbaren, elektrisch betriebenen Lastwagen.

Er hockte sich hin und besah sich die vielgestaltige Szenerie. Nach ein paar Minuten hatte er etwas entdeckt, das vom einen zum anderen Ende lang wirkte und offenbar Räder besaß. Er streckte die Hand aus, um es zu berühren. Augenblicklich wusste er, dass er seinen Lastwagen gefunden hatte, dessen Form für sein Auge plötzlich Sinn gewann und dessen rotes Fahrerhaus ihm geradezu als eine Erleuchtung erschien.

»Ich hab's gefunden«, sagte er. »Es ist rot.«

May liebte diesen Lastwagen, weil er hinten Schaltknöpfe hatte, mit denen man seine Aktivitäten programmieren und ihn veranlassen konnte, nach links zu fahren, zu hupen, zu wenden und anderes mehr. Nach diesen Knöpfen hielt May nun Ausschau. In der Nähe der Rückseite entdeckte er mehrere kleine weiße Kleckse.

May begann, Befehle einzutippen. Einen Augenblick danach summte der Motor, und der Lastwagen setzte sich in Bewegung. May sah zu, wie das Fahrzeug sich befehlsgemäß nach links, dann nach rechts wandte und die Figur einer Acht ausfuhr; er genoss die Schönheit der Bewegung, nicht nur wegen der eleganten Kurven, die das Fahrzeug beschrieb, sondern auch, weil er es geschafft hatte, diese Kurven für sein Auge Wirklichkeit werden zu lassen.

»Zeit, hier aufzuräumen«, sagte er zu den Jungen und sah dann zu, wie sie im Zimmer umhergingen und farbige Formen auflasen. Eine Stehlampe in der Ecke erhellte das Zimmer – eine Deckenlampe gab es nicht – und sorgte dafür, dass sich die Objekte, die er zu erkennen suchte, hervorragend von ihrem Hintergrund abhoben. Auf der anderen Seite des Zimmers, wo es dunkler war, schienen die Gegenstände mit ihrer Umgebung zu verschmelzen.

Als das Zimmer aufgeräumt war, zogen die Jungen ihre Schlafanzüge an und kletterten in ihr Etagenbett. May drehte das Licht aus, nahm seine Gitarre und sang ein Lied für sie. Nach fünf Minuten waren sie eingeschlafen. May trat an ihr Bett und gab ihnen einen Gutenachtkuss. Sie im Dunkeln zu finden kostete ihn keine Mühe.

Erschöpft, wie sie waren, beschlossen May und Jennifer, ebenfalls schlafen zu gehen. Auf seinem Weg ins Schlafzimmer sah May einen blonden Vorleger auf dem Boden vor seinen Füßen. Er wusste, dass es da keinen Vorleger gab, und bückte sich, um ihn genauer zu betrachten. Der Vorleger hob sich ihm entgegen und japste. May richtete sich auf und stieg über die blonde Masse hinweg.

»Jen«, sagte er, »ich bin gerade über Josh rübergestiegen!«

Seit die beiden zusammengefunden hatten, war May unzählige Male auf seinen Hund getreten. So hervorragend trainiert er auch war, hatte Josh doch eine unheimliche Neigung, sich, sobald er dienstfrei hatte, langzulegen, wo es ihm gerade passte. Dass es jetzt möglich war, einen Bogen um ihn zu machen, schien beiden ein großer Gewinn.

May wartete, bis Jennifer mit ihrer Abendtoilette fertig war, und ging dann seinerseits ins Badezimmer. Er schaltete das Licht ein und fing an, sich im Spiegel zu betrachten. In Goodmans Praxis hatte er sich beobachtet gefühlt, aber jetzt, wo er allein war, konnte er sich richtig anschauen. Er starrte den Mann im Spiegel an und staunte erneut darüber, wie groß der Kerl war, der aus dem Spiegel zurückstarrte; es verblüffte ihn, dass ihm seine Körpergröße all die Jahre hindurch verborgen geblieben war. Das erschien ihm wie das visuelle Pendant zu der Erfahrung, zum ersten Mal die eigene Stimme auf Band zu hören.

Er trat näher heran, und wie ein Radiosender, der klarer hörbar wird, je besser man ihn einstellt, nahm der Mann, der ihn aus dem Spiegel ansah, deutlichere Konturen an und offenbarte auf einmal mehr Details. May bewegte sich rückwärts, und der Mann im Spiegel war wieder unspezifischer, wurde zu einem Gemenge aus Form und Farbe. Eine Minute lang spielte er mit dieser wandlungsfähigen Gestalt, trat vor und zurück, kam näher und entfernte sich, bis er den Mut fand, genau hinzuschauen, woraufhin ihm eine Vielzahl von Einzelheiten auffiel. Verunreinigungen, Falten, Sommersprossen, ein Leberfleck – all das erschien ihm unglaublich intim und persönlich. Wenn er diese aufschlussreichen Spuren in seinem Gesicht lesen konnte, dann konnten das andere ebenso, überlegte er und dachte: »Es reicht.« Die Vorstellung machte ihm zu schaffen, dass sich all die Jahre hindurch so viel von ihm den Leuten offen dargeboten und ihr Wohlgefallen oder Missfallen hervorgerufen hatte.

Nachdem er sich vor den Details in Sicherheit gebracht hatte, hob er seinen Arm, bewegte ihn hin und her und verfolgte, wie ein gleicher Arm im Spiegel diese Bewegung nachmachte. Er nahm seine Hand und probierte, wie nah er sie allein mit Hilfe des Spiegelbilds an seinen Kopf heranführen konnte, ohne sein Haar zu berühren. Immer wieder drehte er sich zur Seite und beobachtete, wie der Mann im Spiegel sich von ihm abwandte.

Der Anblick seiner Hände im Spiegel faszinierte May, und er sah zu ihnen hinab, um sie genauer zu inspizieren. Eine Armlänge entfernt zeigte sich ihm der Umriss einer Hand mit Fingern, aber in dem Maße, wie er sie näher ans Auge heranführte, wurden die Adern und Fältchen sichtbar, und er fragte sich: »Sind diese Linien gut oder nicht?« Im Nu hatte er seine Zahnbürste gefunden. Während er seine Zähne putzte, betrachtete er sich aus verschiedenen Blickwinkeln im Spiegel. Dann schloss er die Augen, um herauszufinden, ob eine visuelle Erinnerung an das Gesehene zurückblieb. Selbst mit geschlossenen Augen hatte er das Gefühl, die Zahnbürste zu sehen.

May ging ins Schlafzimmer. Auf dem Bett sitzend, hielt Jennifer seinen Hinterkopf und führte die andere Hand an sein Auge, um das Medikament einzuträufeln. Dann schmiegten sie sich eng aneinander und umarmten sich. Einer von ihnen sagte: »Was für ein Tag. Wer hätte gedacht …« Aber noch ehe der Satz zu Ende gesprochen war, schliefen beide bereits tief und fest.

Mays Blick fiel auf eine Reihe von vertikalen Linien, als er am Morgen aufwachte. Er wusste, dass er an die Decke schaute, und überlegte deshalb, was ein Linienmuster an einer Zimmerdecke zu suchen habe. Er stupste Jennifer an, die gerade aufwachte.

»Jen, ist das dort oben ein Heizlüfter?« Jennifer rieb sich die Augen und blickte in die Richtung, in die May deutete.

»Ja, Schatz. Toll, dass du das sehen kannst.«

May sah sich im Zimmer um. Alles war noch da; der gestrige Tag war kein Traum gewesen – es ging weiter, genau dort, wo es gestern aufgehört hatte. Er versuchte, sich zu erinnern, ob er in der Nacht geträumt hatte, doch er konnte sich an nichts erinnern.

Gähnend ging er ins Badezimmer und betrachtete sich im Spiegel, diesmal unbekleidet. Jennifer kam kurz darauf herein. Auch sie hatte nichts an. Aus der Küche drang Kinderlärm; dort half Ori Jean Carson und Wyndham, sich für die Schule fertig zu machen. Jennifer stellte sich neben May und stand Schulter an Schulter mit ihm. Ein paar Sekunden lang betrachteten sie wortlos und ohne sich zu bewegen ihr nacktes Spiegelbild, Arme und Hände parallel zum Körper, Mays Haut ein fahles Weiß, Jennifers Haut goldbraun, das Heben und Senken ihres Brustkorbs für May deutlich erkennbar, beide gleich ruhig dastehend, beide das Gegenüber eher als Ganzes denn Teile davon erfassend, beide von dem Eindruck bewegt, dass ihr Spiegelbild sie als eine Person erscheinen ließ, wenn sie es auf eine bestimmte Weise betrachteten.

Jennifer beugte sich zu ihrem Mann hin, küsste ihn auf die Wange und ging aus dem Badezimmer. May trat in die Duschkabine und drehte das Wasser auf. Glitzernde Stränge flogen vom Duschkopf auf seinen Hals und seine Schultern herab, zerbarsten dort und schleuderten ihm einen Splitterschwall aus durchsichtigen, weißen Tupfen vor die Augen. Er blickte zum Duschkopf hinauf und konnte die winzigen Löcher sehen, aus denen das Wasser strömte, wie aus einer Art von Metallblume; er sah zu, wie sich aus diesen Löchern ein Sprühregen ergoss, bis der Raum vor ihm ein einziger grauer Wirbel war. Er streckte die Hand aus, um den Wirbel zu berühren, und seine Hand drang mitten hindurch. Einen Augenblick stand er da, den Arm versenkt in dieser schäumenden, stumpfen Farbe, bis ihm aufging, dass er Wasserdampf vor sich hatte. Und die nächsten zwei Minuten lang beobachtete er den Dampf, eine grandiose, wabernde Erscheinung, der er ewig hätte zuschauen können und die ihm niemand vollständig zu erklären vermocht hätte, dieses Phänomen, dass etwas da sein und gleichzeitig doch nicht da sein konnte, dass man etwas deutlich vor Augen hatte und zugleich mit der Hand durchdringen konnte.

May griff nach seinem Shampoo. Normalerweise hätte er herumgetastet, um es zu erspüren, vorsichtig, um nicht Jennifers zahllose andere Badeutensilien umzustoßen. Er wusste, dass es sich um eine blaue Flasche handelte. Er sah das Blau und nahm es. Hier war Sehen Macht.

Nachdem er sich abgetrocknet hatte, ging May zum Kleiderschrank, um sich etwas zum Anziehen auszusuchen. Er fand eine Hose und ein Hemd, das dazu passte – die meisten seiner neutral gehaltenen Sachen taten das. Er schaute sich an, ob die Farben zusammen einen angenehmen Eindruck machten, in dem Sinne, wie die Leute es seiner Meinung nach meinten, wenn sie sagten, etwas passe gut zusammen. Er war davon überzeugt, dass die Farben harmonierten.

In der Küche ließen die Jungen ihren Toast im Stich, rasten mit einer Schachtel Getreideflocken herbei und wollten wissen, ob er den Namen lesen könne. Die Buchstaben auf der Schachtel waren erfreulich groß, aber lesen konnte er sie trotzdem nicht sofort. Er zeichnete einige mit seinem Zeigefinger nach, erkannte, dass andere miteinander verbunden waren, und hatte besonders große Probleme mit den Kleinbuchstaben. Immerhin identifizierte er den ersten großen Buchstaben als ein *R*, und mit Hilfe einiger logischer Schlussfolgerungen gelang es ihm, sein erstes längeres Wort zu lesen: Rosinenflocken. Die Jungen jubelten und rannten in die Speisekammer, um all die anderen Getreideflockensorten zu holen und ihren Vater die Namen lesen zu lassen. May entzifferte die Wörter Buchstabe für Buchstabe, hatte aber auch diesmal die ersten Buchstaben häufig wieder vergessen, wenn er beim letzten angekommen war – für seine Söhne eine Quelle großer Erheiterung.

Wie meistens brachte May auch an diesem Morgen die Jungen zu Fuß zur Schule. Aber ohne ihre Kleidung und ihren unterschiedlichen Blondton hätte er sie nicht auseinanderhalten können. Auf dem Schulhof fiel einigen der Mütter auf, dass May um sich blickte. Sie wussten, dass er sich einer Operation unterzogen hatte, und wollten wissen, ob er wieder sehen könne.

»Also, ich sehe, dass Sie einen hübschen roten Pullover und blaue Jeans anhaben«, sagte May.

»Das stimmt! Toll!«

»Und ich kann erkennen, dass Sie beide umwerfend schlank sind.«

»Sie sollten unseren Männern beibringen, wie man richtig sieht!«

Tatsächlich konnte May erkennen, dass die Frauen zierlich waren, weil sie neben einer Reihe korpulenterer Mütter standen. »Nein, wirklich«, dachte er, »es gibt Menschen in jeder Größe.«

Nach Hause zurückgekehrt, setzte sich May zum ersten Mal seit dem Eingriff wieder an die Arbeit. Er erledigte geschäftliche Anrufe, tippte E-Mails und versuchte gar nicht erst, auf seinem

Computerbildschirm zu lesen – es war viel einfacher, der Stimme
seines Leseprogramms zuzuhören, wie er das seit Jahren tat. Zwischendurch beschrieb er Kim Burgess, einer jungen Studentin
von der UC-Davis, die er seit kurzem als Hilfskraft beschäftigte,
wie er sein neues Sehvermögen erlebte. Burgess hatte lange blonde Haare und konnte sich in jeder Hinsicht sehen lassen. Er war
hingerissen von ihrem Haar und sah selbstvergessen zu, wie es zur
Seite wogte, wenn sie einen Anruf annahm, oder nach hinten flog,
wenn sie es zu einem Pferdeschwanz band. Er konnte ihre Eigenheiten, ihre Posen und Gesten beobachten – alles lag vor ihm, alles bot sich seinem Auge dar, solange er Lust hatte, hinzuschauen.

Beim Mittagessen auf der hinteren Terrasse genoss May es,
dass er imstande war, allein mit Hilfe des Auges nach der Milchtüte zu greifen und seine Serviette wiederzufinden, als sie auf den
Boden fiel. Kim Burgess und Jennifer konnte er dank der Länge
ihres Haares und der Farbe ihrer Kleidung leicht voneinander
unterscheiden. Wenn die Frauen redeten, hüpften ihre Köpfe,
öffneten und schlossen sich ihre Lippen und gestikulierten ihre
Hände. Dieses Bewegungschaos amüsierte ihn und lenkte ihn
gleichzeitig ab; so viel Mühe er sich auch gab, er konnte sich auf
das, was sie sagten, nicht konzentrieren, solange ihre Gesichter
solche Akrobatik aufführten. Und während er ihre Geschichten
mit freundlichem Lächeln begleitete, fragte er sich, wie sie selbst
es schafften, bei diesem Aufruhr der Mimik auch nur ein Wort
von dem, was gesprochen wurde, mitzubekommen.

May streckte sich und sah hinauf in den Himmel.

»He, Jen, was ist das Weiße, das sich in dem Baum da nach
oben bewegt?«, fragte er.

Jennifer blickte in die Richtung, in die er deutete. Sie sah nichts.
Schließlich sah sie in einem weit entfernten, hohen Baum den
weißen Schwanz eines Drachens flattern. Sie selbst konnte ihn
nur mit Mühe erkennen – aus dieser Entfernung erschien er klein
wie ein Faden.

»Mann, kannst du das wirklich sehen?«, fragte sie.

»Ja«, sagte May.

Jennifer blickte erneut zu dem winzigen Fetzen des Drachens hin. Eine Minute zuvor hatte May die Milchtüte dicht vor sein Auge halten müssen, um den Buchstaben M lesen zu können. Jetzt erspähte er ein Stückchen Stoff in einem weit entfernten Baum. Sie hatte geglaubt, interessanter als gestern könnten sich die Dinge nicht mehr entwickeln. Sie hatte sich wohl geirrt.

Am späten Nachmittag steckte Wyndham den Kopf durch die Tür von Mays Büro.

»Komm und spiel Ball mit mir, Dad!«

Mays Herz begann wild zu klopfen. Viele seiner glücklichsten Stunden hatte er damit verbracht, Bälle zu jagen, zu werfen und zu treten. In dem Jahr aber, in dem er über die Aussicht, seine Sehfähigkeit wiederzugewinnen, nachgegrübelt hatte, war ihm kein einziges Mal der Gedanke gekommen, dass er dann auch einen Ball würde sehen können.

»Großartige Idee«, sagte er.

Wyndham rannte los, holte einen rotweißen Fußball und kam damit zu seinem Vater, der im Hof wartete. Sie stellten sich in einem Abstand von fast zwanzig Metern auf. Wyndham legte den Ball auf die Erde.

»Fertig, Dad?«

»Fertig.«

Wyndham trat gegen den Ball. May sah ihn sofort auf sich zurollen; mit seinem strahlenden Weiß beschrieb er eine deutlich erkennbare Bahn auf dem Untergrund des hellgrünen Grases. Ohne zu überlegen, trat er nach links, schoss mit dem Fuß nach vorn und stoppte den Ball unter seiner Schuhsohle. Einen Augenblick lang stand May da, über sich selbst verblüfft.

»Gut gemacht, Dad!«, rief Wyndham. »Jetzt kick ihn zu mir zurück.«

Jennifer sah vom Küchenfenster aus zu, wie May einen Schritt zurücktrat, auf den Ball hinuntersah, dann den Fuß nach vorn schwang, den Ball genau traf und ihn zu Wyndham sausen ließ, der ihn, ohne weit laufen zu müssen, seinerseits mit dem Fuß stoppte.

Wyndham schickte seinem Vater ein paar weitere Flachschüsse. May bewegte sich entsprechend und fing sie alle ab. Dann nahm Wyndham einen großen Anlauf und ließ den Ball durch die Luft in die Richtung rechts von May fliegen. Instinktiv lief May nach rechts, hob sein Bein und holte den Ball herunter.

»Mann! Das war cool!«, entfuhr es ihm. »Schick noch mehr von der Sorte, Wyndham!«

Sein Sohn tat wie geheißen. May stoppte sie alle im Flug. Dann ließen sich beide ohne Absprache etwas Neues einfallen. Wyndham legte den Ball auf den Rasen, ging zwei Schritte zurück, rannte dann nach vorn und kickte den Ball noch höher zu seinem Vater hin. May sprang zurück und nach rechts, streckte die Arme aus und fing den Ball.

»Ja! Toll gefangen, Dad! Sagenhaft!«

May hielt inne und schaute auf seine Hände, die nach wie vor den mit einem kleinen roten Muster bedruckten weißen Ball festhielten, als gehöre er dorthin, als wären sie und er schon seit langem aufs engste verbunden.

»Ich hab ihn gefangen«, sagte May.

Er bat Wyndham, noch mehr Schüsse dieser Art abzufeuern. Bald schon fing May vier von fünf Bällen, die auf ihn zugeflogen kamen, auch solche, die er nur im Sprung erreichen konnte. Selbst wenn er den Ball verfehlte, rannte er ihm nach, als wäre er wieder vier Jahre alt. Eine Stunde lang verloren er und Wyndham sich darin, ihr Spiel zu spielen, die Treffer zu zählen und sich gegenseitig in Atem zu halten. Die Spielkameraden hatten es May nie leicht gemacht, wenn er als Junge mit ihnen Sport getrieben hatte, und während er ein ums andere Mal die schwierigen Bälle, die ihm entgegenflogen, zu erhaschen suchte, freute es ihn, dass auch Wyndham nicht im Traum daran dachte, ihn zu schonen.

Nachdem am Abend die Kinder im Bett lagen und das Geschirr abgetrocknet war, zogen sich May und Jennifer ins Schlafzimmer zurück. Jennifer wollte ins Badezimmer gehen. Er griff nach ihrer Hand.

»Ich möchte dich anschauen«, sagte er.

Jennifer trat an ihn heran, nahm seine Hände und küsste ihn, zuerst leicht auf die Wange, dann leidenschaftlicher auf die Lippen.

»Ich bin richtig nervös«, sagte sie. »Aber ich will, dass du mich anschaust.«

Sie knöpfte Mays Hemd auf, zog es ihm über den Rücken herunter und ließ es hinter ihm zu Boden sinken. Sie zog sich selbst die Bluse über den Kopf, hakte ihren Büstenhalter auf und ließ ihn auf den Boden fallen, ein weißes Etwas, dessen Bahn May so deutlich verfolgen konnte wie den Flug des Fußballs. Sie stellte sich auf die Zehen und beugte sich zu Mays Ohr vor.

»Warte hier«, sagte sie.

Sie ging zur gegenüberliegenden Wand und drehte das Deckenlicht an; danach schaltete sie die Nachttischlampen ein, sodass der Raum hell erleuchtet war. Das Licht half May dabei, seinen Radiowecker zu finden und ein bisschen Musik anzustellen. Jennifer zog die Jeans aus. Einen Augenblick später war sie vollständig nackt. Und, so schien es ihr, vollständig in Licht getaucht.

»Bist du ganz ausgezogen?«, fragte er.

»Ja«, sagte Jennifer und verschränkte die Arme über ihren Brüsten. »Jetzt gibt es nur noch mich.«

May streifte seine restliche Kleidung ab.

»Prima«, sagte er. »Jetzt kann ich dich endlich angaffen.«

Jennifer lachte und spürte, wie sie errötete. Sie stieg ins Bett.

»Okay, ich warte auf dich«, sagte sie.

May kniete sich neben das Bett und rückte heran, um sie aus nächster Nähe zu betrachten. Jennifer zog die Bettdecke hoch, sodass sie ihren Körper bis zum Kinn bedeckte.

»Hier drinnen ist es kalt«, sagte sie.

»Wenn ich unter die Decke kriechen muss, brauche ich eine Taschenlampe, und ich glaube, die Batterien sind leer. Ich habe also eigentlich gar keine Wahl.«

Jennifer kam langsam unter der Decke hervor, schob sie ans Fußende und legte sich flach auf den Rücken, die Arme am Körper ausgestreckt, die Beine zusammengepresst. Sie hatte sich schon lange nicht mehr so angespannt und zugleich erregt gefühlt.

May hatte bereits alle Mühe, seine Hände von Jennifer fernzuhalten. Ihre Schüchternheit verstärkte nur den Impuls, sie zu berühren. Aber er wollte herausfinden, was die bloße Sehkraft zu Tage förderte, wie ihm dieses großartigste Geschöpf, das es in der Welt gab, seine Frau, erschien, wenn er sie ausschließlich mit Blicken berührte.

May rutschte auf den Knien zum oberen Ende des Bettes. Plötzlich konnte er Jennifers blondes Haar mit seinen verschieden getönten Strähnen sehen, das jetzt anders aussah als zuvor, da sie noch angezogen gewesen war und Geschirr abgewaschen hatte. Jetzt war es nicht mehr wohlgekämmt und ordentlich, sondern ergoss sich wie ein fächerförmig ausgebreitetes Kartenspiel über das Kissen, und seine blonden und goldenen Strähnen waren wie Lockrufe, denen er an hundert verschiedenen Stellen erliegen zu können schien. Er richtete seinen Blick auf ihre Stirn. Dort sah er, verloren zwischen ihren Augen, eine verirrte blonde Locke, ein persönlicher Akzent, von dessen Existenz nicht einmal Jennifer selbst etwas wusste.

»Sieh mich an«, sagte May, immer noch neben dem Bett kniend.

Jennifer drehte den Kopf nach rechts. Jetzt konnte er ihren Mund sehen – die schwachen vertikalen Linien auf ihren Lippen, die Hügel, die sich über der Mitte ihrer Oberlippe in ein Tal senkten, ein rötliches Rosa, wie er noch keines gesehen hatte. Sie fing an, eine Spur schwerer zu atmen, wodurch sich ihre Lippen ganz leicht öffneten zu einem Spalt, der in Mays Augen nichts mit einem Lächeln zu tun hatte, sondern der ihm, zusammen mit dem Atemgeräusch, verführerisch erschien.

Jennifer steckte ein paar Haarsträhnen, die nach vorn gefallen waren, hinter den Kopf. May beugte sich dicht zu ihr herab.

»Du hast kleinere Ohren, als ich dachte«, sagte er. »Warum hast du mir vor unserer Heirat nichts davon gesagt, dass du kleine Ohren hast?«

»Hab ich gar nicht!«, sagte Jennifer lachend und zupfte das Haar wieder über die Ohren.

May kletterte aufs Bett und kniete neben seiner Frau, die auf dem Rücken liegen blieb. Er richtete seinen Blick auf ihren Hals.

»Ich kann die Vertiefung an deiner Kehle sehen«, sagte er. »Erinnere mich daran, dass ich dich später dort kitzle.«

»Michael! Um Himmels willen, nicht kitzeln! Ich fühle mich auch so schon wacklig genug!«

»He, was ist das hier?«, fragte May und deutete auf einen dunklen Fleck.

»Das ist ein Muttermal«, sagte Jennifer. »Ich habe dir schon x-mal davon erzählt, erinnerst du dich nicht?«

May erinnerte sich nicht, hielt es aber für das Beste, das für sich zu behalten und seine Betrachtung fortzusetzen. Er legte sich auf die Seite, streckte sich aus und machte sich daran, das ins Auge zu fassen, worum schon seit dem zwölften Lebensjahr seine Phantasien, Vorstellungen und Gedanken kreisten: die Brüste einer Frau.

Er suchte in der Mitte von Jennifers Brust nach den dunklen Ringen der Spitzen ihrer Brüste, entdeckte sie stattdessen aber zur Seite hin liegend.

»Das ist so, wenn man über vierzig ist und Kinder zur Welt gebracht hat …«

»Wie schön du bist«, unterbrach May sie. Seine Hände bewegten sich auf ihre Brüste zu, und jetzt waren sie nicht mehr davon abzuhalten, sie zärtlich zu erforschen und sich unter sie zu schieben, um sie ganz zu spüren. Jennifer atmete tief durch.

»Was siehst du?«, fragte sie.

»Es ist unglaublich, wie sich die Farbe von der Mitte der Brustwarze zur Brust hin verändert. Da spielt sich so viel ab. Und ich kann sehen, dass deine Brustwarze steif ist.«

»Du siehst zu genau hin!«, protestierte Jennifer. »Ich fühle mich wie auf dem Präsentierteller!«

May hörte nicht auf, ihre Brüste zu streicheln und zu massieren. Jennifer kämpfte mit dem Drang, zurück unter die Decke zu schlüpfen – sie war noch nie auf diese Weise inspiziert worden –, aber während sie zusah, wie er rang und schwer atmete, leise zu stöhnen begann, während sie beobachtete, wie er sich bemühte, sie zu verstehen, wurde ihr klar, dass sie eine Art von Geburt erlebte, und sie suchte sich vorzustellen, wie viel Liebe und Mut es bedurfte, um einem anderen Menschen zu gestatten, der eigenen Geburt beizuwohnen.

May schob seinen Arm unter Jennifers Nacken, und sie kuschelte sich an ihn. Ein einziges Wort, eine Berührung mit der Hand, schon ein heftiger Atemzug hätte jetzt genügt, eine intime Situation herbeizuführen. Keiner von beiden sagte etwas. May hatte noch Stellen zu erforschen. Er kroch rückwärts, bis er über Jennifers Taille kniete.

»Was siehst du jetzt?«, fragte sie.

»Es ist erstaunlich. Ich sehe deine Rippen. Man erkennt sofort, was das ist. Toll. Rippen.«

May rückte weiter bis zu Jennifers Taille und Hüften. Hier war sie sich ihrer Sache am sichersten. Sie hatte Konditionstraining gemacht und sich gesund ernährt und war mit ihrem Körper im Einklang und zufrieden wie nie zuvor.

»Ich drehe mich jetzt auf die Seite«, sagte sie. »Dann kannst du mich richtig gut sehen.«

Jennifer rollte sich auf die Seite. May war noch nicht vollkommen in der Lage, sein Auge selbständig wandern zu lassen, also begann er, es wie einen Achterbahnwagen über ihren Körper zu führen, ließ es von der Höhe ihres Brustkorbs in das Tal ihrer Taille hinabgleiten und dann wieder hinauffahren bis zum höchsten Punkt des Geländes, dem Hüftknochen.

»Jen, du hast ja abenteuerliche Kurven!«, erklärte May. »So muss die Gegend bei Kirkwood aussehen.«

Jennifer lachte, wand sich und lachte wieder. May strich mit den Händen über die Regionen, die er gerade mit dem Blick durchwandert hatte. Gleichzeitig benutzte er sein Sehvermögen, um die sich kräuselnden Hautfältchen ihres Bauchnabels, den Flaum babyblonden Haars auf ihren Armen, die Wölbung ihres Bauches und das Muttermal zu inspizieren, von dem sie ihm mit Sicherheit nichts gesagt hatte. Dann wich er zurück und fasste die Gesamtheit ihres Körpers ins Auge und fand ihn stimmig; er musste die Teile des Körpers nicht so zusammenfügen wie Buchstaben, um sie lesen zu können. Der vielfältige Zugang, den der Körper ihm eröffnete, faszinierte ihn. Während sie einander liebten, hatte er sich oft eine dritte Hand gewünscht. Aber jetzt, da er über ein Auge verfügte, das den Körper überall berühren und an jeder Stelle gleichzeitig sein konnte, hatte er das Gefühl, mit beliebig vielen Händen beschenkt worden zu sein.

May robbte auf den Knien rückwärts, bis er Jennifers Schoß erreichte.

»Also, ich sehe mir alles an«, sagte er. »Ich schau genau hin.«

»Na gut … wenn du meinst«, antwortete Jennifer.

May führte das Auge bis dicht über Jennifers Geschlecht. Sie hatte Mühe, nicht zu zappeln oder zu lachen oder sich ihm zu entwinden.

»Also«, sagte May, »ich glaube, du bist eine echte Blondine.«

»Michael«, protestierte Jennifer.

»Ich kann auch deine Bräunungslinie erkennen. Obwohl es Winter ist, kann ich sehen, wo sie verläuft.«

May legte die Hände auf Jennifers Knie und drückte sie sanft auseinander. Sie leistete keinen Widerstand. Er kniete sich zwischen ihre Beine und ging mit dem Kopf nach unten, um sich eine genaue und gut ausgeleuchtete Ansicht zu verschaffen. Dabei widerstand er allem Drang, die Hände zu Hilfe zu nehmen, und beschränkte sich auf sein Auge, um zu sehen, was er unterscheiden konnte, wobei er den Kopf hin und her drehte, um das Licht die interessantesten Teile beleuchten zu lassen und zu beobachten, wie zarte Regionen in andere übergingen, die sich nur durch subtile Veränderungen im Farbton zu erkennen gaben. Einerseits hätte Jennifer gern die Flucht ergriffen und sich im Badezimmer eingeschlossen, andererseits hätte sie May am liebsten in die Arme genommen und mit der ganzen Inspektion kurzen Prozess gemacht. Stattdessen blieb sie, seinem Wunsch gehorchend, still liegen und fügte sich in ihre Rolle, hier und jetzt für ihn ein visuelles Objekt, nichts als ein visuelles Objekt zu sein.

Nach einigen Minuten setzte er seinen Weg nach unten an Jennifers Beinen entlang fort, kommentierte dabei nach wie vor unablässig, stieß auf Details des Körperbaus, die sogar Jennifer selbst nicht mehr präsent waren. Bis zu diesem Tag hatte ihr noch niemand niedliche Knie bescheinigt.

Als May schließlich bei Jennifers Zehen ankam, war das Paar mit seiner Selbstbeherrschung am Ende; Jennifer zog May an ihre Brust, sie fingen an, sich zu küssen, und der Rest vollzog sich mit einer Vehemenz und Leidenschaft, die sie beide überraschte. Ab und an warf Jennifer einen verstohlenen Blick auf May, um zu sehen, ob er sich selbst beobachtete – schließlich war sein eigener Körper ihm visuell ebenso unvertraut wie ihrer. Offenbar würdigte er sich aber keines Blickes. Sich selbst zu betrachten wäre ihm als reine Verschwendung erschienen: Wozu die Sehkraft für etwas anderes verausgaben als für die schöne Frau vor seinen Augen?

Während des Liebesakts blickten beide gar nichts an, sondern schlossen lieber die Augen, atmeten dem anderen tief ins Ohr und ließen sich ganz von ihren Empfindungen treiben. Dann, während sie beide dem Höhepunkt zustrebten, öffnete May die Augen, sah einen Moment lang, dass Jennifer ihre geschlossen hielt, und sah, wie lieb und verletzlich sie wirkte – durfte er sie überhaupt ansehen, wenn sie es nicht wusste und seinen Blick nicht erwidern konnte? –, aber lange brauchte er darüber nicht nachzudenken, denn einen Augenblick später öffnete sie ihre Augen und blickte direkt in seine, und ihm war, als hätten ihre Augen seine rufen gehört, als könnten Augen so etwas, und jetzt wollte keiner den Blick mehr abwenden, die Blicke blieben ineinander versenkt, und als der Höhepunkt erreicht war, hatte May das Gefühl, dass Jennifers Augen eine Wandlung erfuhren, sie waren nicht mehr einfach nur Farbe, Form und Bewegung, sondern sie waren eine Stimme, und die Stimme sagte: »Ich bin bei dir.«

Am nächsten Morgen schlief May ein bisschen länger. Als er in die Küche kam, waren Carson und Wyndham fast schon zur Tür hinaus. May goss sich eine Tasse Kaffee ein und setzte sich an den Tisch. Er sah zuerst Carson an, der an seinem Ranzen zerrte, und dann Wyndham, der mit einer roten Baseballmütze herumfuchtelte. Jennifer fragte May, ob er einen Bagel wolle, aber er hörte sie nicht. Josh leckte ihm die Hand, aber er nahm es gar nicht wahr. May blickte unverwandt auf Wyndham. Seit dem Verlust seines Augenlichts hatte May immer das Gefühl gehabt, dass er ganz nahe daran war, den roten Hut im Geiste sehen zu können, den sein Vater ihm zu ihrem Jagdausflug gegeben hatte; er entzog sich stets nur knapp seinem Zugriff – war da und doch nicht da. »Würde ich diesen roten Hut sehen können, wenn ich irgendwie die Sehkraft wiederbekäme?«, hatte er sich gefragt. Jetzt, als Wyndham ihm zum Abschied zuwinkte, konnte er den roten Hut sehen, und während er zurückwinkte, hatte er einen Augenblick lang das Gefühl, auch sich selbst sehen zu können.

KAPITEL ZEHN

Keinen der Geldgeber für Sendero interessierte es, dass May sehen konnte. Seine Mailbox quoll über. Den dritten Tag nach Wiedererlangung der Sehfähigkeit verbrachte er damit, die Post durchzuarbeiten.

Abends fuhren er und Jennifer zu einer Theateraufführung in Sacramento. Eine Freundin namens Michelle und ihr Mann Clifford hatten für das Musical *Rent* Plätze in der dritten Reihe besorgt. May war neugierig auf das Stück. Noch neugieriger war er darauf, Michelle zu sehen.

Die Paare trafen sich im Foyer und umarmten sich. Von früheren Umarmungen her wusste May, dass Michelle groß und kurvenreich war. Er bereitete sich also darauf vor, die Nähe zu nutzen und einen Blick auf alles zu riskieren, was in Sichtweite kam. Als sie ihn an sich zog, blieb sein Blick freilich an ihrem Kopf hängen.

»Na, so was! Du hast rote Haare!«, sagte er.

»Stimmt«, erwiderte Michelle und lachte.

»Färbst du dein Haar oder ist es von Natur so?«, wollte May wissen.

Wieder lachte Michelle.

Rent schien wie geschaffen für neue Augen. Die Schauspieler traten in farbenfrohen Kostümen auf, sprangen von einem Bühnenaufbau zum anderen und bewegten ihre Arme und Beine im Rhythmus der Musik. May versuchte, die Tänzer in der Tanzgruppe zu zählen, aber es fiel ihm schwer, den Überblick zu behalten, zumal wenn sie in Bewegung waren. Mit jedem Stellungswechsel erschienen sie ihm als eine neue Konstellation, und er war jedes Mal gezwungen, mit dem Zählen von vorn zu beginnen.

Der Handlung zu folgen fiel ihm ebenso schwer. Während er etwas betrachtete, entgingen ihm ganze Teile des Geschehens. Er konnte sich einfach nicht auf die Geschichte – oder worauf auch immer – konzentrieren, solange es etwas zu sehen gab. Und in diesem Theater gab es jede Menge zu sehen.

Nach der Hälfte der Aufführung spürte May, wie sein Geist erlahmte.

»Mann, das strengt an«, dachte er. Er wollte indes keinen Moment versäumen, und deshalb zwang er sein Auge, offen zu bleiben, und nahm ein paar Minuten später sogar die Finger zu Hilfe, um es offen zu halten. Jede Veränderung auf der Bühne verlangte ihm eine Neuorientierung ab, und die Veränderungen vollzogen sich im Sekundentakt, wobei ihm aufging, dass auch außerhalb des Theaters, im wirklichen Leben, jede Sekunde Veränderungen stattfanden. Ein paar Augenblicke später lehnte er sich zurück und schloss seine Augen, und diesmal kämpfte er nicht dagegen an. Die Welt beruhigte sich wieder, und er konnte durchatmen.

Auf dem Weg zum Ausgang fühlte sich May wie nach einem seiner Ringkämpfe am College. Als er im Foyer Michelle zum Abschied umarmte, dachte er nicht mehr an ihre weiblichen Rundungen. Stattdessen sagte er sich: »Ich bin sicher, damit werde ich fertig.«

Nur zehn Tage blieben May noch bis zu der Leistungsschau für Behindertentechnik, auf der er sein tragbares GPS-System für Blinde vorstellen wollte. Tagsüber steckte er bis zum Hals in den Vorbereitungen, abends übernahm er die Rolle des neuen Spielzeugs für seine Jungen. Zwischendurch machte er den einen oder anderen Ausflug, um sein Sehvermögen zu testen.

In einem italienischen Restaurant der Stadt, wohin er die Familie eines Abends zum Essen ausgeführt hatte, erkannte er in dem weißen Etwas in der Mitte des Tisches den Brotkorb und in dem braunroten Etwas, das nicht weit entfernt davon stand, sein Weinglas. Nach beidem griff er mit der Nonchalance eines James Bond. Bei der Vorspeise erspähte er eine Zitronenscheibe und ein Petersiliensträußchen auf seinem Tellerrand. Endlich begriff er, warum Köche die Speisen mit Dingen garnieren, die gar nicht zum Essen da sind, sondern nur als Farbtupfer dienen. Und was noch besser war: Er konnte jetzt die störenden Elemente zur Seite schieben und den Kampf, den er jahrzehntelang gegen die Garnierungen geführt hatte, mit einem Sieg beenden. Nie wieder, dachte er, wird mir Petersilie in der Kehle steckenbleiben.

Mit Carsons Spaghetti servierte der Kellner ein wundersames Gericht. Dampf stieg vom Teller auf, umwogte Carsons Gesicht und wirbelte davon, sobald der Junge auf die Nudeln pustete. Spaghettifäden tanzten in der Luft umher, ehe sie in den dunklen Klecks hineingesogen wurden, der offenbar Carsons Mund war. May ließ Carsons Art, Spaghetti zu essen, unkommentiert, aber bei sich dachte er: »Sehr ansprechend sieht das nicht aus – jedenfalls wirkt es wenig elegant –, aber da niemand sonst Anstoß daran nimmt, wird es wohl in Ordnung sein.«

Zu Hause konnte May immer wieder darüber staunen, wie leicht es ihm fiel, am unteren Ende der Auffahrt die Zeitung zu finden; er genoss das Machtgefühl, mit dem es ihn erfüllte, dass er problemlos nach der Kaffeetasse greifen konnte. Wenn der Abend dämmerte, konnte er auf die freie Fläche hinter seinem Haus gehen und den Sonnenuntergang betrachten, dessen Schönheit für ihn nicht nur in dem Gemisch von Farben, sondern auch in dem starken Kontrast zum blassen Himmelshintergrund bestand.

Eines Morgens, als er Wasser ließ, hörte May, wie der Urin die Kloschüssel verfehlte. Er blickte hinab und sah einen gelben

Strahl. Er schloss die Augen und wandte den Kopf ab, bemüht, richtig zu zielen, während er sich weigerte, hinzuschauen. Seinen Urin zu sehen war für ihn so, als würde er ihn berühren, und er kannte niemanden, der das gern tat.

Etwa um die gleiche Zeit suchte er eine nahe gelegene Arztpraxis auf, um dort seinen Cyclosporin-Spiegel überprüfen zu lassen. Eine Schwester nahm seinen Arm, wischte ihn mit Alkohol ab und schob eine Nadel in eine Vene. May sah zu, wie eine dicke purpurne Flüssigkeit in das Glasröhrchen drang. Für einen Augenblick wusste er die Farbe nirgends unterzubringen, aber während das dunkle Rot in das Röhrchen floss, ging ihm auf, dass es sich um Blut handelte, um sein Blut, mit dem sich das Röhrchen füllte, und der Gedanke, dass er zusah, wie so ein verborgener und lebenspendender Teil von ihm dahinschwand, ließ ihn schwindlig werden.

»Das hat mir doch nie etwas ausgemacht«, sagte er sich. »Bleib wach. Werd nicht ohnmächtig.«

Aber als May die Praxis verließ, tat er das im Bewusstsein, dass es ihm sehr wohl etwas ausgemacht hatte. Und er fragte sich, wie viel es wohl gab, was ihn bis dahin unberührt gelassen hatte und was ihn jetzt nicht mehr unberührt lassen würde.

Ein lokaler Fernsehsender hatte von Mays Operation erfahren und bat, einen Reporter vorbeischicken zu dürfen. Der Journalist kam mit einem afroamerikanischen Kameramann. May hatte noch nie einen schwarzhäutigen Menschen gesehen. Er sah sich den Mann ganz genau an, wollte ihn dabei nicht anstarren, konnte aber den Blick nicht von ihm losreißen. Er war frei von Rassenvorurteilen aufgezogen worden; die Gleichheit der Menschen zählte zu den Grundüberzeugungen seiner Mutter. Sein Leben lang hatte er geglaubt, es müsse irgendeine Eigentümlichkeit oder Auffälligkeit geben, aus der sich die Ablehnung, mit der manche Weiße auf Afroamerikaner reagierten, erkläre. Die Betrachtung dieses Mannes aber zeigte ihm, abgesehen von der Hautfarbe, nichts, was ihn von anderen Menschen unterschied.

»Nein, wirklich«, dachte May, während er in Erwartung des Interviews auf dem Sofa saß, »der Mann sieht aus wie jeder andere.«

Eine Woche nachdem May seine Sehfähigkeit wiedererlangt hatte, wollte seine Schwester Diane ihn mit einem Besuch überraschen. Ihn von ihrem Kommen zu benachrichtigen hätte die Überraschung, die sie plante, verdorben.

Auf der Fahrt nach Davis machten Diane und ihre kleine Nichte Courtney einen Abstecher zu einem Kostümladen, wo sie eine Groucho-Marx-Maske einschließlich Brille, Nase und Schnurrbart kauften. In der Auffahrt zu Mays Haus legte Diane die Verkleidung an und klingelte dann an der Haustür.

May, der in seinem Büro gearbeitet hatte, kam zur Tür.

»Tag, Onkel Mike, ich bin's, Courtney!«, sagte das kleine Mädchen und brach in Lachen aus. »Errätst du, wer das da mit dem komischen Gesicht ist?«

May dachte sich sofort, dass die größere Person in Courtneys Begleitung Diane sein müsse, und schloss unmittelbar darauf aus Courtneys Worten, dass Diane in einer Verkleidung gekommen war.

»Diane!«, sagte er. »Du hast dich kein bisschen verändert!«

Alle lachten, während May Diane umarmte. Sie hatte er vor seinem Unfall als Letzte gesehen.

Diane trat einen Schritt zurück und betrachtete ihren Bruder. Sie wollte wissen, ob ihm ihre Verkleidung gefalle, aber er mochte sich noch so sehr Mühe geben, er konnte nicht erkennen, dass sie eine trug. Er sah den rosigen Farbton ihres Gesichts, sah Gesichtszüge, die sich dort befanden, wo sie zu sein hatten, sah ihren Haaransatz, aber der ganze Bereich fügte sich nicht zu einem Bild zusammen, das ihm etwas gesagt hätte; er konnte aus dem, was er sah, ebenso wenig »Diane« herauslesen wie ein Laie aus einem

Elektrokardiogramm den Befund. Und so ging es May offenbar mit allen Gesichtern – sie präsentierten sich ihm klar und deutlich, aber gewannen für ihn keine bestimmte Bedeutung, waren mit allen anderen austauschbar.

»Darin werde ich noch besser«, sagte er sich. »Ich muss das mit den Gesichtern üben, dann erkenne ich sie auch.«

Diane saß auf dem Sofa und schwelgte mit ihrem Bruder in Erinnerungen. Sie kämpfte mit den Tränen, während sich die beiden an die Fahrräder erinnerten, die sie gemeinsam benutzt hatten, und an sein Abenteuer mit ihrem Datsun 510. Dann, fast beiläufig, erklärte sie May, wie sehr sie immer darunter gelitten habe, dass sie ihm das Glas mit dem Pulver gegeben hatte, das dann explodiert war.

»Du hast mir das nicht gegeben«, sagte May. »Ich bin die Dachsparren hochgeklettert und habe es selbst gefunden.«

»Wie bitte?«

»Tatsache, Diane. Ich erinnere mich daran so deutlich, als wäre es gestern passiert. Du hattest nichts damit zu schaffen.«

Eine Zeitlang sagte keiner ein Wort.

»Wie lange denkst du schon, dass es deine Schuld war?«, wollte May wissen.

»Seit es passiert ist«, antwortete seine Schwester, während ihr Tränen über die Wangen liefen.

»Und du hast mir nie etwas davon gesagt?«

»Nein, Michael. Ich habe einfach ein so schlechtes Gewissen gehabt.«

Nachdem Diane wieder fort war, zog May sich eine Jacke an, um einen Gang zur Konditorei zu machen. Er dachte daran, auf die Begleitung seines Hundes zu verzichten – den Weg zum Laden fand er im Schlaf –, aber dieses wichtige Mitglied der Familie im Stich lassen, nur weil er sehen konnte – das wollte er nicht. Er legte Josh den Gurt an, und das altbewährte Team zog los, um

Doughnuts zu besorgen. May entschied sich sogar für einen anderen, ihm weniger vertrauten Weg, um etwas Neues zu sehen.

Zu Beginn ihres Spaziergangs verhielt Josh einen Augenblick lang den Schritt, um eine Stufe nach oben anzuzeigen. May sah keine Bordkante oder Schwelle vor sich, nur eine glatte Oberfläche, weshalb er Joshs Warnung unbeachtet ließ und weiterging. Einen Moment später stieß er mit dem Fuß gegen den Bordstein und wäre fast hingefallen. Er sah hinunter. Seinem Auge erschien der Bordstein immer noch eben und von gleicher Farbe wie die Straße.

Ein paar Minuten später zeigte Josh durch seinen zögerlichen Gang Stufen an. May blickte auf den Boden vor sich und sah nichts als eine Reihe von horizontalen Linien, die auf den Weg gemalt schienen. Er hielt inne und näherte sich dann mit kleinen Schritten den Linien. Als sein Fuß von der ersten Linie abrutschte, wusste er, dass Josh abermals recht gehabt hatte.

Den Rest des Spaziergangs verbrachten May und Josh mit einem Wettstreit darum, wer über die bessere Sehkraft verfügte. Wenn Josh eine Stufe, einen Bordstein oder eine Treppe anzeigte, erklärte Mays Auge das häufig für unmöglich, und doch behielt Josh jedes Mal recht. Als sie aber vor der Konditorei anlangten und Josh eine Stufe nach unten anzeigte, sah May diese Stufe – sie sah nicht aus wie eine bloße flache Linie – und fragte sich, ob er sie deshalb so klar erkannte, weil sie die einzige auf dem ganzen Weg war, mit deren Vorhandensein er gerechnet hatte.

Mit einer Schachtel voll Doughnuts unter dem Arm machte sich May auf den Heimweg. Erneut ließ er sich nur widerstrebend von Josh führen. May war klar, dass Josh die große Veränderung, die sich in seinem Leben ereignet hatte, mitbekam. Ein Blindenhund spürt durch das Geschirr hindurch, ob sein Herr ihm vertraut; wenn der Herr den Signalen des Hundes folgt, fühlt sich dieser bestätigt und motiviert. May kniete sich hin und kraulte Josh im Nacken.

»Du leistest vorzügliche Arbeit, Josh. Ich bin es, der im Augenblick ein bisschen spinnt, aber wir kriegen das sicher schon bald wieder in den Griff. Ich vertraue dir nach wie vor.«

Zu Hause angekommen, nahm May Josh den Gurt ab und gab ihm zu trinken. Dann ging er nach oben zu den Jungen, und die Treppe in seinem Haus sah ganz und gar nicht so aus, als wäre sie flach oder bestünde aus ebenen Linien.

Am nächsten Abend rief May Bryan Bashin an. Als Mays bester Freund und als jemand, der selbst Nutzen aus einer Stammzellentransplantation ziehen könnte, war Bashin natürlich erpicht darauf, zu erfahren, wie die Operation verlaufen war.

»Und?«, fragte Bashin.

»Wo soll ich anfangen?«, erwiderte May lachend.

Bashin bat May, einfach loszulegen und über seine Seherfahrung zu berichten, ungefiltert zu erzählen, wie es ihm dabei ergangen war. Er stellte aber fest, dass May nicht recht mit der Sprache herausrücken wollte, dass er eher Bruchstücke als eine zusammenhängende Erzählung lieferte, zögernd und stockend statt frei von der Leber weg.

»Na, erzähl mir mal was darüber, wie es dir körperlich geht«, sagte Bashin. »Wird die Hornhaut angenommen? Hast du eine klare Sicht? Hast du Schmerzen? Welche Medikamente nimmst du? Lass mich hören, wie es um die elementaren medizinischen Belange steht.«

»Die Hornhaut macht offenbar keine Probleme«, sagte May. »Ich sehe klar und scharf. Ich muss allerdings nahe herangehen, um Einzelheiten zu erkennen, manchmal richtig nahe. Ich habe keinerlei Schmerzen. Die Nerverei mit den Medikamenten würde dir nicht gefallen: Um die Infektionsgefahr zu vermindern, nehme ich morgens und abends Augentropfen und jede halbe Stunde weitere Tropfen, um das Auge feucht zu halten; das Cyclosporin nehme ich zweimal täglich oral und mittels Augentropfen ein.

Aber stell dir vor, Bryan. Diese Augentropfen, von denen ich spreche, müssen eisgekühlt sein. Das heißt, ich muss einen Eisbehälter mitführen, wenn ich auf Reisen bin.«

»Mann, was für ein Theater!«, kommentierte Bashin.

Er wollte wissen, wo Mays Sehkraft am besten funktioniere. Die Frage brachte May in Fahrt: Er berichtete Bashin ausführlich von seinen Ballspielen mit Wyndham, davon, dass er jetzt imstande war, Dinge wiederzufinden, die er fallen gelassen oder verlegt hatte, und von den Farben in Carsons Bildern.

»Das klingt nach einem Abenteuer erster Güte«, sagte Bashin.

»Allerdings«, erwiderte May. »Man geht durch den Wald auf einem Weg, den noch nie jemand gegangen ist.«

»Wie steht es mit Lesen?«, fragte Bashin.

May verfiel einen Augenblick in Schweigen.

»Ich erkenne die Buchstaben, und ich kann Wörter lesen, wenn ich mich richtig konzentriere«, sagte er schließlich. »Aber Lesen als solches entzieht sich mir irgendwie. Ich weiß nicht genau, warum. Mit Gesichtern ist es das Gleiche. Ich bin nicht sicher, ob ich sie erfasse, obwohl das schwer zu sagen ist, weil ich eigentlich gar nicht weiß, wie Gesichter aussehen müssen. Ich glaube, das alles braucht einfach Zeit.«

Mays Stimme heiterte sich auf.

»Weißt du was, Bryan! Ich glaube, es gehört zu dem Abenteuer dazu, dass man es rauskriegt und sich die nötige Zeit nimmt.«

Obwohl May kaum dazu kam, in Ruhe einen Kaffee zu trinken, ging er doch zweimal in der Woche in Davis zur Blutabnahme und suchte dreimal wöchentlich Dr. Goodman in San Francisco zu Kontrolluntersuchungen auf.

Goodman überprüfte Mays Sehkraft mittels der Sehprobentafel von Snellen, die oben mit einem riesigen E beginnt. Aus der üblichen Entfernung von sieben Metern konnte May das E nicht einmal sehen – es war einfach nicht da. Wenn Goodman ihn bis auf eine Entfernung von weniger als zwei Metern an die Tafel herankommen ließ, konnte er das E und die nächsten beiden Zeilen lesen. Goodman schätzte Mays Sehschärfe auf $5/250$, was bedeutet, dass May auf fünf Meter Entfernung so viel sehen konnte wie eine Person mit bester natürlicher Sehkraft oder mit (durch Brille oder Kontaktlinsen) korrigierter Sehschärfe auf eine Entfernung von zweihundertfünfzig Metern. Menschen gelten amtlich als blind, wenn ihre Sehkraft bei $5/60$ oder darunter liegt.

»Ich weiß, $5/250$ klingt schlimm«, erklärte Goodman May. »Aber wir haben Patienten mit $5/330$, die ein selbständiges Leben führen. Sie sind mit Hilfe eines Hundes oder eines Stocks hinreichend mobil und können genug sehen, um ihren Alltagsgeschäften nachzugehen.«

Goodman ließ May außerdem die Zeilen von einer Karte ablesen, die er ihm mit der Hand vorhielt. Bei wenigen Zentimetern Entfernung war seine Sehkraft viel besser und lag im Bereich von $5/35$. Das Ergebnis machte May Mut. Bei Tests schnitt er nicht gern schlecht ab.

»Was stimmt also nicht mit meinem Auge?«, fragte er.

»Mit Ihrem Auge ist alles in Ordnung«, sagte Goodman. »Tatsächlich ist es ein fast perfektes Auge. Optisch liegen Sie bei $5/13$, würde ich sagen. In Kalifornien reicht das für einen Führerschein.«

»Wie soll ich das verstehen?«, sagte May.

»Ich bin kein Experte auf diesem Gebiet«, sagte Goodman, »aber ich bin ziemlich sicher, dass Ihr Problem in der Sehrinde liegt.«

»In meinem Gehirn?«

»Ich glaube, ja. Ich meine, ich kann Ihr gesamtes optisches System einschätzen, und es befindet sich in einem hervorragenden Zustand. Ein Auge, das so ausgezeichnet sieht wie Ihres, müsste die Tafel bis ganz nach unten lesen können. Bleibt also nur das Gehirn.«

Goodmans Überlegung leuchtete May ein. Natürlich brauchte das Gehirn eine gewisse Zeit, um sich auf das Sehen einzustellen, zumal nach dreiundvierzig Jahren Blindheit. In mancher Hinsicht, etwa bei Bewegung und Farbe, funktionierte Mays Sehkraft ja bereits hervorragend. Und er hatte immer schnell gelernt. Welche Mängel er sonst auch haben mochte, auf sein Gehirn hatte er sich immer verlassen können. Mit Sicherheit war es nur eine Frage der Zeit, dass sich sein Sehvermögen vollständig wiederherstellte.

Nur noch eine Woche blieb May, bis er auf der Leistungsschau in Los Angeles sein Produkt vorstellen sollte. Achtzehn Stunden am Tag war er damit beschäftigt, Prospekte herzustellen, Preise festzulegen und dem GPS-System den letzten Schliff zu geben. Die Universität des Staates Kalifornien war der Ort, wo Sendero der Weltöffentlichkeit vorgestellt werden würde.

Am Tag vor der Präsentation fuhr Jennifer May und Josh nachmittags zum Flughafen von Sacramento. Sie wollte am nächsten Tag nachkommen, um ihm bei der Dekoration seines Messestands und bei den Kundengesprächen zu helfen. In der Flughafenhalle entdeckte May den farbigen Fliesenweg zu den Flugsteigen, den seine Füße bereits so genau kannten. Wie Dorothy auf ihrem Weg nach Oz folgte er den farbigen Windungen zu seinem Bestimmungsort, den er nach einigen Sekunden identifizierte, weil es ihm gelang, den über dem Durchgang angebrachten großformatigen Buchstaben nebst Zahl zu entziffern.

Mit Josh zu seinen Füßen nahm er seinen gewohnten Fensterplatz ein und begann, sich umzusehen. Er war schon hunderte Male geflogen, und doch erschien ihm alles wie eine Offenbarung: die farbig getüpfelten Sitze, die kleinen weißen Deckchen auf der Kopfstütze, die Bodenleuchten, die Uniformen des Flugpersonals – niemand hatte ihm von alledem etwas gesagt. Was für eine Erleichterung, dachte er, wenn man sehen kann, ob die Stewardess dich anspricht oder den vor dir Sitzenden und ob die Leute vor der Toilette Schlange stehen.

May legte seinen Sitzgurt an, während das Flugzeug donnernd der Startlinie entgegenrollte. Als der Pilot anzeigte, dass wieder zugelassene elektronische Geräte benutzt werden durften, klappte May seinen Laptop auf und fing an zu arbeiten. Nach einer halben Stunde Flug sah er vom Bildschirm auf.

»Augenblick mal«, dachte er, »ich kann ja aus dem Fenster schauen.«

Er wandte seinen Kopf nach links und näherte sich mit dem Auge der Fensterscheibe. Grüne Rechtecke krochen unten vorbei, an manchen Stellen durchbrochen von einem Zickzackmuster dunkler Linien, das ihn an die Adern seiner Hand erinnerte. Graue, von weißen Streifen durchzogene Wattebäusche und klecksige blaue Flächen lagen über den vorübergleitenden Rechtecken. May setzte das Räderwerk seines Gehirns in Gang. Bei dem Grün handelte es sich vermutlich um Ackerland, denn das Gebiet zwischen Sacramento und Los Angeles war eine Agrarregion. Die dunklen Linien konnten Straßen oder vielleicht auch Flüsse sein – durchaus denkbar, dass es Flüsse waren. Da das Blau sich bis an den Rand seines Gesichtsfeldes erstreckte, war es wohl eher Himmel als Wasser. Aber was war mit dem Weiß dort – konnte das Schnee sein? Er hatte gehört, dass in den Tehachapi-Bergen Schnee gefallen war …

»Verzeihung«, sagte May zu der Frau, die neben ihm saß, »ich habe in der letzten Woche meine Sehfähigkeit wiederbekommen, nachdem ich dreiundvierzig Jahre absolut blind war. Könnten Sie mir dabei helfen, herauszufinden, was ich sehe?«

Die Frau bewegte sich unruhig auf ihrem Sitz, sagte aber nichts. May wartete ein paar Sekunden. Sie schwieg noch immer.

»Sind die weißen Linien da drüben Berge?«, fragte er.

»Nein«, antwortete sie schließlich, »das ist Dunst.«

Während der nächsten halben Stunde lieferte die Frau eine so detailgenaue und begeisterte Beschreibung der Szenerie, dass man hätte meinen können, sie sei die Person mit dem wiedererlangten Sehvermögen. Vieles von dem, was er sah, musste May intellektuell verarbeiten. Die Erde unter ihnen glitt ganz langsam vorbei, und doch wusste er, dass sie mit einer Geschwindigkeit von achthundert Kilometern pro Stunde flogen. Die grünen Rechtecke waren winzig, und doch wusste er, dass sie viele Morgen Land umfassten. Er fragte sich, ob auch Sehfähige dies merkwürdig fanden.

Als das Flugzeug landete und ausrollte, hatte die Luftfahrt für May an Unheimlichkeit verloren. Jahrzehntelang waren ihm Flugzeuge wie eine Art Zeitmaschine vorgekommen, wie ein Kasten, in den man hineinstieg, um sich ein paar Stunden in ihm aufzuhalten und dann an einem anderen Ort zu erscheinen. Der Anblick der unten vorüberziehenden Welt bestätigte ihm, dass er sich von einem Ort zum anderen bewegt hatte, und das beeindruckte ihn zutiefst. Während er seine Tasche nahm und nach Joshs Gurt griff, kam ihm der Gedanke, dass hoffentlich das GPS, das er der Öffentlichkeit vorstellen wollte und dessen Aufgabe es war, über Straßen und Orientierungspunkte, an denen der Weg vorbeiführte, zu informieren, den Blinden Zugang zu einer ähnlichen Erfahrung eröffnete.

An der Gepäckausgabe sah May zu, wie Dutzende von Gepäckstücken auf dem Transportband an ihm vorbeiglitten. Er beeilte sich nicht, seinen eigenen Koffer zu finden, sondern beobachtete lieber ein Weilchen das Schauspiel des mechanischen Defilees. Viele der Gepäckstücke wirkten kaum unterscheidbar, zumal wenn sie von ähnlicher Farbe waren. Er drückte auf seine Miniaturfernbedienung und aktivierte damit ein Signal am Griff seines Koffers.

»Das nächste Mal«, erklärte er Josh, »bringe ich etwas leuchtend Grünes am Koffergriff an, damit ich den Pieper nicht brauche.«

Einen Moment lang überlegte May, ob das bedeutete, dass Leuchtendgrün seine Lieblingsfarbe war. Aber als er darüber nachdachte, ging ihm auf, dass es nicht so sehr das Grün, sondern das Leuchtende war, was ihn ansprach. Für den Augenblick jedenfalls war »leuchtend« seine Lieblingsfarbe.

Er fand den Fahrstuhl zu dem im Flughafen von Los Angeles gelegenen Marriott-Hotel, dem Veranstaltungsort der Leistungsschau. Als sich die Fahrstuhltür öffnete, trat er in die Hotellobby und blickte sich um. An einer Stelle konnte er Gruppen von Menschen sehen – ein Anzeichen dafür, dass sich dort die Rezeption befand. Während er sich der Ansammlung näherte, sah er, dass die Leute in einer Schlange standen, und stellte sich ans Ende. Normalerweise bewegte er sich in einer Schlange so, dass er auf das Geräusch der Füße lauschte oder sich mit seinem Stock vorantastete. Diesmal war es laut um ihn herum, und er hatte keinen Stock. Aber das machte nichts. Wenn die Schlange sich voranbewegte, sah er das und bewegte sich mit ihr vorwärts. Er nahm sich vor, Jennifer von dieser Großtat zu erzählen. Als die Formalitäten erledigt waren, ging er in sein Hotelzimmer und legte sich schlafen.

Am Morgen stellte er Josh Wasser hin und machte sich allein auf den Weg zum Veranstaltungsort. Als er noch blind war, musste er in solchen Fällen mit Hilfe seines Stockes durch die Flure des Hotels lavieren und sich im Ausstellungsraum zurechtfinden. Diesmal war er ganz auf sich gestellt.

Er bewegte sich zaghaft. Ohne Hund beziehungsweise Stock fühlte er sich verloren, als hätte er im Hotelzimmer einen Teil seiner selbst, etwa seinen Arm, zurückgelassen.

»Nur keine Angst«, sagte er sich. »Stolperfallen sind hier keine, das weiß ich genau. Stolperfallen gibt es hier nicht.«

Neue Besorgnisse schossen ihm durch den Kopf. Was, wenn er einem Hotelangestellten oder Gast begegnete, der ihn für voll sehfähig hielte und mehr von ihm erwartete? Was, wenn ihnen seine Augen seltsam vorkämen? Was, wenn sie seinen zö-

gerlichen Gang sähen und dächten: »Was ist mit dem Kerl los?«
Was, wenn Leute an ihn heranträten und von ihm erwarteten,
dass er ihr Gesicht erkenne oder ihr Namensschildchen lese?
Was, wenn ihn blinde Besucher der Leistungsschau für einen
Angeber hielten?

Am liebsten wäre May umgedreht. Er wünschte, er hätte sich
ein Schild um den Hals gehängt mit der Aufschrift: »Ich kann
nicht sonderlich gut sehen, auch wenn man es mir nicht gleich
anmerkt.« Er setzte indes seinen Weg fort.

Die Ausstellungshalle empfing Mays Auge mit einer Sinfonie
optischer Reize; die farbigen Transparente, labyrinthischen Gänge und raffiniert gestalteten Firmenlogos lagen miteinander im
Wettstreit um seine Aufmerksamkeit. Nichts davon vermochte er
auf Anhieb zu erkennen. Der farbige Umriss zu seiner Rechten
erschien ihm einfach nur als blaues Rechteck, bis er sich klar-
machte, dass es sich nahe dem Boden befand und deshalb kein
Transparent sein konnte; es trug irgendeine großformatige Beschriftung, was darauf hindeutete, dass es zur Ausstellung und
nicht zum Hotel gehörte, und es schien unten gerafft zu sein, was
dafür sprach, dass es sich um einen dekorativen Behang handelte,
ähnlich dem, mit dem er seinen eigenen Ausstellungstisch bedeckt hatte. Vielleicht war es auch die Seitenverkleidung eines
der Stände. Oder jemandes Jacke. Jedes farbige Gebilde forderte
ihn auf, es genauer in Augenschein zu nehmen. Er sehnte sich
danach, all diese grellen Flecken berühren zu können.

May begann, auf der Suche nach seinem Stand die Gänge zu
durchwandern. Unterwegs erspähte er eine Reihe von kurzen,
quer verlaufenden Linien auf dem Fußboden. Er hielt einen Augenblick an, weil ihm einfiel, dass Stufen sich ihm unter Umständen auf diese Weise präsentierten. Waren Stufen auf dem Fußboden eines Ausstellungsraumes denkbar? Er erinnerte sich, dass
manche der aufwendigeren Messestände für ihre Auslagen gelegentlich Plattformen verwendeten. Aber befand er sich in der

Nähe eines solchen Standes? Und wie wahrscheinlich war es, dass ein Aussteller auf einer Schau für Behinderte Stufen einbaute? Er trat tastend auf die Linien zu. Der Fußboden blieb eben; die Linien waren nur ein Dekorationsmuster. Um sein seelisches Gleichgewicht wiederzufinden, blickte er kurz nach oben. Strahlend farbige Formen, Lichter und wirbelnde Ventilatoren.

Als er sich seinem Stand näherte, sah May Leute mit Stöcken und Hunden. Er hatte noch nie zuvor einen Blinden gesehen. Sofort sah er bestätigt, was er seit jeher gewusst hatte: Blinde bewegten sich verschieden. Einige gingen tastend, andere schlurften, wieder andere schritten forsch aus; all diese Gangarten konnte er deutlich unterscheiden. Mit besonderem Vergnügen beobachtete er diejenigen, die rechtzeitig Hindernissen auswichen – ein starkes Indiz dafür, dass sie noch über ein gewisses Maß Sehkraft verfügten.

»So wird auch mein Gang schon bald aussehen«, dachte er. »Es ist ein bisschen so, als könnte ich mich selbst in der Zukunft sehen.«

Als May zum Stand kam, war Jennifer dort schon bei der Arbeit; auf Zehenspitzen auf einem Stuhl stehend, hängte sie Ballons und Transparente auf. Sie kletterte vom Stuhl, gab ihrem Mann einen Kuss und trug ihm auf, Prospektstapel auszulegen. May dankte ihr, dass sie gekommen war.

»Teamarbeit wie in alten Zeiten«, sagte Jennifer. »Wie damals in Oregon, als es um die Gesäßwärmer ging.«

Am Sendero-Stand summte ununterbrochen die Eingangstür. Mögliche Kunden, Händler, Zulieferer, ja sogar Medienvertreter gaben sich die Klinke in die Hand, um mit May über sein Produkt zu sprechen. Wenige Menschen verstanden es, Verkaufsgespräche ungezwungener zu führen als May, und doch begrüßte er die Leute mit einem Gefühl der Nervosität. Ihm war klar, dass sich die Nachricht von seiner Operation in Blindenkreisen herumgesprochen hatte. Dies war also die erste Gelegenheit, zu erfahren, wie die Gemeinschaft der Blinden auf seine Entscheidung reagierte und was die Zukunft für May bringen würde. Wenn diese Menschen der Ansicht waren, dass er ihre Sache verraten hatte, dem Leben, in dem er sich eingerichtet hatte, entflohen war und die erste Gelegenheit ergriffen hatte, sich mit den »Sichtlern«, wie sie von manchen genannt wurden, »rumzutreiben«, dann konnte ihn das sein Geschäft und, nicht minder schlimm, den Respekt kosten, den er sich im Lauf von so vielen Jahren erworben hatte. Er streckte die Hand aus, sagte: »Hallo, ich bin Mike May. Was wollen Sie über Sendero wissen?«, und hatte Angst, ein »Verräter!« entgegengeschleudert zu bekommen.

Niemand nahm das Wort in den Mund. Im Gegenteil – die Leute reagierten durchweg positiv, zeigten sich begeistert und interessiert. Einer nach dem anderen bekannte sich zu seiner »Neugier«, seinem Wunsch, »Näheres zu erfahren«, und das Beste daran war, dass May manchmal gar nicht sagen konnte, ob sich ihr Überschwang auf seine Operation oder das GPS bezog. Es regnete Glückwünsche. Bis Mittag hatte nicht ein Einziger, auch keines der Mitglieder der einflussreichen Blindenorganisationen, den geringsten Zweifel geäußert – weder an seiner Person noch an seinem Bemühen um Sehfähigkeit, noch an Sendero.

Mit ihren Gesichtern freilich war es etwas anderes. Besonders wenn sie sprachen.

Münder klappten auf und zu, Augenlider flatterten, Köpfe ruckten hin und her. Die Gesichter wirkten wie batteriegetrieben. Die Leute schienen Lippengymnastik zu treiben. Dieses wilde Bewegungsspiel wollte verstanden sein, aber in dem Augenblick, in dem May zu überlegen anfing – *Warum wird der Mund der Frau kreisrund, sobald sie überrascht klingt?* –, bekam er nicht mehr mit, was sie sagte, und hatte dann Mühe, ins Gespräch zurückzufinden. Er verfiel auf den Gedanken, den Blick leicht abzuwenden, gerade genug, um den Aufruhr des Gesichts nicht mehr wahrzunehmen, aber stattdessen sah er dann Hände gestikulieren, Oberkörper hin und her schwanken, Füße scharren – Menschen, die ihre Körper sprechen ließen! –, und er fragte sich: Sind diese Gebärden individuell oder universal? Warum wedelt er mit der Hand, wenn er eine Frage stellen will?, und verlor dabei erneut den Gesprächsfaden.

»Es ist so merkwürdig«, erklärte er Jennifer in einer Pause. »Die Gesichter lenken mich ab. Es ist, als spräche man und hörte das Echo der eigenen Stimme. Ich schaffe es nicht, das Echo zu ignorieren. Jemanden sprechen zu sehen hat auf mich genau diesen Effekt. Ich habe das Bedürfnis, beim Zuhören die Augen zu schließen.«

»Schließ sie doch«, sagte Jennifer. »Lass mich eine Weile mit den Leuten reden.«

»Nein, das kann ich nicht«, antwortete er. »Es ist alles so interessant. Ich möchte nichts versäumen.«

Am Nachmittag desselben Tages führte May sein Produkt im Freien vor. Es funktionierte tadellos und führte Leute zu einem Hoteleingang, zu einem nahe gelegenen Restaurant, zu jedem gewünschten Zielort. Einige kamen zu seinem Stand zurück, um Bestellungen aufzugeben oder Vertriebsvereinbarungen mit ihm zu treffen. Viele erkannte er an der Farbe ihres Haars oder ihrer Kleidung wieder und begrüßte sie mit Namen, noch ehe sie den Mund aufmachen konnten. Diese Art von Triumph erfüllte ihn, wie er Jennifer gestand, mit einer Freude, an die er sich aus seiner Kindheit erinnerte.

Gegen Ende des Tages, May war gerade dabei, den Stand zu schließen, drang ein leise geflüstertes Wort in sein Ohr.

»Hola.«

Zarte Hände ergriffen die seinen. Augenblicklich war ihm klar, dass sie zu der Ehefrau eines der wichtigsten Kaufleute aus dem Ausland gehörten, einer Frau, die seit Jahren die Leistungsschau besuchte und den Männern die Augen verdrehte. Sie sprach nur spanisch. May hatte es immer genossen, sich mit ihr in ihrer Sprache zu unterhalten.

Sie rückte ganz nahe an ihn heran, sodass sie sich fast mit dem Oberkörper berührten. Schilderungen von der atemberaubenden Figur der Frau schossen ihm durch den Kopf. Er richtete seinen Blick auf ihr Kleid und konnte unschwer erkennen, dass es tief ausgeschnitten war – der bunte Stoff ließ einem kilometerbreiten Streifen bronzefarbener Haut freien Raum.

»Meine Güte«, dachte er, »so viel Frau und so wenig Kleid.«

Sie gingen wieder auf Abstand, und die Spanierin begann zu reden, erzählte ihm, wie sehr sie sich freue, ihn wiederzusehen, und fragte, wie es ihm gehe. Ihr war nicht klar, dass er mittlerweile sehen konnte. Er bemühte sich stammelnd um eine Antwort, aber sein beschränkter spanischer Wortschatz ließ ihn im Stich.

May genoss weiter den Anblick seiner Bekannten. Sie war in jeder Hinsicht umwerfend; während sie redete, setzte May ihren Ruf in Beziehung zu dem Bild, das sich seinem Auge bot, und auf der Stelle erschien sie ihm anmutig und zauberhaft. Er erinnerte sich daran, was Männer über ihre Formen geäußert hatten, und auch er nahm sie sogleich als verführerisch wahr. Ihm fiel ein, dass jemand erklärt hatte, sie habe das Gesicht eines Engels, und auch wenn er ihr Gesicht nicht zu erkennen vermochte, kam es ihm nun doch schön vor. Seit seinen jungen Jahren war May sich des großen Einflusses bewusst, den Phantasie, Suggestion und Erwartungshaltung auf die Vorstellung ausüben, die ein Blinder sich von der Schönheit macht. Jetzt, während er fieberhaft nach ein paar Brocken Spanisch suchte, fragte er sich, ob es Sehfähigen anders erging.

Als die Leistungsschau vorbei war, hatte May etliche Bestellungen aufgenommen und mit weiteren Handelsvertretungen Verträge abgeschlossen. Im Flughafen feierten er und Jennifer den erfolgreichen Start von Sendero und die wohlwollende Aufnahme, die seine neuerworbene Sehfähigkeit gefunden hatte. Im Flugzeug überließ ihm Jennifer den Fensterplatz. Diesmal hielt er bereits beim Abheben das Gesicht ans Fenster gepresst, begierig danach, aus einer anderen, neuen Perspektive die Welt vorüberziehen zu sehen.

Etwa einen Monat nach der Schau ging May mit seinen Söhnen zum Picinic Day, dem großen Umzug, den die Studenten der University of California in Davis alljährlich veranstalteten und an den sich ein Straßenfest anschloss. Jennifer, die geschäftlich unterwegs war, trug ihnen auf, sich alles genau einzuprägen, damit sie ihr, wenn sie wieder zu Hause war, davon berichten konnten.

Als der Umzug begann, fanden die drei auf einem Bordstein gute Zuschauerplätze. Ein riesiges, dürres Geschöpf oder Gebilde oder Roboterwesen kam schlenkernd die Straße entlang, wobei der oberste Teil im Geäst der Bäume abwechselnd verschwand und wieder auftauchte.

»Mann! Was ist denn das?«, fragte May seine Söhne.

»Das ist ein Stelzenläufer!«, antwortete Carson.

Auch als ein mit den Armen fuchtelndes, nach allen Seiten ausschlagendes Etwas vorbeikam, das auf einem Rund hockte, anhielt und sich dann auf demselben Rund rückwärtsbewegte, wollte May Näheres wissen.

»Was ist das da?«

»Das ist ein Einradfahrer!«, riefen die Jungen.

»Winkt er uns zu?«

»Nein!«, riefen Carson und Wyndham lachend. »Er balanciert!«

Eine Stunde lang zog eine Prozession merkwürdiger Gestalten an Mays Auge vorüber: Hula-Hoop-Tänzer, große Clowns mit Schirmhüten, kleine Kinder, die riesige Ballons hielten, als Tiere verkleidete Männer, Tiere mit Sonnenbrille, Indianer in traditioneller Aufmachung, Plakate mit großen chinesischen Schriftzeichen, Pferde, deren Leiber beschriftet waren. Und Festwagen. Unmengen von Festwagen.

May hätte diese grandiosen farbigen Erscheinungen liebend gern erkannt, aber wo sollte er anfangen? Das hier war kein Hotelzimmer, wo er sich ausrechnen konnte, dass es sich bei der dunklen runden Form neben dem Waschbecken um eine Kaffeemaschine handelte. Das hier war kein Wohnzimmer, wo er sich denken konnte, dass die rechteckige Form auf dem Tisch die Fernbedienung für den Fernseher war. Er starrte auf jede vorbeiziehende Sensation. Was sollte er als Erstes in Augenschein nehmen? Welche Teile waren wichtig und welche unerheblich? Welche Teile versprachen, Aufschluss zu liefern? Bis er diese Fragen geklärt hatte, war an die Stelle des alten schon längst ein neues Objekt getreten.

Gegen Ende des Umzugs trat die Cal Aggie Marching Band in Aktion. Vor May und seinen Jungen stoppten die Musiker ihren Vorbeimarsch. Ein paar von ihnen standen kaum einen Meter entfernt. May konnte ihre hellen Uniformen bewundern und sich in Ruhe ihre Blasinstrumente aus Messing ansehen, von denen einige größer wirkten als die Personen, die sie trugen. Jemand brüllte ein Kommando, und die Kapelle stimmte eine neue Weise an. Knie hoben und senkten sich, Trommelstöcke wirbelten, Posaunenzüge ruckten, Pirouetten drehende Jugendliche, Uniformen wie aus einem Guss – May kam aus dem Staunen nicht heraus, und als er zu seinen Jungen hinübersah, stellte er fest, dass auch sie in Bewegung waren, auf Dinge deuteten, die er sich anschauen sollte, und ihm zu erklären versuchten, was da vor seinen Augen stattfand, und May konnte spüren, wie ihm Tränen übers Gesicht liefen, und er fand es merkwürdig, dass er vor der Cal Aggie Marching Band in Tränen ausbrach, wo er doch an dem Tag, als ihm der Verband abgenommen wurde, keine Träne vergossen hatte, und gleichzeitig fand er es richtig, dass er jetzt weinte, weil er, erneut zu seinen Söhnen hinüberblickend, ihren Blicken begegnete.

Kurz nach dem Festumzug lagen May und Jennifer eines Nachts wach im Bett. Sie wollte wissen, wie er sich mit seiner neuen Sehkraft fühle. Er sei hingerissen davon, erklärte er, jede Ritze im Bürgersteig, jede Tür mit einem neuen Farbton begeistere ihn.

»Ich muss mich jeden Tag kneifen, um es glauben zu können«, sagte er. »Das Sehen ist eine viel großartigere Sache, als ich dachte. Es ist einfach unglaublich interessant.«

»Es wirkt aber auch wie ein ganz schön hartes Geschäft«, sagte Jennifer. »Manchmal siehst du mitgenommen aus. Bist du sicher, dass es dir gut geht?«

»Es ist tatsächlich ein hartes Geschäft«, stimmte May zu. »Wie es scheint, bleibt mir nichts anderes übrig, als jede Kleinigkeit bewusst zu verarbeiten, um zu verstehen, was ich sehe. Alles ist interessant für mich, aber manchmal habe ich das Gefühl, nie zur Ruhe zu kommen. Und doch möchte ich die Augen nicht schließen. Ich möchte nichts verpassen.«

»Was meinst du damit, wenn du sagst, du musst die Dinge verarbeiten?«

»Also, am besten lässt sich das vielleicht so beschreiben, dass für mich der Versuch zu sehen so ist, als müsste ich eine fremde Sprache lernen.«

»Wie meinst du das?«

»Du weißt doch, wenn man eine Sprache lernt, dann gehen einem die Sätze nicht ohne weiteres von den Lippen. Man muss sich die Wörter zusammensuchen, die man braucht. Dann muss man die Verben konjugieren. Dann muss man sich überlegen, wie man die Wörter anordnet. So ähnlich geht es mir beim Sehen. Auf die eine oder andere Weise, durch Betasten, Überlegen, Erschließen oder wie auch immer, muss ich das, was ich sehe, einer gedanklichen Arbeit unterziehen, muss ich mir alles bewusst zurechtlegen. Nur dann verstehe ich, was ich sehe.«

»Es fließt nicht.«

»Nein, es fließt nicht. Außer bei Farben und Dingen, die sich bewegen – die erschließen sich mir von selbst. Es ist, als wären Farben und bewegliche Sachen meine Muttersprache.«

»Machst du dir deswegen Sorgen?«

»Nein. Das alles ist noch neu – es sind erst ungefähr sechs Wochen vergangen. Ich bin sicher, es wird mit der Zeit leichter werden. Ich meine, wer lernt schon eine Sprache in sechs Wochen? Ich brauche einfach ein bisschen Zeit.«

Jennifer kuschelte sich an ihren Mann und gab ihm einen Kuss. Ein paar Augenblicke später war sie eingeschlafen. May lag wach an ihrer Seite. Seit der Entfernung des Verbands hatte er Dr. Goodman viele Male aufgesucht. Die Überprüfung seines Sehvermögens ergab immer den gleichen Befund. »Keine Veränderung«, erklärte Goodman jedes Mal.

»Ich stehe noch am Anfang«, sagte sich May. »Gut Ding will Weile haben. Wer sagt, dass es mein Leben lang so bleiben wird?«

KAPITEL **ELF**

Nun, da May sehen konnte, wollten die Leute von ihm wissen, was er so schnell wie möglich sehen wolle. Die Cheopspyramide in Ägypten? Einen Pandabären in China? Den neuen *Tyrannosaurus rex*, der in Chicago zu besichtigen war? Er verriet ihnen nur die halbe Wahrheit, wenn er dann erklärte, er könne es kaum erwarten, die Landschaft um den Wintersportort Kirkwood zu sehen. Die andere Hälfte der Wahrheit vertraute er nur Jennifer an.

»Ich muss die Oben-ohne-Strände in Saint-Tropez besuchen«, sagte er. »Wann fliegen wir?«

»Hör mal«, sagte Jennifer. »Schnapp dir zwei von deinen Kumpels, buch die Tickets und zieh los. Ich bin dabei überflüssig.«

»Na, aber du könntest doch auch oben ohne gehen. Zu Hause bist du zu selten oben ohne. Saint-Tropez könnte dir Anregungen liefern.«

Jennifer versetzte ihm einen scherzhaften Hieb. Ihm gefiel es, dass er den Hieb kommen sehen konnte.

Tatsächlich hatte Jennifer auf die zweite Hälfte von Mays Besichtigungsprogramm schon reagiert. Sie, die sich normalerweise eher dezent kleidete, trug jetzt bei ihren abendlichen Ausgängen enger anliegende und farbigere Kleider, vorzugsweise Tops.

»Du siehst klasse aus!«, versicherte ihr May.

»Zur Arbeit gehe ich nicht in diesem Aufzug«, rief Jennifer ihm ins Gedächtnis. »Das hier war bislang nicht mein Stil, an diese Sachen muss ich mich erst gewöhnen.«

May war seiner Frau für ihre Duldsamkeit dankbar. Aber es gab immer noch Scharen von anderen Frauen, die darauf warteten, in Augenschein genommen zu werden. Ein Freund brachte ihm eine Ausgabe des *Playboy* mit. May betrachtete die Fotos und war besonders hingerissen von einem Bild, das sich über drei Seiten erstreckte.

»Ich komme mit ihr nicht klar«, sagte May. »Durch ihren Körper geht ein Knick.«

»Du achtest auf den Knick?«

Fotos mit starken Kontrasten, guter Ausleuchtung und einem eintönigen Hintergrund erschlossen ihm ein Wunderreich verbotener Freuden. Dennoch blieben ihm subtilere Details unklar, was es ihm schwer machte, manches von dem, was er am liebsten anschaute, zu erkennen. Raumtiefe vermochte er nicht wahrzunehmen – keines der abgebildeten Models offenbarte sich ihm in seiner ganzen Üppigkeit, solange er sie nicht von der Seite betrachtete. Aber die Haut und die Kurven! Sie waren überall und lösten die automatischen Prozesse in Mays Phantasie aus, die es seiner Einbildungskraft und seinem sensorischen Gedächtnis ermöglichten, die Leerstellen auszufüllen. Er hatte Männer sagen hören, dass ein weiblicher Umriss hinter einem bewegten Vorhang aufregender sein könne als der tatsächliche Anblick der Frau. Er hatte das nie ganz verstanden, aber jetzt begriff er es.

May sauste nicht los, um die Weltwunder zu bestaunen. Immerhin aber eilte er immer wieder zu Peet's Café im Westteil von Davis, an dem angeblich pausenlos schöne Frauen vorbeiflanierten. Er traf während der morgendlichen Hauptverkehrszeit dort ein, bezog Posten an einem der Tische draußen und richtete seinen Blick auf die Flut von Passanten. Was er da vorbeiströmen sah, waren wandelnde Rätsel.

Waren es Männer oder Frauen? Er wusste nicht, wie er es schaffen sollte, das zu entscheiden. Die Gesichter verrieten ihm nichts über das Geschlecht der Betreffenden, also achtete er als

Nächstes auf die Länge ihrer Haare, kein schlechtes Kriterium, aber eines, bei dem Ausnahmen fast schon die Regel waren, zumal in dieser legeren Universitätsstadt. Die Frauen trugen selten Kleider oder Kopftücher oder andere als Erkennungszeichen brauchbare Kleidungsstücke – tatsächlich war er überrascht, zu sehen, wie ähnlich sich Frauen und Männer anzogen. Er suchte nach der verräterischen Wölbung weiblicher Brüste, aber sofern die Person kein enganliegendes, farbiges Oberteil trug, blieb seine Suche vergebens.

Dass er sich mit zweifelhaften Indizien begnügen musste, war noch nicht alles. Oft blieben May nur fünf oder zehn Sekunden, um sich durch die gesammelten Informationen – Haar, Kleider, Brust – durchzuarbeiten, bis die betreffende Person ihn passiert hatte und er beim nächsten Passanten von vorn mit dem Geduldsspiel anfangen musste, aus Anhaltspunkten ein stimmiges Bild zu schaffen.

»Mann, ich kann jetzt seit fast zwei Monaten sehen«, erklärte er eines Tages Josh auf dem Heimweg. »Warum mache ich hier keine Fortschritte?«

Zu Hause erzählte er Jennifer von seinen Café-Unternehmungen.

»Ich weiß, man trifft dort schöne Frauen«, sagte er. »Aber ich brauche ewig, um auch nur herauszufinden, ob die Person überhaupt eine Frau ist. Wenn ich dann denke, ich habe es geschafft, ist sie weg – oder er ist weg –, und ich muss von vorn beginnen.«

»Es ist immer noch früh«, sagte Jennifer. »Du bist immer noch dabei, dich an das Sehen zu gewöhnen.«

»Es ist zwei Monate her. Kann man da noch von ›früh‹ reden?«

»Möglich ist's, Mike.«

»Ich weiß nicht, Jen. Ich habe ungefähr fünf Sekunden gebraucht, um Farben zu erkennen. Ich habe einen Tag gebraucht, bis ich im vollen Lauf einen Ball fangen konnte. Ich kann immer noch nicht lesen. Ich kann immer noch nicht Carsons und

Wyndhams Gesicht auseinanderhalten. Kannst du dir das erklären?«

»Ich weiß, dass es harte Arbeit ist. Ich sehe, wie hart du daran arbeitest.«

»Das Arbeiten macht mir nichts aus. Im Gegenteil, es ist für mich ein Abenteuer, es fasziniert mich. Aber nach einer Weile möchte man sehen, dass die Arbeit auch Früchte trägt. Ich meine, das ist doch nur natürlich, oder?«

Ein paar Tage später brach May zu einem weiteren Arzttermin in San Francisco auf.

»Ich glaube, Goodman wird diesmal eine Verbesserung feststellen«, erklärte er Jennifer. »Mir kommt es so vor, als hätte ich manche Sachen ein bisschen schneller erkannt. Ich glaube, ich habe auch bei Peet's etwas besser abgeschnitten.«

»Übertreib's damit nicht«, meinte Jennifer. »Grüß Dan herzlich von mir.«

»Ich glaube, heute werde ich Eindruck bei ihm schinden«, sagte May.

Er nahm die Fähre nach San Francisco und entschied sich dann dafür, mit Josh die halbe Stunde Weg zu Goodmans Praxis zu Fuß zurückzulegen. Er schaltete sein GPS an und begann, dessen gesprochenen Anweisungen zu folgen. Alle paar Schritte fiel sein Blick auf eine Linie auf dem Gehweg, und er ertappte sich bei dem Bemühen, herauszufinden, ob es sich um einen Bordstein oder einen Schatten, eine Absenkung oder irgendeinen Farbanstrich handelte; er musste sich immer wieder ermahnen, Josh die Führung zu überlassen und sich selbst darauf zu beschränken, das Sehenswerte zu beiden Seiten zu betrachten.

Nach ein paar Blocks war May in vollem Schwung. Sein GPS funktionierte tadellos, er und Josh kamen gut voran, und rings um ihn her sah er die Hochhäuser San Franciscos in den Himmel streben. Das muss ich Dad erzählen, dachte er. Er machte ein paar weitere Schritte, schloss die Augen und grübelte darüber nach, warum er immer wieder vergaß, dass sein Vater gestorben war, obwohl das schon ein halbes Jahr zurücklag.

In der Nähe von Goodmans Praxis sah May vor sich auf dem Gehsteig irgendwelche weißen und braunen Objekte herumwirbeln. Er hielt einen Augenblick an, um die Szene genauer zu betrachten. Ihm war klar, dass so etwas offensichtlich Regelloses auf einem ordentlichen Gehsteig in einer ordentlichen Stadt nichts zu suchen hatte. Das hieß, dass es sich bei diesen Objekten, hinter denen niemand herjagte, um Müll handeln musste, und in dem Moment, als ihm das klar wurde, waren die braunen und weißen Gebilde für ihn nicht mehr einfach neutrale Dinge, sondern sie riefen ein Gefühl in ihm wach: Ihre Bewegung bekam etwas Liederliches, ihre Farben verloren jeden Glanz, sie erschienen ihm fehl am Platz, sie stellten sich als Abfall heraus, wurden zu etwas, das sie unmittelbar zuvor noch nicht gewesen waren, und erfüllten ihn mit Abscheu.

Er setzte seinen Weg fort. Zu seiner Rechten konnte er die Fensterscheiben eines Gebäudes sehen. Einige machten einen gelblichen Eindruck, durch andere liefen krumme Querlinien, wieder andere schienen gar nicht vorhanden zu sein. Er blieb stehen und sah genauer hin. Durch die gelben Scheiben ließ sich offenbar nur schwer hindurchschauen. Er hatte gehört, Dinge könnten einen gelblichen Ton annehmen, wenn sie verschmutzt und eingetrübt, abgenutzt und verschlissen seien, und ihm kam der Gedanke, dass diese Fenster und der Abfall, den er gesehen hatte, zusammengehörten, dass er auf etwas schaute, was man hatte verkommen lassen, worum sich niemand mehr kümmerte, und als er das begriffen hatte, erschienen ihm die gelblichen Fenster nicht mehr nur gelblich, sondern hässlich. Die krummen Linien an den anderen Fenstern starrte er eine ganze Weile an. Niemand zog von sich aus solche Linien, die in einem völlig sinnlosen Zickzack verliefen und nirgendwohin führten. Es musste sich also, wie er erkannte, um Sprünge im Glas handeln; er konnte nur hoffen, dass niemand in dem Gebäude, das einen so tristen Anblick bot, wohnen musste.

Eine Querstraße weiter machte Josh eine Ausweichbewegung, weil sich etwas auf dem Gehsteig befand. May nahm das Etwas als einen großen dunklen Schatten wahr; passend zu der Gegend, hielt er es für einen Müllsack. Er bückte sich und schaute genauer hin. Aus dem dunklen Zentrum ragten Gebilde hervor, bei denen es sich der Form nach um menschliche Arme und Beine handelte; mit klopfendem Herzen richtete er den Blick auf die Region oberhalb der Arme und sah einen Hals und dann einen Kopf, und nun verschmolz alles blitzartig zu einem eindeutigen Bild: Hier lag ein Mensch, hier lag ein Obdachloser, seitlich zusammengerollt.

May suchte nach einem Gesicht, obwohl er Gesichter nicht erkennen konnte, und als er den Blick zurück auf die Arme und Beine des Mannes richtete, fühlte er, wie sich ihm der Hals zuschnürte und ihm Tränen in die Augen schossen, denn er hatte ja mittlerweile schon zahllose Arme und Beine gesehen, und sie alle hatten sich bewegt, sie alle hatten geredet und Menschen irgendwohin gebracht, während diese Arme und Beine hier schwiegen und nirgendwohin gingen, sie lagen einfach da, und ihr Schweigen war wie ein Schrei, und May wünschte die Nacht herbei, damit sie dem Mann ein bisschen Privatheit ermöglichte. Wenngleich May sehen konnte, dass der Mann in Kleider gehüllt war, wünschte er die Nacht herbei, damit nicht alle Welt diesen Menschen so nackt auf der Straße liegen sah.

May ergriff Joshs Geschirr und ging weiter, bemüht, die Tränen zurückzuhalten. Es blieben ihm nur ein paar Querstraßen, um sich zusammenzureißen. Den Rest des Weges zu Goodmans Praxis konnte er an nichts anderes als an den Mann auf der Straße denken. Er hatte gewusst, dass es Obdachlose gab. Aber bis zu diesem Tag war er immer um sie herumgeleitet worden. Kurz vor seinem Ziel schloss er die Augen, um sich zu sammeln, aber das

Bild des Menschen auf dem Gehsteig verlor nichts von seiner Intensität und Schärfe.

Dr. Goodmans Sprechstundenhilfe begrüßte May und Josh und führte die beiden in einen Untersuchungsraum. Der Stuhl mit der hohen Lehne und das mehrarmige Instrumententablett waren für May mittlerweile ein ebenso vertrauter wie vertrauenerweckender Anblick. Er entspannte sich, und ihm fiel wieder ein, warum er an diesem Tag so hoffnungsfroh von zu Hause aufgebrochen war – er erwartete zu hören, dass seine Sehkraft endlich Fortschritte gemacht hatte.

Goodman trat ein und streckte ihm zur Begrüßung die Hand entgegen. May gelang es ohne Mühe, sie zu ergreifen.

»Mike«, sagte Goodman. »Würden Sie mir vielleicht eine Frage beantworten, ehe wir anfangen?«

»Na klar, Dan.«

»Meine Söhne und ich, wir haben uns über Sie unterhalten. Ich habe ihnen erzählt, wie perfekt Sie Farben erkennen. Sie wollten wissen, ob Sie während der Zeit Ihrer Blindheit farbig geträumt haben.«

»Das weiß ich nicht«, erwiderte May. »Ich kann mich nicht erinnern, ob es in meinen Träumen irgendeine optische Komponente gab, während ich blind war. Aber das eigentlich Merkwürdige ist Folgendes. Als ich noch blind war, hat mich Jennifer immer wieder gefragt, ob in meinem Träumen Farben oder Bilder vorkämen. Und auch da wusste ich es nicht. Ich erinnerte mich an die Handlung, etwa daran, dass mich jemand gejagt hatte. Aber wenn sie fragte, ob etwas Visuelles im Spiel gewesen sei, sagte ich: ›Ich weiß es nicht. Ich weiß nur, was passiert ist.‹«

»Haben Sie jetzt in Ihren Träumen visuelle Erlebnisse?«

»Ja. Und das Sehen geht dabei genauso vor sich, wie wenn ich wach bin. Zuerst nehme ich wahr, wie sich etwas anfühlt, und erst danach, wie es aussieht. Gesichter kann ich ebenso wenig erkennen wie im Wachzustand. Aber vor kurzem hatte ich tatsächlich einen Traum, in dem das Sehen die Hauptrolle spielte.«

»Erzählen Sie.«

»Ich war in diesem Zimmer und konnte sehen, wie auf dem Fußboden eine Menge Giraffen herumrollten und mit den Beinen um sich schlugen. Und ich konnte Wyndham sehen, der ganz in der Nähe lag und schlief. Also schob ich eine der Giraffen weg, damit sie Wyndham nicht zerquetscht. Ich sah die Gefahr und reagierte auf sie, alles mittels Sehvermögen.«

»Das ist faszinierend.«

»Ja. Und am nächsten Tag habe ich darüber nachgedacht. Ich habe noch nie eine Giraffe in Bewegung gesehen, aber das Herumrollen und Umsichschlagen entstammt wohl meiner Alltagserfahrung mit Josh.«

Goodman begann mit der Untersuchung. Er hielt May eine Lesetafel vor die Nase und bat ihn, die Buchstaben zu benennen. Er setzte ihm verschiedene Linsen vor das Auge und ließ ihn erneut lesen. Nach dem obligatorischen Fingerzählen führte er schließlich einige Tests an Mays Auge durch.

»Keine Veränderung«, erklärte Goodman schließlich. »Sie zeigen von Termin zu Termin eine große Beständigkeit.«

»Keine Veränderung? Sind Sie sicher?«

»Ich bin mir sicher. Sie haben nach wie vor ein ausgezeichnet funktionierendes Auge. Mit diesem Auge sollten Sie sogar Auto fahren können. Aber Sie sind weit entfernt davon. Das Problem muss in Ihrem Sehzentrum, in Ihrem Gehirn liegen.«

May zog sich der Magen zusammen. Das Blut schoss ihm ins Gesicht. Am liebsten hätte er laut gebrüllt: »Wie ist das möglich? Wie kann es sein, dass mein Auge gut genug funktioniert, um ein Auto zu steuern, und ich aus sieben Metern Entfernung die Augentafel nicht einmal mehr sehen kann? Warum sehe ich die Dinge scharf, aber erkenne keine Details? Was geht hier vor? Fang endlich an, wahrzunehmen, verdammt noch mal!«

Stattdessen hielt er einen Moment lang inne und schwieg.

»Danke, Dan«, sagte er schließlich. »Danke für alles. Vielleicht überrasche ich Sie ja beim nächsten Besuch.«

Wieder zu Hause, ging May nachmittags in die Küche, um sich ein Brot zu schmieren. Auf der Anrichte konnte er ein Buch liegen sehen, ein Schneidebrett, Autoschlüssel, Jennifers Stoffproben, ein offenes Glas mit Erdnussbutter, Schulsachen, Jennifers Sonnenbrille …

»Jen, Jen! Wo bist du?«

Jennifer kam in die Küche.

»Hallo, Schatz. Wann bist du gekommen?«

»Schau dir das mal an!«, sagte May.

»Ach, das wollte ich noch weg…«

»Warum liegt da mitten auf dem Schneidebrett ein Buch? Warum liegen deine Schlüssel jeden Tag woanders rum – statt in deiner Tasche, wo sie hingehören?«

»Sag mir nicht, wo ich meine Schlüssel hintun soll.«

»Bestimmt nicht in die Erdnussbutter!«

»Sie sind nicht in der Erdnussbutter. Was ist los mit dir?«

»Mit mir ist alles in Ordnung. Ich bin ein ordentlicher Mensch. Ich hasse Durcheinander. Du weißt, dass ich Unordnung hasse. Seit vierzehn Jahren weißt du das. Aber siehe da, es nimmt kein Ende. Man könnte meinen, du legst es darauf an, mich fertigzumachen.«

»Warum musst du alles so genau unter die Lupe nehmen? Du suchst nach Durcheinander, Mike. Du willst es finden. Die ganze Zeit über bist du auf der Jagd danach. Wir *leben* doch hier. Lass uns einfach hier leben.«

May fing an, die Gegenstände auf der Anrichte zu verrücken.

»Lass meine Sachen in Ruhe.«

»Ich sortiere sie nur, mache ein bisschen Ordnung.«

»Mike, du lässt deine Wut an mir ab.«

»Nein, ich räume nur ein wenig auf.«

»Warum kannst du nicht einfach damit leben?«

»Weil ich jetzt sehen kann.«

Eines Nachmittags erklärte May Jennifer, er habe vor, Pete's Café zu besuchen.

»Gehst du auf Frauenschau?«, fragte sie.

»Ich will's mal wieder versuchen«, sagte er. »Ich bin darin immer noch nicht sonderlich gut.«

»Brauchst du Hilfe?«

May sah sie an.

»Glaubst du, dass du mir helfen kannst?«, fragte er.

»Das kann ich mit Sicherheit«, antwortete sie.

Die beiden fanden einen Tisch nahe dem Gehsteig.

»Ehe wir anfangen, zeig mir doch mal, wie du nach Frauen Ausschau hältst«, sagte sie.

May blickte die Straße entlang. Während eine Person, die mit ihren langen Haaren in Frage kam, an ihrem Tisch vorbeiging, studierte er eifrig ihr Aussehen.

»Halt, halt«, sagte Jennifer. »So kannst du das nicht machen!«

»Wie mach ich's denn?«

»Du hast dir förmlich den Hals verrenkt. Du hast den ganzen Körper gedreht, um ihren Weg zu verfolgen! Du kriegst eins aufs Dach, wenn du so was machst. Hier, fühl mal.«

Sie nahm Mays Hände und legte sie auf ihr Gesicht. Mit einer langsamen Kopfbewegung vollführte sie eine Drehung von fünfundvierzig Grad.

»Um so viel kannst du den Kopf wenden, aber ihn ganz herumzudrehen bedeutet gaffen – damit kannst du dir Ärger einhandeln. Versuch statt des Kopfes den Blick wandern zu lassen. Du musst vermeiden, aufdringlich zu wirken.«

May übte das bei den nächsten paar Passanten. Er musste sich konzentrieren, um das Auge statt des Kopfes zu bewegen, aber jeder weitere Versuch brachte Fortschritte. Als Nächstes wollte Jennifer von ihm wissen, an welchen Erkennungsmerkmalen er herauszufinden versuchte, ob es sich um eine Frau handelte. Er schaue nach der Länge der Haare, erklärte May, nach der Kleidung und danach, ob sich Brüste abzeichneten, aber all diese Kennzeichen seien unter Umständen irreführend beziehungsweise unzuverlässig.

»Es gibt anderes, wonach du Ausschau halten kannst«, sagte sie. »Sieh dort die Frau mit den kurzen dunklen Haaren, die auf uns zukommt. Siehst du ihre Schuhe? Kein Mann würde Schuhe in solcher Farbe tragen.«

May notierte im Geiste: Ungewöhnlich gefärbte Schuhe deuten auf eine Frau hin.

So begann eine einstündige Lektion in Sachen Erkennungszeichen.

Während May sich weiter darin übte, den Kopf stillzuhalten, brachte ihm Jennifer bei, auf folgende Merkmale zu achten:

- *Schwingende Hüften* (»Frauen gehen federnd, Männer nicht.«)
- *Taschen* (»Männer tragen nichts über der Schulter, jedenfalls nicht hier bei uns.«)
- *Enge Hosen* (»Es gibt Frauen, die malen sie sich geradezu auf die Haut, die von Männern sind ausgebeulter.«)
- *Röcke* (»Sie flattern stärker im Wind als Shorts.«)
- *Bauch* (»Frauen zeigen heute gern ein Stück von ihrem Bauch. Männer tun das fast nie.«)
- *Schmuck* (»Manche Männer tragen Halskettchen, aber kaum einer trägt glänzende Armbänder.«)

Für May waren diese Hinweise Gold wert. Zu Hause prägte er sie sich ein und dachte über sie nach, ehe er ein paar Tage später mit seiner Frau das Café ein weiteres Mal aufsuchte.

»Also gut, ich sehe eine Person: mittellanges blondes Haar, ich

glaube, sie hat eine Tasche, und ihr Gang ist federnd«, sagte May.
»Das muss eine Frau sein. Und ich glaube, sie ist attraktiv.«

»Gut gemacht, Mike, sie *ist* attraktiv«, sagte Jennifer. »Jetzt schau mal nach rechts, Richtung zehn Uhr. Was meinst du?«

May starrte ein paar Sekunden hin, wobei er sich zwang, den Kopf stillzuhalten.

»Sehr hübsch. Helle Schuhe. Eindeutig klasse.«

Jennifer wirkte leicht angesäuert.

»Ich hab mehr Klasse als die«, murmelte sie.

»He, Jen, was ist mit der da? Langes Haar, Bauch zu sehen, guter Gang, ihre hohen Absätze machen ein schönes Geräusch. Sieht vielversprechend aus.«

»Mike, das ist ein Mann.«

»Tatsache? Was ist mit den hohen Absätzen?«

»Das sind Flip-Flops. Aber stimmt, er hat einen aufreizenden Gang. Das muss ich zugeben.«

Ausgerüstet mit seinem neuen Arsenal von Anhaltspunkten, suchte May das Café täglich auf, taxierte die Frauen und berauschte sich an der Vorstellung, dass er mit so vielen aus der Distanz in Kontakt treten konnte, ohne sie auch nur im mindesten zu berühren. Oft nahm er Jennifer mit; sie brauchte nur ein paar Minuten, um beurteilen zu können, welche Fortschritte er gemacht hatte, und half ihm dann bei der Verfeinerung seiner Technik. Manchmal fürchtete sie, seine Seifenblase zum Platzen gebracht zu haben, wenn sie ihm etwa eröffnen musste, dass Frauen, die er für Schönheitsköniginnen gehalten hatte, in Wahrheit einen schlampigen, trostlosen Eindruck machten. Er sei ganz und gar nicht enttäuscht, versicherte er ihr. Im Gegenteil, er empfinde seine mangelnde Fähigkeit, alle Unvollkommenheiten zu entdecken, als ein Glück, weil ihn das weniger wählerisch mache und ihm ermögliche, die Welt mit mehr schönen Frauen zu bevölkern, an denen er sich erfreuen könne. In anderen Fällen hatte sie Angst, ihn durcheinanderzubringen, etwa wenn sie ihm mitteilte, dass eine Frau mit einem hübschen Gesicht gleichzeitig einen permanent verbiesterten Ausdruck hatte. So etwas könne er sich nicht vorstellen, erklärte er – wie könne ein Gesicht zugleich schön und hässlich sein? –, aber die Paradoxie faszinierte ihn und ließ ihm Gesichter noch interessanter erscheinen.

May setzte seine Übungen fort. Bald konnte er das Geschlecht eines Passanten mit achtzigprozentiger Wahrscheinlichkeit bestimmen. Jennifer freute sich mit ihm, wenn er über seine täglichen Fortschritte berichtete. Als er sich darüber wunderte und meinte, die meisten Ehefrauen würden ihren Männern beim Versuch, sich an anderen Frauen zu ergötzen, wohl keine Hilfestellung leisten, erklärte sie ihm, sie habe gewusst, dass er das tun werde, und wolle, dass er es auch richtig lerne. Zu Hause fiel ihm auf, dass Jennifer anfing, die Art von enganliegenden Kleidern zu tragen, auf die er ansprach, wenn sie gemeinsam im Café saßen und Frauenschau betrieben.

Ende April fragte May Dr. Goodman, ob er Ski laufen dürfe. Kirkwood war einer der Orte, nach deren Anblick May sich sehnte, und die Skisaison neigte sich dem Ende zu. Goodman war nicht begeistert von der Idee: Was, wenn May etwas ins Auge flog, er eine Kopfverletzung erlitt? Letztlich aber überließ er die Entscheidung seinem Patienten, was bedeutete, dass May sich auf den Weg machte.

Während der dreistündigen Fahrt nach Kirkwood wandte May keinen Moment lang das Auge vom Fenster; er war völlig versunken in den Anblick der winzigen Goldminenstädtchen und der von Matsch bedeckten S-Kurven, die er seit mehr als zwanzig Jahren aus Erzählungen und vom Fahrgefühl her kannte. Als sie in die Berge kamen, begann der Wettstreit, wer als Erster den Schnee sehen würde. Carson gewann, aber May hatte am Wettstreit teilgenommen. Zum ersten Mal in seinem Leben sah er Schnee.

Während Jennifer in den Erholungsort hineinfuhr, rutschte May unruhig auf seinem Sitz hin und her – er platzte vor Ungeduld, die vertraute Stätte zu sehen. Sie fuhr langsam, sodass er alles betrachten konnte. Jede Nebenstraße befand sich dort, wo er sie erwartete, und jede Bodenwelle auf der Straße kam ihm bekannt vor. Anderes freilich drängte sich seinem Auge als fremd auf. Orangefarbene Kegel säumten die Zufahrt zu den Hütten, und auf dem Parkplatz kassierten Leute in grellem Gelb die Gebühren.

»Warum leuchten die Leute so?«, wollte May wissen.

»Sie tragen Neonwesten«, sagte Carson.

»Warum hat mir niemand was von all dem Orange und Gelb erzählt?«, fragte May.

»Ich glaube, wir haben einfach nicht daran gedacht«, antwortete Wyndham.

May konnte es nicht fassen, wie viel Erstaunliches Menschen mit Sehvermögen für nicht erwähnenswert hielten. Ihm kam das so vor, als hätte er vergessen, gegenüber seiner Familie die Existenz seines Bruders oder die Tatsache, dass er Gitarre spielen konnte, zu erwähnen.

Die Familie richtete sich in der gemieteten Ferienwohnung ein und machte sich dann auf den Weg zu Piste eins, einem sanften Anfängerhügel. Auf der Fahrt im Sessellift beobachtete May, wie zu seiner Linken eine Rolltreppe aus Bäumen vorbeizog und unter ihm der Boden wegsackte. Jennifer sah in ihrem Skianzug wie eine Wolke aus, nur der hellorangefarbene Latz auf ihrer Brust mit der Aufschrift »Guide« stach hervor – ein Hinweis für die anderen, dass sie einen Skifahrer als Helferin begleitete. Kurze Zeit später waren sie oben und begannen, den Hang hinabzugleiten, bei diesem sanften Gefälle mehr ein Spaziergang als eine Abfahrt; May verschlug es den Atem, als er die Durchfahrt durch die Bäume entdeckte, mit der er gerechnet hatte, und sah, wie der von scharfen Linien durchzogene Schnee an seinen schimmernden gelbroten Skiern vorbeiströmte. Jennifer rief ihm Richtungshinweise zu, aber die brauchte er bei diesem mäßigen Tempo gar nicht. Alles in seiner Umgebung fügte sich zusammen, er blickte in das Blau des Himmels und spürte, wie Gänsehautschauer über seinen Körper zogen, und ihm fiel ein, dass er es dabei nicht bewenden lassen musste, dass er weiter blicken konnte als nur zum Himmel, und als er in die Ferne schaute, sah er auf dem Blau eine Krone aus kantigen Zacken. Und er dachte: »Das sind die Berge. Das ist mein Panorama.«

Jennifer sah voraus, was kommen musste, und ihr war klar, dass es keinen Zweck hatte, zu protestieren.

»Gehen wir zu Piste sechs«, sagte May. »Packen wir's an.«

Piste sechs war die vielleicht schwierigste und tückischste Abfahrtsstrecke in Kirkwood, eine steile, schwarz glänzende Strecke, übersät von Buckeln vereisten Schnees, die die Beine des Abfahrers in stampfende Kolben verwandelten. An diesem Hang erreichte man Geschwindigkeiten von fünfzig Stundenkilometern, und wer stürzte, überschlug sich unter Umständen mehrfach. Da die Unglücklichen, denen das passierte, gewöhnlich ihre Ausrüstung in Trümmern auf dem Berg zurückließen, bekam die Piste den Spitznamen »Trödelmarkt«.

Der Lift trug May und Jennifer über die Baumgrenze hinaus und machte auch dort noch nicht halt. Er schien sogar die Berge selbst noch übersteigen zu wollen, und zum ersten Mal in zwanzig Jahren merkte May, wie er die Sperrstange umklammerte, weil er hinauszufallen fürchtete.

Der Blick von oben ließ May auf seinen Skiern erstarren. Der Berg fiel in ein Baummeer hinab, fing sich in einer Wiesenfläche, holte Atem und stieg auf der anderen Seite wieder empor, stieg und stieg, bis er zu einer gewaltigen, von Wolken umgebenen Felswand wurde. Er hätte sehnlichst gern die Hand ausgestreckt und das Panorama betastet – so nah erschien es –, aber er wusste natürlich, dass es Meilen weit weg war. Als er sich den Abstand in

Erinnerung rief, schien die Entfernung plötzlich größer, als sie eigentlich war, und er begriff, dass er hinfliegen musste, wenn er das Panorama berühren wollte, und einen Augenblick lang hatte er das Gefühl, das auch zu können.

Aber lieber ließ er sein Gesicht von den Sonnenstrahlen, die die frostige Luft durchdrangen, mild bescheinen. Dann sah er zu seiner Frau hin, die regungslos dastand und geduldig wartete, bis er sich sattgesehen hatte, und dachte: Bewahr dieses Erlebnis. Deshalb bist du hergekommen.

Unmittelbar vor Beginn der Abfahrt erinnerte May seine Frau daran, dass er sich diesmal auf ihre Anweisungen konzentrieren musste – zu tändeln und sich zu unterhalten wie auf Piste eins kam nicht in Frage –, und er bat sie, nicht zu vergessen, dass sie »Verkehr!« rufen musste, wenn andere Skifahrer in ihre Nähe kamen. Sie setzten die Schneebrillen auf und fuhren los, den Hügel hinab.

Der harte weiße Schnee zischte unter Mays Skiern. Das war jetzt eine ganz andere Bewegung als vorher, das hier war Tempo, rasendes Tempo, vielleicht vierzig Stundenkilometer, und als er aufblickte, sausten aus allen Richtungen dunkle Linien auf ihn zu – waren das Leute? Ja, das mussten andere Skifahrer sein, die zu nahe herankamen: *Abstand halten! Abstand halten!* Wo war Jennifer, wo war der orangefarbene Latz, warum sagte sie nichts? Dort ist sie, da ist das Orange, aber hier kommt schon ein weiterer Skifahrer. Jen! Jen! Warum führt sie mich auf einen anderen Skifahrer zu. Ich kann seine Gestalt sehen, er kommt direkt auf mich zu, ER RAST DIREKT AUF MICH ZU!

WUSCH!

May fuhr durch den Skifahrer hindurch. Sein Herz schlug wie verrückt.

»Jennifer! Halt!«, brüllte er.

Jennifer kam schleudernd zum Stehen. May fuhr an ihre Seite.

»Was ist los?«, fragte sie.

»Himmel, Jennifer!«, brachte er keuchend heraus. »Du sollst doch ›Verkehr!‹ rufen.«

»Da war gar kein Verkehr.«

»Was war es dann?«

»Was war was?«

»Die Person … die dunkle Gestalt, die so schnell auf uns zuraste.«

Jennifer blickte sich um.

»Das ist der Schatten des Skilifts.«

»Warum hast du mich nicht davor gewarnt?«

»Ich habe ihn überhaupt nicht bemerkt, Mike.«

May sah den Hügel hinunter. Dunkle Linien ragten in die weiße Fläche des Hangs hinein. Manche bewegten sich, andere nicht. Ein Skiläufer flitzte an ihnen vorbei, sein dunkler Anzug war von den Schatten, die der Sessellift warf, nicht zu unterscheiden.

»Jetzt kommen Buckel, Mike. Kannst du sie sehen?«

May kniff die Augen zusammen und suchte den Hang ab.

»Ich glaube nicht. Vielleicht, wenn ich näher rankomme.«

»Du solltest das abbrechen, Mike. Du kannst die Buckel nicht einmal sehen. Wir können hier Schluss machen.«

»Lass uns weiterfahren«, sagte er.

Die beiden setzten die Abfahrt fort. Bald hatten sie wieder Tempo aufgenommen. May konzentrierte sich mit ganzer Kraft auf die Schatten – wenn er einfach Winkel, Umriss und Richtung ins Kalkül zog, konnte er wirkliche von eingebildeten Gefahren, Personen von Bäumen unterscheiden, und das hier vor ihm, das war wohl bloß ein Schatten, weil …

WUMM!

Mays Skier pflügten durch einen Buckel, sodass die Beine den Halt verloren und er wild mit den Armen ruderte. Er versuchte, aufrecht zu bleiben, aber sein nach vorn kippender Oberkörper drückte ihn in den Schnee, wo er mit Armen und Beinen um sich schlug und die Welt wie ein Sturzbach aus Himmel und Schnee an ihm vorbeirauschte. Als seine Rutschfahrt zu Ende war, wischte er sich den Schnee von der Brille und blickte zurück auf den Buckel, der ihn zu Fall gebracht hatte. Er sah nichts als planes weißes Gelände. Jennifer hatte angehalten, überließ aber ihrem Mann die Entscheidung über den Fortgang.

May stand auf und setzte die Fahrt fort.

»Achte auf die Buckel«, sagte er sich, während er wieder Tempo aufnahm. »Vergiss die anderen Schatten.«

Er sah einen Placken Schnee auf sich zustürzen, der ihm als Placken erschien, weil er oben heller war als an den Seiten, und ihm kam der Gedanke, das könnte ein Buckel sein, und …

RUMMS!

Der Buckel knallte May in die Knie, brachte ihn aus dem Gleichgewicht und schleuderte ihn mit dem Gesicht voran in den Schnee. Die Erregung schnürte ihm die Kehle zu, während er sich aufrappelte und wieder auf die Skier stellte. Er musste schneller kapieren. Er musste Schatten von Bäumen, Menschen von Buckeln, hell von nicht ganz hell unterscheiden, aber die Vorstellung, all das bei solchen Geschwindigkeiten verarbeiten zu müssen, verkrampfte ihm den Magen und verknotete ihm die Arme, erzeugte das Gegenteil der kühlen Geschmeidigkeit, die er bei der Olympiade am Berg Jahorina bewiesen hatte. Wieder stieß er sich mit den Stöcken ab und setzte die Abfahrt fort. Diesmal dauerte es nicht einmal zehn Sekunden, bis ihm ein weiterer unklarer Schatten die Beine wegzog.

May hielt Ausschau nach Jennifers orangerotem Latz. Der einzige orange Fleck, den er sah, war weit weg. Das Gesicht von Schnee und Tränen gerötet, begann er, sich aufzurappeln, aber er konnte die Stürze spüren, die ihm noch bevorstanden, die Zusammenstöße mit allem und nichts, die er nicht zu vermeiden vermochte, und er hielt in seinen Bemühungen, aufzustehen, inne. Er betrachtete die Schatten, die ihn umtanzten, und dachte: »Ich bin erledigt. Den restlichen Weg schaffe ich nicht mehr.«

Er schloss seine Augen, und die Welt um ihn wurde still. Hier war er geborgen. In der Dunkelheit konnte er sein Herz schlagen hören. Kein anderer Laut war auf dem Berg zu vernehmen. Noch nie hatte er sein Herz so schlagen hören.

May hob einen Skistock und stieß ihn in den Schnee. Er atmete so tief ein, wie seine Lungen nur konnten, und hievte sich dann empor, zuerst auf ein Knie, dann auf die Füße.

»Das muss zu schaffen sein«, sagte er.

Er öffnete die Augen.

»Alles lässt sich schaffen. Wenn es nicht anders geht, dann eben mit Gewalt.«

Er schob sich mit den Stöcken an und bewegte sich bergab, zuerst vorsichtig, dann schneller, schließlich so schnell, wie er konnte. In den folgenden zwanzig Minuten stürzte er wohl noch dreißig Mal. Jedes Mal hievte er sich wieder hoch und fuhr weiter. Als er das Tal erreichte, konnte er kaum noch stehen.

Jennifer rannte zu ihrem Mann.

»Du lieber Himmel«, rief sie. »Geht's dir gut?«

May stand einen Augenblick lang schwer atmend einfach da.

»Ich glaube, für heute habe ich genug«, sagte er.

Ein paar Wochen nach dem Skiurlaub in Kirkwood sprach May in der Nähe von San Francisco auf Einladung eines Freundes vor Viertklässlern über sein Sehvermögen und dessen ungewöhnliche Umstände. Die Fragen der Kinder gehörten zu den besten, die er je zu hören bekommen hatte:

»Können Sie Ihren Hund mit dem Schwanz wedeln sehen?«

»Ein klares Ja. Sachen, die sich bewegen, sehe ich sehr gut.«

»Können Sie seinen Schwanz sehen, wenn er nicht damit wedelt?«

»Ja, aber nur, weil ich weiß, dass Hunde einen Schwanz haben.«

»Können Sie es sehen, wenn Ihre Kinder Unsinn machen?«

»Ja. Und ich kann es auch sehen, wenn ihr Zimmer nicht aufgeräumt ist.«

»Welche Firma stellt die Medikamente her, die Sie einnehmen? Mein Dad will dort sicher Geld investieren.«

»Das weiß ich nicht. Gute Frage.«

»Hat man mit Nadeln in Ihr Auge gestochen?«

»Ich glaube, ja. Ich bin dort genäht worden.«

»Mit wie vielen Stichen?«

»Das weiß ich nicht genau. Auch eine gute Frage.«

»Was halte ich hier hoch?«

»Kann ich nicht sagen; ich muss die Dinge betasten, ehe ich sie richtig sehe.«

»Können Sie Auto fahren?«

»Würdest du jemanden Auto fahren lassen, der Sachen berühren muss, ehe er sie sieht?«

»Werden Sie je imstande sein, ein Auto zu fahren?«

»Also, ich versuche, meinem Hund beizubringen, durch die Scheibe zu gucken und mir beim Lenken zu helfen. Und meinen Kindern versuche ich beizubringen, das Lenkrad zu halten, während ich Gas- und Bremspedal bediene. Was gibt's da zu lachen?«

Nach seinem Vortrag vor den Viertklässlern machte May mit einem Freund eine Spritztour nach Baker Beach, einem Strandstück, das berühmt ist für seine hohen Wellen und den Blick auf die Golden Gate Bridge. Mehrere Minuten lang stand er am Rand des Strandes, beobachtete die schäumenden weißen Bläschen oben auf dem Wasser und verfolgte staunend, wie der Sand von Hell zu Dunkel wechselte, wenn ihn das Wasser überspülte. Er zog die Schuhe aus und begann durch den nassen Sand zu wandern, und einen Augenblick später blickte er auf und entdeckte die orangefarbene Silhouette der Golden Gate Bridge, deren Stützpfeiler vor dem grauen Himmel leuchteten. Eine Zeitlang ging er in Richtung der Brücke, dieses Bauwerks, das schon sein ganzes Leben in seiner Phantasie existiert hatte, ging auf sie zu, obwohl er genau wusste, dass er sie zu Fuß nicht erreichen konnte, eine Brücke, die vierzig Jahre lang durch Schilderungen anderer zu ihm gesprochen hatte und es jetzt durch ihr Orange tat.

Nach einiger Zeit hielt er an und drehte sich um, weil er sehen wollte, wie weit er gegangen war. Auf dem Sand sah er Schemen liegen, die kurz zuvor noch nicht da gewesen waren; es musste sich also um seine Fußspuren handeln. Fußspuren hatte er sich nie als visuelle Gebilde vorgestellt; für ihn hatten sie in der Druck- und Drehempfindung bestanden, die der Sand an seinen Füßen hervorrief – in etwas Stofflichem, nicht Bildlichem. Er sah auf die Spur seiner Füße und fühlte sich sofort mit ihr eins; sie war ein Teil von ihm, jeder Schritt mit dem nächsten verbunden, bis sie ihn erreichte und in ihn überging. Er bückte sich, um die Abdrücke zu betasten, aber gleich der erste verwischte unter seiner Berührung, und obwohl er sonst immer darauf aus war, Dinge zu berühren, verschwand dieses Bedürfnis jetzt angesichts seiner Fußspuren. Sie zu berühren schien ihm keine gute Idee zu sein, und so richtete er sich auf und ging weiter.

An einem herrlichen Sommertag traf May in Palo Alto seinen Bruder Patrick. Ihr Arbeitspensum hatte es ihnen seit Mays Operation kaum erlaubt, zusammenzukommen. Heute aber ließen sie sich nicht davon abhalten. Und Patrick kam mit der Limo.

Die Limo war ein langes, schnittiges schwarzes Tandemrad, ideal für Leistungssportler und Draufgänger. Die Brüder waren schon zahllose Male damit an der Pazifikküste entlanggefahren, stets mit einem hinten strampelnden May und einem vorn lenkenden Patrick.

»Heute machen wir's andersrum«, sagte Patrick. »Du fährst vorn. Du lenkst.«

»Meinst du wirklich?«, fragte May.

»Ich werde mit Sicherheit zittern«, sagte Patrick. »Ich kann nicht eingreifen. Du hast keine Erfahrung. Das Rad ist auf Tempo getrimmt. Aber legen wir einfach los.«

Mays Gesicht verfiel in das selige Lächeln des sechsjährigen Mike.

Die Männer stiegen auf die Limo und traten in die Pedale. Der vordere Sitz fühlte sich für May fremd an, das Rad schwankte, und May kam es vor, als versuche er, einen Hund am Schwanz zu steuern.

»Halt dich an den weißen Strich in der Straßenmitte«, rief Patrick. »Langsam links … links … ist gut, jetzt die Spur halten!«

Bald schon zeigte der Tacho über dreißig Stundenkilometer an. May ließ das Rad fest an der weißen Linie kleben. Er hatte das Gefühl, ewig fahren zu können, mit dem Wind im Gesicht, mit seinem Bruder als Motor und mit dieser wilden, herrlichen Maschine als seinem dienstbaren Geist.

Die Straße indes endete, und die Limousine musste wenden, was sogar für Fahrer mit gut entwickeltem Sehvermögen ein schwieriges Unterfangen war.

»Willst du das Wendemanöver versuchen?«, fragte Patrick.

»Unbedingt«, rief May nach hinten.

May begann, sich nach links zu neigen, wobei er sich am Saum der Bäume links und rechts von der Straße zu orientieren suchte. Er beugte sich stärker nach links. Das Rad neigte sich mit ihm. Beide traten stärker in die Pedale, um der Schwerkraft und dem Unheil eines Sturzes zu entrinnen. Die Schräglage der Limo verstärkte sich, die Knie der Brüder rotierten heftig, um sie aufrecht zu halten, bis May wieder den weißen Strich sah, der die Straßenmitte markierte, und schon führte er seinen Bruder zurück an ihren Ausgangspunkt.

Nach Beendigung der Fahrt schauten May und Patrick auf den Kilometerzähler. Viereinhalb Kilometer hatten sie zurückgelegt. Sie umarmten sich und gelobten, beim nächsten Mal ein noch höheres Tempo vorzulegen. Auf dem Nachhauseweg ließ May die Fahrt im Geist noch einmal Revue passieren. Ihm kam es merkwürdig vor, dass er nicht gesehen hatte, wie sich die Ränder der Straße in der Ferne zusammenschoben und sich die Straße verengte – so, wie es ihm Leute mit intaktem Sehvermögen immer schilderten. Ihm waren die Ränder, so weit er blicken konnte, als Parallelen erschienen. Der Unterschied in der Wahrnehmung beunruhigte ihn nicht allzu sehr, aber er fragte sich doch, ob er nach vier Monaten wiedererlangter Sehfähigkeit nicht imstande sein müsse, die Dinge etwas normaler zu sehen. Dennoch hatte er die Unternehmung als aufregendes Abenteuer empfunden, und er konnte es kaum erwarten, nach Hause zu kommen und seiner Familie zu erzählen, wie ihm ein Wendemanöver gelungen war, das nicht einmal alle Fahrer mit vollem Sehvermögen schafften.

In dem Sommer, in dem May seine Sehfähigkeit zurückerhielt, feierte das Ferienlager Enchanted Hills sein fünfzigjähriges Jubiläum. Hier hatte er die Abenteuer seiner Kindheit erlebt, hier hatte er um Jennifer geworben, hier war es ihm immer so vorgekommen, als könne er ewig in Bewegung sein. Zum Wochenende fuhr er mit seiner Familie zum Camp, um das Ereignis zu feiern.

Am späten Samstagabend traten sie vom oberen Lager aus, wohin sie gewandert waren, den langen Rückweg zu ihrer Hütte an. Der Himmel war tiefschwarz, und Carson und Wyndham erklärten, sie fürchteten sich. May wollte seine Söhne auf andere Gedanken bringen, ihre Aufmerksamkeit ablenken, bis sie das untere Camp erreicht hatten. Stattdessen sorgten *sie* für die Ablenkung.

»Dad, kannst du die Sterne sehen?«, fragte Carson.

»Oh, ja, sie sind so hell!«, stimmte Wyndham ein.

May wollte sie beschäftigt halten und unterbrach deshalb den Marsch nicht, um hinaufzuschauen, sondern stellte den Jungen Fragen über die Sterne, sodass ihnen die Zeit wie im Flug vergangen war, als sie die Hütte erreichten.

Nachdem die Jungen und Jennifer eingeschlafen waren, ging May mit Josh zum Spiel- und Sportplatz von Enchanted Hills, einer Lichtung im Wald. Dort hatte er viele Male die Nacht verbracht, nachdem er gehört hatte, wie die Betreuer den Nachthimmel schilderten. Heute Nacht wollte er die Sterne mit seinem eigenen Auge sehen.

Er wickelte sich Joshs Leine um das Bein, legte sich flach auf den Rücken und schloss die Augen. Im Geist konnte er die Stimmen von Betreuern hören, wie sie vor Jahrzehnten »Los!« geschrien hatten, um ein Rennen zu starten. Er konnte hören, wie sie vom Sternenhimmel erzählten.

May öffnete die Augen. Elektrische, silberweiße Punkte breiteten sich in alle Welt aus, und als er zu erkennen versuchte, wohin sie sich erstreckten, war da gar keine Welt mehr, sie breiteten sich überallhin aus, über ein Tuch aus Nacht, das ohne Ränder war, und einen Augenblick lang wusste May nicht mehr, wo in diesem Sternenmeer er sich befand, ob er darunter, daneben oder darüber lag, die Lichter waren überall, und er war überall, war dort, wo er sein wollte.

Er lag dort eine Stunde oder vielleicht zwei. Nach Mitternacht hörte er die besorgten Stimmen von Betreuerinnen, die offenbar ihn und Josh für verwilderte Hunde oder Luchse hielten. Er setzte sich auf und winkte ihnen zu. Es war Zeit, schlafen zu gehen. Ein letztes Mal legte er sich zurück und sah zum Himmel auf. Er wusste nach wie vor nicht, warum sich sein Sehvermögen nicht verbesserte, wieso es ihm so kuriose Streiche spielte. Immer häufiger fragte er sich, ob er vielleicht mit diesen Besonderheiten würde leben müssen. Aber das war für ihn in diesem Moment nicht wichtig. Während eine Million Sterne sein Auge umtanzten, konnte er nur daran denken, was für ein Glück es war, dass das Drängen seiner Kinder ihn dazu gebracht hatte, in den Nachthimmel zu schauen.

KAPITEL **ZWÖLF**

Vier Monate waren seit der ersten Präsentation des GPS-Systems von Sendero vergangen. So fasziniert die Kunden von dem Produkt auch sein mochten, es war einfach zu teuer – 995 Dollar *zuzüglich* des Preises für einen Laptop. Nach einem anfänglichen Ansturm sanken die Verkaufszahlen wieder. May musste sich einer Tatsache stellen, die für ihn nicht überraschend kam – dass nämlich die Firma nur Überlebenschancen hatte, wenn Rehabilitationszentren und andere Organisationen dazu gebracht werden konnten, das Gerät für ihre blinden Klienten anzuschaffen. Im Hause May wurde das Geld knapper. May rechnete sich aus, dass er sechs Monate Zeit hatte, sein Unternehmen in Schwung zu bringen. Einen Ausweichplan gab es nicht.

Eines späten Nachmittags fuhren Jennifer und er in den Supermarkt. Sie ging in die Feinkostabteilung und überließ May sich selbst. Während er einen Einkaufswagen langsam durch den ersten Gang schob, starrte er auf die Regale, in denen die Artikel zu einer einzigen großen Collage verschmolzen. In Umgebungen, die ihm unvertraut waren, erlebte er häufig solch ein farbiges Chaos, und es war geeignet, ihn aus der Fassung zu bringen und zu frustrieren. Er sah die Schachteln in den Regalen klar und deutlich und konnte doch nicht sagen, wo die eine begann und die nächste endete. Mitgefühl für jene Kunden aufzubringen, die sich nicht zwischen zwei Mayonnaisemarken zu entscheiden vermochten, fiel ihm schwer: Allein die einzelnen Gläser mit Mayonnaise sehen zu können hätte ihn bereits glücklich gemacht.

Zu Hause oder in Peet's Café oder an den paar anderen Orten, mit denen May vertraut war, passierte ihm das nicht. Für ihn waren Kontextwissen und Antizipation entscheidend, im buchstäblichen Sinn Quellen eines besseren Sehvermögens. Wenn er also auf dem Kaffeetisch in seinem Wohnzimmer einen langen silbernen rechteckigen Umriss erspähte, dann erkannte er darin die Fernbedienung für den Fernsehapparat, die er dort vorzufinden erwartete. Aber wenn jemand dieselbe Fernbedienung genommen und auf ein Speisekammerregal gelegt hätte oder auf seinen Sitz im Auto, sie wäre ihm als buntes flaches Etwas erschienen, das ihm nicht das Geringste sagte. Mays Problem war, dass es neben den wenigen Plätzen, die er so genau kannte wie den Kaffeetisch im Wohnzimmer, zahllose Orte in der Welt gab – wie zum Beispiel diesen Supermarkt –, die ihm unbekannt waren.

Das hieß, dass May auf andere Weise herausbekommen musste, was er sah. Dabei bediente er sich eines Repertoires von Informationsquellen, deren Hinweise er zu einem einheitlichen Befund zusammenzuführen versuchte:

- Berührung
- Farbe
- Kontextwissen und Antizipation
- Andere Sinnesdaten

Im Lauf der folgenden zehn Minuten, die er in diesem Supermarkt verbrachte, griff er wiederholt auf diese Informationsquellen zurück. Bei seinem Gang entlang der Regale funktionierte das folgendermaßen:

Berührung. Mays überwältigender, unwiderstehlicher erster Impuls war es, die Artikel zu berühren; mehr als irgendetwas anderes gab ihm der Tastsinn Aufschluss darüber, worum es sich bei einem Objekt handelte. Dinge wie Brot, Eier, Tiefkühlpizza und Obst konnten seine Hände mühelos unterscheiden. Vieles andere, wie etwa Keksschachteln oder Konservendosen, blieb ein Geheimnis. In Fällen, wo der Tastsinn versagte, kam als Nächstes:

Farbe. Eine Zweiliterflasche mit dunkler Flüssigkeit wurde durch die roten und weißen Spirallinien auf dem Etikett zu Coca-Cola. Das dunkelgrüne Markenzeichen von Heineken zeigte an, dass man sich in der Bierabteilung befand. Eine purpurfarbene Schachtel mit schwarzer Beschriftung war ein sicheres Zeichen für Kellogg's Rosinenflocken. Dennoch gaben bei vielen Artikeln auch die Farben keinen Aufschluss darüber, worum es sich handelte. In solchen Fällen kam als Nächstes:

Kontextwissen und Antizipation. Das schwere braune Glas, das er in der Brotabteilung in die Hand nahm, war vermutlich keine Spaghettisoße, denn die fand man bei den Teigwaren, nicht beim Brot. Es konnte sich aber um Erdnussbutter handeln, die in das Umfeld von Brot gehörte. Die kleine rechteckige Schachtel, die er in der Nachbarschaft der Eier in der Kühlabteilung betastete, enthielt mit an Sicherheit grenzender Wahrscheinlichkeit Butter und keine Puffreiswaffeln. Wenn ihm sein Repertoire von Informationsquellen bis dahin immer noch keine Klarheit darüber verschafft hatte, worum es sich bei den Gebilden, die er sah, handelte, konzentrierte er sich auf:

Andere Sinnesdaten. Kaffee roch man schon drei Gänge vorher. Nichts klang genauso wie Spaghetti, wenn man sie in ihrer Schachtel schüttelte. Und wenn alles nichts fruchtete, hatte er noch die Möglichkeit, sich einen Artikel ganz dicht vors Auge zu halten, um die Aufschrift zu lesen – wofür er freilich eine Minute oder mehr brauchte, wenn es ihm überhaupt gelang.

So sah die kognitive Akrobatik aus, die May praktisch überall und ständig abverlangt wurde. Spontan konnte er fast nichts mit dem Auge identifizieren. Rund um die Uhr war er damit beschäftigt, Informationen zusammenzutragen.

Jennifer spürte ihn auf, und zusammen gingen sie zur Kasse.

»Wie geht's dir?«, wollte sie wissen.

»Mann, das ist ein Haufen Arbeit«, sagte er. »Aber im Supermarkt komme ich zurecht. Es gibt hier immerhin einige Anhaltspunkte.«

»Wie ich sehe, hast du die Rosinenflocken gefunden. Toll.«

»Wenn die Welt nur aus Schachteln mit Rosinenflocken bestünde«, meinte er, »könnte ich vom Sehen gar nicht genug kriegen.«

Jennifer wollte noch ein paar Besorgungen bei Costco erledigen. May war schon seit langem von diesem Großmarkt fasziniert, der unter einem gigantischen Dach Stereoanlagen, Computer, Jeans, Büromöbel, Brathähnchen, Spielzeug, Vitamine und praktisch alles verkaufte, wofür ein Mensch eventuell Verwendung hatte, und zwar gewöhnlich in riesigen Verpackungsmengen und in Stapeln, die drei Stockwerke hoch sein konnten. Er hatte ihn seit seiner Operation noch nicht wieder besucht und war gespannt darauf, ihn in Augenschein zu nehmen.

Er und Jennifer nahmen sich einen der überdimensionierten Einkaufswagen und begannen durch die Gänge zu wandern. Die Artikel in den Regalen präsentierten sich Mays Blick als ein ununterscheidbares Gemenge. Wie stets sehnte er sich danach, die Dinge zu berühren; also begann er, die Artikel, die er mit Händen erreichen konnte, anzufassen. Viele von ihnen steckten in neutralen Kartons oder in einer Blisterverpackung, sodass seine Bemühungen, den Gegenstand zu ertasten, durch die Pappe oder die steife Folie vereitelt wurden. Er hätte liebend gern die Verpackungen aufgerissen, um ihren Inhalt erkennen zu können, besonders jene, in denen das Produkt provozierend sichtbar, aber vor Berührung geschützt war. Bei vielen der Verpackungen befand sich auf der Schachtel eine Abbildung des Produkts, aber May erschien das Bild oft wie der obere Teil des Produkts selbst – er konnte Abbildung und Gegenstand nicht unterscheiden. Viele andere Artikel bildeten hohe Stapel und entzogen sich so seinem Zugriff. Sein Tastsinn war faktisch ausgeschaltet.

May versuchte es mit seinen anderen Informationsquellen. Er hielt nach aufschlussreichen Farben Ausschau, aber in diesem Großmarkt waren die Verpackungen eher neutral gehalten und nicht darauf angelegt, Kunden anzulocken. Er bemühte sich, Kontextwissen und Antizipation zu mobilisieren, aber die Abteilungen wirkten willkürlich angeordnet, und das Sortiment war unüberschaubar – Flanellhemden fand man unter Umständen in einem Gang, in dem sich auf der gegenüberliegenden Seite Spielzeug stapelte. Selbst die Größe der Verpackungen – sonst ein für das Kontextwissen wichtiger Anhaltspunkt – verriet hier wenig über den Inhalt, weil viele Kartons riesige Mengen des jeweiligen Artikels enthielten.

May suchte nach Anhaltspunkten, fand aber kaum welche. Die Kartons in den Regalen vermischten sich immer stärker. Die Artikel verloren ihre räumliche Tiefe. Er sah die Dinge nach wie vor scharf, aber sie sagten ihm wenig oder nichts, und was sah er dann eigentlich, wenn sie ihm nichts sagten? Er verdoppelte seine Anstrengungen, fühlte sich aber rasch erdrückt. Und ihm ging auf, dass vieles in der Welt diesem Großmarkt glich – einem vollgestopften Ort, an dem sich die wahre Natur der Dinge seinem Gesichtskreis entzog. Als Jennifer ihn in einem der Gänge fand und ihm den Arm um die Schultern legte, war May klargeworden, dass die Welt ihm vielleicht nie anders als auf diese Weise erscheinen würde. Auf Jennifers Frage, wie er sich fühle, erwiderte er: »Ich bin müde.«

Nicht lange nach dem Besuch des Großmarkts nahm May an

einer Sitzung des Verwaltungsrats der Blindengesellschaft in Sacramento teil, dessen Vorsitz sein Freund Bryan Bashin innehatte. Die Sitzung begann, und Stimmen schwirrten durch den Raum. Lautstark wurden Ideen ausgetauscht, Einwände zur Kenntnis genommen, Protokollnotizen angefertigt. Im Flur wollte Bashin anschließend von May wissen, wie es sei, wenn man so viele Menschen sich bewegen, sprechen und gestikulieren sehe. May erklärte ihm, da gebe es reichlich zu sehen, überreichlich, sodass er nach einiger Zeit gezwungen gewesen sei, die Augen zu schließen.

Spätabends rief Bashin ihn zu Hause an, um sich nach seinem Befinden zu erkundigen. Einerseits hätte May dem Freund gern gestanden, dass es seit der Operation mit dem Sehvermögen nicht besser geworden war, dass für ihn der Akt des Sehens nach wie vor eine intensive geistige Anstrengung erforderte und er sich wünschte, dass ihm nicht *jedes ... einzelne ... Objekt* zum regelrechten *Projekt* geriet. Er hätte ihm gern gestanden, dass er fürchtete, vielleicht sein Leben lang diesen Kampf führen zu müssen. Andererseits aber hätte das nicht nach Mike May geklungen. Es passte einfach nicht zu ihm. Also erklärte er Bashin: »Ich werde eine Lösung finden.«

May wollte es noch einmal mit den Regalen bei Costco probieren. Er fragte Jennifer, ob sie noch irgendetwas von dort benötige. Eine weitere Riesenflasche mit Ketchup könne sie immer brauchen, sagte sie. Eine halbe Stunde später wanderten sie erneut durch die Gänge des Großmarkts.

Er starrte, betastete, strich mit der Hand, überlegte, antizipierte, bemühte seine Vorstellungskraft, zog seine Schlüsse. Ein großer Teil der Halle blieb für ihn eine von hellen, farbigen Schemen bedeckte Leinwand. Die Abbildung auf der Blisterverpackung konnte er immer noch nicht vom Produkt in seiner Plastikhülle unterscheiden. Der Großmarkt hatte nach wie vor große Ähnlichkeit mit der Welt insgesamt.

Fast ganz hinten in der Halle erspähte May am Ende eines Gangs ein großes Objekt. Während er darauf zuging, setzte er seinen Verstand in Aktion: Das Objekt bewegte sich nicht. Es war groß und quadratisch. Es befand sich in der Nähe der Paletten.

»Ist das ein Gabelstapler?«, fragte er Jennifer.

Jennifer wurde blass. Sie wartete einen Augenblick und beugte sich dann zu Mays Ohr.

»Nein«, flüsterte sie. »Das ist eine sehr, sehr dicke Frau. Sie könnte durchaus vier Zentner wiegen.«

May konnte es nicht glauben. Dann streckte das Objekt den Arm aus, um etwas vom Regal herunterzunehmen. Ihm erschien die schwergewichtige Frau wie zwei zusammenhängende Personen.

May konnte das Bild nur schwer mit seinen Vorstellungen vereinbaren; er hatte noch nie einen Menschen von auch nur annähernd solchem Umfang berührt. Normalerweise hätte er das Bedürfnis verspürt, näher heranzutreten und womöglich dann das Objekt anzufassen, um es besser sehen zu können – kurz, alles zu tun, um sich den neuen Eindruck einzuprägen. Diesmal verspürte er den Wunsch, sich zu entfernen, nicht weil er nichts über die dicke Frau in Erfahrung bringen wollte, sondern weil ihr Anblick seinen Abscheu erregte. »Nein!«, rief er sich zur Ordnung. »So darfst du nicht empfinden! Sie ist ein Mensch, und dass sie so dick ist, spielt keine Rolle. Sie ist ein Mensch!« Es gelang ihm indes nicht, seine Verachtung zu unterdrücken, das Gefühl, dass ihre Fettleibigkeit sie als faul und träge und vielleicht sogar als schlampig brandmarkte, dass ihre Erscheinung ihr Wesen ausdrückte. Während die Frau sich den Gang entlangschob, konnte May sie richtig erkennen, und die Art, wie sie sich prustend und schnaufend bewegte, vermittelte ihm eine Vorstellung davon, wie sie sich Treppen hinaufquälte oder sich schwer atmend im Flugzeug neben ihm in ihren Sitz zwängte. Rasch rief er sich ins Gedächtnis, dass er doch eigentlich mit einer Person, die solch schweres Los zu tragen hatte, Mitgefühl haben müsse, aber sein Widerstand war zu stark und ließ angesichts der Frau nur den Gedanken zu: Ich finde sie abstoßend.

Unterwegs gestand er Jennifer, dass er sich schäme.

»Es macht mich krank«, sagte er. »Ich habe eine emotionale Reaktion auf diese Frau gezeigt, die ausschließlich durch ihre Erscheinung bedingt ist. Das ist etwas Hässliches. Das passiert auch gegenüber Blinden. So ein Mensch wollte ich nie sein, Jen. Und ich habe auch nie gedacht, dass ich so einer bin. Daran muss ich arbeiten. So will ich nicht sein.«

»So bist du auch nicht.«

»Vielleicht doch, Jen.«

»Hast du gegenüber dicken Menschen immer so empfunden?«, wollte Jennifer wissen.

»Das ist es ja gerade«, sagte May. »Als ich blind war, ist es mir nie so ergangen.«

Im Lauf des Sommers verstärkte May seine Anstrengungen, das GPS staatlichen Stellen schmackhaft zu machen. Dennoch hatte er auch sechs Monate nach Beginn seiner Werbekampagne noch kein einziges Produkt an sie verkauft. Die Verantwortlichen in den Ämtern waren offenbar der Ansicht, dass es ausreiche, einen Blinden mit einem Stock für fünfundzwanzig Dollar auszustatten, um ihn in die Lage zu versetzen, eine Arbeitsstelle zu finden, und dass mehr nicht nötig sei. Im Hause May wurde das Geld knapper.

Mittlerweile hatte sich die Kunde von Mays bahnbrechender Operation in den Medien herumgesprochen und ein gewisses Aufsehen erregt. Ein Fernsehteam fragte bei May an, ob es in seinem Haus ein kurzes Filminterview mit ihm machen könne, und er erklärte sich einverstanden. Für die Aufnahmen lieh sich Jennifer bei Freunden ein paar Möbel aus – als Designerin wollte sie die Zuschauer nicht sehen lassen, dass sie ihr Heim nicht den eigenen hohen Ansprüchen gemäß einrichten konnten. May fand, man könne das mit der knappen Kasse der Familie entschuldigen, aber davon wollte Jennifer nichts wissen. Sie hätten mittlerweile reichlich Übung in der Stehaufmännchen-Kunst, rief sie ihm ins Gedächtnis; die Zeit werde schon noch kommen, in der sie sich eigene neue Möbel würden anschaffen können.

Die Kameras wurden aufgebaut, und die Aufnahmen begannen. Die erste Frage kannte May bereits, noch ehe sie ihm gestellt worden war, weil jeder sie als erste stellte: »Wie war es für Sie, Ihre Frau und Ihre Kinder sehen zu können?«

Er wusste, welche Antwort sie erwarteten. Er sollte erklären, dass der Anblick seiner Frau und seiner Kinder der wichtigste und schönste Moment seines Lebens, ein gewissermaßen religiöses Erlebnis, gewesen sei, dass er geweint und das Gefühl gehabt habe, sie erst jetzt vollständig zu kennen. Stattdessen erzählte er den Leuten, was er jedem erzählte und was sich etwa folgendermaßen anhörte:

»Meine Familie sehen zu können war etwas Großartiges, aber aus anderen Gründen, als Sie vielleicht vermuten. Wir hatten diesem besonderen Augenblick entgegengelebt, und als der Verband abgenommen wurde, hatte ich die Möglichkeit, ihn mit meiner Frau und den Kindern zu teilen, ihnen zu schildern und ihre Reaktionen mitzuerleben. Aber ich kannte sie schon vorher längst besser als irgendetwas sonst auf der Welt, und deshalb spielte das Sehen für meine Kenntnis von ihnen und meine Liebe für sie keine Rolle. Auch als Blinder hatte ich bereits das Gefühl, sie zu sehen. Und Tränen vergoss ich zum ersten Mal beim Anblick eines Festwagens in einem Umzug.«

Diese Antwort sorgte stets für verblüfftes Schweigen im Raum, und das war auch diesmal der Fall. Der Interviewer formulierte seine Frage noch einmal um, damit May eine zweite Chance bekam. Der aber wiederholte seine Antwort.

Später wollte der Reporter wissen, ob May, seit er seine Sehfähigkeit wiedererlangt hatte, etwas vor Augen gekommen sei, was ihn gestört habe. May berichtete, wie sehr es ihn erschüttert habe, einen Obdachlosen zu sehen, dass der Anblick von Müll und Unordnung ihm zu schaffen mache und dass ihm auch Auspuffgase und Smog wegen der Folgen, die sie hätten, unangenehm seien. Seine Reaktion auf fettleibige Menschen traute er sich nicht zu erwähnen – schämte er sich ihrer doch fast zu sehr, um auch nur mit seiner Frau darüber zu reden.

Danach wurde Jennifer interviewt. Gleich als Erstes fragte der Reporter sie, ob sie sich durch Mays neues Sehvermögen bedroht fühle. Keineswegs, antwortete sie. Mit einem wissenden Lächeln beugte der Mann sich zu ihr hin und wiederholte seine Frage. Sie gab die gleiche Antwort. Er versuchte es ein drittes Mal. May hörte aus dem Nebenraum aufmerksam zu. Er wusste, dass Jennifer Interviews vor laufender Kamera auf die Nerven gingen.

»Ich weiß nicht, worauf Sie hinauswollen«, erklärte sie schließlich dem Reporter. »Ich finde es toll. Ich möchte, dass Mike andere Frauen sehen kann. Ich möchte, dass er alles sehen kann.«

May durchströmte ein Glücksgefühl.

Sie hat Selbstbewusstsein, dachte er. Und sie liebt mich.

Anfang Juli fuhr May zu einem weiteren Arzttermin nach San Francisco. Dr. Goodman kam zu dem gleichen Ergebnis wie immer: Keine Veränderung. Bei früheren Terminen hatte May wissen wollen, ob mit einer Verbesserung seines Sehvermögens in ein paar Wochen oder Monaten zu rechnen sei. Diesmal lag ihm die Frage auf der Zunge, ob seine Fähigkeit zu sehen vielleicht immer so eingeschränkt bleiben werde, aber stattdessen fragte er gar nichts.

Am Abend schüttelte er eine Cyclosporin-Tablette in seine Hand. Und wie jeden Abend, wenn er dieses Medikament einnahm, fragte er sich, wie wohl die langfristigen Folgen aussehen würden, ob er für seine Reise ins Licht würde bezahlen müssen.

Zum 4. Juli, dem amerikanischen Unabhängigkeitstag, flog May in Sachen Sendero nach Louisville in Kentucky. Abends traf er sich mit Freunden im Buckhead Grill, einem am anderen Ufer des Ohio im Staat Indiana gelegenen Restaurantschiff, wo sie aßen und auf das Feuerwerk warteten. Beim ersten Donnerschlag strömte alles an Deck, um den Blick über den Fluss zu genießen. May krampfte sich der Magen zusammen. Explosionsgeräusche versetzten ihn stets zurück auf den Hof in Silver City, New Mexico, als die Welt in Flammen aufgegangen war, die den Dreijährigen hatten erblinden lassen.

Bei Explosionen war es das Sicherste, die Augen bedeckt zu halten. May sah hin. Fliegende, strahlende Buntstifte schossen zum Firmament empor und ließen neonfarbenes Grün und Rot durch den schwarzen Himmel regnen und aus Blau gewirkte Schirme auf den Fluss herabschweben. Jede Explosion ereignete sich ebenso plötzlich und überraschend, wie sie unübersehbar war. Die Lichtkaskaden faszinierten ihn einerseits auf eine ihm bis dahin unbekannte Weise und erschreckten ihn andererseits, wie er es noch nie erlebt hatte. Während des großen Finales flehten seine Augen darum, sich schließen zu dürfen, er aber hielt sie offen, weil Erfahrungen zu machen schon seit seinem dritten Lebensjahr für ihn ein absoluter Imperativ war.

Er schloss die Augen erst, als er sicher sein konnte, dass das Feuerwerk zu Ende war. Einer schlug vor, die Gruppe solle über die historische Second Street Bridge zu Fuß zum Hotel zurückkehren. Normalerweise hätte May sich auf der Brücke genau umgeschaut, aber diesmal gab er sich damit zufrieden, sich mit geschlossenen Augen zu bewegen und an der Unterhaltung zu beteiligen. Etwa in der Mitte der Brücke wandte er sich dann wieder seiner Umgebung zu. Zu seiner Linken konnte er den Wind und die Stille des Ohio-Flusses spüren. Zu seiner Rechten sah er den Strom von Autos, die mit leuchtenden Scheinwerfern, lautem Hupen und singenden Reifen vorbeischossen. Den Rest der Brücke ging er wie an der Schnur gezogen. Er hatte das Gefühl, er würde stürzen, wenn er auch nur im Mindesten nach der einen oder anderen Seite von seinem geraden Weg abwiche.

Nach der Heimkehr von Louisville erzählte er Jennifer von den gemischten Gefühlen, die das Feuerwerk in ihm ausgelöst hatte, und von seiner Gratwanderung über die Second Street Bridge.

»Wie geht es dir, Mike?«, fragte sie.

May hätte ihr gern erzählt, was ihm in letzter Zeit durch den Kopf ging: dass über vier Monate vergangen waren und sich sein Sehvermögen allmählich hätte normalisieren müssen; dass ihn in gewisser Weise das Sehen immer mehr statt weniger anstrengte; dass sich in seinem Kopf die Wörter *lebenslang* und *unaufhörlich* eingenistet hatten. Aber er unterdrückte sein Verlangen, sich mitzuteilen. Er war Mike May, der doch immer einen Weg gefunden hatte. Also versicherte er Jennifer, es gehe ihm gut, und sie legten sich ins Bett. May fand aber keinen Schlaf, sondern grübelte stattdessen darüber nach, wie merkwürdig es war, keinen zu kennen, der einem erklären konnte, was mit ihm passierte, in der ganzen Welt niemand zu haben, der einem sagen konnte, ob das immer so weitergehen werde.

Ein paar Tage danach klingelte bei May zu Hause das Telefon. Eine lebhafte junge Frau mit britischem Akzent wollte Michael May sprechen.

»Ich bin Michael May.«

»Guten Tag, Mike, falls es Ihnen nichts ausmacht, wenn ich Sie mit Vornamen anrede«, sagte die Frau. »Ich heiße Ione Fine. Ich treibe Forschungen an der University of California in San Diego. Mein Kollege hat Sie im Fernsehen gesehen. Ich weiß nicht, ob Sie das wissen, aber Fälle wie Ihrer sind außerordentlich, ganz außerordentlich selten. Und genau in diesem Bereich forsche ich.

Ich würde Ihnen gern ein paar Fragen stellen und könnte mir denken, dass auch Sie einige Fragen haben, die Sie mir gern stellen würden. Wären Sie wohl bereit, sich ein paar Minuten mit mir zu unterhalten?«

KAPITEL **DREIZEHN**

Dr. Ione Fine schlug May vor, für drei Tage nach San Diego zu kommen, um sich dort wissenschaftlichen Beobachtungen und Tests zu unterziehen. Das Ganze klang nach einer Ochsentour, aber er willigte ein. Vielleicht fand er in San Diego Antworten auf seine dringlichen Fragen.

Ende Juli holte ihn Ione Fine am Flughafen von San Diego ab. Von dem Augenblick an, als sie sich in der Empfangshalle die Hand schüttelten, war May klar, dass er stark gefordert war. Bei ihrem ersten Gespräch sprang sie wie eine Kugel in einem Flipperautomaten von einem Thema zum anderen – von der Schilderung ihres Laboratoriums für Sehexperimente zu ihrer Begeisterung für Hunde, von dort zum Aufbau des Gehirns und dann zu einem mexikanischen Restaurant in der Gegend, das sie toll fand. Er bemühte sich, ihren Tonfall zu entschlüsseln, ein elegantes britisches Süßholzraspeln mit einem jungmädchenhaften Einschlag und, wenn sie einen Seitenhieb austeilte, einem Hauch von Boshaftigkeit. Dass sie hübsch war, konnte er erkennen. Er sah es an der Art, wie sie sich bewegte. Und er hörte es an der Art, wie Männer mit ihr sprachen, die sie nach dem Weg zum Parkplatz fragte.

Unterwegs zum Laboratorium versorgte sie May mit einigen Informationen über sich selbst. Sie war neunundzwanzig Jahre alt und arbeitete an der UCSD mit einem renommierten Experten auf dem Gebiet der Sehforschung, Professor Donald MacLeod, zusammen. Durch die Arbeit an einem Fall von wiederhergestellter Sehfähigkeit hatte sie ein Interesse an den Auswirkungen langfristiger Beeinträchtigungen der Sehkraft entwickelt. Bei dem Patienten, mit dem sie es zu tun gehabt hatte, war die Sehfähigkeit zwar stark eingeschränkt gewesen, aber es hatte sich nicht um eine vollständige Erblindung gehandelt.

»Sie meinen, ich bin was Besonderes«, scherzte May.

»Sie sind etwas so Besonderes, dass ich Sie fast gar nicht angerufen hätte«, erklärte Ione Fine. »Der Mann, mit dem ich zusammenlebe, Geoff – er forscht ebenfalls über das Sehvermögen –, sah einen kleinen Bericht über Sie im Fernsehen. ›Ione‹, sagte er, ›du musst unbedingt kommen und dir das ansehen!‹ Nun sind diese Fälle eigentlich nie echt, und ich war sowieso gerade sauer auf ihn, weil er mir nicht beim Kochen half. Also kümmerte ich mich weiter um den Spargel und gab spitz zurück: ›Nein, danke vielmals. Ich schau mir das nicht an.‹«

»Wie kam's dann zu dem Anruf bei mir?«

»Don, mein Supervisor, und ein anderer Kollege sahen den gleichen Bericht und redeten hinterher auf mich ein. Schließlich dachte ich, also gut, um sie loszuwerden, rufe ich diesen Mike May oder wie er heißt an und lasse mir bestätigen, dass es sich bei ihm um keinen Fall von lebenslanger Blindheit handelt. Dann habe ich wieder meinen Frieden.«

»Wieso dachten Sie, dass mein Fall nicht einschlägig sei?«

»Weil die Fälle nie einschlägig sind. Entweder sind die Betreffenden erst im späteren Leben erblindet, oder sie verfügen in ihrer Blindheit noch über ein gewisses Maß an Sehkraft, oder ihr Sehvermögen wurde nicht lange nach ihrer Erblindung wiederhergestellt. Jemanden wie Sie, der seit seiner frühen Kindheit vollständig blind war und so viele Jahre später erst das Augenlicht zurückbekommen hat, findet man unglaublich selten. Wahrscheinlich sind aus der Geschichte weniger als zwanzig Fälle Ihrer Art bekannt.«

»Wie viele?«

»Weniger als zwanzig historisch überlieferte Fälle weltweit. Der erste Fall reicht zurück in die Antike. Leute wie Sie kommen einfach nicht vor.«

May saß sprachlos da. Er hatte schon vorher geahnt, dass er auf seiner Reise allein war. Jetzt wusste er es sicher.

Dr. Fine ihrerseits erwähnte nicht die tiefen Depressionen, in die Mays Vorgänger offenbar zwangsläufig verfallen waren, obgleich sie dank ihrer Beschäftigung mit der Literatur darüber Bescheid wusste. Sie nahm sich aber vor, wachsam zu sein und auf Anzeichen dafür zu achten.

Sie wollte mehr über Mays Leben wissen. Er erzählte ihr von seinem Unfall, von dem prägenden Vorbild, das seine Mutter für ihn gewesen war, und von seinem neuen GPS-Produkt, das er auf ihrem Armaturenbrett platziert hatte, damit er wusste, wo sie hinfuhren.

»Halten Sie immer noch den Geschwindigkeitsrekord in der Skiabfahrt?«, fragte sie.

»Tu ich«, sagte May.

Er erkundigte sich nach ihrer Herkunft. Sie erzählte ihm, dass sie in Edinburgh zur Welt gekommen und aufgewachsen war, bis sie mit siebzehn aufs College in Oxford ging. Sie war die Tochter von Kit Fine, einem angesehenen Philosophen, und von Anne Fine, der Verfasserin beliebter Kinderbücher, darunter des später verfilmten *Mrs. Doubtfire*.

»Das ist einer meiner Lieblingsfilme«, sagte May. »Ich mag die Geschichte, den Humor, das Trottelige von Robin Williams. Viel Bildbeschreibung war bei dem Film nicht nötig – es dreht sich vor allem um das, was er sagt. Sogar sein Gesichtsausdruck spiegelt sich meistens in seinen Äußerungen wider.«

Ione Fine merkte sich, was May über den Gesichtsausdruck gesagt hatte.

»Das Buch ist sogar noch besser«, sagte sie.

Auf dem Universitätsgelände angekommen, ging die Wissenschaftlerin mit May in ihr Büro. Dort stellte sie ihm ihre Pläne für die
Zeit seines Aufenthalts vor. Sie erklärte May ihre Absicht, ihn einer ganzen Reihe von Tests zu unterziehen, die alle dazu dienten,
die Beschaffenheit seines Sehvermögens zu ermitteln, jeweils mit
dem Ziel, Antworten (und zwar zum ersten Mal in der Geschichte ihres Forschungsgebiets) auf die folgenden Fragen zu finden:

- Welche Auswirkungen hat ein fast lebenslanger Ausfall des
  Sehvermögens auf das Gehirn?
- Warum erzielt May bei bestimmten Sehleistungen gute und
  bei anderen schlechte Ergebnisse?
- Lässt sich Mays Sehfähigkeit verbessern?

Mit diesen Fragen rannte Dr. Fine bei May offene Türen ein. Seit
Monaten hatte er sie sich auf vielfache Weise selbst gestellt. Jetzt
schlug ihm eine junge Frau aus Schottland vor, eine Antwort auf
ebendiese Fragen zu suchen.

»Glauben Sie, dass Sie das können?«, fragte May.

»Nun, diese Sachen sind kaum erforscht«, sagte sie. »Die Fallgeschichten sind ziemlich lückenhaft. Wir können schließlich
Babys nicht bei der Geburt blind machen, um mit ihnen Experimente anzustellen. Und andere Versuchspersonen außer Ihnen
lassen sich nicht auftreiben. Aber wir können's probieren. So viel
steht fest, wir können's probieren.«

Als Allererstes wollte Dr. Fine Mays Sehschärfe messen – seine
Fähigkeit, die Welt detailliert zu sehen. Sie hatte mit Dr. Good-
man gesprochen und wusste, dass sich Mays Auge und seine op-
tischen Funktionen als fast perfekt erwiesen hatten, dass seine
Sehschärfe aber mangelhaft war. Sie wollte das Ausmaß dieser
Beeinträchtigung bestimmen.

Sie ließ ihn auf Armeslänge vor einem Computermonitor Platz

nehmen und versuchte dann, festzustellen, wie genau May in einem Feld des Bildschirms von knapp anderthalb Zentimetern Breite Streifen, die abwechselnd schwarz und weiß waren, unterscheiden konnte. Normalsichtige Personen können das Muster so lange erkennen, bis die Zahl der Streifen zwischen sechzig und hundert beträgt. May konnte nur einen schwarzen und einen weißen Streifen voneinander unterscheiden. Jeder weitere Streifen ließ das Ganze grau erscheinen. Andere Tests erbrachten ähnliche Resultate. Seine Fähigkeit, Einzelheiten zu erkennen – Fine sprach von »hohen räumlichen Frequenzen« –, war ihm abhandengekommen. Deshalb musste er ganz nah an die Dinge herangehen, manchmal nur Zentimeter entfernt von ihnen sein, um Einzelheiten ausmachen zu können. Fine teilte May die Ergebnisse mit und fand dafür klare Worte.

»Ihre Detailwahrnehmung ist entsetzlich schlecht«, sagte sie.

»Liegt es an meinem Auge?«

»Nein. Mit an Sicherheit grenzender Wahrscheinlichkeit ist das Gehirn schuld daran. Und dabei sind Sie doch allem Anschein nach ein heller Kopf.«

May lachte. Warum, wollte er wissen, sei er so schlecht im Erkennen von Einzelheiten, wo er doch die Dinge durchaus nicht verschwommen sehe. Wenn das Gehirn die hohen räumlichen Frequenzen vorfinde, die bei einem Rand auftreten, erklärte sie, verdichte es sie von sich aus zu einer scharfen Kante. Diese Schärfe von Rändern sei im Grunde eine Illusion, erzeugt vom Gehirn, und jedes Gehirn arbeite so.

»Aber die Details innerhalb der Ränder sehe ich ja auch nicht, Sie hingegen schon.«

Sein Gehirn funktioniere wie eine Kamera, erklärte sie, die Fotos mit sehr geringer Auflösung mache und noch schlechtere Bilder liefere als die billigste Überwachungskamera in einem Kaufhaus. Wenn ein solches Foto retuschiert werde, dann seien die Grenzlinien darin im Zweifelsfall leicht nachzuziehen, weil sie sich erraten ließen. Hingegen könne man nicht darauf hoffen, die übrigen Einzelheiten – etwa das Gesicht des Einbrechers oder das Muster seines Hemdes – herauszuarbeiten, weil die Kamera diese Details schon bei der Aufnahme nicht festgehalten habe.

May saß einen Augenblick schweigend da.

»Das ist genau die Art, wie ich sehe«, sagte er schließlich. »Vielen Dank für die Information.«

Als Nächstes wollte Dr. Fine die Fähigkeit Mays prüfen, einfache Aufgaben der Formerkennung zu bewältigen. Ob es denn sinnvoll sei, wollte May wissen, ihn überhaupt weiter zu testen, nachdem sie herausgefunden habe, dass er keine Einzelheiten erkennen könne. Sie gab zu bedenken, dass er aus der Nähe immerhin gewisse Einzelheiten wahrnehmen könne; sie werde die Abbildungen auf dem Bildschirm einfach vergrößern, sodass seine Sehschärfe bei den Tests keine Rolle mehr spiele.

Bei der neuen Testreihe rückte er ganz nah an den Computerbildschirm heran. Mit geringer Mühe vermochte er Buchstaben des Alphabets zu identifizieren, zu erkennen, ob sich etwas links, rechts, oberhalb oder unterhalb von etwas anderem befand, zu bemerken, dass ein Streifen in eine andere Richtung wies, und einfache Formen wie Vierecke, Kreise und Dreiecke auszumachen.

Fine zeigte ihm daraufhin eine Reihe von alltäglichen Dingen, unter anderem einen Stiefel, eine Gitarre, einen Eimer und einen Frosch. Instinktiv versuchte er, die Dinge zu betasten, obwohl er wusste, dass es sich nur um Abbildungen auf einem Bildschirm handelte. Er hatte mit allen große Mühe, suchte jedes der Bilder nach Hinweisen ab, mobilisierte seine sämtlichen Verstandeskräfte, stellte Hypothesen auf, um sich nach reiflicher Überlegung für die wahrscheinlichste Annahme zu entscheiden. Tatsächlich zu erkennen vermochte er nur fünfundzwanzig Prozent der Bilder. Normalsichtige Menschen identifizieren auf Anhieb alle Objekte, auch wenn die Einzelheiten, die May entgingen, weggelassen werden. Fine fiel auf, dass die paar Dinge, die er benennen konnte – wie die Gitarre und der Stiefel – eine Form besaßen, die sich fast aus jedem Blickwinkel wiedererkennen ließ, wohingegen die Objekte, an denen er scheiterte – Eimer und Frosch –, sich je nach dem Blickwinkel, aus dem sie aufgenommen worden waren, stark veränderten. Mühe bereiteten May alle Bilder, die ein Gefühl nicht nur für den Umriss, sondern auch für die Raumtiefe des Abgebildeten erforderten.

Fine machte sich Notizen. Auffällig fand sie nicht nur Mays Unvermögen, ein Objekt in seiner räumlichen Tiefe wahrzunehmen, sondern auch die ungeheure Anstrengung, die ihn der Versuch kostete, diese Objekte zu erkennen.

»Wie kommen Sie zurecht, Mike?«, fragte sie.

»Ich bin ein bisschen erschöpft, aber sonst geht es mir gut«, sagte er. »Und ich bin stolz darauf, dass ich die Gitarre erkannt habe.«

Da es mittlerweile spät geworden war, schloss Ione Fine ihr Laboratorium ab und fuhr mit May zum Abendessen in ein Restaurant, wo sie sich mit ihrem Ehemann in spe, Geoff Boynton, trafen, der im nahe gelegenen Salk Institute Forschungen betrieb, die sich ebenfalls mit dem Sehvermögen befassten. Außerdem gesellte sich Don MacLeod zu ihnen, ein Schotte von gewinnendem Wesen, der als Wissenschaftler einen hervorragenden Ruf genoss und unter dessen Aufsicht Fine an der Universität arbeitete. May empfand die beiden Männer als ebenso freundlich und einnehmend wie Fine. Im Verlauf des langen Tischgesprächs unterhielten sie sich über Mays GPS, ihre gemeinsame Begeisterung für Hunde und die merkwürdige Beschaffenheit von Mays Sehvermögen. Keiner von ihnen wirkte überrascht, als May die Diskrepanzen in seiner Sehfähigkeit schilderte. Keinen schien seine Äußerung, Gesichter sagten ihm wenig, zu schockieren. Mit Menschen zusammen zu sein, die in gewisser Hinsicht bereits wussten, wie es um ihn stand, bedeutete für ihn eine Entlastung.

Gegen Ende des Essens wollte Dr. Fine von May wissen, ob ihm der Name Molyneaux etwas sage. May hatte noch nie von ihm gehört.

»Er war ein Dubliner und mit dem großen Philosophen John Locke befreundet«, erklärte sie. »Seine Frau erlitt, als sie, aus der Kirche kommend, in die Kutsche steigen wollte, einen plötzlichen Krampfanfall. Binnen eines Jahres war sie vollständig erblindet. Gegen Ende des siebzehnten Jahrhunderts legte Molyneaux Locke eine Frage vor, die den großen Philosophen der damaligen Zeit Diskussionsstoff bot. Er forderte Locke auf, sich einen Mann vorzustellen, der sein Leben als Blinder zugebracht und gelernt habe, allein durch den Tastsinn einen Würfel von einer Kugel zu unterscheiden. Wenn dieser Mann die Sehfähigkeit erhielte, so Molyneaux' Frage, würde er dann nur mit Hilfe des Gesichtssinnes entscheiden können, was der Würfel und was die Kugel sei? Locke und andere glaubten, er wäre dazu nicht in der Lage.«

»Ich konnte den Unterschied zwischen Quadrat und Kreis sofort erkennen«, sagte May.

»Vielleicht sind Sie ja die Antwort auf Molyneaux' Frage, Mike«, sagte Fine. »Mein Vater ist Philosoph, deshalb haben mich philosophische Überlegungen meine ganze Kindheit hindurch begleitet. Ich würde liebend gern einmal in meinem Leben eine Streitfrage abschließend klären, sodass allen das Wort im Mund stecken bleibt. Aber Sie für die Antwort auf Molyneaux' Frage auszugeben, könnte in der einen oder anderen Hinsicht problematisch sein.«

Boynton und MacLeod lächelten. Sie mochten es, wenn Fine in Fahrt kam.

»Erstens sind Sie nicht blind zur Welt gekommen. Wir wissen nicht, ob Ihre drei Jahre Seherfahrung Ihnen nicht dabei geholfen haben, Umrisse zu unterscheiden, nachdem der Verband entfernt war. Zweitens wäre es möglich, dass Sie Würfel und Kugel aufgrund ihrer zweidimensionalen Form auseinanderhalten – wie Sie ja auch einen Kreis von einem Viereck unterscheiden können. Aber was, wenn Molyneaux' Aufgabe lautete, ein Dreieck von einer Pyramide zu unterscheiden? Oder ein Viereck von einem Würfel? Mit anderen Worten, wäre der nunmehr sehfähige Mensch imstande, die Pyramide und den Würfel in ihrer Raumtiefe zu erkennen?«

»Das könnte die Sache ändern«, sagte May. »Ich weiß nicht, ob ich das schaffen würde.«

»Nun, wir müssen noch eine ganze Menge weitere Tests machen«, sagte Fine und hob ihr Glas, um anzustoßen. »Auf gutes Gelingen.«

May verbrachte die Nacht in MacLeods Haus und fuhr am nächsten Morgen mit Ione Fine in ihr Laboratorium. Als sie ankamen, erklärte sie ihm, sie werde ihn auf Gesichter testen.

»Oje«, sagte May.

Fine ließ ihn etwa dreißig Zentimeter vor einem großen Computerbildschirm Platz nehmen.

»Ich zeige Ihnen eine Reihe von Porträtfotos«, erklärte sie, »und Sie müssen mir jeweils sagen, ob es sich um einen Mann oder eine Frau handelt.«

Die Dia-Show begann. May sah sich jedes Bild sorgfältig an. Auch jetzt bemühte er sich wieder intensiv, bewusst und gezielt Anhaltspunkte zu sammeln, eine Theorie zu entwickeln und seine Entscheidungen zu durchdenken. Nur zu siebzig Prozent – Normalsichtige schaffen hundert – gelang es ihm, das Geschlecht der Personen zu identifizieren. Normalsichtige Personen schaffen es zu hundert Prozent. Da Fine den Verdacht hatte, dass er Merkmale wie langes Haar und Schmuck nutzte, um das Gesicht geschlechtlich zuzuordnen, zeigte sie ihm eine andere Fotoserie, bei der Haar und Schmuck entfernt waren. Seine Leistung sank nahezu auf das Niveau von Zufallstreffern.

»Bei denen rate ich einfach drauflos«, sagte er.

Als Nächstes sollte er beurteilen, ob die Person auf dem Foto froh, neutral oder traurig aussah. Wie zuvor schon suchte May nach Anhaltspunkten, indem er sich etwa festzustellen bemühte, ob die Mundwinkel höher oder tiefer als die Mundmitte lagen – ein Hinweis darauf, ob der Mund durch ein Lächeln oder ein Schmollen verzogen war. Bei diesem Test kam er auf eine Trefferquote von ungefähr sechzig Prozent, was nicht wesentlich über dem Zufallsniveau liegt. Normalsichtige Versuchspersonen würden auch hier durchweg richtig urteilen. Dann zeigte Dr. Fine ihm kurze Filmsequenzen von lächelnden Personen, um zu sehen, ob er einen Gesichtsausdruck leichter erkennen konnte, wenn Bewegung ins Spiel kam. Das war nicht der Fall.

Schließlich zeigte sie ihm eine Reihe von Fotos, auf denen das Gesicht der Person durcheinandergebracht oder auf den Kopf gestellt erschien – so sah man etwa die Augen, die Nase und/oder den Mund verkehrt herum oder an der falschen Stelle. Auf normalsichtige Menschen wirken solche Bilder fast immer irritierend.

May betrachtete die Gesichter ein paar Sekunden lang. Nach einer Weile erklärte er, offenbar stimme irgendetwas nicht mit ihnen, aber was es war, konnte er nicht sagen. Eine emotionale Reaktion riefen sie nicht in ihm wach.

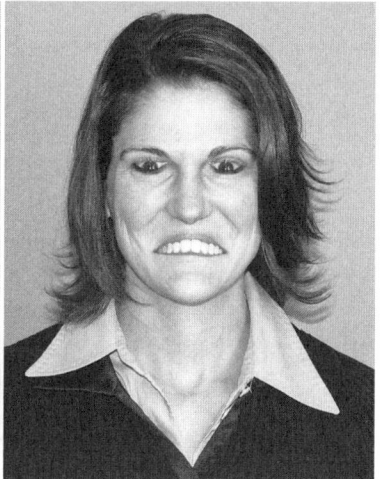

May kann nicht ohne weiteres zwischen dem ersten (normalen) und dem zweiten Gesicht unterscheiden, das Augen und Mund verkehrt herum zeigt. Normalsichtige Menschen finden das zweite Bild ausgesprochen irritierend; bei May war das nicht der Fall. (Man beachte, dass das zweite Bild, wenn man es auf den Kopf stellt, normaler aussieht und weniger irritierend wirkt. Das liegt daran, dass wir es gewohnt sind, Gesichter in der richtigen Stellung – Stirn oben, Kinn unten – zu sehen, und außerordentlich empfindlich darauf reagieren, wenn in ihnen Störungen auftreten. Mit Gesichtern, die auf dem Kopf stehen, haben wir hingegen weit weniger Erfahrung, weshalb wir bei ihnen auch nicht so hochempfindlich reagieren. Uns fallen dann ganz offensichtliche Verzerrungen kaum auf. Affenarten, die viel Zeit damit zubringen, in Bäumen mit dem Kopf nach unten zu hängen, verfügen nicht über unsere Art von Fixierung auf Gesichter in der richtigen Stellung. Wahrscheinlich würden sie das zweite Gesicht oben weder in der gezeigten Position noch umgedreht irritierend finden.)

Ione Fine beobachtete Mays Körpersprache. Er machte einen erschöpften Eindruck. Sie erinnerte sich daran, dass sie sich vorgenommen hatte, auf Anzeichen von Niedergeschlagenheit zu achten.

»Geht es Ihnen gut, Mike?«, fragte sie.»Wie fühlen Sie sich?«

»Ich bin frustriert. Ich würde wirklich gern zu Rande kommen mit den Gesichtern. Ich möchte sie verstehen. Aber ich rate hier nur blind herum.«

Als Nächstes sollte Mays Fähigkeit getestet werden, Bewegung wahrzunehmen. Bei einem Versuch nach dem anderen schnitt May tadellos ab; er erkannte und beschrieb die Bewegungen spontan und ohne sich merklich anstrengen zu müssen. Seine Ergebnisse glichen denen bei normalsichtigen Versuchspersonen. Was das Erkennen von Bewegungen anging, hätte man denken können, er sei nie blind gewesen. Er saß stolz auf seinem Stuhl. Bei Fine löste der Befund Verblüffung aus. Ein Ergebnis faszinierte sie.

Sie hatte May eine Anordnung von Leuchtpunkten vor einem dunklen Hintergrund gezeigt, von der Art des folgenden Bildes:

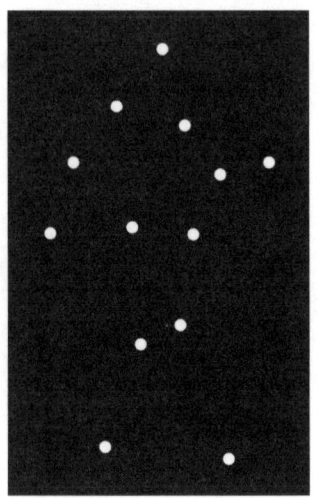

Ihre Frage, ob die Punkte ihm etwas sagten, verneinte er. Dann setzte sie die Punkte in Bewegung. May reagierte augenblicklich.

»Das ist ein Mensch, der geht«, sagte er.

Damit hatte er recht. Fine hatte ihm einen »Leuchtpunktwanderer« gezeigt, eine Person, die man im Dunkeln gefilmt hatte, wobei an einigen entscheidenden Gelenkstellen des Körpers kleine Lämpchen befestigt waren.

Sie zeigte ihm einen anderen Leuchtpunktwanderer.

»Das ist eine Fußgängerin, eine Frau«, sagte er.

Es stimmte. Fine zeigte ihm mehrere weitere Aufnahmen. Oft war er imstande, das Geschlecht des Leuchtpunktwanderers zu bestimmen.

»Das ist wirklich eindrucksvoll«, sagte sie. »Da vollbringen Sie ein ganz schön kompliziertes und subtiles Stück visueller Datenverarbeitung, Mike.«

»Ja, auf Bewegungen verstehe ich mich«, erwiderte May. »Und um der wissenschaftlichen Wahrheit willen muss ich zugeben, dass ich die Beobachtung von Frauen schon ausführlich betrieben habe.«

Beim folgenden Test ging es um Messungen der Farbwahrnehmung. Wie schon bei der Bewegung erfüllte May die ihm gestellten Aufgaben ebenso hervorragend wie spontan. MacLeod, ein Fachmann auf dem Gebiet der Farbwahrnehmung, meinte, May erkenne Farben vielleicht sogar besser als er selbst. May freute sich.

Die nächste Testreihe, bei der die Tiefenwahrnehmung gemessen werden sollte, hielt Ione Fine für viel prekärer. Schließlich hatte sich May ja schon beim Erkennen normaler Objekte mit dem Problem der Tiefe schwergetan.

Bei einem der ersten Tests – es ging um Verdeckungsphänomene – schnitt er gut ab. Anhand der Art und Weise, wie ein Objekt ein anderes verdeckte, vermochte er zu beurteilen, welches das hintere und welches das vordere war. Danach freilich scheiterte er auf der ganzen Linie. Die Frage, welche von drei abgebildeten Kugeln eine Ausstülpung hatte (die beiden anderen waren nach innen gewölbt), wusste er nicht zu beantworten – eine Analogie zu seinem Kampf mit den Buckeln in Kirkwood. Auch mit der Perspektive und mit anderen wichtigen Anhaltspunkten für räumliche Tiefe – entscheidende Voraussetzungen für das dreidimensionale Sehen – mühte er sich vergebens ab.

Dann zeigte ihm Fine die folgende Figur und wollte von ihm wissen, was sie darstelle:

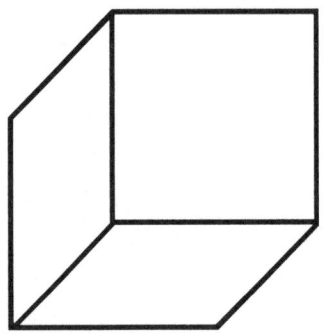

May betrachtete das Bild.

»Ein Quadrat mit Linien«, sagte er.

Diese vier Wörter waren allem Anschein nach die Antwort auf Molyneaux' Frage. In abgewandelter Form lautete sie, ob der Mann mit dem neugewonnenen Sehvermögen ein Viereck von einem Würfel würde unterscheiden können. May konnte das offenbar nicht, obwohl er seine Sehfähigkeit schon seit sechs Monaten wiederhatte. Er sah nichts weiter als ein zweidimensionales Quadrat mit zusätzlichen Linien.

Ohne sich viel dabei zu denken, setzte Fine durch einen Knopfdruck am Computer die Figur in Bewegung und ließ sie immer wieder vor und zurück rotieren.

May saß plötzlich kerzengrade auf seinem Stuhl.

»Das ist ein Würfel!«, sagte er.

Fine konnte nicht fassen, was sich vor ihren Augen abspielte. Bis dahin hatte sie angenommen, May sei praktisch außerstande, dreidimensional zu sehen. Auf irgendeine Weise aber hatte die Bewegung einen Sinn für Tiefe in ihm geweckt.

»Das ist unglaublich«, sagte sie. »Das war gerade der aufregendste Augenblick, den wohl ein Wissenschaftler je zu erleben hoffen kann. Das werde ich sicher nie vergessen, Mike. Und ich denke, es ist wirklich wichtig.«

Für den Abend hatten Fine und Boynton May und MacLeod zu sich nach Hause zum Essen eingeladen. Vor dem Eintreffen der Gäste berichtete Fine ihrem Freund von den faszinierenden Testresultaten des Tages und erzählte ihm, wie frustriert May gewirkt hatte, als es ihm nicht gelungen war, Gesichter zu erkennen. Fine machte sich Sorgen – sie war eine im Labor arbeitende Wissenschaftlerin und hatte keine Erfahrung im Umgang mit Menschen, die sich in psychisch belastenden Situationen befanden und Hilfe brauchten. In einer solch verwirrenden visuellen Welt zu leben müsse ja schrecklich sein, meinte sie. Wenn sie nur wüsste, wie sie helfen könne!

Nach Mays und MacLeods Ankunft servierte Fine Wein und Käse. Die Gesprächsthemen reichten von Baseball über Studenten im Aufbaustudium bis hin zur Lokalpolitik.

»Übrigens, Mike«, sagte Fine in einer kurzen Gesprächspause, »wie geht es Ihnen? Wie fühlen Sie sich?«

»Mir geht's gut«, antwortete er. »Aber etwas wüsste ich gern, Ione. Warum fragen Sie mich immer wieder, ob es mir gutgeht?«

Fine wurde verlegen. Sie blickte hilfesuchend zu Boynton. Von dort kam aber nichts.

»Also«, sagte sie schließlich, »bei anderen Personen, die ihr Sehvermögen wiedererlangt haben, sind Depressionen eine häufige Erscheinung. Wir wollen einfach sicher sein, dass Sie wohlauf sind. Wir möchten Sie bei dieser Sache nicht unter Druck setzen.«

May lächelte. »Machen Sie sich keine Sorgen um mich«, sagte er. »Unter Druck blühe ich auf. Tun Sie sich keinen Zwang an!«

Sie habe, sagte Fine, Boynton und MacLeod von den Ergebnissen der Tests zur Gesichterkennung berichtet.

»Hat sie Ihnen erzählt, wie miserabel ich war?«, fragte May.

Das habe sie, bestätigten die beiden.

»Es ist mir wirklich ein Rätsel«, sagte May.

»Wissen Sie, dass vielleicht einer von hundert in der Bevölkerung – möglicherweise ist das sogar noch zu niedrig gegriffen – Gesichter nicht erkennen kann?«, fragte Boynton. »Die Leute können nicht einmal die Gesichter von Menschen erkennen, mit denen sie vertraut sind und die sie innig lieben.«

»Was meinen Sie? Warum können die das nicht?«, wollte May wissen.

»Man nennt das Phänomen Prosopagnosie oder ›Gesichtsblindheit‹. Man nimmt an, dass es im Zusammenhang steht mit einer Störung in der Region des Gehirns, die einen Großteil der für das Erkennen von Gesichtern nötigen Datenverarbeitung leistet. Man hört nicht viel darüber, weil es den Betroffenen häufig unangenehm ist, darüber zu reden, während andere gar nicht wissen, dass sie das Problem haben.«

»Wie kann jemand das Problem haben, ohne zu wissen, dass er es hat?«

»Die Betreffenden haben in diesem Fall immer schon andere Erkennungszeichen benutzt – den Gang von jemandem, die Farbe seines Haars, seine Kleider, solche Sachen.«

»Das mache ich auch. Meinen Sie, ich gehöre zu dieser Gruppe?«

»Sie leiden zweifellos an Prosopagnosie, aber die ist offenbar nur ein Teil der umfassenderen Schwierigkeiten, die Sie damit haben, die visuelle Welt zu verstehen. Bei den meisten Menschen mit Prosopagnosie beschränkt sich das Problem auf das Erkennen von Gesichtern. Bei Ihnen geht es offenbar weit darüber hinaus.«

Die Unterhaltung wandte sich der Frage nach der Schönheit von Gesichtern zu. Was lasse das Gesicht eines Menschen schön erscheinen?, wollte May wissen. Ständig habe er vom geheimnisvollen Zauber der Augen reden hören, vom Liebreiz hoher Wangenknochen, von der Macht eines starken Kinns. Aber was bedeute das alles? Er komme nicht dahinter, selbst wenn er nahe genug herangehe, um zu sehen, wovon da die Rede sei.

Die heutige Forschung, erklärten ihm Fine, MacLeod und Boynton, gehe davon aus, dass für die Attraktivität von Gesichtern zwei Faktoren maßgebend seien.

Das eine sei die Symmetrie – Menschen bevorzugten offenbar Gesichter, deren linke und rechte Hälfte möglichst genau zusammenpassten. Die Entscheidung für solche Personen habe womöglich einen entwicklungsgeschichtlichen Hintergrund, weil das Ebenmaß Beweis dafür sei, dass die betreffende Person über gutes Genmaterial verfüge und dass die Frühphase der Entwicklung einen guten Verlauf genommen habe.

Der zweite Faktor sei die Durchschnittlichkeit – Menschen fühlten sich offenbar zu Gesichtern hingezogen, die das geschlechtsspezifische Mittelmaß repräsentierten. Würde man etwa aus tausend Frauengesichtern den Mittelwert ziehen, dann sei das Resultat eine leicht schelmische Frau, die fast jedem Angehörigen der Kultur als angenehm attraktiv erscheine (auch wenn nur wenige von ihr hingerissen seien). Bei männlichen Gesichtern funktioniere das genauso.

»Aber ist der Begriff von Schönheit denn nicht kulturabhängig?«, wollte May wissen. »Es gab mal eine Zeit, da bevorzugten die Männer Rubens'sche Üppigkeit. Heute schätzen sie schlankere Formen. Vielleicht ist einfach der Zeitgeschmack der jeweiligen Kultur entscheidend?«

»Nun ja, aber die Proportionen müssen stimmen«, hielt Fine dagegen. »Eine Gesellschaft kann schlanke oder rundliche Frauen mögen, aber in ihrer Vorliebe für ein Verhältnis in der Größenordnung von hundert zu siebenundsechzig zwischen Hüfte und Taille sind die Männer nicht zu erschüttern. Im Grunde signalisiert das nur, dass die Frau gebärfähig ist.«

»Wie steht's mit deinen Maßen, Ione?«, fragte Boynton.

»Das fragt man eine Dame nicht«, rügte ihn Fine schmunzelnd. »Aber ich darf euch berichten, dass ich zum ersten Mal in der Highschool von dieser Hüfte-Taille-Geschichte hörte. Ich rannte schnurstracks aus der Schule nach Hause und nahm Maß. Und ich lag haargenau bei siebenundsechzig. Ich war richtig stolz auf mich.«

Nach dem Abendessen setzten sie das Gespräch noch lange fort. May genoss die Unterhaltung. Und er mochte diese Leute. Aus ihrem Tonfall, ihrem Lachen, ihrer Ungezwungenheit konnte er heraushören, dass sie ihn nicht als Versuchskaninchen betrachteten. Er war sich sicher, dass sie für ihn das Beste wollten.

Sein Rückflug war für den Vormittag des folgenden Tages gebucht. Fine brachte ihn in ihr Laboratorium, um vor dem Flug noch rasch ein paar Tests durchzuführen. Die wirbelnden, hin und her springenden Muster des Bildschirmschoners ihres PCs gingen ihr auf die Nerven.

»Das stört mich unglaublich!«, sagte sie, fuhr mit dem Bürostuhl zum Bildschirm und schaltete ihn aus.

»So empfinde ich das Sehen ständig«, sagte May.

Bei den letzten Tests, die Fine durchführte, ging es um optische Täuschungen. Mays Reaktion auf eine von ihnen erschien ihr besonders erhellend. Sie zeigte ihm diese Abbildung zweier Tische:

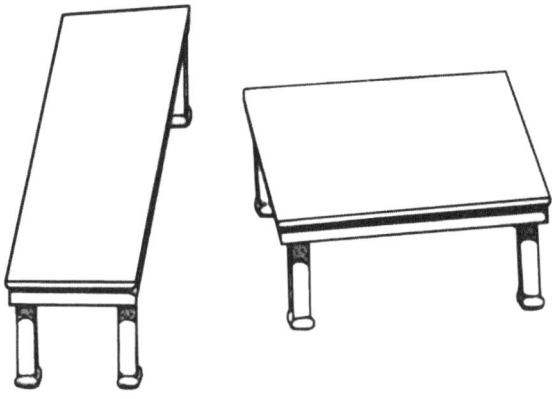

Für Normalsichtige sind die beiden Tischplatten von völlig verschiedener Größe. May sah sie als gleich groß an. Er hatte recht – die Tischplatten sind in Länge und Breite identisch. Bei May funktionierte die Täuschung nicht.

Er konnte hören, wie sich Fine Notizen machte. Gelegentlich hörte er sie vor sich hin murmeln. Er spürte, dass sie damit beschäftigt war, sich über seinen merkwürdigen Fall Klarheit zu verschaffen, dass sie auf der Suche nach einer Erklärung und vielleicht sogar einer Prognose die Ergebnisse zusammenführte und die Widersprüche abklärte. Er wollte sie aber nicht drängen. Sie wird es mir schon sagen, wenn sie so weit ist, dachte er bei sich.

Auf dem Weg zum Flughafen erzählte Fine noch ein bisschen mehr von sich – wie sie als Tochter eines Philosophen und einer berühmten Kinderbuchautorin in Schottland aufgewachsen war. Ihr Name, sagte sie, tauche in einigen Büchern ihrer Mutter auf. Überzeugt davon, dass Fine hübsch war, hätte May sie sich gern in dem hellen Sonnenlicht, von dem das Auto erfüllt war, genauer angesehen; aber aus Furcht, eins aufs Dach zu kriegen, blickte er die meiste Zeit über starr geradeaus.

Als sie fast den Flughafen erreicht hatten, wollte Fine wissen, ob May bereit sei, sich einigen Folgetests zu unterziehen – er könne dazu wieder nach San Diego kommen, sie würde ihn aber auch in Davis aufsuchen.

»Wie Sie wollen«, sagte er. »Ich bin dabei.«

Am Abfertigungsschalter dankte sie ihm dafür, dass er seine Zeit geopfert und bei den Tests so konstruktiv mitgearbeitet habe. Sie erklärte ihm, was für ein unwahrscheinliches – und eigentlich unvorstellbares – Glück es für einen Forscher sei, auf einen so seltenen Fall wie den seinen zu stoßen, und dazu noch auf eine so kluge und kooperative Person. Sie sprach von »Einmaligkeit«, und May wusste, was sie meinte. Genau dasselbe empfand er hinsichtlich seines Zusammentreffens mit Dr. Goodman, des Abenteuers, das er in den vergangenen fünf Monaten durchlebt hatte, und seines Verhältnisses zu diesen Wissenschaftlern in San Diego, die sich, von ein paar versprengten Gespenstern aus der Vergangenheit auf die Spur gesetzt, darum bemühten, ihn zu verstehen.

May machte sich noch am Tag seiner Rückkehr aus San Diego wieder an die Arbeit. Abends erzählte er Jennifer und den Jungen von den Tests, von Ione Fine und davon, dass die Wissenschaftler hoffentlich zu einigen interessanten Erkenntnissen über seinen Fall gelangen würden.

»Und denkt daran«, warnte er seine Söhne. »Auf Täuschungen falle ich nicht herein. Also versucht gar nicht erst, mit mir so was abzuziehen.«

Am nächsten Tag berichtete er seinem Freund Bryan Bashin von den Tests. Bashin konnte gar nicht genug darüber hören.

»Das ist sogar noch faszinierender, als wir uns gedacht haben«, sagte er. »Wie denken sie darüber?«

»Sie haben's mir noch nicht gesagt«, antwortete May. »Ich glaube, sie sind immer noch damit beschäftigt, sich einen Reim auf mich zu machen.«

In San Diego unterzog Dr. Fine eine Kontrollgruppe von Versuchspersonen den gleichen Tests, die sie mit May durchgeführt hatte. Sie entfernte die Details, um Mays verminderte Sehschärfe zu simulieren. Die Versuchspersonen vermochten dennoch alles zu erkennen. Den optischen Täuschungen saßen sie auf. Das bedeutete, dass Mays Ergebnisse nicht auf mangelnde Sehschärfe zurückzuführen waren. Sie mussten ihren Grund in etwas anderem haben.

Fine rätselte weiter über Mays Fall. Bewegung nahm er ausgezeichnet wahr, aber bei anderen wesentlichen Aspekten des Sehens schnitt er erbärmlich schlecht ab. Eines späten Abends schrieb sie eine E-Mail an MacLeod:

»Ich muss ständig daran denken, wie Mike plötzlich den Würfel in seiner Tiefe sah, als er in Bewegung gesetzt wurde. Es erinnert ein bisschen an die Art, wie eine Katze ein Garnknäuel jagt, sobald es in Bewegung ist. Vielleicht hat Mike ein Katzenhirn? Fange ich an zu spinnen?«

Einen Augenblick später stellte sie entsetzt fest, dass sie die E-Mail an May statt an MacLeod geschickt hatte. Ein paar Minuten danach traf eine Antwort ein.

»Freut mich zu hören, dass ich ein Katzenhirn habe. Muss jetzt los, Katzenfutter besorgen. Mike.«

Die folgenden Diskussionen ließen Fine und MacLeod dazu gelangen, sich Mays visuelle Welt ähnlich wie ein abstraktes Gemälde voller farbiger und zumeist flacher und bedeutungsloser Formen vorzustellen. Wenn Fine gefragt wurde, wie man sich Mays Art zu sehen denken müsse, war dies die beste Beschreibung, die sie geben konnte – dass es so war, als betrachte man ein abstraktes Gemälde, dass May einen Picasso-Blick habe.

Außer, wenn Dinge sich bewegten. Bewegung verlieh Mays visueller Welt offenbar einen Sinn für Tiefe.

Während der nächsten paar Wochen fuhr May für weitere Tests nach San Diego, oder aber Fine kam nach Davis. Die Ergebnisse waren immer die gleichen: Mit Bewegung und Farbe kam er hervorragend zurecht, entsetzlich schlecht hingegen war er im Interpretieren von Gesichtern, in der Wahrnehmung von Raumtiefe (außer, wenn Bewegung im Spiel war) und im Erkennen von Objekten.

Für May blieb diese Dichotomie rätselhaft wie eh und je. Für Fine hingegen gewann der Befund allmählich Konturen. Während sie weiter über die Testresultate nachgrübelte, Fallgeschichten studierte, die bis ins achtzehnte Jahrhundert zurückreichten, und nachts vor lauter Nachdenken nicht schlafen konnte, begann sie nicht nur zu verstehen, warum May die Welt so sah, wie er sie sah, sondern auch, was das für seine Zukunftsaussichten bedeutete, für die Frage der Verbesserung seines Sehvermögens. Ihre Erkenntnisse basierten auf einem neuartigen Verständnis davon, wie das Sehen funktioniert – einer bislang nur von einer Handvoll Wissenschaftler ansatzweise entwickelten neuen Art zu denken.

KAPITEL **VIERZEHN**

Vor der Mitte des neunzehnten Jahrhunderts betrachtete man das Sehen durchweg als ein passives Erleben, bei dem die Objekte, die man wahrnimmt, einfach »da« seien. Zur Beschreibung des Vorgangs gab es verschiedene Vorstellungen wie etwa die, dass das Auge »Lichtfinger« auf die Objekte richte, um sie »abzutasten«. Diese Darstellungen gingen davon aus, dass sich die Welt und ihre Objekte von selbst verstanden; sie zu sehen verlangte vom Gehirn keine Urteilskraft oder Problemlösungstätigkeit oder sonstige ihm eigene Erkenntnisleistung. Und das leuchtete auch ein, weil ja das Sehen als ein müheloser und automatischer Prozess erschien, sofern man überhaupt seiner gewahr wurde.

Dann aber entwickelte die Wissenschaft in einem Prozess, der in der Mitte des neunzehnten Jahrhunderts mit den Untersuchungen des renommierten deutschen Naturforschers Hermann von Helmholtz begann und sich in den Erkenntnissen des Psychologen Richard Gregory und anderer bis in die Mitte des zwanzigsten Jahrhunderts hinein fortsetzte, eine überraschend neue Vorstellung von der Rolle des Gehirns beim Sehen. Die Menschen, so hieß es jetzt, seien beim Sehen in einem hohen Maß abhängig von ihrem Wissen, das es ihnen erst ermögliche, den »gespenstischen Schemen«, wie Gregory die Bilder auf der Netzhaut unserer Augen nannte, eine Bedeutung abzugewinnen.

Auf den ersten Blick schien diese Vorstellung abenteuerlich. Wie sollte Wissen Sehen ermöglichen können? Dass der einfältigste Mensch genauso gut sehen kann wie der höchstgebildete, stand doch wohl außer Zweifel! Indes meinten Helmholtz, Gregory und die anderen nicht das Fakten- und Zahlenwissen, das man in Enzyklopädien versammelt findet. Unter Wissen verstanden sie *ein System von Annahmen über die Beschaffenheit der Welt und der in ihr existierenden Dinge.* Dieses System von Annahmen, so ihre Überlegung, sei dem menschlichen Gehirn so tief eingewurzelt, dass die Menschen damit automatisch und ohne sich dessen im Geringsten bewusst zu sein, den durch die Augen hereinströmenden visuellen Datenfluss bearbeiteten. Niemand bekomme mit, dass er zur Interpretation des Gesehenen Wissen einsetze, aber jeder tue genau das fortwährend.

An überzeugenden Indizien zur Untermauerung dieser Theorie fehlte es nicht. Zu den beweiskräftigsten Phänomenen zählten die optischen Täuschungen. Falls es sich tatsächlich so verhielt, dass die Dinge sich dem Blick von selbst darboten, dann konnten Trugwahrnehmungen nicht vorkommen – die Menschen sahen dann die Dinge so, wie sie tatsächlich waren. Optische Täuschungen aber gab es in großer Zahl. Wodurch wurden sie hervorgerufen?

Laut Gregory und anderen kommen Trugwahrnehmungen dann zustande, wenn das hintergründige Wissen – jenes automatisch und unbewusst funktionierende System von Annahmen über die Welt und ihre Gegenstände – den Sieg über die anders beschaffenen Informationen davonträgt, die das Auge liefert.

Die Illusion der hohlen Maske bietet ein überzeugendes Beispiel für diese Dynamik. Sie lässt sich einem Beobachter mit Hilfe einer einfachen Plastikmaske vorführen, wie sie zu Fasching getragen wird – hier einer Charlie-Chaplin-Maske. Wie zu erwarten, gewahrt der Beobachter das Gesicht als konvex – Chaplins Gesichtszüge wölben sich nach außen. Wird nun aber die Maske gedreht, um die Rückseite sichtbar zu machen, dann sieht auch das hohle Innere der Gesichtsmaske Chaplins so aus,

als wölbe es sich nach außen; die Gesichtszüge wirken von hinten genauso massiv und konvex, wie sie das von vorn taten.

Wie erklärt sich diese Trugwahrnehmung? Gregory, dem mittlerweile sämtliche Fachleute auf dem Gebiet zustimmen, führt sie zurück auf das durchschlagende Wissen in Bezug auf Gesichter, über das der Beobachter verfügt: Jedes Gesicht, das er jemals gesehen hat, war konvex. Der optischen Information zum Trotz nimmt er deshalb das hohle Gesicht so wahr, als sei es nach außen gewölbt. Die ihm eigene Kenntnis von Gesichtern ist so bestimmend, dass er sich der Illusion nicht entziehen kann – selbst wenn er sich der Tatsache bewusst ist, dass er eine hohle Maske sieht.

Schauen wir uns ein anderes Trugbild an, »Terror Subterra« von Roger Shepard. Welches Monster auf dem Bild ist größer?

Fast alle Beobachter nehmen das hintere Monster als viel größer wahr. Tatsächlich sind beide gleich groß – man braucht nur den Finger an die Figuren zu halten, um das festzustellen. Auch hier spielt wieder das Wissen – das System von Annahmen über die Welt und ihre Gegenstände – eine entscheidende Rolle beim Sehen. Aber welcher Art ist das Wissen, das uns dazu bringt, das eine Monster im Vergleich mit dem anderen für so viel größer zu halten?

In der menschlichen Erfahrung hängt die wahrgenommene Größe eines Objekts von zwei Faktoren ab:

– von seiner Größe auf der Netzhaut
– von seiner wahrgenommenen Entfernung

Daraus ergibt sich eine einfache Formel:

Wahrgenommene Größe = Größe auf der Netzhaut × wahrgenommene Entfernung.

Wären diese Monster von gleicher Größe, müsste dasjenige, das weiter weg zu sein scheint, ein kleineres Abbild auf die Netzhaut werfen. Da dies nicht der Fall ist, gelangt das Gehirn zu der Annahme, das weiter entfernte Monster sei größer als das nähere. Und diese Annahme ist so zwingend, dass der Beobachter es tatsächlich auch so sieht.

Aber das ist nicht das einzige Wissenselement, das vom Gehirn in die Szene eingeschleust wird. Schauen wir uns die Gesichter der Monster an. Das gejagte Monster wirkt schreckerfüllt. Das Monster, das ihm hinterherläuft, macht einen aggressiven, wütenden Eindruck. In Wahrheit haben sie das gleiche Gesicht. Unserer Erfahrung nach wirken Menschen, die gejagt werden, fast immer angsterfüllt, wohingegen die Jäger fast immer aggressiv oder wütend erscheinen. Unser Gehirn zwingt dieses Wissen der Szene auf und »sieht« deshalb, was es zu sehen erwartet. (Täuschungen wie diese können das Ergebnis besonderer Erfahrungen der betreffenden Person sein – Menschen, die von ihren Eltern misshandelt wurden, neigen eher dazu, einen neutralen Gesichtsausdruck als zornig zu interpretieren, sogar schon in der frühen Kindheit.

Die Vorstellung, dass Wissen und Sehen eng miteinander verknüpft sind, lässt sich an einer Vielzahl von Beispielen demonstrieren, die nichts mit optischer Täuschung zu tun haben. Was sehen Sie in dem folgenden Bild?

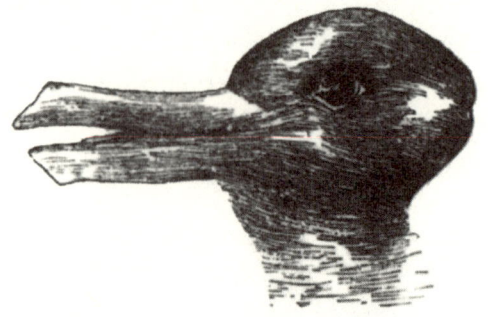

Manche sehen eine Ente, andere ein Kaninchen. Dann wechselt plötzlich die Wahrnehmung – wer die Ente sah, sieht jetzt das Kaninchen und umgekehrt. Was das Gehirn von diesen Tieren weiß, seine Annahmen über sie veranlassen es zu zwei das Bild betreffenden Hypothesen. Da beide Hypothesen gleich wahrscheinlich sind, erhält das Gehirn sie beide aufrecht, mit dem Ergebnis, dass abwechselnd die Ente und das Kaninchen gesehen wird. (Man beachte aber, dass ein Beobachter, dem vorher gesagt wird, dass er das Bild einer Ente gezeigt bekommt, schwerlich zuerst das Kaninchen sehen wird. In diesem Fall ist dem Gehirn ein zusätzliches Wissenselement geliefert worden, das beim Bild zum Tragen kommt und bestimmenden Einfluss auf das Sehen nimmt.)

Jüngste Fortschritte bei der Messung spezifischer Hirnaktivitäten bestätigen, dass Wissen und Sehen einen engen Zusammenhang bilden. Man nimmt heute an, dass über ein Drittel des Gehirns am Sehen beteiligt ist, ein Indiz dafür, was für eine gewaltige Aufgabe visuelle Wahrnehmung darstellt. Heute findet man praktisch keinen mit dem Sehvermögen befassten Wissenschaftler, Forscher oder Psychologen mehr, der nicht der Ansicht beipflichtet, dass Wissen und Sehen eng verknüpft sind und dass ohne unser Wissen über die Welt des Gesichtssinnes unsere Fähigkeit, Gesehenes zu verstehen, in die Brüche ginge.

Für Mays Fall hatte diese Neueinschätzung des Sehvermögens weitreichende Implikationen. Wenn Mays Auge nichts fehlte, dann sprach jene enge Verknüpfung von Wissen und Sehen eindeutig dafür, dass May ein Problem mit dem Wissen hatte.

Um die Beschaffenheit eines solchen Problems ergründen zu können, müssen wir erst einmal verstehen, auf welche Weise wir diese Art Wissen erwerben.

Die Augen eines Neugeborenen werden von visuellen Informationen überflutet – Farben, Bewegungen und Formen, die von den Objekten in der Welt ringsum stammen. Das Neugeborene aber hat ja noch keine Erfahrung mit all diesen Dingen und verfügt, sie betreffend, über nur wenige vorgefasste Annahmen.

Wie mag es sein, Dinge zu sehen, die man noch nicht in Erfahrung gebracht hat und über die man kein Wissen besitzt? Wir können uns das kaum vorstellen – im Erwachsenenalter haben wir bereits Erfahrungen über so gut wie alles gesammelt. Wenn uns etwas vor Augen kommt, das uns vollständig fremd anmutet, ist es uns nahezu unmöglich, die Erscheinung zu interpretieren und ihr eine Bedeutung zu geben.

Schauen wir uns dieses Foto an. Worum handelt es sich?

Nur wenige Menschen wären imstande, zu erklären, dass auf dem Foto ein Fossil zu sehen ist. Noch weniger dürften wissen, dass es sich um eine versteinerte Wasserschildkröte aus der Grube Messel, einem in Deutschland gelegenen Fundort, handelt. Bestimmte Archäologen freilich wüssten das auf Anhieb. Dank ihres Wissens bringen sie eine vergleichsweise detaillierte und zuverlässige Erfahrung im Blick auf das Bild mit. Die meisten von uns verfügen über diese Art von detaillierter und zuverlässiger Erfahrung nur, wenn sie ein Fossil wie das folgende sehen, mit dem sie eine Bedeutung verbinden können:

Man beachte, wie sehr sich unser visuelles Erleben des ersten Fossils von dem des zweiten unterscheidet. Der Grund ist der, dass wir über Fische Bescheid wissen, nicht aber über Wasserschildkröten, schon gar nicht, wenn sie uns in fossiler Form begegnen. Wir können uns vorstellen, dass für den Säugling all seine visuelle Erfahrung eher unserem Erleben des ersten Fossils als unserer Wahrnehmung des zweiten gleicht.

Hier noch zwei weitere Objekte, für die wir nicht genug Wissen mitbringen, um sie wirklich sehen zu können:

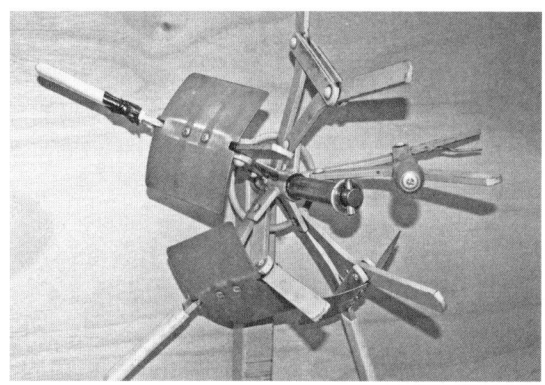

Drahtspannapparat, wie man ihn in manchen
Eisenwarengeschäften findet.

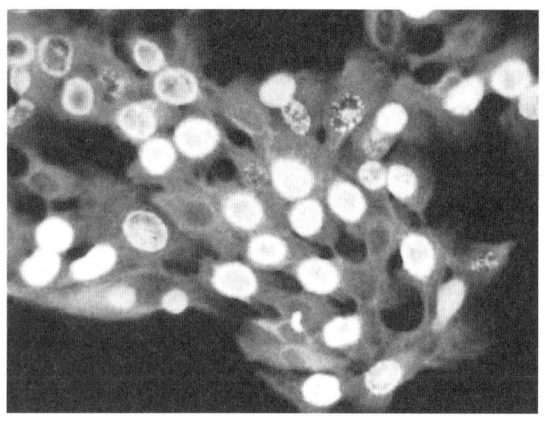

Epitheliale Stammzellen der Hornhaut von der Art,
wie sie in Mays Auge verpflanzt wurden
(unter dem Elektronenmikroskop betrachtet).

Dem Kleinkind, dem das Wissen über die Welt und ihre Gegenstände fehlt, muss das Universum als eine riesige Ansammlung
von solch farbigen, sinnlosen Formen erscheinen, als ein von
Fossilien und obskuren Gerätschaften angefülltes Panorama.
Man kann sich jetzt den überwältigenden Eindruck, den dies auf

das Kleinkind machen muss, vorstellen, diese maßlose Fülle visueller Informationen, die es nicht einmal ansatzweise zu ordnen vermag.

Wie soll das Kind diesem Wirrwarr visueller Daten einen Sinn abgewinnen? Wie soll es diese Formen und Umrisse in ihrer Dreidimensionalität erfassen und ihnen Bedeutung verleihen, mehr in ihnen erkennen als eine Anhäufung farbiger Kleckse? Wie soll es jenes Wissen über die Welt und ihre Gegenstände schaffen, das so entscheidend ist fürs Sehen? Es ist ja nicht so, als könnte jemand hergehen und ihm die Gegebenheiten erklären.

Für das noch ganz kleine Kind gibt es nur einen Weg, solches Wissen zu erwerben. Es muss mit den Dingen, die es sieht, interagieren. Es muss mit ihnen experimentieren, muss sie erforschen, sie ausprobieren, mit ihnen spielen, sie berühren, schmecken, riechen und hören. Es muss alles in die Hand nehmen, muss mit allem hantieren, muss auf alles zugehen und nach allem greifen. Es muss seine Kinderstube zu seinem Laboratorium machen, zu einem Ort, wo es sich durch eine endlose Erprobung und Erkundung der Dinge – insbesondere mit Hilfe des Tastsinns – Wissen über ihre materiale Beschaffenheit, ihre Formen, ihre Verwendungsmöglichkeiten und ihre Funktionen aneignet, kurz, zu einem Verständnis ihrer Wesensmerkmale gelangt. Ohne dieses ständige Interagieren und Experimentieren mit den Dingen bleibt es dem Betreffenden von vornherein verwehrt, sein System von Annahmen über die Welt und ihre Gegenstände auszubilden. Solange er kein Glas Wasser berührt – es nicht gekippt, nicht fallen gelassen, nicht zerbrochen, nicht verschüttet, nicht geschüttelt, die Geräusche, die es macht, nicht gehört, die verschieden hohen Wasserspiegel nicht beobachtet, den seitlichen Wechsel zwischen Licht und Schatten beim Hochheben nicht wahrgenommen hat, nicht gesehen hat, wie es zum Trinken an den Mund geführt wird, kann er darin nicht mehr erkennen als einen bloßen Umriss, ein beliebiges Fossil, und möglicherweise vermag er es nicht einmal als ein dreidimensionales Gebilde zu interpretieren. Wenn das kleine Kind in seinem persönlichen Laboratorium auf dem Teppich herumkaut, dann hat das seinen guten Sinn, weil es eine weitere Methode ist, die visuelle Beschaffenheit des Teppichs zu ergründen.

Die Interaktion mit der Welt und ihren Gegenständen ist für die frühkindliche Entwicklung so entscheidend, dass ein Mensch, dem es daran mangelt, wohl nie richtig sehen können wird. In einem bahnbrechenden Experiment zogen Richard Held und Alan Hein am Massachusetts Institute of Technology zwei junge Katzen in absoluter Dunkelheit auf. Jeden Tag wurden die Kätzchen für kurze Zeit in Körbe gesteckt, die an den beiden Enden einer Stange unmittelbar über dem Boden hingen. In den einen Korb wurden unten Löcher geschnitten, sodass die Pfoten des Kätzchens den Boden erreichten, in den anderen hingegen nicht. Die Apparatur war so konstruiert, dass beide Körbe sich im Gleichtakt bewegten, wenn die Stange sich drehte.

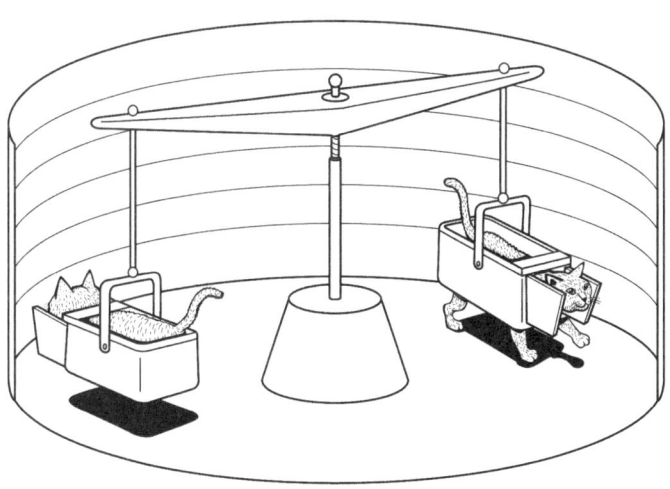

Sobald das Licht eingeschaltet war, ließ man das Kätzchen in dem Korb mit Löchern loslaufen, wodurch sich sein Korb und der seines Gegenübers gleichermaßen bewegten und beiden die gleichen Seherfahrungen vermittelt wurden.

Am Ende des Experiments konnte sich nur das Kätzchen, dem man ermöglicht hatte, seinen Korb aktiv zu bewegen, mittels seines Sehvermögens in der Welt zurechtfinden. Das Kätzchen, das passiv geblieben war, hatte zwar die gleichen visuellen Erfahrungen gemacht, war aber, was den Einsatz seiner Sehkraft anging, blind. Die Welt nur passiv zu erleben reicht nicht; für den Gebrauch des Sehvermögens spielt die Interaktion eine entscheidende Rolle.

Andere Untersuchungen haben Ähnliches ergeben. Belegt ist, dass Menschen, die ihr Leben in eisernen Lungen verbracht haben – wo ihre Interaktion mit den Dingen massiv eingeschränkt ist –, die Dinge außerhalb der Reichweite ihrer Körperbewegungen, außerhalb des Bereichs, den sie ertasten können, nicht richtig zu sehen vermögen. In einem absonderlichen Fall wurde ein Junge in einem Pfandhaus aufgezogen, umgeben von allen möglichen Dingen. Damit er die Sachen nicht anfasste oder ihre Preisschilder durcheinanderbrachte, war er in einen Laufstall eingesperrt. Als er schließlich da herausgeholt wurde, war er außerstande, Entfernungen abzuschätzen, die über die Dimensionen hinausgingen, mit denen er in seiner umgitterten kleinen Welt durch Berührung vertraut geworden war.

Die Lehre aus alledem ist klar: Interaktion mit der Welt und ihren Gegenständen ist unabdingbar für den Erwerb des für ein brauchbares Sehvermögen erforderlichen Wissens.

Mike May verfügte über diese wichtige Interaktion mit der Welt. Er hatte sich sein Wissen geschaffen und besaß sein System von Annahmen. Zur Zeit seines Unfalls, im Alter von drei Jahren, hatte er bereits fast so gut sehen können wie ein Erwachsener.

Dennoch fand er sich nach seiner Operation mit einer merkwürdigen, anderen Art von Sehen konfrontiert. Bewegungen und Farben konnte er nahezu perfekt erkennen, hingegen vermochte er Gesichter nicht zu entschlüsseln, verfügte über keine Tiefenwahrnehmung, wenn die Dinge sich nicht bewegten, und hatte Schwierigkeiten, Objekte zu identifizieren. Woraus erklärt sich diese Diskrepanz? Gibt es einen Unterschied zwischen der Wahrnehmung von Bewegung und Farbe einerseits und der Wahrnehmung von Gesichtern, Raumtiefe und Objekten andererseits? Und wie hängt das mit dem Wissen zusammen?

Um eine Antwort auf diese Frage zu finden, wandte sich Ione Fine einer genaueren Betrachtung der Art und Weise zu, wie Menschen diese Dinge wahrnehmen. Die Antwort, davon war sie überzeugt, versprach weitreichende Aufschlüsse über Mays Art zu sehen. Und vielleicht konnte sie ihm auch dabei helfen, seine Sehfähigkeit zu verbessern.

GESICHTSWAHRNEHMUNG

Den meisten von uns erscheinen menschliche Gesichter als etwas ganz und gar Einzigartiges, als die persönlichsten und unverwechselbarsten Dinge auf der ganzen Welt. In Wirklichkeit sind sie einander außerordentlich ähnlich. Unterschiede von gerade mal ein oder zwei Millimetern im Ebenmaß oder im Abstand der Augen, in der Wölbung der Augenbrauen, dem Steigungswinkel der Wangenknochen oder der Höhe der Stirn lassen unter Umständen zwei Gesichter, die einander ganz ähnlich sind, völlig verschieden aussehen.

Tiergesichter unterscheiden sich durch die gleiche Art von winzigen Abweichungen. Und doch erscheinen uns Schimpansengesichter zum Verwechseln ähnlich und die Gesichter von Schafen austauschbar. Warum nehmen wir bei menschlichen Gesichtern, nicht hingegen bei Tiergesichtern, die Unterschiede so stark wahr?

Die Antwort liegt in dem Lernprozess, den wir durchlaufen. Durch intensives Üben, das in der frühen Kindheit beginnt, verwandeln wir uns in Experten für menschliche Gesichter. Übung und Lernerfahrung sind das Geheimnis des Erfolgs. Deshalb können Schäfer ihre Schafe am Gesicht erkennen – sie haben ihr Leben lang an Schafsgesichtern geübt und sind so zu Schafsgesichtsspezialisten geworden. Und deshalb haben Menschen manchmal Mühe, bei anderen ethnischen Gruppen oder Altersklassen Gesichter zu unterscheiden – sie haben mit diesen Gruppen zu wenig interagiert und nicht genug Erfahrung mit ihnen gesammelt.

Die Übung im Wahrnehmen menschlicher Gesichter verhilft uns nicht nur dazu, jemanden zu identifizieren und sein Gesicht wiederzuerkennen. Sie ermöglicht uns auch, das Geschlecht einer Person zu bestimmen, ihren Ausdruck zu deuten, ihr Interesse an uns zu beurteilen, ihre Stimmung vorherzusagen. Oft entscheidet eine winzige Veränderung – oder gar nur Verschattung – des Mundwinkels darüber, ob es sich um ein Lächeln oder einen Ausdruck des Unmuts handelt. Eine Verschiebung der Pupillen um einen einzigen Millimeter kann uns signalisieren, ob die Person auf der gegenüberliegenden Seite des Raumes uns ansieht oder über uns hinwegschaut; eine Hebung oder Senkung der Augenbraue um einen Millimeter kann uns verraten, ob ein Mensch sich für uns interessiert oder zornig auf uns ist – all dies auf eine Entfernung von zehn Metern. Solchen winzigen Unterschieden Bedeutung beizumessen, wären die Menschen nie und nimmer imstande, wenn sie nicht Nutzen aus intensiver Praxis und Lernerfahrung ziehen könnten.

Um sich dergleichen anzueignen, braucht man jahrelange Übung; noch mit fünf oder sechs Jahren sind Kinder damit beschäftigt, ihre Fähigkeiten im Erkennen von Gesichtern auszubilden.

TIEFENWAHRNEHMUNG

Wenn wir unsere Augen öffnen, fällt ein zweidimensionales Abbild auf unsere Netzhaut. Und doch nehmen wir die Welt dinglich und dreidimensional wahr; ihre Tiefendimension empfinden wir als absolut real, keineswegs als einen Trick unseres Gehirns. Wie kommt es dazu? Wie übersetzen wir unsere flachen Netzhautbilder in die majestätische dreidimensionale Welt, in der wir uns so selbstverständlich bewegen und zu schaffen machen?

Allem Anschein nach gibt es drei Anhaltspunkte, die das optische System nutzt, um Raumtiefe wahrzunehmen:

– Bildliche Indizien
– Bewegungsindizien
– Stereoskopisches Sehen

Bildliche Indizien für Raumtiefe

Solche bildlichen Indizien sind Eigenschaften, die bei einem Foto, einem Gemälde oder einer sonstigen zweidimensionalen Darstellung den Eindruck von Tiefe erzeugen. Es sind jene Phänomene, die zu Beginn der Renaissance von italienischen Malern entdeckt wurden. Die wichtigsten sind:

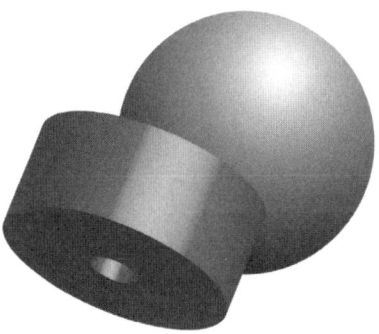

Verdeckung Wenn ein Objekt ein anderes verdeckt, erscheint es als räumlich näher.

331

Relative Höhe Je näher ein Objekt dem Horizont ist, desto weiter entfernt erscheint es.

Man beachte, dass dies sowohl für die Schiffe in der Abbildung gilt, die sich unterhalb der Horizontlinie befinden, als auch für die Ballons, die über ihr schweben.

Schattenwurf Schatten können ein Hinweis auf die räumliche Tiefe eines Objekts sein. (Die beiden Fotos sind identisch, bis auf die Hinzufügung des Schattens im rechten Foto.)

Relative Größe Je weiter entfernt ein Objekt ist, desto weniger Raum nimmt es im Vergleich mit Objekten identischer Größe im Gesichtsfeld ein.

Gewohnte Größe Unser Wissen bezüglich der Größe eines Objekts wirkt sich darauf aus, als wie weit entfernt wir es wahrnehmen und wie wir die Entfernung und Größe anderer Objekte in seiner Umgebung einschätzen.

Dass wir mit den auf der vorigen Seite abgebildeten Delphinen eine Größenvorstellung verbinden, wirkt sich darauf aus, wie wir ihre Distanz einschätzen. Die meisten von uns würden diese Entfernung auf gut drei Meter taxieren. Hätten Delphine hingegen die Größe von Fußballfeldern, würden wir vielleicht annehmen, dass sie sich auf dem Foto einen Kilometer weit weg befinden. Hätten Delphine die Größe von Insekten, würden wir den Eindruck haben, sie seien nur wenige Zentimeter entfernt.

Atmosphärische Perspektive Die Luft enthält winzige Partikel von Wasser, Staub und Schmutz. Je weiter entfernt ein Objekt ist, desto mehr Partikel muss unser Blick durchdringen und desto verschwommener erscheint deshalb das Objekt. (Übrigens existiert auf dem Mond mangels Atmosphäre und mangels Luftpartikeln keine atmosphärische Perspektive. Die Astronauten hatten Mühe, Entfernungen auf dem Mond abzuschätzen.)

Linearperspektive Parallele Linien nähern sich in dem Maße, wie sie in den Hintergrund verlaufen, einander an.

Strukturgefälle In dem Maße, wie sich eine Oberfläche von uns entfernt, wirkt ihre Struktur kleinteiliger und glättet sich.

Umrissform durch Schattenbildung Wenn ein Objekt
eine dreidimensionale Form hat, erscheinen
einige Oberflächen beleuchtet und andere beschattet.

Dies sind nur ein paar Beispiele dafür, auf welche Anhaltspunkte
sich unser Gehirn stützt, um das zweidimensionale Bild von der
Netzhaut in die Wahrnehmung einer dreidimensionalen Welt zu
überführen. Man kann sich kaum vorstellen, wie viel Wissen über
die Welt nötig ist, um diese bildlichen Hinweise auf Raumtiefe zu
verarbeiten – und zwar augenblicklich, automatisch und unbewusst.

Dabei zeigt sich, dass diese bildlichen Indizien *ihrerseits* in Wissen gründen – in einer Art Wahrscheinlichkeitswissen davon, wie
die Welt im Normalfall beschaffen ist. Solche Wissenselemente
werden als »Aprioris« bezeichnet. Sie bilden das, was wir hinsichtlich der Welt voraussetzen, wenn uns etwas Neues vor Augen kommt. Hier ein paar Beispiele für solches Vorwissen:

- Erwachsene sind zwischen einem Meter fünfzig und zwei Meter zehn groß.
- Licht kommt im Zweifelsfall von oben.
- Körperliche Dinge werfen Schatten.
- Bestimmte Objekte haben eine bestimmte Farbe.
- In unserer Kultur bilden Linien häufig rechte Winkel miteinander (wie etwa bei Gebäuden).

Schauen wir uns das folgende Foto an:

otografie eine Scheune, ein Boot und einen Wasserlauf
t, ist uns eine wesentliche Hilfe beim Bemühen, die
nd Entfernung der Windmühle abzuschätzen. Das ist
so, weil wir über Aprioris hinsichtlich der üblichen Grö-
Scheunen, Booten und Wasserläufen verfügen. Wäre die
Windmühle das einzige Objekt auf dem Foto, könnten wir sie für
ein Spielzeug halten oder sie uns um ein Mehrfaches größer vorstellen, als sie tatsächlich ist.

Wie geht jemand vor, wenn er diese bildlichen Indizien und
Aprioris erlernt? Wir haben bereits gesehen, dass sich ein großer
Teil des visuellen Lernens in der frühen Kindheit durch ständige
Interaktion und fortlaufendes Experimentieren mit der Welt und
ihren Gegenständen vollzieht. So verhält es sich auch beim Erlernen der Tiefenwahrnehmung. Ein Kleinkind ist damit beschäftigt, zu greifen, zu krabbeln, zu testen, hinzulangen, übers
Ziel hinauszuschießen und immerfort seine optischen Anhaltspunkte mit den Befunden seines Tastsinns abzustimmen, bis sich
das zweidimensionale Abbild auf der Netzhaut automatisch in
ein visuelles Erleben von Raumtiefe übersetzt. Bis zum Alter von
sechs Monaten – dem Alter, in dem sie anfangen, nach Dingen zu
greifen – sind Säuglinge für die bildlichen Hinweise auf Raumtiefe nicht sehr empfänglich. Danach brauchen sie Jahre, um ihr
Verständnis dieser Anzeichen und den Umgang mit ihnen zu per-
fektionieren. Diese Aufgabe ist ungeheuer schwierig – bis zum
heutigen Tag hat die Technik noch keine Apparate hervorge-
bracht, die Raumtiefe so genau und zuverlässig zu beurteilen vermögen wie Menschen. Das Kind aber schafft das binnen weniger
Jahre und ohne Hilfe von Seiten der Eltern – allein aufgrund der
Interaktion mit seiner Umgebung.

Bewegungsindizien für Raumtiefe

Erinnern wir uns daran, dass bildliche Indizien nur eines der
Hilfsmittel darstellen, die es dem optischen System ermöglichen,

Raumtiefe wahrzunehmen. Eine weitere Reihe von Anhaltspunkten ergibt sich, wenn sich der Beobachter oder das Objekt bewegt. Das sind die sogenannten Bewegungsindizien. Zwei der wichtigsten seien hier genannt:

Parallaktische Verschiebung

Nahe gelegene Objekte bewegen sich schneller auf der Netzhaut als weiter entfernte.

Die parallaktische Verschiebung lässt sich beobachten, wenn man etwa aus einem fahrenden Auto heraus die vorbeigleitende Szenerie betrachtet. Nahe gelegene Objekte – wie Häuser am Straßenrand – scheinen vorbeizufliegen, während sich weiter entfernte Objekte – wie Berge am Horizont – allem Anschein nach kaum bewegen. Die rascher vorüberziehenden Objekte nehmen wir im Vergleich mit den sich langsamer bewegenden als näher wahr.

Kinetischer Tiefeneffekt

Die Bewegung einer zweidimensionalen Darstellung kann zur Wahrnehmung ihrer dreidimensionalen Gestalt führen.

Der kinetische Tiefeneffekt trat auf, als May sah, wie ein Viereck auf Fines Computerbildschirm zu rotieren begann und sich dabei in einen dreidimensionalen Würfel verwandelte.

Bewegungsindizien stützen sich ebenfalls auf Aprioris, die freilich viel simpler sind. Kleinkinder lernen sie schneller und in früherem Alter als die bildlichen Indizien für Raumtiefe. Schon binnen weniger Wochen können Säuglinge sich bewegende Objekte wahrnehmen. Die durch Bewegung erzeugte Tiefenwahrnehmung stellt sich schon im Alter von vier Monaten oder vielleicht sogar noch früher ein.

Stereoskopisches Sehen

Stereoskopisches Sehen erzeugt einen Eindruck von Tiefe, indem es die kleinen Unterschiede in den Abbildungen der beiden Augen miteinander abgleicht.

Schauen wir uns ein nahes Objekt an. Decken wir das eine Auge ab, dann das andere, dann wieder das erste. Das Objekt scheint sich vor und zurück zu bewegen. Das Gehirn vergleicht die beiden leicht verschiedenen Bilder, um die Tiefe des Objekts abzuschätzen – und dann wahrzunehmen.

Stereoskopisches Sehen findet sich natürlich nur bei Menschen, die zwei funktionierende Augen haben, und kommt also in Mays Fall nicht in Betracht. Als entscheidend für gute Tiefenwahrnehmung beim Menschen gilt das stereoskopische Sehen nicht, weil es nur für Objekte taugt, die etwa dreißig Zentimeter oder weniger weit vom Körper entfernt sind. Bei größer Entfernung ist der Abstand zwischen den Augen im Vergleich mit der Entfernung zum Objekt so geringfügig, dass die Abbildungen in den beiden Augen praktisch identisch sind. Viele Menschen halten das stereoskopische Sehen für die Bedingung der Möglichkeit menschlicher Tiefenwahrnehmung, aber wenn man das eine Auge schließt, ist man immer noch in der Lage, die Kaffeetasse aufzunehmen oder Auto zu fahren. Ungefähr zehn Prozent der Bevölkerung verfügen über kein gutes stereoskopisches Sehvermögen, und sogar manchen Berufssportlern fehlt es erwiesenermaßen.

OBJEKTERKENNUNG

Die Menschen müssen Objekte erkennen, um mit ihnen interagieren zu können. Das allein erfordert eine gewaltige Lernleistung – in der Welt gibt es eine endlose Zahl von Objekten, die es zu kennen gilt. Aber die Sache ist sogar noch schwieriger. Wir müssen imstande sein, diese vielen Objekte aus jedem nur denkbaren Blickwinkel zu erkennen. Wie lässt sich das schaffen? Betrachten wir das folgende Bild. Was zeigt es?

Wir erkennen einen Elefanten in dem Objekt. Es ist die am leichtesten zu identifizierende Ansicht eines Elefanten – manche bezeichnen sie als »kanonisch«. Betrachten wir jetzt das nächste Bild. Was ist auf ihm zu sehen?

Auch dieses Objekt erkennen wir als einen Elefanten – trotz der entschieden unkanonischen Perspektive. Wie erkennt man etwas, das sich einem nicht kanonisch präsentiert? Schließlich ist auf dem zweiten Foto eine ganz andere zweidimensionale Gestalt zu sehen; sie hat einen völlig anderen Umriss. Warum erscheint sie uns nicht als ein von dem Objekt auf dem ersten Bild verschiedenes Objekt?

Ein wesentlicher Grund für unsere Fähigkeit, ein Objekt aus unterschiedlichen unkanonischen Perspektiven zu erkennen, liegt darin, dass wir bereits über die Raumtiefe des Objekts bei kanonischer Ansicht Bescheid wissen. Hat sich das Gehirn einen Begriff von der Tiefendimension des Objekts – von seiner massiven, dreidimensionalen Beschaffenheit – gemacht, so kann es daraus erschließen, wie das Objekt aus anderen Blickwinkeln aussehen wird.

Diese Fähigkeit ist entscheidend, weil die meisten Objekte, denen wir im Alltag begegnen, sich uns nicht einfach in ihrer kanonischen Ansicht darbieten. Und selbst wenn sie das zufällig tun, ändert sich doch ihre Form, sobald sie oder wir uns bewegen. Unsere Fähigkeit, dreidimensional zu sehen, erlaubt es uns, Objekte aus praktisch jeder Perspektive zu erkennen. Ein Mensch, der nur in zwei Dimensionen sehen könnte, müsste nicht nur die Kenntnis der Gegenstände dieser Welt erwerben, sondern sich auch noch unendlich viele verschiedene Ansichten des jeweiligen Gegenstands merken – eine nicht zu bewältigende Aufgabe.

Noch viele weitere Faktoren spielen bei der Objekterkennung eine Rolle, aber ohne Tiefenwahrnehmung steht alles in Frage. Wie der größte Teil der Tiefenwahrnehmung entwickelt sich auch die Objekterkennung im vorgerückten Kleinkindalter und braucht unter Umständen Jahre, bis sie abgeschlossen ist.

Bewegung

Kleinkinder nehmen Bewegung bereits zwei Wochen nach der Geburt wahr. Mit zehn oder zwölf Wochen können sie Objekten, die sich bewegen, bereits kontinuierlich mit dem Blick folgen. Offenbar sind sie fast von Natur aus dazu imstande, ohne viel mit der Außenwelt experimentieren oder interagieren zu müssen. Wie es scheint, erschließt sich die Bewegung der Wahrnehmung wie von selbst; Bewegung zu verstehen ist eine leichte Aufgabe, die das Kleinkind allem Anschein nach schon mit sechs Monaten beherrscht.

Farbe

Mit ungefähr zwei Monaten verfügen Kleinkinder bereits über eine beachtliche Farbwahrnehmung. Ihre Entwicklung scheint ausschließlich abhängig davon zu sein, dass man in der Außenwelt Farben zu sehen bekommt, und scheint keiner Interaktion des Kleinkindes mit der Welt zu bedürfen. Wie die Bewegung erschließt sich offenbar auch die Farbe dem Sehen direkt.

Aus dieser Erörterung der verschiedenen Bereiche, auf die sich das Sehvermögen bezieht, ergibt sich eine wichtige Frage: Besteht ein Unterschied zwischen den Dingen, die May gut wahrzunehmen vermag (Bewegung und Farbe), und den Dingen, die er nur mangelhaft wahrnimmt (Gesichter, Raumtiefe und Objekte)? Das ist allem Anschein nach eindeutig der Fall.

Bewegung und Farbe

– *sind einfacher.* Bewegung ist schlicht die Ortsveränderung eines Objekts im zeitlichen Verlauf. Grün ist grün.
– *setzen kein kompliziertes Verständnis der Welt voraus, um wahrgenommen zu werden.* Kleinkinder erwerben ein Verständnis von Bewegung und Farbe innerhalb der ersten Monate ihres Lebens.

Gesichter, Raumtiefe und Objekte

– *sind komplexer.* Oft sind winzige und subtile Abweichungen maßgeblich für sie, Anhaltspunkte und Kennzeichen, die häufigem Wandel unterworfen und kontextabhängig sind.

– *setzen für ihre Wahrnehmung ein umfängliches und vielschichtiges Wissen über die Welt voraus.* Dieses Wissen wird in der frühen Kindheit durch ständiges Interagieren und Experimentieren mit der Welt und ihren Gegenständen erworben. Kleinkinder benötigen mehrere Monate, um mit Gesichtern und dem Phänomen der Raumtiefe vertraut zu werden und zu lernen, wie man Objekte erkennt.

Die Unterschiede zwischen den beiden Wahrnehmungsbereichen sind massiv und grundlegend. Gleichzeitig spricht angesichts der Unterscheidung einiges dafür, dass die Ausfälle in Mays Sehvermögen reparabel – und vielleicht sogar vollständig wiederherstellbar – sind.

Vergessen wir nicht, dass Wissen und Sehvermögen hochgradig miteinander verknüpft sind. Wenn May Gesichter, Raumtiefe und Objekte nicht wahrzunehmen vermag, dann vielleicht deshalb nicht, weil er das dafür erforderliche Wissen vergessen oder auf andere Art eingebüßt hat. Das leuchtet als Erklärung unmittelbar ein. Gesichter, Raumtiefe und Objekte wahrzunehmen zählt zu den kompliziertesten Aufgaben, die das visuelle System bewältigen muss – und basiert mithin auf jener Art von Wissen, das wegen seiner Komplexität unsere Gehirne immer wieder zu vergessen neigen. (Zum Beispiel dürften sich wenige unter uns noch an die langen Algebragleichungen aus der Schulzeit erinnern.) Ebenso einleuchtend ist, dass May das auf die Wahrnehmung von Bewegung und Farbe bezogene Wissen bewahrt; Bewegung und Farbe wahrzunehmen zählt zu den leichtesten Aufgaben für das visuelle System – zu jener Art von grundlegenden Dingen, die sich dem Gehirn für alle Zeit einprägen. (Zum Beispiel behalten die meisten von uns die Grundrechenarten ein Leben lang im Gedächtnis.)

Das klingt sehr hoffnungsvoll, was Mays Fall betrifft. W(
das Wissen darüber, wie man Gesichter, Raumtiefe und C
wahrnimmt, vergessen oder sonstwie eingebüßt hat, b..
gute Aussichten, dass er es wieder erlernen kann. Wer wäre besser
als May für einen anspruchsvollen Lernprozess gerüstet?

Ione Fine freilich war sich nicht so sicher, dass er die nötige
Lernfähigkeit mitbrachte. Um ihre Zweifel zu verstehen, muss
man etwas über Neurone – die Zellen, die all unsere Kenntnisse
umsetzen und speichern – wissen und darüber, wie sie im Gehirn
funktionieren.

Das menschliche Gehirn enthält ungefähr hundert Milliarden
Neurone. Diese Nervenzellen sind dafür zuständig, elektrische
Impulse zu verarbeiten und weiterzuleiten. Ein Teil von ihnen
empfängt Signale aus der Außenwelt und übermittelt sie aus den
Augen, den Ohren, den Fingern, sogar von den Magenwänden
(»Puh – ich hab mich überfressen«) ans Gehirn. In der Mehrzahl
indes empfangen, modifizieren und übermitteln die Neurone
Signale von anderen Neuronen. Jedes Neuron steht mit Tausen-
den von anderen Neuronen in Verbindung, was bedeutet, dass
die Zahl möglicher Kombinationen zwischen ihnen größer ist
als die Anzahl der Elementarteilchen im gesamten Universum.
Man nimmt an, dass die Gehirne der höheren Primaten und ihr
Neuronennetz zu den komplexesten Strukturen im Universum
gehören.

Spezifische Verbindungen zwischen den Neuronen rufen bestimmte Empfindungen, Wahrnehmungen, Gefühle, Gedanken,
Erinnerungen hervor – alles, was ein Mensch erlebt, woran er
sich erinnert und was er fühlt. Wenn ich eine Banane sehe, dann
infolge elektrischer Impulse, die zuerst vom Auge zum Gehirn
geschickt werden, und anschließend durch ein hochspezialisier-
tes Neuronennetz, das dazu da ist, Bananen zu erkennen und auf
sie zu reagieren. Diese »Bananenneurone«, wie man sie nennen

könnte, werden durch die Erfahrung, die wir mit Bananen machen, erzeugt und verstärkt. Die Neurone und neuronalen Verbindungen, die nötig sind, um Onkel Hans zu erkennen, werden durch unsere Erfahrung mit Onkel Hans erzeugt und verstärkt. Die Ausbildung besonderer Neuronennetze ist das, was wir Lernen nennen. Für alle unsere Erfahrungen mit der Welt – Gesichter, Raumtiefe, Objekte, Bewegung und Farbe eingeschlossen – bilden wir eigene Neuronennetze.

Um etwas so ungeheuer Komplexes wie das Sehen zu lernen – mit all den dazugehörigen Feinheiten, Schattierungen, Merkzeichen, Anhaltspunkten, Aprioris, Ausnahmen, Zusammenhängen und Verwechslungsmöglichkeiten –, bedarf es einer gigantischen Menge von verfügbaren und für diesen Zweck bereitstehenden Nervenzellen. Aber wer besitzt einen solchen Vorrat an Neuronen?

Kinder.

Schauen wir uns an, zu welchen enormen Lernleistungen Kinder fähig sind. Verglichen mit Erwachsenen, lernen sie zum Beispiel Sprachen ungeheuer schnell. Eine solche Lernfähigkeit wird dadurch ermöglicht, dass Kleinkinder über ein riesiges Reservoir von Neuronen verfügen, die darauf warten, eine Aufgabe zugewiesen zu bekommen. Tatsächlich besitzen Kinder einen gewaltigen *Überfluss* an Neuronen, die fürs Lernen bereitstehen; während der Säugling zum Kind wird, sterben die Neurone, die keine Verwendung gefunden haben, ab.

Erwachsene hingegen besitzen keinen derart reichlichen Vorrat an Neuronen, die für Lernprozesse verfügbar wären. Und offenbar gehen bei Erwachsenen die Neurone auch nicht mehr so leicht und rasch mit anderen Neuronen Verbindungen ein, wie das beim Kleinkind der Fall ist. Deshalb fällt Erwachsenen das Lernen auch nicht mehr so leicht wie Kindern.

Ein überzeugendes Beispiel dafür liefert der Spracherwerb. Wenn ich als Erwachsener eine Sprache lerne, werde ich sie nie so flüssig sprechen können, wie wenn ich sie als Kind gelernt habe. In den meisten Fällen kann jemand, der eine Sprache als Muttersprache spricht, zwischen seinesgleichen und denjenigen, die sie in späterem Alter, wie perfekt auch immer, erworben haben, unterscheiden. Ein Linguist kann das in jedem Fall.

Ein anderes Beispiel können Fälle von frühen Gehirnschädigungen liefern. Nicht selten werden wegen Tumoren oder epileptischen Erscheinungen bei kleinen Kindern erschreckend große Stücke des Gehirns entfernt. Diese Art Verlust hätte bei Erwachsenen ernsthafte Beeinträchtigungen zur Folge; die betreffende Person würde etwa nicht mehr richtig gehen oder sprechen können. Bei kleinen Kindern hingegen kann sich das Gehirn so reorganisieren, dass es aus den verbleibenden Neuronen den bestmöglichen Nutzen zieht (vergessen wir nicht, dass es hundert Milliarden von ihnen gibt). Oft merkt man nach ein paar Jahren diesen Kindern nicht mehr an, dass ein großer Teil ihres Gehirns fehlt.

Für May bedeutete dies allem Anschein nach nichts Gutes. Wenn er komplexe Aktivitäten des Sehvermögens, die er während seiner dreiundvierzigjährigen Blindheit vergessen oder verloren hatte, neu erlernen musste, dann brauchte er dazu den riesigen Vorrat an Neuronen, der Kindern für solche Lernprozesse zur Verfügung steht.

Vielleicht war bei May noch eine ausreichende Zahl von Nervenzellen erhalten geblieben. Schließlich hatte er zum Zeitpunkt seiner Erblindung, mit drei Jahren, als er noch in der Lernphase war, den erforderlichen Vorrat besessen. Sollte er nicht auf ihn zurückgreifen können, um die Wahrnehmung von Gesichtern, Raumtiefe und Objekten zu erlernen? War er nicht vielleicht imstande, dort wieder anzuknüpfen, wo er aufgehört hatte?

Fine indes bezweifelte, dass er über die für die Erkennung von Gesichtern, Raumtiefe und Objekten nötigen Neurone noch verfügte. Ihr erschien es äußerst fraglich, ob er den damaligen Lernprozess überhaupt wieder aufgreifen konnte.

Ein Ergebnis neuerer Forschungen bewog sie zu ihrer Skepsis: Wenn bestimmten Neuronen keine Signale mehr zufließen, geben sie den Aufgabenbereich, für den sie ursprünglich zuständig waren, auf und übernehmen eine neue Repräsentationsfunktion. Diese Fähigkeit des Neurons, seine Repräsentation zu verlagern, bezeichnet man als neuronale Plastizität. Sie zählte zu den Bereichen, für die sich Fine besonders interessierte.

Was entscheidet darüber, ob ein seines Inputs beraubtes Neuron zu einer anderen Funktion überwechselt? Was entscheidet darüber, wie plastisch es sich verhält, wenn die gewohnten Signale nicht mehr eintreffen – wie es bei Sehneuronen der Fall ist, wenn die Person erblindet?

Wie sich zeigt, sind Neurone beim Verlust ihres Inputs eher disponiert, eine andere Repräsentation zu übernehmen, wenn

– es in der Kindheit – besonders der frühen Kindheit – zu dem Inputverlust kommt,
– ein Bedarf ihrer Dienste in anderen Teilen des Gehirns besteht,
– sie komplexe Aufgaben repräsentieren.

Einige der Sehneurone Mays – nämlich die mit der Verarbeitung von Gesichtern, Raumtiefe und Objekten befassten – erfüllten alle drei Kriterien und waren damit erstklassige Anwärter auf die Übernahme anderer Repräsentationsaufgaben.

Andere Sehneurone Mays – nämlich die für die Verarbeitung von Bewegung und Farbe zuständigen – erfüllten nur zwei der Kriterien, und entsprechend geringer war die Wahrscheinlichkeit, dass sie sich anderen Repräsentationen zuwandten. Auf das dritte Kriterium kam es entscheidend an.

Falls es sich so verhielt, stand es nach Fines Ansicht schlecht für May. Dann sprach alles dafür, dass die Neurone und Systeme, die er als kleines Kind benutzt hatte, um Gesichter, Raumtiefe und

Objekte wahrzunehmen, jetzt für andere Aktivitäten genutzt wurden, etwa um Blindenschrift zu lesen oder die Orientierung mittels Gehör zu unterstützen oder ihm dabei zu helfen, sich Telefonnummern zu merken, die er sich nicht aufschreiben konnte. Zur Zeit seiner Erblindung waren sie plastisch genug, um andere nützliche Aktivitäten zu lernen, aber ein zweites Mal würden sie das nicht können; jetzt, wo er erwachsen war, würden sie sich nicht erneut dem Sehvermögen zur Verfügung stellen lassen. Aus komplizierten entwicklungsgeschichtlichen Gründen sind Gehirne nicht darauf ausgelegt, im Erwachsenenalter noch viele neue neuronale Verbindungen herzustellen. Falls sich dies bei May so verhielt, würde er wahrscheinlich niemals Gesichter, Raumtiefe oder Objekte normal erkennen können, weil er wie alle Erwachsenen nicht mehr über über die nötigen neuronalen Netze verfügte, um diese Fähigkeiten zu lernen.

Dennoch wusste Fine nicht mit Sicherheit, ob ihre Vermutung zutraf. Schließlich hatte noch niemand entsprechende Untersuchungen durchgeführt – fast die gesamte Forschung über die Auswirkungen des Sehkraftverlustes war an Tieren, etwa an Katzen und Mäusen, vorgenommen worden, deren Nervensystem sich von dem des Menschen wesentlich unterscheidet. Fines Vermutung war also reine Spekulation. Nächtelang wälzte sie Mays Fall im Kopf, sann darüber nach, stellte Hypothesen auf, überprüfte ihn am aktuellen Kenntnisstand der Wissenschaft, die sich mit dem Zusammenhang von Sehvermögen und neurologischen Prozessen befasste. Die Handbücher lieferten ihr keine Antwort. Die Fallgeschichten boten ihr keine neuen Einsichten. In der ganzen Welt gab es keinen zweiten Fall, der sich mit dem von May vergleichen ließ. Sie stand vor einem einzigen großen Rätsel, bei dem die besonderen Umstände sich von allem unterschieden, womit sich die Forschung bis dahin auseinandergesetzt hatte. Wie sollte irgendjemand herausfinden, ob Mays Sehneurone irreversibel andere Aufgaben übernommen hatten?

Eine Möglichkeit, das herauszufinden, gab es jedoch nach Fines Ansicht.

Sie rief May an und fragte, ob er bereit sei, sich als Versuchsperson für einen Test zur Verfügung zu stellen, der höchst ungewöhnlich und brandneu sei. Es handele sich um einen Test, den manche Leute gar nicht erst in Betracht ziehen würden.

KAPITEL **FÜNFZEHN**

Fine erklärte May während ihres Telefongesprächs, welch enge Verbindungen zwischen Wissen und Sehvermögen bestünden. Sie beschrieb ihm, was für eine gewaltige Menge an Wissen für richtiges Sehen nötig und wie vieles am Sehen ebenso subtil wie komplex, kontextabhängig und gleichermaßen auf winzige Indizien wie auf grobe Faustregeln angewiesen sei. Sie schilderte, wie sich die Sehfähigkeit in der frühen Kindheit, wenn das Gehirn noch zu solch umfänglichem Lernen imstande sei, allmählich ausbilde und wie diese gigantische Menge unbewussten Wissens ebenso unvermittelt wie unwillkürlich dem visuellen Bild übergestülpt werde – eine verblüffende Leistung in Sachen Datenverarbeitung. Er habe, erklärte sie May, dieses Wissen einmal besessen, müsse es aber nach seinem Unfall vergessen oder auf andere Weise verloren haben. Ohne dieses Wissen, meinte sie, könne ein Mensch nicht normal sehen, egal, wie gut seine Augen seien.

Sechs Monate lang war seine Art zu sehen May ein Rätsel geblieben. Jetzt begann er sie zu begreifen. Wenn ein Mensch nicht über den großen Wissensspeicher verfügte, von dem Ione Fine sprach, dann stand zu erwarten, dass er sich bei der Verarbeitung visueller Sinneseindrücke jedes Wissens bediente, dessen er habhaft werden konnte. Daher kam das große Bedürfnis, alles zu berühren. Deshalb dieses krampfhafte Bemühen um die Herstellung von Zusammenhängen, der massive Rückgriff auf Farbe, Bewegung und die anderen Sinne. Das alles geschah, um für die

Verarbeitung der Rohdaten, die in sein Auge drangen, jedes irgend verfügbare Wissen zu nutzen.

»Aus diesem Grund ist es so anstrengend für mich«, sagte May. »Ich muss alles mit Bewusstsein tun. Ich muss darüber nachdenken. Sie müssen das nicht.«

»Genau«, sagte Fine.

»Und deshalb empfinde ich es als so erdrückend.«

»So ist es. Bis Sie mit dem Nachdenken über das eine Bild fertig sind, drängt sich Ihnen schon das nächste auf, und alle erfordern sie die gleiche bewusste, planmäßige Entschlüsselungsarbeit. Dass man sich davon erdrückt fühlt, kann ich mir vorstellen.«

Sie vermute, erklärte Fine, May praktiziere das Sehen wie das Sprechen einer Fremdsprache, als einen reflektierten Vorgang, bei dem man Konjugationsformen suche, sich an Vokabeln erinnere, Zeitformen bestimme und dann alles zu einem Satz zusammenfüge.

»Genau so fühlt es sich an«, sagte May. »Und jetzt stellen Sie sich vor, dass man so Tag für Tag, solange man wach ist, verfahren muss.«

Fine brauchte keine Kristallkugel, um Mays nächste Frage vorherzusehen.

»Also gut, ich habe vergessen, wie man sieht. Wie kann ich das jetzt wieder lernen?«

Sie erklärte ihm die Sache mit den Neuronen und der Plastizität, informierte ihn darüber, dass sich manche Neurone, wenn sie keinen Input mehr bekämen, neuen Aktivitäten zuwendeten, während andere offenbar bereitwillig auf ihren ursprünglichen Posten ausharrten. Es sei ohne Frage möglich, berichtete sie ihm, dass die Neurone, die er für die Wahrnehmung von Gesichtern, Raumtiefe und Objekten brauche – die er so dringend benötige, um normal sehen zu können –, unwiederbringlich für diesen Zweck verloren seien.

May saß da und staunte darüber, wie einfach Fines Erklärung war. Diese simple Vorstellung – dass ein Gehirn für einige Bereiche des Sehens gerüstet sein könne, für andere dagegen nicht – erklärte seine Welt. Deshalb hatten Treppen für ihn das Aussehen von Linien, aber einen Ball konnte er im vollen Lauf fangen. Deshalb konnte er die Gesichter seiner Kinder nicht erkennen, wohl aber ohne Mühe die Wäsche sortieren. Deshalb konnte er durch ein Zimmer voller auf dem Boden verstreuter Sachen hindurchsteuern, nicht hingegen seine Schuhe in diesem Zimmer finden.

»Lassen sich diese Sehneuronen wiederbeschaffen?«, fragte er.

»Wenn sie weg sind, dann wird das unserer Meinung nach nicht mehr möglich sein«, sagte Fine. »Es ist etwa so wie beim Bau eines Hauses. Sagen wir, Sie möchten das Elternschlafzimmer aus dem Obergeschoss nach unten verlegen. Wenn der Bau noch nicht weit gediehen ist – wenn das Haus sozusagen noch in den Kinderschuhen steckt –, ist die Verlegung des Schlafzimmers kein großes Problem. Wenn das Haus aber bereits fertiggestellt ist, ist es zu spät – das Schlafzimmer muss bleiben, wo es ist. So funktioniert offenbar die Plastizität bei bestimmten Neuronen. In der Anfangszeit des Lebens können sie sich leicht umorientieren, aber später passiert das viel seltener.«

May musste schlucken. Er begriff, was Fines Erklärung in seinem Fall bedeutete. Wenn seine Sehneuronen sich auf Dauer anderen Repräsentationen zugewandt hatten, kam für ihn eine Besserung nicht mehr in Frage; sein Sehen würde für alle Zeit ein unaufhörlicher Prozess aus Reizüberflutung und kognitiver Schwerstarbeit bleiben.

»Heißt das, dass keine Besserung mehr möglich ist?«, fragte er.

Einen Augenblick lang schwieg Fine.

»Ich bin mir nicht sicher«, sagte sie. »Wir wissen nicht, ob die Teile Ihres Gehirns, die vormals Gesichter, Raumtiefe und Objekte wahrnahmen, noch für diese Aufgaben gerüstet sind. Es gibt aber eine relativ neue Technik, mit der wir eine ganze Menge darüber herausfinden können, was in Ihrem Gehirn passiert.«

Fine berichtete ihm von einer speziellen Methode, das Gehirn zu scannen, die als funktionelle Kernspintomographie bezeichnet werde. Mit Hilfe einer solchen Magnetresonanzmessung des Gehirns könne man feststellen, ob bestimmte Areale auf bestimmte Reize reagierten. Ermöglicht werde das, weil aktive Hirnbereiche mehr Sauerstoff verbrauchten, was ihnen geringfügig andere magnetische Eigenschaften verleihe als inaktiven Bereichen. Mittels Kernspintomographie ließen sich diese minimalen Unterschiede registrieren.

Fine erklärte May, wie die Untersuchung ablaufe. Er werde in einen Tomographen geschoben, der so groß sei, dass er mehr als die Hälfte eines Raumes einnehme. Während er sich in dem Apparat befinde, bekomme er Fotos von Gesichtern gezeigt. Wenn der für die Gesichtserkennung zuständige Teil seines Gehirns beim Anblick der Bilder Aktivität aufweise, dann wisse sie, dass er noch über neuronale Netze verfüge, die auf das Identifizieren von Gesichtern spezialisiert seien. Reagiere das Areal nicht, dann sei klar, dass sein Gehirn auf Gesichter einfach nicht mehr anspreche. Das Gleiche werde dann mit Objekten, einfachen Formen und Bewegungen getestet. Das eröffne den Wissenschaftlern beste Chancen zu verstehen, was in Mays Gehirn ablaufe. Und sie erhielten dadurch die sicherste Auskunft darüber, ob er das Sehen erneut lernen könne.

»Wie groß ist die Chance, dass die Neuronen, die ich brauche, noch da sind?«, fragte May.

»Ich weiß es nicht«, sage Fine. »Niemand hat je zuvor an einem solchen Fall gearbeitet. Ihre Situation ist einmalig. Ich würde weder auf das eine noch auf das andere wetten.«

»Aber die Möglichkeit besteht, dass sie noch da sind?«

»Ja. Und dann hätten wir den Beweis, dass etwas da ist, worauf Sie aufbauen können.«

»Wann geht's los?«, fragte May.

»Ich muss Ihnen noch sagen, dass diese Kernspintomographen Platzangst hervorrufen können. Sie machen unter Umständen auch ganz schön Lärm. Man wird hineingesteckt und darf sich nicht rühren. Manchen Leuten bereitet das Unbehagen …«

»Wann geht's los?«, wiederholte May.

Für den Scan bekam May an der kalifornischen Stanford University einen Termin für Ende September. Das bedeutete eine Wartezeit von zwei Wochen. Einen Großteil der Zeit verbrachte er mit der Suche nach neuen Investoren für Sendero; außerdem fing er an, sich um die Bewilligung von staatlichen Zuschüssen zu bewerben. Sein mit Sprechfunktion ausgestattetes GPS-Gerät bewährte sich nach wie vor hervorragend, aber May war klar, dass die staatlichen Stellen sich nicht dazu durchringen würden, mehrere tausend Dollar für einen Apparat auszugeben, der Blinde vom Himmel herab leitete, wo sie sich doch mit einem Stock für fünfundzwanzig Dollar ihren Weg auf der Erde ertasten konnten. Mehr und mehr gelangte er zu der Überzeugung, dass das Überleben seiner Firma von neuen Investitionen oder staatlichen Zuschüssen abhing, die es ihm erlauben würden, das Gerät zu verkleinern und seinen Preis zu verringern. Viel Zeit blieb ihm nicht mehr.

Ganz erfüllt von den neuen Einsichten, die er hinsichtlich seines Sehvermögens gewonnen hatte, rief May seinen Freund Bryan Bashin an und lud ihn in ein Steak-Restaurant in Sacramento ein.

»Jetzt weiß ich, was Sache ist«, sagte er. »Dr. Fine hat mir alles erklärt.«

»Vergiss das Steak«, sagte Bashin. »Wir brauchen einen Ort, wo wir uns richtig unterhalten können. Ich kenne ein Thai-Restaurant, wo sie einen den ganzen Abend lang ungestört sitzen lassen – die vergessen, dass du überhaupt da bist.«

»Welcher Tag wäre passend, Bryan?«

»Der Tag steht gar nicht zur Debatte, Mike. Die Frage ist nur, ob wir uns heute Abend um halb sieben oder um sieben treffen.«

May liebte den jungenhaften Ton in Bashins Stimme. Nach all den Monaten voller Fragen, Aufregungen, Kämpfen und Ungewissheiten betrachtete Bashin Mays Augengeschichte nach wie vor als Abenteuer.

»Sagen wir sechs Uhr«, entschied May.

Bei Basmatireis und Importbier berichtete May, wie ihm Dr. Fine seine Probleme mit dem Sehen erklärt hatte. Für einen wissenschaftlich interessierten Menschen wie Bashin waren das faszinierende Informationen über den neuesten Forschungsstand. Er stellte jede Menge Fragen, die May zu seiner eigenen Überraschung meist beantworten konnte – ein Beweis dafür, wie anschaulich Fine ihm die Sachlage dargelegt hatte.

Während das Restaurant sich leerte und das Eis in den Gläsern der beiden Männer schmolz, nahm ihr Gespräch eine neue Wendung.

»Es ist faszinierend«, meinte Bashin. »Dr. Fine zufolge gründet also vieles von dem, was Menschen sehen, in den Annahmen und Erwartungshaltungen, mit denen sie der Welt begegnen?«

»Ja, so habe ich es verstanden.«

»Meinst du nicht, dass das auch für die emotionale Seite gilt? Wie vieles von anderen Menschen, von ihrem Herzen und ihrer Seele, sehen wir beziehungsweise sehen wir nicht, weil wir mit bestimmten Vorstellungen an sie herangehen. Oder wie viel Schönheit entgeht uns bei Dingen wie etwa diesem Löffel oder, sagen wir, einer alten Holzbank im Park, weil wir nicht erwarten, dort auf Schönheit zu treffen.«

»Das stimmt«, sagte May. »Weißt du, Ione hat viel davon gesprochen, wie das Gehirn, um sehen zu können, Wissen einsetzt. Aber ich könnte mir denken, dass auch im Verzicht darauf, Wissen einzusetzen, Schönheit liegen könnte …«

»Darin, dass man offen für alles ist …«

»Ja, dass man offen für alles ist, offen für jede mögliche Interpretation. In gewisser Hinsicht hat meine Art zu sehen etwas Befreiendes, weil vieles von dem, was ich sehe, alles Mögliche sein kann. Die Vorstellung, dass ein Ding oder gar eine Person alles sein kann, hat etwas Faszinierendes. Das bedeutet: Fast alles kann schön sein.«

Bashin und May unterhielten sich bis tief in die Nacht hinein. Beide fanden es faszinierend, dass Fine die Raumtiefe als eine Interpretation der Außenwelt auffasste, als einen Sprung im Verständnis, den das Gehirn von sich aus vollzog. Was alles sonst noch, fragten sie sich, mochte bloße Interpretation sein, so felsenfest gegründet es sich auch gab? Lachend zogen sie viele Möglichkeiten in Betracht – Unsinniges und Ernsthaftes.

Als das Lokal schließen wollte, blies ein Kellner die Kerze auf ihrem Tisch aus und räumte die Wassergläser ab. Die Männer standen auf und griffen nach ihren Brieftaschen.

»Weißt du«, sagte May, »Ione hat mir von einem berühmt gewordenen Experiment aus den Sechzigern erzählt. Das dürfte dich interessieren.«

Er beschrieb den Versuch mit den zwei Kätzchen, die im Dunkeln aufgezogen wurden, abgesehen von kurzen Phasen am Tag, wo man sie in miteinander verbundene Körbe setzte und das Licht einschaltete. Ein Kätzchen konnte seine Pfoten durch Löcher im Korbboden stecken und so die Erde erreichen und beide Körbe vorwärtsbewegen. Das andere Kätzchen hatte keine Löcher in seinem Korb und konnte nur zusehen. Ihre visuellen Erfahrungen waren die gleichen. Am Ende des Experiments konnte das aktive Kätzchen normal sehen. Das passive Kätzchen war funktionell blind.

»Das ist bemerkenswert«, meinte Bashin.

»Ich finde es logisch«, sagte May. »Alles steht und fällt damit, dass man die Welt erkundet. Ich glaube, deshalb habe ich nie das Gefühl gehabt, ohne Sehvermögen aufzuwachsen.«

Ende September zwängte sich May in Fines Mietwagen, um sich zu dem hundertfünfzig Kilometer weit entfernten Tomographiezentrum des Neurologischen Instituts an der Stanford University fahren zu lassen. Nach ihrer Ankunft gesellten sich ein wissenschaftlicher Mitarbeiter namens Alex Wade, Professor Brian Wandell und die Studentin Alyssa Brewer zu ihnen. Mit Hilfe eines riesigen Magneten wollte dieses Team die Tiefen von Mays Gehirn sondieren.

Als die üblichen Höflichkeiten ausgetauscht waren, machten sich Fine und ihre Kollegen ans Werk, Material zur Erzeugung von Sinnesreizen und Computerdisketten aufzutreiben. May wurde von Wandell in den Aufnahmeraum geführt, wo er eine lange Liste mit Warnhinweisen vorgelesen bekam, gefragt wurde, ob sich Kugeln in seinem Körper befänden (deren Metall die Magnetfelder des Tomographen hätten stören können), und schließlich seine Oberbekleidung ablegen sollte. Er war überrascht zu hören, dass er im Tomographen nichts weiter tun musste, als still dazuliegen, wach zu bleiben und sich die Bilder anzusehen, die ihm durch Projektion auf einen schräg über seinem Auge befindlichen Spiegel gezeigt wurden.

May blickte auf den Tomographen, ein massives weißes Rechteck, das fast bis zur Decke reichte und den größten Teil des Raumes einzunehmen schien. Er legte sich auf einen mit dem Apparat verbundenen Rolltisch, der dann durch eine enge, runde Öffnung an der Vorderseite in das Gerät hineingeschoben wurde. Bedient wurde die Apparatur von einem nahe gelegenen Raum aus. Kein Wunder, dass der Tomograph bei manchen Menschen Klaustrophobie und panische Reaktionen auslöste.

»Kann ich ihn berühren?«, fragte er Wandell.

»Klar. Nur zu!«

May ließ die Hände über die runde Öffnung, den dort befestigten Projektor und den Rolltisch gleiten. Die Wissenschaftler hatten den Eindruck, dass er nach dieser Tasterfahrung erleichtert aufatmete. Es schien, als habe die Berührung seine Sehfähigkeit eingeschaltet.

May legte sich auf den Tisch und bereitete sich seelisch auf seinen Transport ins Innere vor. Er bekam Kopfhörer aufgesetzt, durch die er Anweisungen hören konnte. Ein Projektor, ein Bildschirm und ein Spiegel wurden in Höhe seines Halses angebracht, sodass er aussah wie ein Alien aus einem Science-Fiction-Film der fünfziger Jahre. Der Bildschirm trug den Spitznamen »Guillotine«, was man May allerdings in dieser Situation verschwieg. Als er schließlich bereit war für den Transport in den Tomographen, machte sich das Wissenschaftlerteam auf den Weg in den Beobachtungsraum.

Der Rolltisch setzte sich in Bewegung, und kurz darauf befand sich May im Tomographen. Metall klirrte, und die Magneten surrten, während Fine May als Erstes eine Reihe von Filmaufnahmen vorführte, auf denen ruhende und sich bewegende Punkte zu sehen waren. Als Nächstes zeigte sie ihm eine Reihe von menschlichen Gesichtern – eines pro Sekunde, zwanzig Sekunden lang – und anschließend zwanzig Sekunden lang einen leeren Bildschirm. Dann führte sie May Abbildungen alltäglicher Gegenstände vor. Nach einer Mittagspause zeigte sie ihm verschiedene Bewegungsreize. Die ganze Zeit über beobachteten die Wissenschaftler Mays Gehirn, um Veränderungen im Sauerstoffverbrauch zu registrieren, und zeichneten die Ergebnisse auf.

Zwei Stunden später bedankten sie sich bei May dafür, dass er ihnen seine Zeit geopfert und somit die Möglichkeit zu solch einer bahnbrechenden Arbeit gegeben hatte. Es werde, erklärten sie ihm, ein paar Tage dauern, bis sie ihre erste Sichtung der Daten abgeschlossen hätten. Fine fuhr May mit dem Auto zurück nach Davis und versprach, ihn anzurufen, wenn die ersten Resultate vorlägen.

Die Tomographiespezialisten nahmen sich Mays Aufnahmen vor. Die Ergebnisse waren eindeutig. Die für Bewegung zuständigen Regionen seines Gehirns leuchteten in Reaktion auf Bewegungsreize wie ein Flipperautomat auf – sie waren ebenso intakt wie bei einem normalsichtigen Menschen. Die Gehirnregionen hingegen, die für die Gesichtserkennung zuständig waren, zeigten keine Reaktion auf Gesichter. Ebenso wenig reagierten die auf das Identifizieren von Gegenständen spezialisierten Regionen. Die für die Wahrnehmung einfacher Formen zuständigen Regionen waren zwar aktiv – wenn auch nur schwach –, aber sie wirkten merkwürdig desorganisiert, und zwar auf eine Art, wie sie die Wissenschaftler noch nie zuvor gesehen hatten. Fine holte tief Atem und bereitete sich darauf vor, May die Nachricht zu überbringen.

In Mays Büro klingelte das Telefon. Er hatte zwar an diesem Tag schon Dutzende von Geschäftsanrufen erledigt, aber irgendetwas sagte ihm, dass dies Dr. Fine war, die anrief. Und er hatte recht.

Mit gedämpfter Stimme übermittelte sie ihm die Ergebnisse des Hirnscans. Sie liefen darauf hinaus, dass May offenbar die für ein normales Sehen nötige neuronale Struktur nicht besaß – sie war einfach nicht mehr da. Das bedeutete, dass er höchstwahrscheinlich nie so spontan würde sehen können wie Normalsichtige. Sie vermute, sagte Fine, der Sehvorgang bei May werde wohl immer kognitive Schwerstarbeit bleiben, ein mühsamer Prozess des Indiziensammelns und Zusammenreimens, ein ständiger Kampf mit der Reizüberflutung und der daraus resultierenden Erschöpfung.

May war wie betäubt. Er wollte sprechen, aber seine Lippen versagten ihm den Dienst. Er sah aus seinem Fenster, den Telefonhörer am Ohr. Die Welt draußen erschien ihm flach.

»Wollen Sie damit sagen, dass ich vorläufig nicht normal sehe, oder dass ich nie normal werde sehen können?«, fragte er.

»Wie sehr Sie auch an Ihrer Sehfähigkeit arbeiten mögen, Mike, ich glaube nicht, dass Sie je so flüssig werden sehen können wie normale Menschen. Es wird immer unglaublich schwere Arbeit bleiben.«

May dankte Fine für die Untersuchung und ihre und ihrer Kollegen Freundlichkeit und Mühe. Er erklärte sich bereit, für weitere Tests wiederzukommen, nahm aber kaum seine eigenen Worte wahr. Einen Augenblick später verabschiedeten sie sich.

Während sich May in der Küche ein Glas Wasser eingoss, fragte ihn Jennifer, wie sein Tag verlaufen sei. Er berichtete ihr, dass Fine ihm die Testergebnisse übermittelt, sie für ungünstig erklärt und ihm mitgeteilt habe, sein Gehirn sei für normales Sehen nicht eingerichtet und werde es auch vermutlich niemals sein.

Jennifer nahm seine Hand. Er spürte es kaum.

»Sie müssen sich irren«, sagte er.

»Mike, es ist schon in Ordnung …«

»Da muss ein Fehler passiert sein«, beharrte er. »Ein, zwei Jahre Geduld, und alles wird sich einrenken.«

Am nächsten Tag rief May Ione Fine in ihrem Büro an. Er fragte, ob sie sich hinsichtlich der Ergebnisse sicher sei – dass sein Gehirn und nicht sein Auge das Problem darstelle. – Sie sei sich sicher, antwortete sie.

Einen Tag später rief er wieder an. Diesmal wollte er wissen, ob sich das »nie« in der Prognose auch auf das Erkennen von Gesichtern beziehe.

»Ihr Fall ist absolut einmalig, Mike«, sagte sie. »Aber ich halte es für sehr unwahrscheinlich, dass Sie jemals Gesichter auf normale Weise werden erkennen können.«

Am nächsten Tag rief er erneut an, um zu fragen, ob auch seine schlechte Raum- und Objektwahrnehmung endgültig sei. Fine bestätigte, auch das sei der Fall.

May rief seine Freunde Bryan Bashin und Jerry Kuns an, zwei

der nüchternsten Köpfe, die er kannte. Er schilderte die Ergebnisse der Gehirntomographie und hoffte, von ihnen in seiner Ansicht bestärkt zu werden, dass den Wissenschaftlern ein Fehler unterlaufen war. Stattdessen hörten sie schweigend zu und erklärten May dann in unterschiedlicher Form, aber inhaltlich übereinstimmend, es klinge so, als habe Fine den Nagel auf den Kopf getroffen, und das alles passe zu den Fallgeschichten, zu den Befunden der modernen Hirnforschung und zu der nackten Tatsache, dass sich Mays Sehvermögen praktisch nicht verbessert habe, obwohl seit der Operation fast acht Monate vergangen seien und er der einzige ihnen bekannte Mensch sei, der dafür überhaupt in Betracht komme.

In dieser Nacht lag May wach im Bett und starrte auf den Heizlüfter an der Decke, den er am ersten Morgen nach dem Wiedererlangen seiner Sehfähigkeit betrachtet hatte. Was er sah, war nichts weiter als eine Reihe von Linien.

»Ione hat recht«, dachte er. »Es ist endgültig.«

Ein Leben lang hatte May in der ständigen Bereitschaft verbracht, sich durchzuboxen. Jetzt wirkte es plötzlich so, als bewege er sich im Zeitlupentempo, als habe sich die Luft um ihn herum zu Gummi verdickt. Mit Jennifer wechselte er kaum mehr ein Wort, die Anrufe bei Fine oder seinen Freunden stellte er ein. Wenn er in Arbeitspausen aus dem Fenster sah, schenkte er dem Indiziengewirr, das ihm die Welt präsentierte, keine Beachtung mehr.

Ungefähr eine Woche nachdem er die Testresultate erfahren hatte, ging May eines Abends zu später Stunde ins Badezimmer, um seine allnächtliche Cyclosporin-Tablette einzunehmen. Was auf dem Arzneifläschchen geschrieben stand, konnte er nicht entziffern – das Fläschchen war nichts weiter als ein weiterer Farbfleck im rosafarbenen Klecks seiner Hand. Statt die Verschlusskappe zu öffnen, starrte er auf das Fläschchen und fragte sich: »Warum mache ich das überhaupt noch?« Er wusste, dass er nur

die restlichen Pillen ins Klo zu schütten und die Spülung zu be-
tätigen brauchte; seine Hornhaut würde bald der Abstoßung zum
Opfer fallen, und er konnte zu dem sinnvollen und erfüllten Leben zurückkehren, das er vorher geführt hatte und das er liebte.
Eine Minute lang stand er da und betrachtete die Farben auf seiner Handfläche. Dann schüttelte er ganz langsam eine Tablette
aus der Flasche, steckte sie in den Mund und schluckte sie hinunter. Er zögerte lange, ehe er die restlichen Pillen in den Arznei-
schrank zurückstellte.

Die folgende Woche über lag May im Bett bis tief in die Nacht
wach. Die Dinge von ihrer besten Seite zu sehen war seine Art,
aber wie er die Sache auch drehte und wendete, er fand nichts,
was dafür sprach, diese Pillen noch weiter einzunehmen.

Mit dem Entschluss, ins Land der Sehenden aufzubrechen, war
er seinen Grundsätzen treu geblieben: Hör auf deine Neugier,
stürz dich in Abenteuer, scheu dich nicht, hinzufallen und dich zu
verirren, es gibt immer einen Weg! Er konnte stets in den Spiegel
schauen und sich sagen, dass er angesichts dieser ihm sich bieten-
den einmaligen Chance, das Sehen zu erleben, seinen Grundsätzen treu geblieben war, dass er nicht gekniffen und im Einklang
mit sich gehandelt hatte. Und er hatte etwas getan, was, soweit
bekannt, vor ihm weniger als zwanzig Menschen getan hatten: Er
hatte in Augenschein genommen, was es mit dem Augenschein
auf sich hatte.

Aber er hatte noch mehr getan. Er hatte Antworten auf Fragen
gefunden – das Leben und die eigene Person betreffend –, Antworten, die zu finden nur wenigen Menschen vergönnt war. Er
hatte sich gefragt, ob seine Entscheidung, sich um die Sehfähigkeit zu bemühen, nicht bedeutete, dass er nicht in dem Maße zufrieden mit seiner Blindheit gewesen war, wie er immer angenommen hatte – ob er also gar nicht der war, den ihm sein
Selbstbild vorgaukelte. Er hatte sich gefragt, ob ihn das Sehver-

mögen nicht zum Durchschnittsmenschen machen, ob die Welt ihn noch wahrnehmen und ob ihn die Gemeinschaft der Blinden noch akzeptieren werde.

Diese Fragen waren nun beantwortet. Das Sehvermögen hatte nichts daran geändert, wie er sich selbst oder seine Blindheit sah. Er wusste jetzt aus Erfahrung, dass ein Leben ohne Sehvermögen uneingeschränkt lebenswert war, weil er auch ein Leben als Sehender geführt hatte. Dadurch, dass er Sehkraft gewonnen hatte, war er nicht zum Durchschnittsmenschen geworden – er war nach seinem Selbstgefühl noch haargenau der, der er immer gewesen war. Und die Blindengemeinschaft war weit davon entfernt, ihn zu verstoßen, sie hatte ihm vielmehr Solidarität bewiesen; die Blinden hatten ihn und seine Entscheidung verstanden.

Und noch eine Antwort hatte er gefunden. Er war immer der Überzeugung gewesen, dass man eine Person nicht sehen können müsse, um sie zu kennen und zu lieben. Er hatte den Menschen versichert, dass er keine Sehkraft brauchte, um seine Frau und seine Kinder zu sehen. Jetzt, da er sie sehen konnte, wusste er, dass er sich nicht geirrt hatte.

Seine Antworten hatte er also bekommen. Nun wurde ihm gesagt, seine merkwürdige Art zu sehen werde sich niemals bessern. Er würde also niemals Auto fahren können. Er würde niemals imstande sein zu lesen. Er würde sein Leben lang zu Mühsal, Schwerstarbeit, Reizüberflutung, Erschöpfung verurteilt, die Welt seines Gesichtssinnes stets ein Verwirrspiel für ihn bleiben.

Und zu allem Überfluss musste er für diese Sehfähigkeit auch noch sein Leben riskieren. Um sehen zu können, musste er das Risiko eingehen, an Krebs zu erkranken.

Eines Abends, ungefähr zwei Wochen nach seinem Telefonat mit Dr. Fine, stand May erneut mit dem Fläschchen Cyclosporin in der Hand über der Toilette. Er hatte sein Abenteuer bestanden. Er war sich treu geblieben. Seinen Söhnen konnte er sagen, dass er sich der Herausforderung gestellt hatte.

KAPITEL **SECHZEHN**

May starrte auf das Tablettenfläschchen in seiner Hand. Langsam hob er den Kopf und fand sein Abbild im Spiegel. Ein hochgewachsener Mann erwiderte seinen Blick. May hatte nicht das Gefühl, dem Mann zu nahe zu treten, in seine Privatsphäre einzudringen. Der Mann wich ja auch nicht vor ihm zurück; er sah May einfach nur an und stand abwartend da.

Ein Leben lang hatte sich May vor allem von einem Grundsatz leiten lassen: Es gibt immer einen Weg. Dieser Grundsatz hatte ihn als Jugendlichen auf einen fünfundfünfzig Meter hohen Amateurfunkmast getrieben, ihn zu einem Weltmeister in der Skiabfahrt werden lassen, ihn in ein Lehmhüttendorf in Ghana gebracht und zu seinen Geschäftsgründungen bewogen. Er war, was er leistete. Darin fand er sich selbst.

Aber das Unmögliche hatte er nie von sich verlangt. Wenn er jetzt seine Sehfähigkeit preisgab, war das verzeihlich, weil er ja wusste, dass sie ihm nicht möglich war. Hier gab es keinen Weg.

May sah auf die Gestalt im Spiegel. Er fand die dunklen Flecke, die, wie er wusste, die Augen waren. Seit seiner Kindheit hatte er immer wieder sagen hören, Augen könnten sprechen; was das hieß, hatte er freilich nie verstanden. Diesmal sprachen die beiden Flecke. Und was sie sagten, war: Es gibt immer einen Weg.

May schraubte den Deckel von der Flasche.

Nach einem Weg zu suchen, wenn etwas doch unmöglich war, erschien ihm verrückt. Ihm fiel ein, wie Albert Einstein Wahnsinn definiert hatte: dasselbe wieder und wieder tun und jeweils andere Ergebnisse erwarten. Und doch sehnte sich ein kleiner Teil von ihm danach, einen Weg zu finden und das Unmögliche zu schaffen, um sehen zu können, wie dieser Mann im Spiegel dann aussehen würde – vorausgesetzt, er sah dann irgendwie anders aus.

Er schüttelte eine Tablette in seine Hand, steckte sie in den Mund und schluckte sie mit ein bisschen Wasser hinunter.

Zwischen geschäftlichen Treffen und Konferenzschaltungen und Gutenachtgeschichten begann May darüber nachzudenken, wie sich ein Mensch, dem die fürs Sehen erforderlichen Regionen seines Gehirns nicht zur Verfügung standen, beibringen konnte, dennoch zu sehen.

Fast eine Woche verging, ohne dass ihm eine zündende Idee kam. Dann entwarf er einen Plan. Er beschloss, sich stärker auf die visuellen Informationen, die in sein Auge strömten, zu konzentrieren. Acht Monate lang hatte er darauf gewartet, dass die übrigen Teile seines Sehvermögens zu den gut funktionierenden – der Wahrnehmung von Bewegung und Farbe – aufschlössen. Bedeutete dies vielleicht, dass er sich nicht aktiv genug bemüht hatte? Wenn er mit dem gleichen Elan an seine Sehfähigkeit heranging, mit dem er seine geschäftlichen Unternehmungen anpackte, dann wäre, dachte er, vielleicht eine Besserung zu erreichen, dann schalteten sich möglicherweise andere Teile des Gehirns ein, um bei der Seharbeit mitzuhelfen. Wenn er, um sehen zu lernen, vierzehn Stunden am Tag arbeiten musste, dann war er bereit, das zu tun.

May fing an, den visuellen Szenen all seine Aufmerksamkeit zu widmen, und bemühte sich, die restliche Welt auszublenden, sodass den Bildern vor ihm gar nichts anderes übrigblieb, als sich zu enthüllen und ihre Bedeutung zu offenbaren. Die Ergebnisse waren katastrophal. Die Objekte verschmolzen noch stärker miteinander. Die Gesichter wurden noch nichtssagender. In einem Hotel stürzte er fast die Treppe hinunter, als er sich voll und ganz auf die Suche nach ihr konzentrierte.

So geht es unmöglich, dachte er bei sich.

Er ersann einen neuen Plan, der ebenfalls fehlschlug. Und das tat auch der nächste. Jedes Mal versuchte er, sich eine bessere Methode zur Bearbeitung der visuellen Daten auszudenken und auf diese Weise der Konfusion zuvorzukommen. Jedes Mal erwies er sich als zu langsam dafür.

Dann fing er an umzudenken. Acht Monate lang hatte er sich gefragt: Wie erreiche ich eine bessere Sehfähigkeit? Was, wenn er die Frage anders stellte: Worin bin ich bereits gut?

Kaum hatte er das getan, schoss ihm ein Strom von Antworten durch den Kopf.

Ich bin gut im Betasten, dachte er. Ich bin gut im Geräuschehören und bei Halleffekten. Ich verfüge über gute andere Sinneswahrnehmungen. Ich komme gut mit einem Hund und einem Blindenstock zurecht.

Wie wäre es, dachte May, wenn er beim Sehen den Spieß herumdrehte? Wie wäre es, wenn er, statt sich erst auf das Visuelle zu konzentrieren und dann mit Hilfe seiner funktionierenden Sinne die Lücken auszufüllen, zuerst ebendiese – die Fähigkeiten, mit denen er sich als Blinder hervorgetan hatte – einsetzte, um dann mit Hilfe des Sehvermögens den Rest zu ergänzen? Wie, fragte sich May, wenn ich, um sehen zu können, wieder blind würde?

Der Einfall klang verrückt. Wie sollte jemand durch Blindheit Sehvermögen erlangen können? Und doch konnte er von dieser Idee nicht mehr loskommen. Er überlegte sich, wie er verfahren sollte.

Er würde hinaus in die Welt gehen und seinem Sehvermögen Zurückhaltung auferlegen, es veranlassen, sich auf die Unterstützerrolle zu beschränken, während die anderen Sinne ihre Tätigkeit entfalteten. Nicht, dass er die Augen schließen würde; er würde nur seine Aufmerksamkeit zuerst seinen Händen, seinen Ohren, seinem Hund und seinem Stock zuwenden. Von seinem Plan ließ er niemanden etwas wissen. Dazu erschien er ihm zu verdreht.

Auf dem Weg zu einem Geschäftstermin bekam er in der Lounge des Flughafens eine erste Gelegenheit, seinen Einfall zu erproben. Statt sich sogleich der Fülle von visuellen Eindrücken zu stellen, die mit Sicherheit auf sein Auge einstürzen würde, nahm er sich vor, erst einmal durch die Lounge zu gehen und sich dabei auf Berührungsempfindungen und Echoeffekte zu konzentrieren. Erst danach wollte er schauen, wie weit die visuellen Daten mit diesen zuverlässigeren Eindrücken übereinstimmten.

Er betrat die Halle. Wie stets sprangen Formen und Farben sein Auge an. Er befahl seiner Sehkraft, Geduld zu üben und in Wartestellung zu bleiben, aber sie wartete nicht – ehe er eine Bewegung machen, etwas berühren oder hören konnte, stürmte es schon auf ihn ein. Warte!, befahl er, aber das Sehen ließ sich nicht einfach kommandieren, es wollte keine Geduld üben, die Flut brach über ihn herein. Bis er dazu kam, eine Flasche Wasser zu bestellen, war er erschöpfter denn je.

Versuch's weiter, sagte er sich. Konzentriere dich weiter auf das, worin du gut bist.

Den nächsten Versuch unternahm er im Konferenzraum des Hotels, in dem das Treffen stattfand. Als er in den Raum trat, fuhr er mit seinem Stock über den Teppich, über die Stühle, die Tische und die Wände entlang. Er strich mit den Händen über Telefone, Stifte und Schreibblocks. Er berührte Telefonkabel und lauschte dem Widerhall seiner Stimme, den die Dinge um ihn herum erzeugten. Und er bemühte sich, dies alles zu tun, ohne dabei auf die Vielfalt der visuellen Eindrücke zu achten. Er ließ einfach seine anderen Sinne walten, und rasch erschien ihm seine Umgebung nicht mehr bloß als ein von Formen und Farben erfülltes Behältnis, sondern als ein Raum, ein Konferenzraum; seine

Umgebung gewann Bedeutung für ihn, und er spürte, wie ihn Hochstimmung erfasste, weil er sich beim Sehen nicht sonderlich angestrengt hatte, er hatte die Dinge einfach wie als Blinder wahrgenommen, und nun konnte er sie auch visuell erfassen.

Im Lauf der nächsten Wochen übte sich May weiter in der Kunst, seine Sehfähigkeit zurückzunehmen und den anderen Sinnen bei der Informationsbeschaffung den Vortritt zu lassen. Er fing an, Dinge rascher und genauer wahrzunehmen. Manchmal kam er bei seinen Bemühungen ins Stolpern. Zuweilen landete er dabei auf dem Gehsteig. Aber er übte weiter und merkte, dass ihm das Sehen zunehmend leichter fiel. Es funktionierte nicht automatisch, und er war von Normalsichtigkeit weit entfernt. Aber er machte Fortschritte. Spektakuläre Fortschritte. Und er machte sie, wie er Jennifer eines Abends verriet, auf die unglaublichste Weise – er verhalf sich dadurch zur Sehfähigkeit, dass er wieder blind wurde.

»Du klingst wie ein kleiner Junge«, erklärte sie ihm.

»So fühle ich mich auch«, sagte er. »Und ich bin stolz darauf.«

Solange May sein Sehen mit seinen anderen Sinneswahrnehmungen zusammenbringen konnte, verbesserte sich sein Sehvermögen. Aber da blieb immer noch eine ganze Welt von Gegenständen, die sich seinem Zugriff entzog – all jene Dinge nämlich, die er nur mit den Augen erreichen konnte. Wie sollte er die merkwürdigen Phänomene dingfest machen, die etwa bei Festumzügen an ihm vorbeizogen? Wie sollte er im Flugzeug Flugbegleiter von Passagieren unterscheiden? Wie sollte er herausfinden, welche Verkaufsartikel in den Plastikverpackungen im Großmarkt jeweils steckten?

Erneut bot May seinen ganzen Verstand auf. Erneut fragte er sich: Worin bin ich gut?

Mit seinen ersten Antworten konnte er wenig anfangen. Er war gut im Skilaufen, aber das half ihm nicht weiter. Er war gut im

Gitarrespielen, aber auch das war nicht sehr hilfreich. Er war gut in vielen Dingen, die ihm aber alle nicht dabei helfen konnten, jene Dinge zu sehen, die er mit seinen anderen Sinnen nicht erreichen konnte.

Während er eines Tages innerlich kochte, weil er auf Jennifer warten musste, die ihre Autoschlüssel suchte, kam ihm ein neuer Gedanke.

Ich bin gut darin, Ordnung zu halten. Und ich habe ein gutes Gedächtnis.

Ordnungssinn und Merkfähigkeit hatten ihm im Wesentlichen ermöglicht, die mentalen Orientierungskarten anzulegen, die er als Blinder so effektiv hatte nutzen können. Warum, so fragte er sich, sollten ihm Ordnungssinn und Merkfähigkeit nicht auch dabei helfen, die Dinge, die er sah, im Geist zu kartographieren?

Er stellte sich das folgendermaßen vor: Traf er auf ein wichtiges Objekt, würde er sich einige für dessen Identifizierung nützliche Anhaltspunkte oder Merkmale einprägen, die ihm in Zukunft dabei helfen konnten, es wiederzuerkennen. Dr. Fine hatte ihm erklärt, dass sein Gehirn über wichtige, fürs Sehen notwendige Funktionen nicht mehr verfügte, aber dass er nicht imstande sein sollte, sich Sachen zu merken und zu katalogisieren – das konnte ihm niemand erzählen. Darin war er besser als jeder andere, den er kannte. Das Vorhaben war gewaltig – es gab unzählige Objekte in der Welt, die es zu erkennen galt –, aber wenn er sich an diejenigen hielt, die für ihn eine Rolle spielten, mochte es ihm gelingen, sich in der Welt, die seinem unmittelbaren Zugriff entzogen war, besser zurechtzufinden.

Mit diesem Plan im Kopf fuhr May sein GPS-Kommunikationssystem hoch und begab sich in ein nahe gelegenes Einkaufsviertel. In einem Haushaltswarengeschäft fing er an, die Sachen zu betasten und Anhaltspunkte zu sammeln. Er wusste, dass Taschenlampen häufig in der Mitte des Griffs einen Knopf besitzen, um sie an- und auszuschalten, aber erst jetzt bemerkte er, dass diese Schaltknöpfe oft quadratisch und von anderer Farbe waren als die Taschenlampe selbst. Diese Information speicherte er unter der Rubrik »Taschenlampen« in seinem Gehirn. In der Werkzeugabteilung sah er sich ein Sortiment Sägen an. Er hatte bereits Sägen benutzt, aber noch keine betrachtet, seit er sein Sehvermögen wiedererlangt hatte. Er studierte die Anordnung der gezackten Zähne, die breiten Rechtecke der Sägeblätter und die silberne Farbe des Werkzeugs und legte die Informationen unter dem Stichwort »Sägen« ab.

In der Nähe der Kasse betastete er ein kleines, schweres, in Plastik gehülltes Päckchen. Er erkundigte sich bei einem Angestellten nach dem Inhalt. Der erklärte ihm, es handele sich um Batterien. May betrachtete sie. Die meisten Batterien hatten die gleichen Farben – die unteren zwei Drittel schwarz, das obere Drittel rötlichbraun.

Manche Batterien sind unten schwarz und oben von einem rostigen Orange, prägte er sich ein. Nicht vergessen!

Damit hatte May die erste Seite seines Merkbuchs geschrieben. Sein nächstes Ziel war, das Buch zu füllen, bis es den Umfang eines Versandhauskatalogs hatte. Wenn Jennifer ein Objekt erwähnte, das ihm interessant oder wichtig erschien, fragte er: »Woran hast du das Ding erkannt?« oder »Was ist seine auffälligste Besonderheit?« Wenn seine Assistentin, Kim Burgess, ihn zu seinen Terminen nach San Francisco fuhr, bat er sie, ihn unterwegs auf die gängigen Lastwagentypen hinzuweisen, und prägte sich die Formen und Farben ihrer Firmenzeichen ein. Bei Wyndhams Fußballspielen merkte er sich, wie sich die anderen Eltern typischerweise kleideten. Es dauerte nicht lange, da musste er seine Söhne gar nicht mehr fragen: »Woran erkennst du das?« – sobald sie etwas Interessantes erblickten, informierten sie ihn über die charakteristischen Merkmale.

Er zögerte auch nicht, für seine Zwecke Fremde einzuspannen. Auf einem Flug zu einer Geschäftskonferenz stellte er fest, dass er nach wie vor einen Flugbegleiter nicht von einem Passagier unterscheiden konnte. Also bat er den neben ihm sitzenden Mann um Hilfe.

»Woran erkennen Sie, bei welchen Personen es sich um Flugbegleiter handelt?

»Wie bitte?«

»Ich sehe schlecht, deshalb versuche ich herauszufinden, wer wer ist. Worauf muss man achten?«

Der Mann dachte eine Weile nach.

»Also, warten Sie mal. Die Flugbegleiter sitzen mit dem Gesicht zu uns gewandt, wenn das Flugzeug startet. Sie sind die Einzigen, die während der Sicherheitsinstruktionen stehen. Und sie tragen alle die gleiche Uniform.«

»Prima«, sagte May. »Das sind ausgezeichnete Tipps. Vielen Dank.«

Als die Sicherheitsvorschriften bekanntgegeben wurden, hielt May nach Personen Ausschau, die aufrecht standen. Er entdeckte eine zwei Reihen weiter vor ihm und merkte sich ihre Kleider. Während des Starts erblickte er im vorderen Teil des Flugzeugs eine Person, die mit dem Gesicht zu ihm gewandt dasaß. Sie trug die gleiche Kleidung wie die Person, die aufrecht gestanden hatte. Später stand er von seinem Sitz auf, marschierte den Gang entlang und sah jemanden, der ebenfalls diese Kleidung trug.

»Wann werden wir in Chicago landen?«, fragte er.

»Wir kommen ein paar Minuten früher an, um achtzehn Uhr fünfundvierzig«, antwortete sie.

Während er zu seinem Platz zurückging, musste er an sich halten, um nicht in ein Triumphgeschrei auszubrechen.

Die nächsten Wochen brachte May damit zu, sich Anhaltspunkte zu merken und seinen Katalog zu erweitern. Eines Tages lud Jennifer ihn ein, mit ihr in den Großmarkt zu fahren. In der Verkaufshalle streifte er durch die Gänge und sammelte Hinweise. Viele der Artikel wirkten immer noch wie miteinander verschmolzen, und die meisten steckten in nichtssagenden Verpackungen. In der Elektronikabteilung sah er eine rechteckige Schachtel – genau die Art von Behältnis, worin so ziemlich alles stecken konnte. Diese Schachtel indes sagte ihm etwas – unten war sie zu zwei Dritteln schwarz, oben kupferfarben.

Das sind Batterien!, dachte er.

Er nahm die Schachtel in die Hand. Die darin befindlichen Objekte waren schwer und machten ein klapperndes Geräusch.

Er griff sich eine weitere Schachtel und schritt davon.

»Heute kaufe ich Batterien«, sagte er sich.

Während sie an der Kasse warteten, berichtete er Jennifer von seinem Erfolg.

»Es dauerte keine Sekunde, Jen. Es war erstaunlich. Sonst hätte mich das zwanzig oder dreißig Sekunden gekostet. Ich musste nicht im Mindesten darüber nachdenken – ich habe es sozusagen einfach gesehen.«

»Mike, das ist toll.«

»Und das Beste daran ist, dass es wie von selbst ablief, es kam mir einfach in den Sinn. Ich musste mich nicht anstrengen. Es stellte sich spontan ein.«

»Warum, meinst du, hat es so lange gedauert, auf diese neue Art des Sehens zu kommen?«, wollte Jennifer wissen.

»Ich weiß den Grund«, sagte May und legte seine Batterien auf den Kassentisch. »Ich habe immer nur darauf gewartet, dass meine Sehfähigkeit sich bessert. Ich habe darauf gewartet, dass all die Teile, die nicht funktionierten, das Niveau der funktionierenden Teile erreichen. Das erschien mir da noch sinnvoll. Aber jetzt habe ich das Warten aufgegeben.«

May flog nach San Diego zu einem Treffen mit Dr. Fine. Sie plante, einen Artikel über seinen Fall zu schreiben, und hatte ihn gebeten, sich noch weiteren Tests zu unterziehen. In ihrem Laboratorium berichtete er ihr, was er unternommen hatte, um auf andere Weise sehen zu lernen, und wie glücklich er darüber sei, dass es gelinge.

»Ich freue mich so für Sie, Mike«, sagte Fine. »Sie sind ein richtiger Held.«

»Also, ich finde, wir haben das gemeinsam geschafft«, entgegnete er. »Damit, dass Sie mir reinen Wein eingeschenkt haben, haben Sie mir einen großen Gefallen getan. Ich brauchte das, um weiterzukommen.«

Zwischen den Tests erzählte May Dr. Fine, dass er auch versucht habe, seine Lesefähigkeit und seine Tiefenwahrnehmung zu verbessern. Nach reiflicher Überlegung aber habe er entschieden, dass er in dieser Hinsicht bereits über geeignetere Methoden als die Sehkraft verfüge.

»Mit der Blindenschrift und meinen Leseprogrammen werde ich immer viel schneller sein, als wenn ich mit den Augen lese«, sagte er. »Und mein alter Stock und mein Hund sind mir, was die Raumtiefe angeht, weit überlegen.«

»Wie ist es mit den Gesichtern?«, fragte Fine.

»Darüber wollte ich mit Ihnen reden«, sagte May.

Nur noch Fines Auto stand an diesem Abend einsam und verlassen auf dem Parkplatz des Universitätsgebäudes, in dem die Naturwissenschaften untergebracht waren.

»Ich arbeite jetzt mit Anhaltspunkten«, sagte May. »Ich weiß, dass ich Gesichter als Ganzes und automatisch nie werde erkennen können. Aber welche Anhaltspunkte kann ich auf Basis meiner Fähigkeiten in Gesichtern finden, die mir etwas über sie verraten?«

Fine platzierte May auf einem Stuhl, etwa dreißig Zentimeter von einem Computerbildschirm entfernt. Während der nächsten paar Stunden saß sie neben ihm, zeigte ihm sämtliche Fotos von Gesichtern, die sie besaß, und wies ihn auf geschlechtsspezifische Merkmale hin: auf den Unterschied zwischen gezupften und nicht gezupften Augenbrauen, durch Lippenstift erzeugter und natürlicher Färbung der Lippen, auf den stärkeren Schwung der Oberlippe bei Frauen, auf den vielsagenden Neigungswinkel der Wangenknochen. Zum Schluss testete sie ihn. Er erzielte eine Trefferquote von neunzig Prozent. Beiden war klar, dass May in der wirklichen Welt niemals so lange nahe genug an Gesichter herankommen würde, um eine ausreichende Zahl dieser Indizien nutzen zu können, aber das schien beiden in diesem Augenblick von geringerer Bedeutung zu sein. Es genügte ihnen, zu wissen, dass es solche Hinweise gab. Danach arbeitete Fine mit May daran, andere Objekte zu erkennen, und half ihm auch hier dabei, neue Anhaltspunkte aufzuspüren.

Am Flughafen verabschiedete sich May von Fine mit einer Umarmung.

»Danke, dass Sie an meinem Abenteuer teilgenommen haben«, sagte er. »Und danke, dass Sie für mich da waren.«

Nach Davis heimgekehrt, rief May Dr. Goodman an. Seit dem ersten Eingriff vor fast einem Jahr hatte er sich wegen der möglichen Nebenwirkungen des Cyclosporin Sorgen gemacht. Goodman hatte ihm erklärt, er werde vielleicht irgendwann auf das Medikament verzichten können. May fragte den Arzt, ob es vielleicht jetzt so weit sei.

Einen Tag später rief Goodman an und teilte ihm mit, er könne das Cyclosporin absetzen.

»Phantastisch«, rief May, nachdem er aufgelegt hatte, »besser kann's gar nicht kommen.«

Gern hätte May sich voll und ganz seiner neuen Vorgehensweise beim Sehen gewidmet, doch sein Geschäftsunternehmen hinderte ihn daran. Sendero musste auch weiterhin darum kämpfen, staatliche Stellen zum Kauf des Produkts zu bewegen. May war sich der Notwendigkeit, das GPS zu verkleinern und seinen Preis zu senken, bewusst, aber dafür brauchte er einen größeren Entwicklungsetat. Bislang war das Unternehmen bei mehreren Anträgen auf kleinere Zuschüsse abgeblitzt. May erfuhr von einem großen Zuschuss – in Höhe von einer Million Dollar – und machte sich mit Kim Burgess und einigen Kollegen daran, einen Bewilligungsantrag zu schreiben. Andere Aussichten auf Unterstützung waren nicht mehr in Sicht. Für Sendero begann es brenzlig zu werden.

Die Arbeitspausen nutzte May zur Verfeinerung seiner neuen Sehmethode. Mehr und mehr gelang es ihm, das Sehvermögen in Einklang mit seinen anderen Sinneswahrnehmungen zu bringen. Immer stärker konnte er sich beim Erkennen von Objekten auf seinen wachsenden Katalog von Anhaltspunkten stützen. Wie er seinen Freunden Bashin und Kuns verriet, war das Beste daran, dass es von Tag zu Tag unwillkürlicher funktionierte. Die Zeit der Schwerstarbeit, erklärte er ihnen, scheine so gut wie passé.

Als er eines Tages in die Stadt ging, um sich die Haare schneiden zu lassen, fand May sich auf Anhieb imstande, die vorbeiziehende Szenerie zu beobachten, ohne einen Gedanken an seine Fortbewegung zu verschwenden, und er freute sich darüber, wie gut seine Sinne zusammenwirkten.

Darin bin ich gut, dachte er. Richtig gut …

WUMM!

Mays Körper stürzte über eine Betonbank, und er knallte mit dem Gesicht auf die Erde. Die Bank hatte die gleiche Farbe wie der Gehsteig. Er hatte sie nicht gesehen.

»Oh, Mann, ich blute ganz schön«, sagte er laut.

Er hinkte in den Friseursalon, wo sein Anblick der Dame am Empfang die Sprache verschlug. Von Stirn und Lippe floss das Blut an seinem Stock und seinem Bein herab und tropfte auf den Boden. Jemand führte ihn zu einem Waschbecken, wo er zusah, wie die rote Flüssigkeit herumwirbelte, ehe sie im Ausguss verschwand. Es war das erste Mal, dass er sein eigenes Blut außerhalb eines Reagenzglases sah.

Das ist eine Mahnung zur rechten Zeit, sagte er sich. Ich darf nicht übermütig werden.

Ein paar Tage danach unterhielt sich May auf einem Flug von Washington, D.C., nach Denver mit seiner Sitznachbarin, einer jungen blonden Frau. Schließlich erzählte er ihr von seiner Operation. Sie wollte wissen, ob er die Farbe ihrer Augen erkennen könne. Das könne er nur aus nächster Nähe, erwiderte er. Sie beugte sich zu ihm vor, bis ihre Stirn nur wenige Zentimeter von seiner entfernt war. Ihre Augenlider flatterten so dicht vor ihm auf und nieder, dass er den Luftzug zu spüren meinte. May hatte noch nie zuvor einer fremden Person so tief in die Augen geblickt. Er war überwältigt und brachte vor innerer Erregung kein Wort heraus, konnte ihr nicht einmal sagen, dass ihre Augen von einem einzigartigen Blau waren. Er konnte nur dasitzen und schauen.

Noch spät am Abend war er ganz aufgewühlt von seiner Begegnung mit der Frau. Ehe er das Licht neben seinem Hotelbett ausknipste, klappte er seinen Computer auf und notierte: »Das war für mich ein sehr intimes Erlebnis, und ich kann gar nicht begreifen, wie normalsichtige Menschen ständig anderen Menschen in die Augen sehen können, ohne ebenfalls in helle Aufregung zu geraten. Jetzt verstehe ich ein bisschen besser, wieso um den Ausdruck der Augen so viel Aufhebens gemacht, warum so gefühlsbetont und poetisch darüber geschrieben wird. Diese Frau wird mir zweifellos in Erinnerung bleiben, weil sie mich in ein weiteres Mysterium der Welt des Augenscheins eingeführt hat.«

Mitte November ging May mit seiner Freundin vom College, Ann Turpen, ihrem Ehemann und ihren zwei Töchtern wandern. Er kannte Anns Familie noch nicht. Ehe sie in die Wälder aufbrachen, prägte er sich ein, welche Kleider die Mitglieder der Familie trugen – dies im Rahmen seines Registrier- und Merkprogramms. Als sie zurückkamen, hatten sich mehrere Dutzend

Leute, eine Hochzeitsgesellschaft, am Waldrand versammelt. May verlor in dem Menschengewirr seine Begleiter rasch aus dem Auge. Auf der Suche nach Ann und ihrer Familie musterte er die Menge. Im Nu hatte er sie allesamt erspäht, obwohl sie in einiger Entfernung von ihm standen, und brachte sie wieder zusammen.

»Unglaublich«, sagte Ann, »wie hast du uns in der Menge gefunden?«

May wusste nicht, wie er das geschafft hatte. Er hatte nicht nach der Farbe ihrer Kleider Ausschau gehalten und auch nicht nach ihrer Gestalt. Er hatte gar nichts getan. Ein leises Lächeln stahl sich in sein Gesicht.

»Ich weiß nicht, wie ich das gemacht habe«, sagte er. »So etwas Unglaubliches ist mir kaum je passiert. Ich habe mich nicht zu sehen bemüht. Ich habe einfach gesehen.«

May hatte bei Dr. Goodman in San Francisco einen Termin für eine Kontrolluntersuchung. Er freute sich darauf, Goodman von seiner Arbeit mit den Wissenschaftlern und von seinem Programm zur Verbesserung seiner Sehfähigkeit zu berichten. Die Männer schüttelten sich die Hand, und May setzte sich in den Untersuchungsstuhl.

Goodman hielt Mays Auge offen und fing an, eine Bemerkung über die jüngsten Spiele der San Francisco 49ers zu machen. Mitten im Satz brach er ab.

Mit Hilfe des Biomikroskops konnte er sehen, dass Mays Transplantat geschwollen war und dass von der Rückseite der Augenoberfläche weiße Blutkörperchen das Transplantat attackierten. Mays Immunsystem stieß die Hornhaut ab. Er war dabei, wieder zu erblinden. Und das rasch!

»Mike, da ist eine gravierende Abstoßung im Gange«, sagte er. »Ich habe schon viele gesehen, aber die hier ist wahrscheinlich die schlimmste, die ich je zu Gesicht bekommen habe.«

May saß da wie versteinert. Mehrere Sekunden lang konnte er nicht fassen, was Goodman da sagte. Abstoßung? Neun Monate kam er jetzt schon zu diesen Kontrolluntersuchungen, und das Einzige, was stets Anlass zu Optimismus gegeben hatte, war der Gesundheitszustand des Auges gewesen.

»Verliere ich meine Sehfähigkeit?«, fragte er.

»Es sieht schlimm aus«, antwortete Goodman.

Mays Herz pochte gegen seinen Brustkorb.

»Passiert das, weil wir das Cyclosporin abgesetzt haben?«, fragte er.

»Höchstwahrscheinlich«, sagte Goodman. »Diese Abstoßung entwickelt sich rapide.«

May konnte kaum ein Wort herausbringen. Wie war das möglich? Weder sah etwas verschwommen aus, noch verspürte er Schmerzen.

»Was lässt sich dagegen tun?«, fragte er.

»Ich will Ihnen nichts vormachen«, sagte Goodman. »Es ist sehr unwahrscheinlich, dass sich noch etwas machen lässt; es wirkt zu weit fortgeschritten. Es gibt Methoden, darauf zu reagieren, aber sie erfordern drakonische Maßnahmen – einen Frontalangriff –, und sie sind alles andere als angenehm. Und wahrscheinlich werden sie trotzdem nicht greifen.«

»Maßnahmen welcher Art?«, fragte May.

Goodman saß auf seinem Stuhl und listete sie auf. Um gegen diese Art von Abstoßung anzugehen, würde May Folgendes tun müssen:

- Massive Dosen immunsuppressiver Medikamente einnehmen.
- Das Auge lokal mit Immunsuppressiva behandeln.
- Steroide schlucken.
- Steroide ins Auge träufeln.
- Sich Steroide mehrfach direkt ins Auge spritzen lassen.

Jede dieser Maßnahmen berge beträchtliche Risiken. Er müsse sowohl Cyclosporin als auch ein zusätzliches Immunsuppressivum einnehmen – beides in höheren Dosen als bisher, beides mit der entsprechend erhöhten Gefahr toxischer und unter Umständen tödlicher Nebenwirkungen. Die oral eingenommenen Steroide würden möglicherweise blutende Geschwüre hervorrufen, die zu Schäden oder gar zum Tod führen könnten. Die Steroidinjektionen könnten Erblinden zur Folge haben.

May atmete tief durch.

»Wie lange müsste ich die Medikamente nehmen?«, fragte er.

»Schwer zu sagen. Unter Umständen lange Zeit.«

»Wollen Sie sagen, dass ich die Injektionen direkt ins Auge bekommen muss, nicht nahe dem Auge, sondern ins Auge selbst?«

»Ja.«

»Ist das schmerzhaft?«

»Ja.«

»Besteht die Chance einer Selbstheilung bei dem Abstoßungsvorgang?«

»Nein. Es ist hundertprozentig sicher, dass die Hornhaut, wenn man sie sich selbst überlässt, weiter anschwillt, das Transplantat abgestoßen wird und Sie wieder blind werden.«

»Habe ich Zeit, darüber nachzudenken, Dan? Das ist nicht leicht zu verdauen.«

»Ich fürchte, nein«, sagte Goodman. »Wenn wir den Kampf aufnehmen wollen, dann muss das sofort geschehen.«

May saß regungslos auf dem Untersuchungsstuhl. Er wusste nun, was es hieß, sehen zu können. Er hatte einen Weg gefunden, als nichts mehr möglich schien, Antworten auf all seine Fragen. Die Entscheidung stand fest.

KAPITEL **SIEBZEHN**

Die silbern glitzernde Nadel an der Spritze senkte sich auf Mays Auge herab, er sah das Silber blitzen, sah ein Metall, zu kalt und hart, um in ein Auge gestoßen zu werden, aber Goodman ließ nicht zu, dass er blinzelte, ließ seine Augenlider nicht los, und die Nadel kam näher, wurde größer und heller, und May blieb kein anderer Weg, als in diese Nadel hineinzugehen. Die Spitze war überall und dann direkt über ihm, Metall gehörte nicht ins Auge, aber es rückte immer näher, und er konnte das Lid nicht bewegen.

Die Nadel stach durch die Oberfläche seines Auges und stieß dann tiefer hinein. Mays Hände umklammerten die Armlehnen seines Stuhls, während eine Schmerzwoge seinen Kopf durchflutete, den Nacken hinunter, an Händen, Füßen, Ohren, Zunge, Haar entlang und beim Atemholen. Er wollte aufspringen, traute sich aber nicht, weil eine Nadel in seinem Auge steckte. Mehrere Sekunden lang stockte ihm der Atem.

»Geschafft«, sagte Goodman.

May brachte kein Wort heraus. Er hatte schon Knochenbrüche erlitten, hatte sich das Gesicht verletzt. Das hier war anders. Dieser Schmerz ging an die Wurzel, war archaisch.

Goodman ließ May kurz Zeit, sich zu sammeln, und erklärte dann, wie es weiterging. May musste eine Reihe von starken Medikamenten zur Verhinderung der Abstoßung und zur Unterdrückung von Immunreaktionen einnehmen. Und er musste wiederkommen, um weitere Injektionen zu erhalten.

»Wie viele weitere?«, schaffte es May zu fragen, während er sich die Tränen abtupfte und nachsah, ob er blutete.

»Das wissen wir noch nicht. Es können drei, fünf, vielleicht mehr sein. Das hängt von den Fortschritten ab.«

May konnte sich nicht einmal eine einzige weitere Misshandlung dieser Art vorstellen.

»Wann ist die nächste fällig?«, fragte er.

»Morgen«, sagte Goodman.

»Ich fliege in wenigen Stunden nach Phoenix«, sagte May. »Morgen muss ich zurück sein?«

»So früh wie möglich«, antwortete Goodman.

»Wie lange wird es dauern, bis wir sagen können, ob es funktioniert?«, wollte May wissen.

»Etwa zwei Wochen«, sagte Goodman. »Dann müssten wir es, glaube ich, wissen. Aber das Ganze ist ein riskantes Unternehmen, Mike. Vergessen Sie das nicht.«

Kim Burgess fuhr May zum Flughafen. Er sollte an diesem Abend bei einem geschäftlichen Treffen die Einführungsrede halten und am nächsten Tag die Produktvorstellung übernehmen. Sie wusste, dass er schwer mitgenommen war, und fragte ihn, ob er denn überhaupt reisen könne. Er nickte, schwieg aber. Auf dem Weg zum Flughafen rief er Jennifer an und berichtete ihr, was passiert war – erzählte ihr von der Abstoßung, den riskanten Medikamenten, den Injektionen und der schlechten Prognose.

Eine Zeitlang war das einzige Geräusch im Auto der blecherne Rhythmus von Jennifers Stimme, der aus Mays Handy drang. Kim Burgess fragte sich, ob bei Jennifer vielleicht der Punkt gekommen war, wo sie es einfach nicht mehr aushielt.

Als sie schon fast den Flughafen erreicht hatten, sprach May noch ein paar knappe Worte ins Telefon.

»Danke, Jen«, sagte er. »Ich wusste, du würdest mich nicht im Stich lassen.«

Auf dem Flug nach Phoenix hielt sich May nicht damit auf, seine Sehfähigkeit in die Gesamtwahrnehmung zu integrieren oder Anhaltspunkte zu sammeln. Stattdessen blickte er aus dem Fenster und dachte: Das war's wohl. Präg dir lieber die Äcker da unten ein. Behalte lieber die Umrisse der Wolken dort und das Blau des Himmels im Gedächtnis, vielleicht siehst du das alles nie wieder.

Eine Stunde lang saß er mit dem Auge dicht am Kunststofffenster. Und ebenso schmerzhaft wie die Injektion traf ihn der Gedanke, dass er gut beraten war, die großen Dinge in der Welt anzuschauen, die er längst hätte besichtigt haben sollen, all die Dinge, von denen er irgendwie angenommen hatte, sie würden schon nicht weglaufen, bis sein neues Auge sie gesehen habe. Ein Arzt hatte ihm Sehvermögen gegeben – *Sehfähigkeit* –, und er war nie auf die Idee verfallen, sich die Galápagos-Inseln anzuschauen, das Dorf in Ghana, wo er mitgeholfen hatte, eine Schule zu bauen, die Cheopspyramide in Ägypten, einen Oben-ohne-Strand, das Tadsch Mahal, einen Seeadler, einen Elefanten. Er hatte sich tatsächlich noch nicht einmal die Zeit genommen, einen Elefanten anzuschauen.

May stellte das Produkt noch an diesem Abend vor und nahm am Morgen den ersten Flug zurück nach San Francisco. Er konnte an nichts anderes als an Goodmans schimmernde Nadel denken, wie sie durch sein Auge drang, und die bis auf die Chromosomenebene durchdringenden Schmerzen, die er in einer Stunde erleiden würde. Er hatte das Krebsrisiko in Kauf genommen, um sein Sehabenteuer fortzusetzen, aber während das Flugzeug landete, war er sich seiner Bereitschaft, noch eine von diesen Injektionen zu ertragen, nicht mehr so sicher. In seinen Ohren klang es, als teilte ein anderer als er dem Taxifahrer Goodmans Adresse mit.

May saß in dem Untersuchungsstuhl, und diesmal umklammerte er im Voraus die Armlehnen des Stuhls. Goodman schob seine Augenlider hoch, und augenblicklich sah May die glitzernde Nadel, weil er mit ihr rechnete, und sie schwebte dumpf grollend vor ihm, bis Goodman sie auf sein Auge zuschob. May hatte Goodman vor kurzem erzählt, dass Bewegung ihm die Tiefenwahrnehmung erleichtere, und diese Nadel war nun in Bewegung, und er sah zu, wie sie sich in sein Auge hineinbewegte, bis der splitternde Schmerz durch seine Nasenhöhle fuhr, in den Knochen hinten in seinem Kopf, und dann sein Rückgrat hinabjagte. Ihm kam diese Injektion noch schlimmer vor als die erste.

Goodman rieb Mays Schulter.

»Gleiche Zeit morgen«, sagte er.

Zu Hause erzählte May Jennifer von seinem Besuch in Goodmans Praxis, ersparte ihr aber die schaurigen Einzelheiten. Es werde zwei Wochen dauern, erklärte er ihr, ehe Goodman beurteilen könne, ob es gelungen sei, den Abstoßungsprozess rückgängig zu machen, aber die Chancen stünden äußerst schlecht. Und er berichtete von seinem instinktiven Bedürfnis, loszuziehen und die bedeutendsten Sehenswürdigkeiten der Welt anzuschauen, bevor ihm das nicht mehr möglich sei.

Ein paar Minuten später kamen die Kinder durch die Küchentür gesaust. May umarmte sie, begutachtete, was sie in der Schule gemacht hatten und aus ihren Ranzen kramten, und ließ sie dann am Küchentisch Platz nehmen.

»Ich bin früher aus Phoenix zurückgekommen, weil Dr. Goodman entdeckt hat, dass es Probleme mit meinem Transplantat gibt«, sagte er. »Ich kriege nun also Spritzen ins Auge, um die Sache wieder in Ordnung zu bringen. Es ist durchaus möglich, dass ich wieder blind werde.«

»Spritzen?«, fragte Wyndham.

»Ja«, antwortete May.

»Direkt in den Augapfel?«, fragte Carson.

»Ja, direkt da rein.«

»Wie weh hat das getan?«

»Erinnert ihr euch, wie ich erzählt habe, dass ich einmal Zahnfüllungen ohne Betäubung gekriegt habe? Es war noch schlimmer als damals.«

»Schlimmer als deine Explosion?«

»Ja.«

»Ist Blut rausgespritzt?«

»Nein, aber glaub mir, es hat sich genau so angefühlt.«

»Hast du geweint?«

»Fast.«

»War es schlimmer als damals, als ich auf einen Stock gefallen bin und am Arm genäht werden musste?«

»Ich glaube, ja. Hier geht es um ein Auge – die Nadel fährt direkt rein.«

»Uhhh!«

»Brrr!«

»Kriegst du dein Geld zurück, wenn du wieder blind wirst?«, wollte Carson wissen.

May musste laut über diese Frage lachen. Dann schaute er seine Söhne lange an und ermahnte sich: Präg dir den Anblick ein!

Die nächste Spritze, die May am folgenden Morgen bekam, war noch schmerzhafter als die ersten beiden. Er saß in der Fähre, die ihn zurückbrachte, und fühlte sich wie das Opfer eines Schlägertrupps. Er musste sich zusammenreißen. Wenn er die wichtigsten Sehenswürdigkeiten der Welt besichtigen wollte, dann tat er gut daran, umgehend Reisepläne zu schmieden.

Zu Hause machte ihm Jennifer ein Sandwich und fragte, wie es beim Arzt gelaufen war. Er schilderte ein paar Einzelheiten, war aber hauptsächlich damit beschäftigt, sie zu beobachten, wie sie sich in der Küche bewegte und wie ihr Haar mit seinen gefärbten Strähnen wippte, als sie herumwirbelte, um etwas in den Mülleimer zu werfen.

»Lust zu einem Besuch bei Peet's?«

May hatte vor, Reisebüros anzurufen. Seine Assistentin wartete mit den Telefonnummern in seinem Büro auf ihn.

»Klar«, sagte er. »Auf geht's.«

An diesem Abend klopften Carson und Wyndham an die Tür seines Büros. Sie sahen, dass er beschäftigt war, fragten aber trotzdem, ob er nicht mit ihnen zum Graduate gehen wolle, einer Restaurantbar mit Spielhalle.

»Muss ich eine Jacke anziehen?«, fragte er.

Den Jungen machte es nichts aus, dass er den Weg zum Restaurant ein bisschen nachdenklicher als sonst zurücklegte, dass er den Schritt verlangsamte, um die Wildpflanzen im Umkreis von Villanova und Sycamore zu betrachten, dass er anhielt, um das hellrosafarbene Haus in der Nähe des Einkaufszentrums anzuschauen, oder dass er gar eine Minute brauchte, um sich den Vogelkot auf dem Gehsteig vor dem Eingang des Graduate genauer anzusehen.

»Das ist eklig«, sagte Carson. »Komm weiter, Dad.«

»Ja, das ist irgendwie eklig«, stimmte May zu. »Gehen wir rein.«

May gab den Jungen Geld, damit sie Tischhockey spielen konnten, und ging zur Bar, um Getränke zu holen. Eine hochgewachsene junge Frau mit langem schwarzem Haar, schimmernden Ohrringen und einem tiefausgeschnittenen Oberteil kam, um ihn zu bedienen.

»Was kann ich für Sie tun?«, fragte sie.

May wusste sehr wohl, was er wollte – zwei Kräuterlimonaden und ein Guinness.

»Ich überlege noch«, sagte er. »Was können Sie empfehlen?«

Die Frau zählte Biersorten auf. May sah zu, wie ihre goldene Halskette unmittelbar über ihrem sonnengebräunten Ausschnitt tanzte, wie ihre Hände Umrissen auf der Getränkekarte folgten, wie ihr Haar durch die Luft flog, wenn sie es aus dem Gesicht nach hinten warf.

»Ich brauche noch ein bisschen Zeit«, sagte er. »Können Sie in einer Minute wiederkommen?«

Als sie zurückkam, konnte May sie noch einmal ausführlich betrachten.

In der Spielhalle forderte er Wyndham zu einem Tischhockeymatch heraus, kippte im heftigen Bemühen, Schüsse zu parieren, fast die Gläser um und ließ die Plastikscheibe auf Bahnen hin und her sausen, die in keinem Geometriebuch verzeichnet waren. Er und die Jungen spielten Poolbillard (die einfarbigen Kugeln waren besser zu sehen als die gestreiften, aber die Farben faszinierten ihn allesamt); er sah zu, wie auf dem großen Bildschirm Basketballspieler den Ball im Korb versenkten, und erholte sich an einem Holztisch, dessen Platte die Wirbelmuster von Astknoten aufwies. May musste dringend zurück an die Arbeit, aber als sie dann hinten im Saal ein neues Videospiel entdeckten, waren sich alle drei einig, dass sie noch bleiben wollten.

Die nächsten vier Tage hatte May keinen Termin bei Goodman. Den größten Teil der Zeit nutzte er, um liegengebliebene Arbeit zu erledigen. In einer der Arbeitspausen ging er auf das große Schulgelände hinter seinem Haus, um zuzusehen, wie die Kinder auf dem Karussell herumwirbelten, und die Bahnen zu verfolgen, die ein ferngelenktes Modellflugzeug in den Himmel zeichnete. In der Nähe seines Hauses blickte er über die riesige Rasenfläche, die sich vor ihm erstreckte, und fand die Vorstellung grandios, dass er über eine Minute lang in diese Wiese hätte hineinlaufen können, ohne auf ein Hindernis zu prallen. In einer anderen Arbeitspause warf er Josh einen Ball zu und beobachtete seine munteren Sprünge, anschließend ging er mit ihm zu Peet's, um die Kunst der Frauenschau zu üben, die ihn Jennifer gelehrt hatte.

May fuhr mit der Fähre zu seinem nächsten Termin beim Augenarzt. In seiner Praxis stellte sich Goodman wie die Male zuvor seitlich hin (um sich keinen Tritt in den Bauch einzuhandeln) und stieß die Nadel in Mays Auge. Diesmal war der Schmerz in seiner Schrecklichkeit ein bisschen maßvoller.

»Kommen Sie in einer Woche wieder«, sagte Goodman. »Ich denke, wir werden dann Genaueres wissen.«

Mays Auge schmerzte, aber er hielt es mit Gewalt offen, während er und Josh zu Fuß zum Fähranleger gingen. Nahe dem Kai beobachtete er, wie Möwen im Sturzflug in die Luft geworfenes Popcorn erhaschten – die vielleicht eleganteste Bewegung, die er je gesehen hatte –, und folgte dann einem ungewöhnlichen Muster auf dem Gehsteig, wohl wissend, dass es ihn zu keinem bestimmten Ziel brachte. In der Nähe sah er Reihen von kleinen grauen Statuen, die den Bordstein säumten, eine einzelne Kolonne winziger Soldaten, die wie kampfbereit dastanden. Er vermutete, dass es sich um Parkuhren handelte, und ging hinüber, um sich eine von ihnen genauer anzuschauen.

Die Parkuhr fühlte sich so an, wie sie aussah – schwer, metallen, kalt und glatt. Nahe dem oberen Ende konnte er kleine Kleckse von unregelmäßiger Färbung erkennen, von einem dunkleren Grau als am übrigen Gerät. Er fuhr mit den Fingern über diese Stellen und ertastete winzige, raue Kanten. Auf der Stelle wusste er, dass er auf abgeblätterte Farbe blickte. Er starrte weiter auf diese abgeplatzten Stellen. Sie erschienen ihm hässlich, unordentlich, kaputt und bereiteten ihm augenblicklich Unbehagen. Er empfand den gleichen Abscheu, der ihn beim Anblick des Vogelkots vor dem Graduate überkommen und mit dem er die verblichene Farbe an der Ostwand seines Hauses oder die Stücke schmutzig gelblichen Füllmaterials betrachtet hatte, die aus verschlissenen Sitzen in öffentlichen Verkehrsmitteln herausquollen. Es war das gleiche traurige Gefühl, das ihn beim Anblick eines Obdachlosen erfasst hatte. Vielleicht würde er bald wieder blind sein. Er konnte sein Auge nicht von der abblätternden Farbe am oberen Ende der Parkuhr losreißen.

Als Mays Fähre sich näherte, wandte er sich zum Kai und ging zu dem runden, zeltartigen Bauwerk, durch das man, wie er wusste, aufs Schiff gelangte. Er stand an der Kaimauer und beobachtete, wie die Bojen auf und ab tanzten und das Wasser sich um sie herum kräuselte. Als die Fähre anlegte, sah er zu, wie die Männer sie mit einer Stange heranzogen und sie vertäuten; er wollte nichts von dem versäumen, was sie machten, und fand, dass sie sich so fließend bewegten wie die Möwen. Er ging zu seinem Lieblingsplatz am Fenster und setzte sich zurecht, um alles zu sehen, was es zu sehen gab.

Bis zu Mays großem Termin mit Goodman war es noch eine Woche hin. Er schluckte und applizierte weiterhin in großen Mengen die Medikamente, die eine Abstoßung verhindern sollten. Jennifer betete zum Himmel, dass er keine weiteren Injektionen mehr brauchte. Eines Abends fand May, dass sie zerstreut wirkte.

»Was ist los, Jen?«, fragte er.

Tränen begannen ihr über die Wangen zu laufen.

»Ich war nicht dankbar genug.«

»Dankbar wofür?«

»Dafür, dass du sehen kannst. Ich habe alles für zu selbstverständlich gehalten. Ich habe einfach so weitergelebt, als bliebe es ewig so.«

»Ich auch«, sagte May. »Ich auch.«

May stürzte sich wieder in die Arbeit und verbrachte mehrere Tage damit, neue Investoren zu finden und sich nach dem Verbleib seines Antrags auf Fördermittel zu erkundigen, für den der Bescheid nach wie vor ausstand. In den Arbeitspausen veranstaltete er Ringkämpfe mit seinen Söhnen, machte sie fürs Bett fertig und hielt sie an, das Durcheinander in ihrem Zimmer aufzuräumen, das er, wie er sie warnend wissen ließ, immer noch sehen konnte – er werde es ihnen schon sagen, wenn das nicht mehr der

Fall sei. Manchmal verweilte er, wenn die Jungen schon eingeschlafen waren, noch in ihrem Zimmer, um sich die merkwürdigen Gebilde aus Legosteinen anzusehen, die sie gebaut hatten,
und um zuzuschauen, wie sich die Decken, unter denen sie schliefen, hoben und senkten.

Als das Wochenende kam und Jennifer fragte, ob er Lust habe,
Wyndham zum Fußballtraining zu begleiten, griff May nach
seiner Videokamera und legte eine neue Kassette ein. Auf dem
Sportplatz beobachtete er das Geschehen durch den großen
LCD-Bildschirm der Kamera, zeichnete Wyndhams wilde Sturm-
läufe auf und benutzte die starke Zoomfunktion des Apparats, um
Details wie den Schlammregen einzufangen, der aufspritzte, während Wyndham aufs Tor zuschlitterte. Am Sonntagmorgen zeigte er das Video seiner Familie, wobei er ganz dicht am Fernseher
stand, um das Augenmerk auf die Finessen in seiner wackligen
Filmkunst zu lenken. Danach marschierte die Familie zu Fluffy's,
um Doughnuts zu holen.

Zwei Tage später hatte er seinen Termin beim Augenarzt. Er war
zu früh und nutzte die Zeit, um durch die Straßen zu wandern
und San Francisco zu bewundern. Als er dann in der Praxis an der
Reihe war, führte ihn die Sprechstundenhilfe in einen Untersuchungsraum. Goodman trat wenige Minuten später ein.

»Schauen wir mal«, sagte er.

Er hielt mit Daumen und Zeigefinger Mays Auge offen. Dadurch fühlte sich May wieder an Dr. Max Fine, den Augenarzt
seiner Kinderzeit, und an seinen ersten Tag in Goodmans Praxis
erinnert, den Tag, an dem Goodman ihm von den Stammzellen
erzählt und erklärt hatte: »Es könnte funktionieren.«

Goodman spähte durch sein Biomikroskop. Er drehte am Apparat und blickte erneut hindurch. Mehrere Sekunden lang ver-
nahm May nichts als Goodmans Atem. Dann hörte er ihn gerade
einmal zwei Worte sagen.

»Mein Gott!«

Mays Herz begann zu klopfen.

»Wie sieht's aus, Dan? Können Sie etwas sagen?«

Goodman schaute weiter, sagte aber nichts.

May atmete heftiger. Warum blieb Goodman stumm?

Goodman schob seinen Stuhl vom Apparat weg.

»Ich sage so etwas nicht oft, Mike. Aber das hier ist ein Wunder. Das Auge ist klar. Sie haben den Prozess nicht nur gestoppt, sondern sogar umgedreht. Das ist die dramatischste Rückbildung, die ich je erlebt habe. Sie haben es geschafft.«

May saß regungslos da. Neun Monate zuvor war er von diesem Stuhl zum Spiegel gegangen, wo er sich zum ersten Mal nach dreiundvierzig Jahren gesehen hatte. Er blickte im Zimmer umher. Der Spiegel befand sich immer noch an derselben Stelle. Er stand auf, um sein Spiegelbild zu betrachten. Er konnte dort hinten einen Mann stehen sehen.

»Der Kerl sieht groß aus«, dachte er. »Das bin ich.«

EPILOG

Etliche Tage nachdem die Gefahr einer Abstoßung der Hornhaut gebannt war, brach May auf, um Piste sechs in Kirkwood zu meistern, jene schwarz vereiste Abfahrtsstrecke, die ihm die Glieder gestaucht hatte, als er nach der Operation auf ihr hinabgesaust war. Diesmal setzte er seine neue Sehmethode ein: das intensive Bemühen, die anderen Sinneswahrnehmungen mit den visuellen Informationen zu verschmelzen. Er flog den Berg hinunter, lauschte dem Spurgeräusch seiner Skier im Schnee, orientierte sich an Jennifers Stimme vor ihm, zwang sich dazu, eher die Welt sein Auge erfüllen als sein Auge die Welt erfassen zu lassen. Er stürzte auch diesmal, aber weit weniger häufig.

Ein paar Wochen später konnte er Weihnachten in Augenschein nehmen. Er hatte oft von glitzerndem Festtagsschmuck gehört, aber erst als er Girlanden aus Lichterketten an einem Baum hängen und sich um die Häuser der Nachbarn winden sah, hatte er das Gefühl, wirklich zu wissen, was *glitzern* bedeutete. In einem Kaufhaus wollte er von seinen Söhnen wissen, warum sich in einem Gang so viele Menschen drängelten. Er erfuhr, dass sie den Nikolaus sehen wollten.

»Wo ist er denn?«, fragte May.

»Gleich da drüben«, antworteten die Jungen. »Es ist der Typ im roten Mantel.«

May ging langsam auf den roten Mann zu, bis er kaum einen Meter von ihm entfernt stand. Er erinnerte sich an Jennifers Ermahnung, nicht zu gaffen, aber diesmal starrte er – auf das rosige Gesicht des Mannes, seinen rundlichen Leib, seine glänzende rote Mütze. Er konnte sehen, wie sich der Bauch des Nikolaus hob und senkte, als er »Ho, ho, ho!« rief. Am längsten aber betrachtete er den buschigen weißen Bart, ein an den kleinen rosigen Fleck des Gesichts geheftetes Gewölk, so ausladend, dass man einen ganzen Himmel damit hätte füllen können. Seine Söhne wählten sich in aller Eile ein Geschenk aus, aber ihr Vater ließ sich bei seiner Betrachtung des Nikolaus alle Zeit der Welt.

Anfang 2001 erhielt Sendero die Mitteilung, dass auch der letzte Antrag auf Bezuschussung abgelehnt worden war. Obwohl bei der Verkleinerung der GPS-Einheit und der Verbesserung seiner Leistung beträchtliche Fortschritte erzielt worden waren, befand sich das Unternehmen nun in ernsthaften Schwierigkeiten. Nur eine größere Zuwendung konnte die Firma jetzt noch retten. May und seine Assistentin Kim Burgess verdoppelten ihre Bemühungen um staatliche Fördermittel, die nach ihrer Überzeugung durchaus vorhanden waren.

Am Morgen des 7. März 2001 machte sich May auf den Weg zu einer Kontrolluntersuchung bei Dr. Goodman in San Francisco. Es war genau ein Jahr vergangen seit dem Tag, als Goodman Mays Verband entfernt hatte. Auf der Fähre sah May zum ersten Mal eine Mücke. Er sah sie tanzen, als wäre sie die Spitze eines Dirigentenstocks, und staunte darüber, dass eine solch heftige Bewegung so lautlos vor sich gehen konnte.

Bei der Untersuchung erklärte Goodman das Auge für vollständig gesund.

»Mein Ziel war es immer, ein Jahr zu schaffen«, sagte May.

»Ein Jahr ist gut«, erwiderte Goodman. »Trotzdem werden wir Sie alle paar Monate kontrollieren müssen.«

Im Frühjahr reiste May zu einem Vortrag in einem Seminar an der University of Minnesota, das sich mit Sehforschung befasste. Die Studenten hatten sich zuvor mit den klassischen Fallgeschichten von Richard Gregory und Oliver Sacks auseinandergesetzt, die May immer noch nicht gelesen hatte. Im Flugzeug ließ er sich von seinem Laptop die Fallbeschreibungen von Sidney Bradford und Virgil vorlesen, den beiden Personen, um die es in diesen bahnbrechenden Studien über Blinde, die ihr Sehvermögen wiedererlangt hatten, ging. Es war das erste Mal, dass er etwas über Menschen erfuhr, die sein Schicksal teilten, und er konnte sich von den Geschichen kaum losreißen.

Im Versammlungsraum drängten sich Studenten und Professoren. Gleich zu Beginn bat jemand May, seine Erfahrungen mit denen von Bradford, dem Protagonisten Gregorys, und von Virgil, dem Protagonisten von Sacks, zu vergleichen. Ihm habe sich der Eindruck aufgedrängt, sagte May, dass der entscheidende Unterschied zwischen ihm und diesen Männern in der Art von Leben liege, die sie vor der Operation geführt hätten – darin also, wer sie zu dem Zeitpunkt gewesen seien, als man den Eingriff vorgenommen habe. »Ich habe mich nicht operieren lassen, um sehen zu können«, erklärte er seinen Zuhörern. »Ich habe es getan, um zu sehen, wie es ist, wenn man sehen kann.«

Mitte 2001 erfuhren May und Burgess von Fördermitteln, die vielleicht für Sendero in Frage kamen und die sich auf mehr als zwei Millionen Dollar beliefen, also ein richtiger Volltreffer, wenn es gelänge, sie an Land zu ziehen. Aus anderen Quellen ließ sich nichts mehr auftreiben; dieses Geld war Senderos letzte Chance. Als May und Burgess mit der Ausarbeitung des Antrags fertig waren, hatte er den Umfang des Telefonbuchs von Davis.

May kehrte wieder an die Arbeit zurück, diesmal zu Verhandlungen, die er gerade mit einer in Neuseeland ansässigen Firma namens HumanWare führte. Er wollte die GPS-Software von Sendero in ein *BrailleNote* genanntes Gerät jener Firma integrieren, eine kleine, leichtgewichtige Digitalhilfe für den privaten Gebrauch. Die Vorteile des Geräts waren gewaltig: geringeres Gewicht, dadurch besser zu tragen, technisch umstandslos einsetzbar, längere Batterielaufzeit, kein Laptop erforderlich. Am Morgen des 11. September grübelte er über diese Fragen nach, als er im Radio hörte, dass Flugzeuge ins World Trade Center gestürzt waren. Der Radiosprecher berichtete, Flammen schössen aus den Türmen und Menschen sprängen aus den Fenstern, um sich zu retten. Er hörte über eine Stunde lang zu, bevor ihm aufging, dass er die Ereignisse ja im Fernsehen verfolgen konnte. Er war sich jedoch nicht sicher, ob er imstande war, sich so etwas anzusehen.

Zögernd ging er zum Fernseher im Wohnzimmer, schaltete ihn an und näherte sich mit dem Gesicht bis auf wenige Zentimeter dem Bildschirm. Er brauchte nicht lange nach einem Kanal zu suchen, der über die Ereignisse berichtete. Auf einen Blick konnte er sehen, wie die Flammen seitlich aus den Türmen schlugen und den gleichen Tanz vollführten, den er beim Kaminfeuer so mochte. Da sind Menschen drin, dachte er, und dieser Gedanke ließ ihn während der nächsten Stunde nicht mehr los, bis ihm die Beine schmerzten und er sich ein paar Meter entfernt auf die Couch setzen musste, wodurch das Bild auf dem Bildschirm für ihn verschwamm. May hatte sich schon lange gefragt, ob er visuelle Erinnerungen zurückbehalten werde, falls er wieder erblindete. Nach dem 11. September war er sich dessen gewiss.

Zwei Wochen später klingelte das Telefon in Mays Büro. Aus der Küche hörte Jennifer ihn sagen: »Sind Sie sicher? Sind Sie sicher?« Dann kam er in die Küche.

»Du wirst es nicht glauben«, verkündete er Jennifer. »Wir haben die Fördermittel. Wir haben den Zuschuss. Er beläuft sich auf 2,25 Millionen Dollar. Wir können's schaffen.«

Jennifer umarmte ihren Mann so stürmisch wie nie zuvor. Das sei nicht einfach nur eine Zuwendung für Sendero, erklärte sie ihm. Er bekomme das auch für den Laser-Plattenspieler und die Gesäßwärmer und die Computer mit Sprechfunktion. Es sei eine Zuwendung für ihn persönlich. May rief Freunde und Familienangehörige an und lud sie zu einem festlichen Abend ein, um den Erfolg mit ihnen zu feiern. Als seine Söhne aus der Schule heimkamen, verkündete er ihnen die frohe Botschaft – dass dieser Zuschuss ihre letzte Chance gewesen und dass es gutgegangen sei.

»Wann dürfen wir dir den Bart abrasieren?«, wollten die Jungen wissen.

»Was soll das heißen?«, fragte er.

»Wann dürfen wir dir den Bart abrasieren?«

Nun fiel es May wieder ein. Vor Monaten, als der Antrag abgeschickt worden war, hatte er seinen Söhnen erklärt, der Zuschuss sei so wichtig, dass sie ihm, falls Sendero ihn erhielt, den Bart abschneiden dürften. Über dieses Angebot hatten die Jungen seitdem kein Wort mehr verloren. Jetzt aber standen sie da und forderten kühl und nüchtern, dass er sein Versprechen einlöse.

»Meinen Bart trage ich seit meiner Rückkehr aus Ghana«, sagte May. »Mom hat mich noch nie ohne Bart gesehen. Er gehört zu mir. Ich trage ihn seit fünfundzwanzig Jahren.«

»Darf ich zuerst?«, fragte Carson.

»Nein, ich will zuerst!«, sagte Wyndham.

»Das war ein anstrengender Tag heute«, antwortete May. »Reden wir morgen darüber.«

Am nächsten Morgen betrat May das Schlafzimmer seiner Söhne mit einem elektrischen Rasierer in der Hand.

»Packen wir's an, Jungs«, sagte er.

Im Badezimmer kniete er sich auf den Boden und reichte Carson den Rasierapparat.

»Ich weiß nicht mal, wie man sich einen Bart abrasiert«, sagte May. »Ich glaube, man muss es langsam machen. Macht es bitte nicht so, als müsstet ihr den Rasen vor dem Haus mähen.«

Carson führte das summende Gerät mit sanften, runden Streichbewegungen über Mays Wangen.

»Ich mache ein *C* für *Carson*«, erklärte er. Bald schon konnte man das *C* auf Mays Wange erkennen.

Wyndham versuchte es mit einem *W*, aber auf der Wange seines Vaters war dafür nicht genug Platz. Ein paar Minuten später hatten die Jungen das Werk beendet.

»Ihr habt eindeutig Rasen gemäht«, sagte May.

»Du siehst aus wie ein Alien!«, rief Carson. »Das muss Mom sehen!«

Die Männer gingen in die Küche, wo Jennifer Frühstück machte. Sie warf einen Blick auf May und fiel fast in Ohnmacht.

»Ich fass es nicht!«, rief sie. »Bist du das, Mike?«

Die Jungen hielten sich den Bauch vor Lachen.

»Meine Güte! Was ist passiert? Wer sind Sie?«

»Das ist Dad!«, riefen die Jungen.

»Er sieht aber nicht aus wie Dad«, erklärte Jennifer lachend. Sie ging zu ihm hin und strich mit der Rückseite ihrer Hand über Mays Wange.

»Er scheint's doch zu sein«, räumte sie ein. »Hast du dich schon gesehen, Mike?«

May ging auf, dass er daran noch gar nicht gedacht hatte. Er eilte zurück ins Badezimmer der Jungen und stellte sich vor den Spiegel. Der dunkle Klecks, der ihm immer dabei geholfen hatte, den Umriss seines Gesichts auszumachen, war verschwunden und durch Flächen von Haut ersetzt. May hatte sich nie ohne Bart gesehen – nicht einmal auf alten Familienfotos aus der Zeit vor seinem Aufenthalt in Ghana. Er blieb noch eine Weile vor dem Spiegel stehen und staunte das veränderte Gesicht an.

Tage später schloss May einen Vertrag mit HumanWare über den Einbau des GPS von Sendero in deren *BrailleNote*-Gerät. Das war ein fast so bedeutender Durchbruch wie die Bewilligung der Fördermittel. Sendero befand sich jetzt auf Erfolgskurs. Die Verkaufszahlen stiegen. May stellte noch mehr Leute ein. Mit der Firma ging es aufwärts.

Im November 2002 starb Josh, Mays Blindenhund, im Alter von elf Jahren. Der Verlust ging May sehr nahe. Josh hatte ihm bei einigen der wichtigsten Ereignisse in seinem Leben zur Seite gestanden: beim Umzug nach Oregon, bei der Geburt und dem Aufwachsen seiner Kinder, dem Beginn von Sendero, dem Umzug nach Davis, der Wiedererlangung der Sehfähigkeit. Mehr als einmal hatte er May vor Autos gerettet, die scheinbar aus dem Nichts angerast kamen. May fragte sich, ob sein zurückgewonnenes Sehvermögen Josh wohl zu schaffen gemacht und das Gefühl gegeben hatte, weniger unentbehrlich zu sein als in den Tagen, da May noch blind war und sie ein unzertrennliches Paar bildeten. Einem weiteren Verlust wie diesem fühlte sich May nicht gewachsen. Er beschloss, sich keinen neuen Blindenhund anzuschaffen.

Seit der Hornhautabstoßung hatte May Immunsuppressiva in massiven Dosen eingenommen. Mitte 2002 begann er nach Rücksprache mit Dr. Goodman, die Mengen allmählich zu verringern, und Anfang 2003 hörte er ganz mit der Einnahme auf. Diesmal blieben das Transplantat und das Auge gesund. Zwecks regelmäßiger Kontrolluntersuchungen blieb er weiter bei Dr. Goodman in Behandlung.

Die ganze Zeit über arbeitete May an seiner neuen Art zu sehen; das heißt, er bemühte sich, seine anderen Sinneswahrnehmungen mit den visuellen Informationen zu verschmelzen, und baute im Geiste ganze Register aus Anhaltspunkten auf, die ihm dabei helfen konnten, Objekte zu erkennen. Dass ihn etwas überwältigte, passierte immer seltener, und die Geschwindigkeit, mit der er Dinge identifizierte, nahm stetig zu.

Dennoch gab es auch immer wieder Vorfälle, die ihm die Grenzen seiner Sehkraft in Erinnerung riefen. Im Jahr 2003 zum Beispiel unternahm er seinen lange geplanten Ausflug zu einem Oben-ohne-Strand, nur um festzustellen, dass er von der weiblichen Brust nicht viel zu sehen vermochte, außer wenn sie mit einem farbenfrohen Bikinioberteil bedeckt war.

»All die Jahre über habe ich davon geträumt, hierherzukommen«, klagte er Jennifer sein Leid, »und nun stellt sich heraus, dass ich nicht sehe, was ich sehen will, wenn die Frauen nichts anhaben.«

Im Jahr 2005 suchte May, nachdem er zwei Jahre lang die Wärme und Kameradschaft eines Blindenhundes entbehrt hatte, die Hundeschule Seeing Eye in Morristown, New Jersey, auf und wählte sich einen neuen Hund namens Miguel aus, eine Kreuzung aus Golden Retriever und Labrador. Er war kürzlich von einem anderen Kunden zurückgebracht worden, weil er zu heftig zog und sich zu viel Eigeninitiative herausnahm. »Wir werden gut zusammenpassen«, erklärte May Miguel. Seitdem sind die beiden unzertrennlich.

Im Sommer des Jahres 2006 reisten May und Jennifer nach London, wohin sie von Richard Gregory eingeladen worden waren, um vor einer Versammlung führender Akademiker zu sprechen. Im Tagungsraum drängte sich die Elite der britischen Sehforschung, Psychiatrie, Philosophie, Ophthalmologie, Neurologie und Psychologie. Gregory war zweiundachtzig und emeritierter Professor für Neuropsychologie an der University of Bristol. In einer einleitenden Rede erinnerte er an seine berühmte Fallstudie über Sidney Bradford und schilderte Mays Fall; danach konnten die Anwesenden May Fragen stellen.

Nach der Veranstaltung strahlte May. Es sei für ihn ein großartiges Erlebnis gewesen, erklärte er Jennifer, mit so vielen klugen Köpfen zusammen zu sein und im Mittelpunkt ihrer Aufmerksamkeit zu stehen. In der Eingangshalle unterzog Gregory May dem Illusionstest mit der rotierenden hohlen Maske, diesmal mit einer großen Albert-Einstein-Version. Für die Umstehenden stülpte sich die hohle Innenseite des Gesichts nach außen und wirkte ebenso konvex wie die Außenseite. Für May existierte diese optische Täuschung nicht.

Gregory und einige seiner Kollegen luden May und Jennifer zum Abendessen im ältesten indischen Restaurant Londons ein, wo sie bis in die Nacht hinein diskutierten. Danach nahm Gregory die Mays als seine Gäste in den legendären Athenaeum Club mit, zu dessen ehemaligen Mitgliedern der Herzog von Wellington, Charles Darwin, Charles Dickens und einer von Gregorys alten Professoren in Cambridge, der Philosoph und Mathematiker Bertrand Russell, zählten. In der Bibliothek des Clubs unterhielten sie sich über ihre Lebensläufe. Gregory fuhr das Ehepaar in seinem mit einem Hybridmotor ausgestatteten Toyota Prius in ihr Hotel am Hyde Park zurück. Die beiden bedankten sich bei Gregory.

»Dieser Mann lebt sein Leben«, sagte May, während sie ins Hotel gingen.

Die Jahre seit Mays erfolgreichem Kampf gegen die Hornhautabstoßung waren für viele wichtige Menschen in seinem Leben ausgesprochen betriebsam.

Jennifer und ihre Freundin Penny Lorain gründeten 2002 unter dem Namen Lorain & May ihre eigene Designfirma, die sich mit allen Aspekten privater und geschäftlicher Inneneinrichtung befasst. Jennifer übernahm den Ausbau und die Neueinrichtung des Hauses der Familie, wo sie ihre beiden Söhne aufzieht und von wo aus May Sendero leitet.

Kurz nach der Operation ihres Sohns zog Ori Jean May von Florida in den etwa hundertfünfzig Kilometer von Davis entfernten Ort Chico um. Im Jahr 2005, sie war mittlerweile siebenundsiebzig Jahre alt, brach sie sich einen Wirbel im unteren Lendenbereich. Die Ärzte erklärten den Bruch für operabel; bei einer Person ihres Alters berge solch eine Operation aber die Gefahr eines Herzanfalls oder eines Hirnschlags. »Das Ganze ist eine Frage der Lebensqualität«, erklärten sie ihr. »Wenn Sie sich nicht für die Operation entscheiden, werden die Schmerzen vermutlich nicht zunehmen, aber es ist auch keine Besserung möglich. Sie müssen dann einfach damit leben.« Keines ihrer Kinder war überrascht, dass Ori Jean sich für die Operation entschied, die erfolgreich verlief. Ori Jean wohnt nach wie vor in Chico, wo auch die vier Geschwister Mays leben.

Dr. Daniel Goodman praktiziert weiterhin in San Francisco als Fachchirurg für Hornhautverpflanzungen und operative Refraktionskorrekturen. May kommt nach wie vor alle drei Monate zu Kontrolluntersuchungen zu ihm, und die beiden treffen sich gelegentlich zum Abendessen oder um sich ein Baseballspiel anzuschauen.

Bryan Bashin arbeitet derzeit als Berater für Firmen und Privatleute, häufig im Bereich von Fortbildung und Schulung. Er hält sich immer noch auf dem Laufenden, was die wissenschaftlichen und technischen Fortschritte bei der Wiederherstellung von Sehvermögen angeht, hat sich aber dafür entschieden, mit seiner eigenen Operation so lange zu warten, bis die Immunsuppressiva kein so großes Risiko mehr in sich bergen und die Operation selbst keinen so gravierenden Eingriff ins normale Leben mehr darstellt. »Ich stehe dem Gedanken nach wie vor aufgeschlossen gegenüber«, erklärt er, »aber der Zeitpunkt und der Stand der Wissenschaft entsprechen noch nicht so ganz meinen Vorstellungen.«

Ione Fine hat May weiteren Tests unterzogen – mit und ohne Computertomographie; die Ergebnisse sind unverändert geblieben. Im Jahr 2003 veröffentlichte sie in der Zeitschrift *Nature Neuroscience* einen Artikel über Mays Fall unter dem Titel »Longterm Deprivation Affects Visual Perception and Cortex«. Sie rechnete damit, dass der Artikel bei Kollegen auf Interesse stoßen werde. Am Tag, als er erschien, nahm sie an einer kleinen Tagung im ländlichen Norden Kaliforniens teil. Ihr Handy fing an zu klingeln, und sie erhielt einen Anruf nach dem anderen. Massenmedien in aller Welt wollten mehr über Mays Geschichte wissen. Ione Fine verbrachte den Tag auf einem nahegelegenen Hügel – der einzigen Stelle, wo das Mobiltelefon Empfang hatte – mit der Schilderung der seltsamen visuellen Welt, in der ihr Proband lebt.

Als ihr der Strom ausging, borgte sie sich den Akku eines Kollegen, der das gleiche Handymodell benutzte.

Aufgrund ihrer Arbeit mit May erhielt sie ein Fünfjahresstipendium, um über die Auswirkungen langfristiger visueller Deprivation und die Probleme im Zusammenhang mit der Wiedergewinnung des Sehvermögens zu forschen. Sie war zweiunddreißig Jahre alt, viel jünger, als die Empfänger solcher Stipendien normalerweise sind. Eine direkte Folge ihrer Arbeit war außerdem eine Professur in der Abteilung für Ophthalmologie an der University of Southern California. 2003 heiratete sie ihren langjährigen Freund und Forschungskollegen Geoff Boynton.

Im Jahr 2006 übernahmen Fine und Boynton Professuren im Psychologischen Fachbereich der University of Washington in Seattle. Fine führt auch weiterhin Tests mit May durch, weil sie noch genauer verstehen will, wie und warum Teile seiner Sehrinde nach seiner Erblindung andere Repräsentationen übernahmen.

Bei einer Routineuntersuchung im Jahr 2006 entdeckte Mays Hausarzt einen farblich veränderten Fleck auf Mays Brust. Bei früheren Checks hatten solche Flecke den Arzt nicht weiter beunruhigt. Diesmal aber erklärte er: »Das gefällt mir gar nicht, Mike.«

Er entnahm der Brust eine Gewebeprobe und schickte sie zur Analyse ein. Eine Woche später rief er an, weil die Ergebnisse vorlagen.

»Es ist bösartig. Sie müssen umgehend herkommen.«

In seiner Praxis nahm der Arzt eine örtliche Betäubung der Stelle vor und schnitt den Rest des Flecks heraus. Bei Erwachsenen über fünfzig kämen, erklärte er May, solche Hautkrebse häufig vor, aber solange sie in einem frühen Stadium entdeckt und entfernt würden, wie in diesem Fall geschehen, stellten sie gewöhnlich keine weitere Bedrohung dar.

»Ich habe lange Zeit Cyclosporin bekommen«, teilte May dem Arzt mit. »Ich habe mich immer gefragt, ob es irgendwann so weit sein würde.«

Ob das Cyclosporin den Krebs verursacht habe, erklärte der Arzt, könne niemand sagen. Aber ausschließen wolle er es nicht.

Zu Hause berichtete May seiner Frau von der Neuigkeit. Da der Fleck so klein gewesen sei und sich nicht habe ertasten lassen, sei in Zukunft Wachsamkeit geboten.

»Glaubst du, dass es das Cyclosporin war?«, fragte Jennifer.

»Das würde ich wirklich gern wissen«, sagte May. »Aber weißt du, ich finde, letztlich ist es egal. Ich würde das alles genau so wieder machen.«

DANK

Der Verfasser ist folgenden Personen für ihre Hilfe und Unterstützung zu Dank verpflichtet:

Kate Medina, meiner Lektorin bei Random House, die mir von Anfang an Vertrauen schenkte und Verständnis entgegenbrachte. Kates Sinn fürs Erzählerische und ihr Gefühl dafür, worauf es den Menschen ankommt, entspringen einer schönen Seele. Die Hilfestellung, die sie einem Autor dabei leistet, seine eigene Seele zu finden und auszudrücken, ist ein Geschenk fürs Leben.

Robin Rolewicz, Lektorin, für ihre unentwegte Unterstützung, Ermutigung und einfühlsame Lektüre meines Manuskripts, die ich nicht hoch genug würdigen kann. Robin war meine ständige Begleiterin bei diesem Buch, und was sie dazu beitrug, hat mir immens geholfen.

Abby Plesser, Lektoratsassistentin, die meine Arbeit gelesen, mich angefeuert und mir vieles erleichtert hat.

Gina Centrello, der Geschäftsführerin und Verlegerin der Random House Group, die Random House für mich zu einem echten Zuhause gemacht hat.

Sally Marvin, die meine Freundin und die beste Pressechefin in der Branche ist. Ich kann mir nicht vorstellen, dass ich diese Entdeckungsreisen ohne sie hätte machen können.

Außerdem danke ich folgenden Mitarbeitern bei Random House: Dennis Ambrose, Rachel Bernstein, Nicole Bond, Sanyu Dillon, Sue Driskill, Kristin Fassler, Megan Fishmann, Paul Kozlowski, Ruth Liebmann, Marty McGrath, Elizabeth McGuire, Katie Mehan, Gene Mydlowski, Tom Nevins, Peter Olson, Allyson Pearl, Jack Perry, Thomas Perry, Bridget Piekarz, Lydah Pyles, Kelle Ruden, Carol Russo, Stephanie Sabol, Carol Schneider, Erich Schoeneweiss, Beck Stvan, Bonnie Thompson, David Thompson, Claire Tisne, David Underwood, Jaci Updike, Andrew Weber, Don Weisberg und Amelia Zalcman.

Dass ich mich mit Flip Brophy, meiner Literaturagentin bei Sterling Lord Literistic, habe zusammentun können, empfinde ich als Privileg; ich bin überglücklich, sie an meiner Seite zu wissen.

Mike May gewährte mir Einlass in sein Heim und in sein Leben. Zwei Jahre lang stand er mir zahllose Stunden für Interviews zur Verfügung und gab mir stets ebenso reflektiert wie ehrlich Auskunft. Er ließ mich an Geschäftsreisen, Arztbesuchen, Familienausflügen, Grillpartys zum Labor Day und Ski-Wochenenden teilhaben. Wann immer ich ihn anrief – er stand mir zur Verfügung. Und er hatte eine Engelsgeduld mit mir. Wochenlang quetschte ich ihn nach den kleinsten Einzelheiten aus, an die er sich aus der Zeit seiner frühen Sehfähigkeit erinnerte, und drängte ihn, mir bestimmte Erlebnisse im Detail zu schildern; nie wurde er ungeduldig oder wollte, dass ich endlich zum nächsten Punkt kam. Mit einem klügeren Kopf, einem feineren Charakter und einem netteren Menschen dürfte kein Autor je zusammengearbeitet haben.

Jennifer May war ebenso großzügig, was die Zeit, die sie mir schenkte, und ihre Auskunftsbereitschaft betraf. Nicht nur verzieh sie mir, dass ich mich in ihr Familienleben drängte, sie ließ mich mehr noch für die langen Zeiträume, die ich fern dem heimischen Herd verbrachte, ein neues Zuhause finden. Carson und Wyndham überließen mir großmütig ihren Dad, egal, wie lange ich ihn brauchte.

Bryan Bashin ist ein von Grund auf freundlicher Mensch mit

einem großartigen Verstand. Kaum je habe ich so spannende Gespräche geführt wie bei meinen Abendessen mit Bryan Bashin in Sacramento.

Dr. Daniel F. Goodman in San Francisco hat sich trotz seines vollen Terminplans Zeit freigeschaufelt, um Mays Fall mit mir zu besprechen, die fachlichen Aspekte der Stammzellen- und Hornhauttransplantationen zu erläutern und mir zu schildern, was ein Arzt empfindet, wenn er jemandem dabei hilft, die Sehfähigkeit wiederzuerlangen.

Richard Gregory, emeritierter Professor für Neuropsychologie an der University of Bristol, hat mir in England seine Zeit geschenkt, um mir die entscheidende Bedeutung zu erläutern, die vorgegebenem Wissen fürs Sehen zukommt, und seine bahnbrechende Fallstudie über Sidney Bradford aus dem Jahr 1963 für mich zu rekapitulieren. Niemanden habe ich je mit solcher Klarheit und mit so viel Enthusiasmus und Vergnügen wissenschaftliche Sachverhalte darlegen hören. Wer Richard Gregory kennenlernt, kann gar nicht umhin, sich von seiner Begeisterung für die Welt und ihre Erforschung anstecken zu lassen.

Ohne Dr. Ione Fine hätte ich die Rolle des Gehirns beim Sehen und das Besondere an Mays Fall nie und nimmer verstehen können. Dr. Fine ist außergewöhnlich intelligent, und sie verfügt über die seltenste aller Begabungen – die Fähigkeit, komplizierte Sachverhalte so zu erklären, dass sie für den Laien anschaulich werden. Selbst wenn sie den Aufbau der neuronalen Struktur beschrieb, überforderte sie nicht mein bescheidenes Wissen und gab sich so als würdige Tochter einer erfolgreichen Kinderbuchautorin zu erkennen.

Professor Geoff Boynton von der University of Washington, Donald MacLeod von der University of California in San Diego, Steven Shevell von der University of Chicago und Alex Wade vom Smith-Kettlewell Eye Research Institute in San Francisco waren mir allesamt behilflich dabei, den Gesichtssinn aus wissenschaftlicher Sicht zu verstehen. Dr. Ali Djalilian, Assistenzprofessor für Ophthalmologie an der University of Illinois in Chicago, und Dr. Edward J. Holland, Leiter des Hornhaut-Service am Cincinnati Eye Institute, lieferten mir die Informationen über die Verpflanzung von Stammzellen des Hornhautepithels. Von ihnen allen zu lernen war ein aufregendes Erlebnis.

Dank auch an Dr. Mike Carson, Kim Casey, Fiona Morrison-Cassidy, Ori Jean May, Nick Medina, Mark Pighin, Sheila Randolph, Ron Salviolo und Diane Slater.

Elliott Harris und Robert Feder von der *Chicago Sun-Times* sowie der Schriftsteller Jonathan Eig haben meine Texte gelesen und dienen mir seit Jahren als Prüfinstanz. Richard Babcock von der Zeitschrift *Chicago* gab mir eine tolle Chance und hat mich als Schriftsteller vorangebracht. Jonathan Karp schickte mich auf die Reise ins Reich der Bücher; sein Sinn für Erzählung und Gestaltung wirkt immer noch in mir nach.

David Granger und Mark Warren von *Esquire* kann ich nicht genug danken. Meine Bekanntschaft mit ihnen hat mein Bild davon, Autor zu sein, von Männlichkeit und Freundschaft verändert. Wie sehr sich Mark von der Geschichte Mike Mays begeistern ließ, wird mir immer in Erinnerung bleiben. Das Vertrauen, das Mark und David in mich setzten, bleibt mir unvergesslich. Dank auch an Peter Griffin, Tyler Cabot und Victor Ozols bei *Esquire*.

Elizabeth Gabler und Rodney Ferrell von Fox 2000 Pictures sind meiner Arbeit innerlich tief verbunden und gehören zu den großartigsten Menschen, die ich kenne; Gil Netter, ein hervorragender Produzent bei Fox, ist mir ein wahrer Freund; Bruce Rubin, ein wunderbarer Mensch und Autor, ruft mir oft in Erinnerung, worauf es am meisten ankommt; und Jonathan Liebman und Kassie Evashevski bei Brillstein-Grey Entertainment danke ich für ihr Vertrauen und ihre Unterstützung.

Zwei der besten Autoren, die ich kenne – Ken Kurson und

Annette Kurson – haben mein Manuskript kritisch durchgesehen. Ken ist mein bester Freund, und der Mut, den er mir zugesprochen hat, hat mich beflügelt. Annette hat mich schreiben gelehrt und tut das nach wie vor, nicht nur durch Worte, sondern auch durch die besondere Einfühlsamkeit, mit der sie der Welt begegnet. Jane Glover hat das Buch auf die gleiche liebenswerte Art kritisch beurteilt, die ich schon seit unseren Kindertagen an ihr kenne und schätze. Dank auch an Rebecca, Steve, Carrie und Anna Kurson sowie an Larry, Mike und Sam Glover. Und meines Vaters, Jack D. Kurson, möchte ich gedenken, des besten Geschichtenerzählers, den ich je gekannt habe. In meinen Träumen höre ich immer noch seine Geschichten.

Dr. Steven Tureff und Robert Gassman, Lynn Gassman, Lauren Freedman und Mike Collins haben mir und meiner Familie Segen gebracht – ich werde ihnen nie genug danken können. Dank auch an Steven Beer, Randi Valerious, Brad Ginsberg, Jane Thompson, David Shapson, Bill Adee, Seth Traxler, Dori Frankel Steigman, Ray George und Daniel Meyerowitz sowie an Mitchell Lopata von Lopata Design für seine schönen Illustrationen.

Ohne die Liebe und Unterstützung der Familie Wisniewski – Kazimiera, Eugeniusz und Paula – hätte ich nicht zu schreiben vermocht. Sie sind meine Familie, und ich liebe sie.

Schließlich Dank an Amy, Nate und Will Kurson. Sie sind mein Liebstes und mein Leben. Ein Herz wie das von Amy gibt es kein zweites Mal, und es gibt auch keine größere Kämpferin als sie. Aus so vielen Gründen, dass ich sie nie und nimmer alle aufzählen könnte, ist dies Buch nicht weniger ihres als meines.

BEMERKUNG ZU DEN QUELLEN

Ich habe zwei Jahre hindurch Hunderte von Stunden damit verbracht, Mike May zu befragen: in seinem Haus im kalifornischen Davis, als sein Begleiter auf Geschäftsreisen, die er nach Chicago, Washington, D.C., Sacramento, San Francisco, London, Los Angeles, Kalamazoo unternahm, bei Skiausflügen in Kirkwood in den kalifornischen Bergen sowie mittels Telefon und Internet, während er in Europa, Australien, Neuseeland, Mittel- und Südamerika unterwegs war.

Jennifer May hat mir für Interviews Dutzende von Stunden gewidmet, sowohl bei sich zu Hause in Davis als auch telefonisch. Carson und Wyndham May sausten während der Interviews rein und raus, um Erinnerungen an das Jahr beizutragen, in dem ihr Vater sein Sehvermögen wiedererlangte. Um mir von seiner Vergangenheit ein Bild zu machen, habe ich Familienangehörige, Freunde und Lehrer Mike Mays befragt.

Der menschliche Gesichtssinn – und die Rolle, die das Gehirn dabei spielt – ist ein hochkomplexer Sachverhalt. Er wurde mir im direkten Gespräch auseinandergesetzt von Dr. Richard Gregory in England, von den Professoren Ione Fine, Geoff Boynton und Donald MacLeod in San Diego, von Dr. Alex Wade am Smith-Kettlewell Eye Research Institute in San Francisco und von Dr. Steven Shevell an der University of Chicago. Großen Nutzen habe ich aus dem bei Wadsworth erschienenen Lehrbuch *Sensation and Perception* (6. Auflage) von E. Bruce Goldstein gezogen; ich kann mich nicht erinnern, je zuvor ein so lehrreiches und gleichzeitig faszinierendes Buch gelesen zu haben. Zur Rolle des Wissens beim Sehen habe ich Richard L. Gregorys Bücher *Eye and Brain: The Psychology of Seeing*, Princeton University Press, und *The Intelligent Eye*, McGraw Hill, sowie seine Monographie »Knowledge for vision: vision for knowledge«, Philosophical Transactions of the Royal Society, studiert. Das bei Pi Press erschienene Buch *A Brief Tour of Human Consciousness: From Imposter Poodles to Purple Numbers* von V. S. Ramachandran hat mich auf lebendige Weise in die Mysterien des Gehirns eingeführt.

Dass jemand nach lebenslanger Blindheit das Sehvermögen wiedererlangt, ist ein außerordentlich seltener Fall. Berichte von solchen Fällen (der erste überlieferte datiert etwa tausend Jahre zurück) habe ich M. von Sendens schwer erhältlicher Dissertation *Raum- und Gestaltauffassung bei operierten Blindgeborenen vor und nach der Operation* und Alberto Valvos nicht minder seltener kleiner Schrift *Sight Restoration After Long-Term Blindness* entnommen; Letztere hat die American Foundation for the Blind herausgebracht. Die Fallgeschichte von Virgil hat mir Oliver Sacks' schöner Artikel »To See and Not See« vermittelt, der zuerst in *The New Yorker* erschien und sich in Sacks' Buch *Eine Anthropologin auf dem Mars* abgedruckt findet. Den Fall Sidney Bradfords lernte ich durch Richard L. Gregorys grundlegenden Beitrag »Recovery from Early Blindness: A Case Study« kennen, den er gemeinsam mit Jean Wallace verfasste und in »Experimental Psychology Society Monograph No. 2« veröffentlichte, sowie durch Interviews, die ich mit Gregory in England durchführte.

Die technischen und fachwissenschaftlichen Details von Mays eigenem Fall vermittelten mir ausführliche Interviews mit den Professoren Fine, Boynton, Wade, Dr. MacLeod und Dr. Goodman. Von unschätzbarem Wert war für mich Ione Fines bahnbrechender Artikel »Long-term Deprivation Affects Visual Perception and Cortex«, erschienen in *Nature Neuroscience*, Jg. 6, Nr. 9.

Die revolutionäre und komplizierte Stammzellen-Operations-technik, die Mike May das Augenlicht zurückgab, erläuterten mir Dr. Edward J. Holland, Leiter der Hornhaut-Versorgungsstelle am Cincinnati Eye Institute und Professor für klinische Ophthalmologie an der University of Cincinnati, Dr. Ali Djalilian, Assistenzprofessor für Ophthalmologie an der University of Illinois in Chicago, und Dr. Goodman, der Augenarzt, der die Operation bei Mike May durchführte.

BILDNACHWEIS

305 Fotos von kopfstehenden Gesichtern, mit Genehmigung
des Autors

313 Shepard-Tische, mit freundlicher Genehmigung
von Dr. Roger Shepard. Zuerst veröffentlicht in:
Roger N. Shepard, *Mind Sights*, W. H. Freeman und Co.,
New York 1990

319 Chaplin-Maske, mit freundlicher Genehmigung von
Richard L. Gregory

320 »Terror Subterra«, mit freundlicher Genehmigung
von Dr. Richard Shepard. Zuerst veröffentlicht in:
Roger N. Shepard, *Mind Sights*, W. H. Freeman und Co.,
New York 1990

323 Fossil einer Wasserschildkröte, mit freundlicher Genehmigung von John P. Adamek, EDCOPE Enterprises,
www.Fossilmall.com

324 Fossil zweier Fische, mit freundlicher Genehmigung von
Denise Neville

325 Merkwürdiger Apparat, mit Genehmigung des Autors

325 Objektträger mit Stammzellen, mit freundlicher Genehmigung von Dr. Tung-Tien Sun

327 Kätzchen in Körben, Illustration von Lopata Design

331 Verdeckung, Illustration von Lopata Design

332 Relative Höhe, Illustration von Lopata Design

332 Schattenwurf, Illustration von Lopata Design

Im Sog der Tiefe. Zwei Taucher lösen das Geheimnis der U-869
Aus dem Englischen von Thorsten Schmidt

Ein ergreifender Bericht über echte Abenteurer und ein wahres Mysterium: 1991 stoßen Fischer vor der Küste New Jerseys auf einen großen Gegenstand auf dem Meeresgrund. Bald stellt sich heraus: Es ist ein deutsches U-Boot aus dem Zweiten Weltkrieg, das auf keiner Liste registriert ist. Eine willkommene Herausforderung für die passionierten Wracktaucher John Chatterton und Richie Kohler. In den folgenden sechs Jahren versuchen sie, mit einem Team von Elite-Tauchern, dem Rätsel des Schiffes auf die Spur zu kommen – und werden dabei selbst immer stärker in seinen Bann gezogen.

Ihre Suche führt sie in die Tiefen des Meeres, in Archive vieler Länder, zu Experten und zuletzt nach Deutschland, zu den Angehörigen der toten Soldaten, denen sie in der Tiefe begegnet sind. Im Sog der Tiefe ist die Erzählung eines fesselnden Abenteuers, in welchem zwei Taucher alles riskieren, um ein großes Geheimnis der Geschichte zu lüften – und damit selbst Geschichte schreiben.

»Erhöhte Pulsfrequenz ist garantiert.« *The New York Times*

»Jede Seite dieses Buches ist überzeugend, es bietet einen einzigartigen Blick auf den tiefen, ja verwegenen Drang des Menschen, die Wahrheit zu finden.« *Scott Turow*

»Zufall ist im Grunde die Ohrfeige, die dir sagt: Du meinst, du hättest die Kontrolle in deinem Leben? Nein, hast du nicht.« Ranga Yogeshwar

Wie entscheidend sind die Zufälle des Lebens? Reinhold Beckmann befragte dazu herausragende Menschen aus Kultur, Politik, Wirtschaft und Sport. Sie erzählen ihre sehr persönliche Geschichte und geben Auskunft, wie der Zufall ihr Leben prägte – oder eben auch nicht.

Ein Querschnitt prominenter Menschen unserer Zeit, Frauen von Hildegard Hamm-Brücher über Ursula von der Leyen, Sahra Wagenknecht bis Cornelia Funke und Magdalena Neuner und Männer von Roman Herzog, Martin Walser, Jürgen Grossmann bis Campino – sie alle erzählen von den Zufällen, die ihnen in ihrem Leben begegneten. Ihre Erfahrungen sind nicht nur sehr unterschiedlich, sondern die Protagonisten beurteilen auch sehr verschieden, was Zufall eigentlich ist. Von »Zufall ist das, was der liebe Gott eigentlich wollte« (Jens Lehmann) bis »Die Natur besteht nur aus unbeherrschbarem Chaos, darin gibt es keine Zufälle, sondern nur Naturgesetze« (Reinhold Messner). Flankiert werden die Texte von hochwertigen Fotos von Paul Ripke.

Reinhold Beckmann, Sabine Paul: *Zufall!?*
Eine Spurensuche in außergewöhnlichen Biographien
304 Seiten, gebunden, mit zahlreichen Fotos von Paul Ripke

| Hoffmann und Campe |